Romanische Sprachen im heutigen Europa
Brüssel
Paris
Französisch
R.
L.
F.
Rumänisch
Bukarest
Italienisch
Lissabon
Madrid
Barcelona
Portugiesisch
Spanisch
Katalanisch
Sardisch
Rom
R. = Rätoromanisch
L. = Ladinisch
F. = Friaulisch
uebicum
istula
ntum
Aquincum
Regnum Bospori
Dacia
107 n. Chr.
Tomi
Pontus Euxinus
29/28 v. Chr.
Thracia
46 n. Chr.
Byzantium
65 v. Chr.
Armenia
114–117 n. Chr.
Regnum Parthorum
Philippi
148 v. Chr.
Thessalonice
isium
Pydna
Pharsalus
Actium
Athenae
Corinthus
Achaia
146 v. Chr.
Troia
Pergamum
133/129 v. Chr.
Nicomedia
Asia
Ancyra
25 v. Chr.
Cappadocia
18 n. Chr.
Mesopotamia
115–117 n. Chr.
Tigris
Ephesus
103 v. Chr.
67 v. Chr.
Miletus
Lycia
74 n. Chr.
74 n. Chr.
Rhodus
Antiochia
63 v. Chr.
58 v. Chr.
Cnossus
67 v. Chr.
e Internum
Tyrus
74 v. Chr.
Cyrenaica
Alexandria
Arabia
105 n. Chr.
Aelana
30 v. Chr.
Aegyptus
W0392482

Salvete

Neue Ausgabe

Texte und Übungen

Gesamtband

Von

Ulrike Althoff
Maren Berghorn
Alfred Bertram
Manfred Blank
Sylvia Fein
Regina Freese-Rieck
Armin Höfer
Jens Kühne
Gisa Lamke
Ina Lehmann
Christoph Schmid
Stefan Schrade
Brigitte Weber

Cornelsen

Für Hinweise und Anregungen danken wir

Herrn Dieter Belde, Hamburg
Frau Britta Boberg, Berlin
Herrn Joerg Ferrari, Friedrichshafen
Herrn Klaus Freitag, Münster
Herrn Prof. Dr. Jürgen Blänsdorf, Mainz

Namen- und Sachregister:
Gabriele Nick, Stefanie Prähofer

Redaktion: Werner Schmidt
Illustration: Ulrike Braun, Hans Wunderlich, Berlin
Umschlaggestaltung: Wolfgang Lorenz
Layoutkonzept: Christoph Schall
Layout und technische Umsetzung: Wladimir Perlin, Berlin

Die Abbildung auf dem Umschlag zeigt Schauspieler vor Kulissen
für den Film *Mein Vater, der Kaiser*. Dieser Film über Kaiser Augustus wurde
2002 in Tunesien produziert.

www.cornelsen.de

Dieses Werk berücksichtigt die Regeln der reformierten Rechtschreibung
und Zeichensetzung.

1. Auflage, 2. Druck 2007

Alle Drucke dieser Auflage sind inhaltlich unverändert
und können im Unterricht nebeneinander verwendet werden.

Druck: CS-Druck CornelsenStürtz, Berlin

ISBN 978-3-464-65449-1

Inhalt gedruckt auf säurefreiem Papier aus nachhaltiger Forstwirtschaft.

Salvete!

Mit diesem lateinischen Gruß begrüßen wir euch in der Welt der Römer. In 45 Lektionen lernt ihr hier die Grundlagen der lateinischen Sprache und der römischen Kultur kennen.

Jede Lektion umfasst in der Regel 4 Seiten und ist gleich aufgebaut:

- Auf der ersten Seite zeigen **Landkarte und Zeitstrahl**, wo und wann die Handlung der Lektionstexte spielt.
- Unter der Überschrift **GUT ZU WISSEN** führt die erste Lektionsseite wichtige Vokabeln der folgenden Lektionstexte ein, klärt Grammatik und Inhalt.
- Auf der ersten Lektionsseite findet ihr außerdem kurze Sätze und Ausdrücke, mit denen ihr euch lateinisch unterhalten könnt. Deshalb lautet die Überschrift hier ***Loquāmur Latīnē*** – Sprechen wir doch Latein!
- Auf der zweiten und vierten Lektionsseite stehen die lateinischen **Lektionstexte**. Meist führt ein deutscher Text in das Thema ein.
- Auf der zweiten, dritten und vierten Seite findet ihr nummerierte **Arbeitsanregungen** und **Übungen**; sie sind durch verschieden farbige Querbalken kenntlich gemacht.
  - Fragen zu Inhalt, Formen und Satzlehre
  - Wortschatzübungen
  - Anregungen für Spiele und andere Unternehmungen
  - Vergleiche mit dem Deutschen und modernen Fremdsprachen
- Der ***Informationstext*** auf der 3. Seite erläutert und vertieft Themen der Lektionen.

Auf den 5 Spezial-Doppelseiten zum Thema ***Übersetzungstraining*** lernt ihr Schritt für Schritt Dinge, die wichtig sind, um lateinische Texte zu übersetzen. Spezielle Übungen hierfür sind in den Lektionen mit dem Schraubenschlüssel gekennzeichnet. Die Zahlen geben an, auf welche der 5 Doppelseiten sich die Übungen beziehen.

Nach jeweils 9 Lektionen gibt es eine **CLARO**-Lektion. Sie macht klar, was ihr schon könnt und in welchen Bereichen eine Wiederholung gut tut.

Im **Vokabelverzeichnis** ab S. 236 sind die Vokabeln zu den einzelnen Lektionen in der Reihenfolge aufgeführt, in der sie in den Lektionstexten vorkommen.
Tipps zum Vokabellernen (S. 234-235) zeigen verschiedene Wege, sich diese Arbeit zu erleichtern.
In den Bildfolgen **De rebus Romanis** sind die Bedeutungen wichtiger Vokabeln durch besonders eindrucksvolle Bilder aus der Welt der Römer veranschaulicht.

Bene eveniat! Autoren, Berater und Verlag

Inhaltsverzeichnis

murus • muro • Mauer • mur

Juventus Turin

Trier

Porta Westfalica

nulla poena sine lege

Mode

Mainz

Borussia Dortmund

delere • (to) delete

Expedition zum Mars

Konstanz

Sensationelle Bilder des Saturn

Köln

bonus, -a, -um • buono, -a • bon, bonne • buen(o), -a

Audi

amicus • amigo • ami • amico

dividere • dividieren • (to) divide • diviser • dividir

hora • Uhr • heure • ora • hour

filia • hija • fille • figlia

RÖMISCHES UND LATEINISCHES – WIR SAMMELN INFORMATIONEN

1 Ordnet die abgebildeten Beispiele für Römisches und Lateinisches verschiedenen Bereichen zu.

2 Sammelt zu diesen Bereichen weitere Beispiele, die ihr zu Hause, im Fernsehen und in Zeitungen oder im Urlaub findet.

1 LEBEN IN DER GROSSSTADT

Alle Wege führen nach Rom

500 v. Chr. | zwischen 10 und 70 n. Chr. | 500 | 1000 | 1500 | 2000

GUT ZU WISSEN

Loquāmur Latīnē

– *Salvēte puerī!*

– *Salvē magistra! Salvē magister!*

– *Quod nōmen est tibi?*

– *Mihi nōmen est Mārcus, Claudia ...*

– *Quis es?*

– *Magistra/Magister/Puella/Puer sum.*

– *Valēte puerī!*

– *Valē magistra! Valē magister!*

TEXT 1 *Treffpunkt Goldener Meilenstein*

Titus springt aus dem Bett. Heute Vormittag hat er viel vor. Sein Vater, der reiche Kaufmann Marcus Livius Maximus, hat ihn beauftragt, Gäste vom *forum Romanum* abzuholen.
Da Titus schon fünfzehn ist, darf er dieses Jahr die Zeichen der Volljährigkeit in Empfang nehmen. In wenigen Tagen ist es so weit. Titus freut sich schon darauf, seine Gäste zu begrüßen. Im Übrigen gibt es auf dem *forum Romanum*, dem Zentrum Roms, immer viel zu sehen. Titus nimmt sogar in Kauf, dass ihn seine kleine zehnjährige Schwester Livia begleitet. Immerhin hat er dadurch erst einmal Ruhe vor seinem sechsjährigen Bruder Secundus. Die Eltern können nicht mitkommen: Vater Marcus erwartet eine große Warenlieferung, Mutter Cornelia bereitet das bevorstehende Fest vor. Deshalb begleitet ein Sklave namens Theodorus die Kinder.
Titus und Livia werden Verwandte und alte Freunde der Familie wiedersehen. Ihr Onkel Rufus reist aus Pompeji in Süditalien an. Quintus, ein enger Freund der Familie, hat einen noch weiteren Weg. Er wird aus Britannien erwartet, wo er sich als Händler niedergelassen hat. Als Treffpunkt ist das *milliarium aureum* vereinbart, der „Goldene Meilenstein" auf dem Forum. Ein idealer Treffpunkt. Diese Säule war zum Teil mit Gold verziert. Auf dem Meilenstein standen die Namen der wichtigsten Städte des Reiches. Komm doch einfach mit ...

Ecce forum Rōmānum. Forum Rōmānum amplum est.
Ecce monumentum. Monumentum mīliārium[1] est.
Mīliārium[1] est aureum[2] et altum.
Hīc sedet Titus, illīc[3] sedet Līvia.
Ecce Titus. Titus attentus est.
Ecce Līvia. Etiam Līvia attenta est.
Titus hūc spectat, illūc[4] Līvia.
Etiam Theodōrus adest. Theodōrus et servus Graecus et paedagōgus[5] est.
Etiam Theodōrus circumspectat[6].
Nunc Līvia fessa est. Nam diū exspectat.
Līvia: „Ubī est Quīntus? Ubī est Rūfus?"

1 mīliārium n. *Meilenstein*
2 aureus, -a, -um *golden*
3 illīc (Adv.) *dort*
4 illūc (Adv.) *dorthin*
5 paedagōgus m. *Begleiter der Kinder, Erzieher*
6 circumspectat (er/sie/es) *schaut umher, sieht sich um*

1 Wie kommen Quintus und Rufus auf dem schnellsten Wege nach Rom? Verwende dazu die Karten auf den Innenseiten des Umschlags.

2 Plane nun deine eigene Reiseroute nach Rom für die nächsten Ferien: Welche Verkehrsmittel benutzt du, wie lang ist die Strecke und durch welche Länder reist du?

1 3 Wie gut kennst du schon Titus, Livia, Theodorus, Quintus und Rufus? Was sind sie? Welche Eigenschaften haben sie? Wie handeln sie? Sammle dazu aus den Einleitungs- und Lesetexten die passenden *Adjektive, Substantive* und *Verben*.

4 Schreibe aus den beiden Texten alle *Substantive* nach ihrem *Genus* in einer Tabelle geordnet heraus.
Beispiel:

Maskulinum	Femininum	Neutrum
Titus	Līvia	forum

5 Titus will Livia noch andere Dinge zeigen, doch auf dem Forum herrscht großer Lärm. Manchmal versteht man sein eigenes Wort nicht. Besonders die *Endungen* einiger Worte gehen in der Vielfalt der Geräusche unter. Kannst du Titus und Livia helfen?
Beispiel: Forum ampl--- est. – Forum ampl*um* est.
Forum Rōmānum māgn--- est. Ecce mīliāri--- aureum! Mīliāri--- alt--- est. Serv--- māgnus appropinqua--- . Hīc dominus sede--- .

6 Kleiner, aber feiner Unterschied! Wo wird das Adjektiv als *Attribut,* wo als *Prädikatsnomen* verwendet?
Sērva magna labōrat. Dominus attentus est. Amicus Britannicus appropinquat. Gaudium magnum est.

7 Lies Text 1 und 2. Nenne die Namen der dort auftretenden Personen. Wer von ihnen ist hier abgebildet? Welche der abgebildeten Personen kommen in der Geschichte noch nicht vor?

Die Familie des Marcus Livius Maximus

TEXT 2 *Warten auf Rufus*

Das Forum wimmelt nur so von Menschen. Die Zeit verrinnt. Titus versucht, Livia bei Laune zu halten und zeigt ihr, aus welchen Gebieten des riesigen römischen Reiches die Leute kommen.

Titus: „Ecce! Hīc stat servus Germānicus, illīc[3] sedet domina Graeca.
Hīc dominus Aegyptius clāmat, illīc[3] serva Syra labōrat."
Sed *Līvia:* „Ubī est amīcus Britannicus, ubī est Rūfus?"
Subitō dominus appropinquat et clāmat. Quis est?
Est amīcus Britannicus. Quam māgnum est gaudium!
Titus rīdet, etiam Līvia gaudet.
Sed Theodōrus nōn gaudet. Nam Rūfus nōn adest.
Paedagōgus[5] murmurat[7]: „Rūfus semper tardus est …"

3 illīc (Adv.) *dort*
5 paedagōgus m. *Begleiter der Kinder, Erzieher*
7 murmurat (er/sie/es) *murmelt, brummt*

VON WORT ZU WORT

8 Füge zu jedem Substantiv aus Übung 4 eine neue passende Eigenschaft, also ein *Adjektiv*, hinzu. Achte auch hier auf das Genus.
Beispiel: forum *amplum*

Aegyptius • amplus • altus • attentus • aureus • Britannicus • fessus • Germānicus • Graecus • māgnus • Rōmānus • tardus

9 Stell dir vor, du stehst auf dem Forum Romanum und erzählst einem Freund auf Latein, was du dort siehst. Kombiniere die vorgegebenen *Substantive, Adjektive* und *Verben* zu neuen Sätzen. Du kannst dazu Wörter auch mehrmals verwenden. Verstehen dich deine Mitschüler? Lasse sie deine lateinischen Sätze zur Kontrolle übersetzen.

Substantive	dominus, forum, monumentum, serva, paedagōgus
Adjektive	amplus, altus, attentus, fessus, māgnus, tardus
Verben	clāmat, est, gaudet, labōrat, rīdet, spectat

UND IN MODERNEN SPRACHEN?

10 Mit Latein findest du dich auch in vielen anderen europäischen Sprachen zurecht. Von welchem lateinischen Wort stammen die Wörter folgender Sprachen?

spanisch	italienisch	französisch	englisch	deutsch
monumento	monumento	monument	monument	Monument
es	è	est	is	ist
amplio, -a	ampio, -a	ample	ample	…
atento, -a	attento, -a	attentif, -ive	attentive	…

2 LEBEN IN DER GROSSSTADT
Erlebnisse im alten Rom

500 v. Chr. | *zwischen 10 und 70 n. Chr.* | 500 | 1000 | 1500 | 2000

GUT ZU WISSEN

Loquāmur Latīnē

Quot annōs nāta/nātus es?

Novem/Decem/Undecim/Duodecim/
Trēdecim annōs nāta/nātus sum.

TEXT 1 *Ein verlockender Duft*

Quintus, der ja schon lange nicht mehr in Rom gewesen ist, schlägt den Kindern vor, das Forum und seine Umgebung zu erkunden. Theodorus muss inzwischen am Goldenen Meilenstein weiter auf Rufus warten ...
Quintus staunt über Neubauten in der Stadt. Die Sonne steht schon sehr hoch am Himmel, es wird immer heißer. Plötzlich steigt ihnen ein verlockender Duft in die Nase. Da merken Quintus und die Kinder, wie hungrig und durstig sie sind ...

Ubīque aedificia māgna sunt. Subitō *Titus* puer clāmat: „Ecce taberna!" Porta aperta est. Intus nōnnūllae sellae[1] sunt. Quīntus amīcus circumspectat[2]. Etiam puerī circumspectant[2]. Intus multī virī sunt. Aliī sedent, aliī stant. Nōnnūllī sunt Rōmānī, nōnnūllī sunt barbarī; aliī dominī sunt, aliī servī. Hīc Rōmānī rīdent, illīc[3] Graecī disputant. Etiam nōnnūllae fēminae, et dominae et servae, adsunt. Tandem puerī et Quīntus sedent. Tum *cōpa*[4], fēmina pulchra, appropinquat: „Cibī sunt bonī. Etiam vīnum bonum est." Quīntus et puerī gaudent et cēnant[5]. Tandem Quīntus et Titus et Līvia contentī sunt. Subitō autem *Quīntus:* „Ubī est pecūnia?" Timet et sollicitus est. Nam pecūnia dēest. Iam cōpa[4] appropinquat ...

1 sella f. *Sitz, Sessel*
2 circumspectat (er/sie/es) *schaut umher, sieht sich um;* circumspectant *sie schauen umher, sehen sich um*
3 illīc (Adv.) *dort*
4 cōpa f. *Wirtin, Kellnerin*
5 cēnant *sie speisen, essen*

WIR SPIELEN DIE SZENE

1 Wie könnte die Geschichte weitergehen? Versuche deine Vermutung aus dem Text zu begründen. Spielt die Szenen.

2 Was isst du am liebsten, wenn du unterwegs Hunger bekommst? Welche Art von Gaststätten gibt es in deinem Wohnort?

1 **3** Leicht zu verwechseln: Was ist *femininum*, was ist *neutrum*?
pecūnia, perīcula, puella, mēnsa, monumenta, gaudia, vīna, aqua, aedificia

4 Aus eins mach zwei: Setze in den *Plural* und übersetze die neue Form.
Beispiel: timet – *timent – sie fürchten*
puer, serva, adest, aedificium, vir, rīdet, disputat, dominus

Abb. 1 *Ein römisches Festessen. Wandmalerei aus Pompeji*

Die Taberna: Fastfood schon im alten Rom

Für hungrige Reisende gab es im alten Rom ein vielfältiges Angebot an Speisen. Imbissverkäufer schoben Warmhaltekessel durch die Straßen und priesen dampfende Würstchen und andere Leckerbissen mit lautem Geschrei an. Oft verursachten diese Verkäufer Fußgängerstaus in den engen Gassen.
Etwas bequemer waren Imbissstuben oder Weinschenken (*tabernae*), die es an vielen Straßenecken im Erdgeschoss großer Mietshäuser gab. Hier konnte man sein Essen an einer Theke im Stehen oder auf Bänken oder Stühlen sitzend einnehmen.
Der Kunde bekam warme und kalte Getränke und einfache Speisen wie Suppen und Gemüsegerichte, auch Backwaren und Obst. Man konnte sich das Essen auch zum Mitnehmen einpacken lassen.
Für viele Römer war dies die einzige Möglichkeit, ein warmes Essen zu bekommen: In ihren engen Mietwohnungen hatten sie oft gar keinen Herd, um sich selbst etwas zu kochen.
Vornehme Speiselokale gab es kaum. Reiche Römer aßen in ihren Privathäusern.

TEXT 2 *Alarm!*

Subitō autem *vir* clāmat: „Incendium, incendium! Māgnum perīculum!“
Cūnctī timent. Aliī trepidant[6], aliī clāmant.
Turba māgna ēvolat[7]. Etiam Quīntus et puerī ēvolant[7].
Forīs multī virī et multae fēminae stant et spectant.
Illīc[3] aedificium māgnum et pulchrum ārdet. Ubīque flammae sunt.
Iam alia aedificia ārdent.
Subitō servī pūblicī advolant[8].
Iam aqua adest. Nunc etiam aliī virī adsunt.
Tandem incendia exstīncta[9] sunt. Aedificia nōn iam ārdent.
Cūnctī gaudent. Etiam Quīntus et puerī laetī sunt.
Nam *cōpa*[4], fēmina bona, clāmat: „Nunc cibī sunt grātuītī.“

3 illīc (Adv.) *dort*
4 cōpa f. *Wirtin, Kellnerin*
6 trepidant *sie zittern, sind ängstlich*
7 ēvolat (er/sie/es) *läuft schnell hinaus;* ēvolant *sie laufen schnell hinaus*
8 advolant *sie kommen schnell herbei*
9 exstīnctus, -a, -um *gelöscht*

5 Welche Personen erkennst du aus Lektion 1 wieder?
Text 1 und 2 bilden eine zusammenhängende Geschichte. Oft findest du am Satzanfang Wörter, die die einzelnen Sätze eng miteinander verknüpfen. Sie heißen *Konnektoren* (Satz-Verbinder). Sie reihen Aussagen aneinander, enthalten Zeit- oder Ortsangaben, leiten Begründungen oder einen Gegensatz ein.

Lege in deinem Heft eine Tabelle nach dem folgenden Muster an:

Aneinander-reihung	Zeitangabe	Ortsangabe	Begründung	Gegensatz

Trage die in Text 1 und 2 enthaltenen *Konnektoren* entsprechend ihrer *Sinnrichtung* ein.

6 Einer oder mehrere? Entscheide, ob folgende Sätze im *Singular* oder *Plural* stehen und wandle sie dann in den anderen *Numerus* um.
Beispiel: Aedificium altum est. – Aedificia alt*a sunt*.

Taberna māgna est. Sellae māgnae sunt. Virī Graecī rīdent. Dominus Rōmānus clāmat. Servī bonī advolant. Vīnum bonum est. Dominus contentus est et gaudet. Puerī laetī sunt. Puella pulchra gaudet. Subitō perīculum māgnum adest. Aedificia ampla ārdent. Fēmina clāmat. Servī pūblicī appropinquant.

3 Ein aufregender Nachmittag

500 v. Chr. | zwischen 10 und 70 n. Chr. | 500 | 1000 | 1500 | 2000

GUT ZU WISSEN

Loquāmur Latīnē

Ecce familia mea.

Ecce pater, ecce māter.

Ecce frāter et soror.

Ecce avia, ecce avus.

Estne tibi frāter aut soror?

TEXT 1 *Gefährliche Subura*

Livia, Titus und Quintus sind froh und erleichtert über den glücklichen Ausgang des Vormittags. Sie spazieren zu der lebhaften Geschäftsstraße Argiletum, in der Handwerker und Buchhändler ihre Waren verkaufen. Dort gibt es viel zu sehen …

Titus et Līvia circumspectant[1]. Hīc servī labōrant: Aliī aquam et frūmentum apportant, aliī saccum complent. Illīc[2] līberī servās vident. Servae alia negōtia exercent: Cibōs parant et vīnum apportant.

Tum asinus appropinquat. Saccōs et nōnnūlla īnstrūmenta portat. Servus asinum agitat.

Subitō Līvia trepidat[3] … armilla[4] dēest.

Līvia circumspectat[1], tum clāmat : „Ecce vir! Armillam[4] habet.“

Multī virī et fēminae circumspectant.

Inter servōs virum vident. Vir per viam angustam[5] festīnat. Nunc etiam *nōnnūllī servī* prope tabernam clāmant: „Fūrtum[6], fūrtum!“ Iam virum urgent.

Subitō vir ad īnsulam obscūram festīnat. Etiam servī ad īnsulam festīnant. Tandem virum captant[7].

Līvia sollicita est; nam vir armillam[4] nōn iam habet. Subitō autem Līvia puerum videt. Puer apud virum scelestum[8] stat et … armillam[4] sublevat[9]. Tum puer rīdet et armillam[4] apportat.

Līberī gaudent. Tum *Quīntus*, amīcus Britannicus, monet: „Subūra perīculōsa[10] est. Hīc sunt nōn sōlum servī et libertī, sed etiam virī scelestī[11].“

1 circumspectat (er/sie/es) *schaut umher, sieht sich um*
2 illīc (Adv.) *dort*
3 trepidat (er/sie/es) *zittert, ist ängstlich*
4 armilla f. *Armband*
5 angustus, -a, -um *eng*
6 fūrtum n. *Diebstahl*
7 captat (er/sie/es) *fängt, fasst*
8 scelestus, -a, -um *verbrecherisch*
9 sublevat (er/sie/es) *hebt auf*
10 perīculōsus, -a, -um *gefährlich*
11 scelestus, -a, -um *verbrecherisch*

ORTSTEILE – HEUTE UND FRÜHER

1 Welche Ortsteile kennst du in deinem Wohnort? Beschreibe und vergleiche.

1 2 Stelle die *Akkusative* aus Text 1 in einer Tabelle zusammen. Ordne sie dabei nach ihrem *Numerus* in zwei Gruppen und weise sie den beiden *Deklinationsarten* zu. Beispiel:

Akkusativ Singular			Akkusativ Plural		
o-Deklination		a-Dekl.	o-Deklination		a-Dekl.
m.	n.	f.	m.	n.	f.
servum	______	______	______	īnstrūmenta	______

3 Bilde den *Akkusativ Singular* und *Plural* von:
saccus māgnus, serva pulchra, vestībulum amplum, īnsula obscūra, vīnum bonum

4 Immer wieder diese *Endungen*! Ergänze sie sinnvoll und übersetze.
Titus et Gāius servam vident et ad serv--- festīna--- .
Nam serv--- cib--- apport--- . Līber--- gaudent et rīde--- .

5 **a** Suche aus Text 1 alle *präpositionalen Verbindungen* heraus.
b Welchen Satzteil stellen sie jeweils dar?

Wohnen im alten Rom

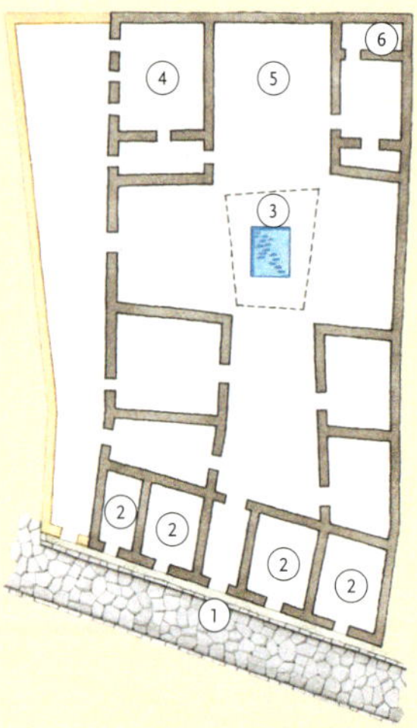

Abb. 1 *Grundriss einer römischen domus*
1 Eingang
2 Läden (tabernae)
3 Atrium
4 Speisesaal
5 Raum des pater familias
6 Lagerraum für Speisen und Schmuck

Im alten Rom lebten viele unterschiedliche Menschen. Entweder waren sie Freie, Freigelassene oder Sklaven.
Die Subura war ein dicht bevölkertes, lautes Viertel, in dem es Lebensmittelgeschäfte, Buden und Kneipen gab. Da dort aber viele Arme wohnten, hatte die Subura einen schlechten Ruf: Sie galt als Ganovenviertel.

Die meisten Menschen wohnten dort in 6-7-stöckigen Mietskasernen (*insulae*). Im Erdgeschoss befanden sich häufig Geschäfte (*tabernae*). Meist lebten die Inhaber in ihren Läden. Über den *tabernae* lagen die oft feuchten und dunklen Mietwohnungen. Sie waren über Treppen von der Straße oder dem Innenhof aus zu erreichen. Wohnungen in höheren Etagen waren kleiner; hier lebten sehr arme Menschen oder Sklaven.
Stadtviertel, die ausschließlich Reichen vorbehalten waren, gab es in Rom aber nicht. Die Häuser der Oberschicht waren über das gesamte Stadtgebiet verstreut.
Reiche Familien lebten meist in prächtigen einstöckigen Häusern (*domus*). Zu einer *domus* gehörten in der Regel ein großer Empfangssaal für Gäste (*atrium*), ein Speisesaal (*triclinium*) und ein Hofraum (*peristylium*), der von Säulen umgeben war. Dort befand sich der Garten (*hortus*). Vor der Sommerhitze flohen viele reiche Römer auf ihre Landgüter (*villae*).

Abb. 2 *Vorderansicht der domus*

TEXT 2 *Ein neuer Freund*

Livia ist glücklich, dass ihr Armband wieder da ist. Dankbar hat sie Gaius, den Jungen aus der Subura, eingeladen. Doch beruhigt hat sich Livia noch nicht. Der Diebstahl und die Wohnverhältnisse in der Subura haben sie sehr erschreckt. Wie dicht die Häuser dort beieinander stehen! Die meisten Wohnungen sind klein und dunkel. Auf dem Esquilin, wo sie mit ihren Eltern und Geschwistern wohnt, lässt es sich doch bedeutend besser leben. Endlich erreichen die Vier das Haus und klopfen erschöpft an die Tür. Secundus, ihr kleiner Bruder, öffnet ihnen.

Quīntus et līberī Secundum salūtant et vestibulum[12] intrant. Secundus autem stupet[13]; nam Gāium, puerum ignōtum, inter Titum et Līviam videt.
Sed *Līvia* iam explicat: „Gāius novus amīcus est." Tum Līvia narrat et armillam[4] mōnstrat. Nunc Secundus laetus est.
Gāius autem stupet[13]: „Quam māgnum est aedificium!" Tum *puer* circumspectat[1]: „Etiam hortus māgnus et pulcher est. Illīc[2] sunt multae statuae."
Secundus: „Hīc familia libenter habitat."
Subitō *Titus:* „Ecce! Nōnnūllae servae cibōs et vīna in triclīnium[14] apportant."
Cūnctī per ātrium ad triclīnium[14] festīnant.
Līberī Rūfum exspectant. Fortasse Rūfus iam adest …

1 circumspectat (er/sie/es) *schaut umher, sieht sich um*
2 illīc (Adv.) *dort*
4 armilla f. *Armband*
12 vestibulum n. *Vorhalle*
13 stupet (er/sie/es) *staunt*
14 triclīnium n. *Speisezimmer*

6 Zeichne einen Plan von dem Haus oder der Wohnung, in der du wohnst. Vergleiche ihn mit dem Grundriss des römischen Stadthauses auf S. 26.

7 In diesen Sätzen fehlen *est* und *sunt*. Füge jeweils die richtige Form hinzu und übersetze ins Deutsche:
serva bona • fora māgna • fēmina contenta • puella laeta • aedificia nova

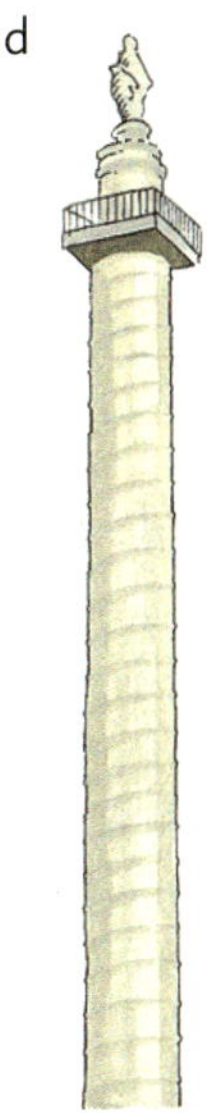

UND IM ENGLISCHEN?

8 Eine Familie aus Oxford besucht Rom und ist begeistert. Wenn Titus und Livia zuhören könnten, wären sie erstaunt, wie viele Wörter ihnen bekannt vorkämen.

Die Gesellschaft der Römer zur Zeit des Kaisers Augustus

Die römische Gesellschaft gliederte sich in verschiedene Gruppen, die in unterschiedlicher Weise am öffentlichen Leben beteiligt waren. Wir können drei große Gruppen unterscheiden:

- freie Bürger,
- Freigelassene,
- Sklaven.

Die Gruppe der freien Bürger war unterteilt in drei Untergruppen:

- die nobiles,
- die Ritter,
- die Plebejer.

Nobiles. Das Wort *nobilis* bedeutet edel, vornehm, adelig. Die Angehörigen dieser Gruppe hoben sich von den anderen Römern dadurch ab, dass sie sehr reich waren, die höchsten Staatsämter übernehmen konnten, Provinzen verwalteten, als Senatoren den Kaiser berieten und die Namen ihrer Vorfahren bis weit zurück in die Vergangenheit angeben konnten. Ein Senator war auf den Straßen Roms leicht zu erkennen an dem breiten Purpurstreifen auf Tunika oder Toga und an roten Schuhen. Es gab nur wenige Tausend *nobiles*.

Ritter. Das Wort „Ritter“ ist abgeleitet vom Wort „Reiter“. Ursprünglich wurden in Rom diejenigen Ritter genannt, die zu Pferd in den Kampf zogen. Anschaffung und Unterhalt eines Pferdes sind teuer. Später wurde deshalb eine Gruppe reicher Römer, die ein bestimmtes Vermögen besaßen, als Ritter bezeichnet. Die Ritter waren nicht ganz so reich und vornehm wie die nobiles und bildeten eine zweite Adelsgruppe unterhalb dieser Gruppe. Die Ritter waren reiche Geschäftsleute und Anwälte. Sie arbeiteten auch in der Verwaltung des *imperium Romanum* mit.

Abb. 3 *Ein nobilis mit Büsten seiner Ahnen*

Plebejer. Zu den Plebejern gehörten die einfachen Leute: Handwerker, Händler, Arbeiter, Bauern. Die meisten Römer waren Plebejer. Sie konnten in der Politik nur begrenzt mitbestimmen, hatten aber einige Grundrechte: Zum Beispiel konnten sie gegen ein Todesurteil vor einem Gericht in Rom Einspruch erheben.

Sklaven. Sklaven waren Eigentum ihres Herren und hatten keinerlei Rechte. Viele Sklaven kamen als Kriegsgefangene nach Rom. Wenn eine Sklavin Kinder bekam, blieben diese auch Sklaven. Die Lebensbedingungen der Sklaven waren unterschiedlich: In der Regel erträglich war die Arbeit im Haushalt. Unerträglich harte Arbeit mussten Sklaven auf den großen Plantagen und in Bergwerken ausführen. Sklaven durften Geld verdienen. Damit konnten sie sich freikaufen – wenn ihr Herr einverstanden war! Man schätzt,

Abb. 4 *Figur eines Jungen, der als Diener oder Sklave arbeitete.*

dass 10 bis 30 % der Bevölkerung Sklaven waren.

Freigelassene. Sklaven konnten sich freikaufen oder wurden wegen besonderer Verdienste freigelassen. Aber auch nachher waren sie noch abhängig von ihrem ehemaligen Herren. Sie gehörten auch weiterhin zur *familia*. Erst die Kinder der Freigelassenen galten als vollwertige römische Bürger.

Familie. Für die Römer hatte *familia* eine umfassendere Bedeutung als „Familie“ für uns: Wir stellen uns die Gemeinschaft von Vater und/oder Mutter und Kind(ern) vor. Zur *familia* gehörten alle im Haus lebenden Personen, einschließlich der Sklaven, außerdem alle verheirateten Söhne mit ihren Frauen, Kindern, Adoptivkindern und Sklaven. Der Familienvater (*pater familias*) bestimmte als Hausherr (*dominus*) die Geschicke der Familie und vertrat ihre Interessen nach außen. Seine Frau führte als Hausherrin (*domina*) die Aufsicht über die Sklaven im Haus, kümmerte sich um die Kinder und hatte innerhalb der Familie oft viel Einfluss. Politik und Verwaltung waren ausschließlich Männern vorbehalten.

Namen. Ein freier römischer Bürger hatte in der Regel drei Namen: Einen Vornamen (*praenomen*), einen Familiennamen (*nomen gentile*) und einen Beinamen (*cognomen*), der einen Zweig der Familie bezeichnete. Ein Beispiel: Der berühmte Caesar hieß mit vollem Namen Gaius Iulius Caesar. Der Beiname verwies oft auf eine körperliche Eigenart des ersten Trägers dieses Namens (z. B. *Crispus* Kraushaar, *Flaccus* Schlappohr), und diesen Beinamen erbten die Nachkommen. Die Römer hielten nur ungefähr 15 männliche Vornamen für ausreichend (z. B. *Gaius, Marcus, Quintus*). Die Mädchen bekamen die feminisierte Form des Familiennamens: Die Tochter von Gaius *Iulius* Caesar hieß also *Iulia*. Sklaven bekamen von ihren Herren einen einzigen Namen, der oft auf ihr Herkunftsland hindeutete (z. B. *Syrus* der Syrer).

Die Regierung des Kaisers. Der Kaiser Augustus und seine Nachfolger regierten als Alleinherrscher. Ihre Macht beruhte auf ungeheurem Reichtum und dem Oberbefehl über das Heer. Bei der Regierung ließ sich der Kaiser von *nobiles* und Rittern unterstützen: Sie verwalteten Ämter in Rom, Italien und den Provinzen, erhoben Steuern, dienten als Offiziere oder berieten ihn als Senatoren. Die Masse der Bevölkerung war ausgeschlossen vom politischen Leben.

Abb. 5 *Büste des Kaisers Augustus*

9 Stelle aus Lektion 1, 3, 4 und 5 einen Steckbrief der Familie des Marcus Livius Maximus zusammen: Nenne die Namen der Personen und ihre Aufgaben.

10 Zu welcher gesellschaftlichen Gruppe gehört die Familie?

4 Schule – mal so, mal anders

500 v. Chr. | zwischen 10 und 70 n. Chr. | 500 | 1000 | 1500 | 2000

GUT ZU WISSEN

Magister docet.

Lūdus discipulōs dēlectat.

Discipulus litterās notat.

Secundus rīdet.

Līvia īrāta est.

Loquāmur Latīnē

Ubī est Mārtīnus?

Ecce Mārtīnus.

Ubī est ... ?

Quid hoc est Latīnē/Theodiscē?

TEXT 1 *Secundus lernt schreiben*

Rufus ist noch nicht da, deshalb geht das Leben im Haus des Marcus am nächsten Tag seinen gewohnten Gang. Für Livia und Secundus, ihren kleinen Bruder, heißt das: Unterricht wie an jedem Vormittag. Als Kinder reicher Eltern lernen sie zu Hause bei ihrem Privatlehrer Theodorus. Titus hat den Lese- und Schreibunterricht schon abgeschlossen und lernt beim *grammaticus* Grammatik, Literatur und Griechisch. Secundus aber soll heute seine ersten lateinischen Buchstaben schreiben. Livia beherrscht schon das ganze Alphabet. Trotzdem sitzt sie erwartungsvoll in der Hausbibliothek.

Līvia Theōdorum exspectat. Tandem magister adest. *Theodōrus:* „Gaudeō; nam tū iam parāta es ad lūdum! Ubī autem est Secundus?“ – *Līvia:* „Egō parāta sum! Iam diū hīc sedeō et tē exspectō, sed Secundus adhūc somniat[1].“ Tandem Secundus appropinquat; cōdicillōs[2] apportat. *Secundus* clāmat: „Iam adsum. Nōn somniō[1]!“ Ad Līviam: „Tū numquam cōdicillōs[2] portās, itaque semper egō cōdicillōs[2] apportāre dēbeō.“ – Secundus īrātus est, rīdet Līvia. Tum līberī attentī sunt, nam Theodōrus litterās Latīnās docet. *Theodōrus* ad Līviam: „Cūnctās litterās Latīnās iam notāre[3] potes.“ *Līvia* clāmat: „Egō iam litterās Latīnas notāre[3] possum!“ Tum cūnctās litterās Latīnās notat[3]. Nunc Līvia notat[3] litteram T, tum litteram O, tum litteram G, tum litteram A. Etiam Secundus notat[3]: TOGA

Theodōrus Secundum laudat. Secundus laetus est, nam iuvat litterās Latīnās notāre[3]. *Secundus* cōgitat: „Nōs Theodōrum magistrum timēre nōn dēbēmus, nam nōs laudat. Lūdus mē dēlectat.“

Tum *Theodōrus:* „Secundus fortasse etiam aliās litterās Latīnās notāre[3] potest.“ Līvia notat[3] litterās : P – V – E – L – L – A. Secundus spectat et cōgitat; tum autem notat[3]: PVER. Theodōrus rīdet, stupet[4] Līvia.

Magister: „Vōs discipulī bonī estis, cūnctās litterās Latīnās nomināre potestis, litterās pulchrās notātis[3] - itaque vōs laudō.“

Secundus gaudet, cūr autem tacet Līvia? Somniat[1]. *Secundus* Līviam agitat: „Egō nōn somniō[1]; tū autem somniās[1], attenta nōn es!“ Secundus et Theodōrus rīdent, nunc autem Līvia īrāta est.

1 somniāre *träumen*
2 cōdicillī m. (Pluralwort) *Schreibtafel*
3 notāre *zeichnen, schreiben*
4 stupēre *staunen*

KLEINES SCHULTHEATER

1 Schreibt Text 1 in ein kleines lateinisches Theaterstück um und spielt die Szene. Informiert euch, was ihr braucht, damit die Aufführung richtig römisch wirkt.

2 Eine Übung, die schon Schüler im alten Rom machten: Suche aus Text 1, Zeile 1–9 alle Prädikate heraus und bilde den jeweils gegensätzlichen Numerus.
Beispiel: *exspectat – exspectant; adest – adsunt* etc.

Schule in Rom

Abb. 1 *Szenen aus dem Leben eines Kindes: Rechts sind Schüler und Lehrer dargestellt. Römisches Relief*

In Rom bestand keine Schulpflicht. Trotzdem lernten fast alle Kinder lesen, schreiben und rechnen. Wer reich war, konnte seine Kinder zu Hause unterrichten lassen. Lehrer war oft ein griechischer Sklave – wie Theodorus. Die meisten Eltern schickten ihre Kinder aber zu einem Lehrer, der in der Stadt einen Unterrichtsraum hatte. Dort saßen die Schüler in Gruppen zu 20 bis 30 auf Hockern um ihren Lehrer versammelt. Jungen und Mädchen wurden gemeinsam in unterschiedlichen Altersgruppen unterrichtet. Das Gehalt, das die Eltern dem Lehrer zahlen mussten, war gering. Oft bezahlten Eltern das Schulgeld nicht.

Der Unterricht begann früh am Morgen und dauerte nach einer Pause bis in den Nachmittag. Ferien gab es von Ende Juli bis Mitte Oktober und an Feiertagen.

Viele Lehrer waren streng und verprügelten die Kinder. Andere ließen sich für den Unterricht etwas Besonderes einfallen: Sie brachten den Kindern das Alphabet mit Plätzchen in Buchstabenform bei.

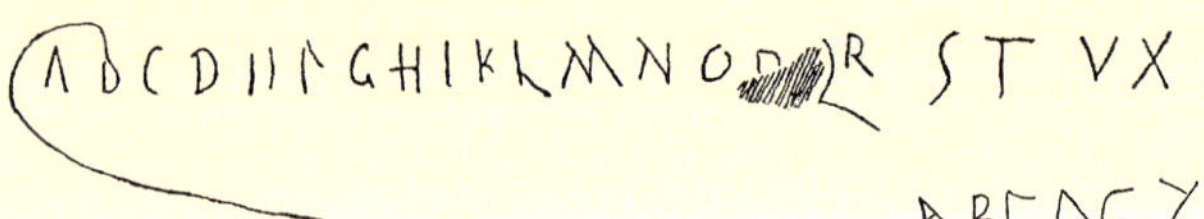

Abb. 2 und 3 *Lateinische und griechische Schreibübungen. Inschriften aus Pompeji.*

3 *Possum* ist aus *pot-sum* entstanden. Vergleiche: *possum* • *potes* • *possumus* • *potestis.*
- a Bei welchen Formen wird *pot-* zu *pos-*? Nenne eine Regel.
- b Wie müssen dann die restlichen Formen von *posse* lauten?

4
- a Vergleiche die römische Schrift (Abb. 2) mit deiner. Was fällt dir auf?
- b Welche lateinischen Buchstaben sind den griechischen (Abb. 3) besonders ähnlich?

5 Schreibe aus Text 1 und 2 alle Infinitive heraus. Suche das Verb, von dem sie abhängig sind (z. B. *narrāre potes*)

TEXT 2 *Unterricht bei Orbilius*

Für den Nachmittag haben sich Livia und Titus wieder mit Gaius verabredet. Etwas belustigt berichtet Livia ihm von der ersten Schreibstunde ihres kleinen Bruders am Vormittag. – Ob Gaius so lernt wie sie und ihre Geschwister? Einen Privatlehrer können sich seine Eltern nicht leisten; er geht zum Unterricht in eine der Bretterbuden (*taberna*) an der nächsten Straßenkreuzung. Dort hat Orbilius, ein alter, meist schlecht gelaunter Lehrer, seine Schule eröffnet. Wie wird es da wohl zugehen? Gaius soll unbedingt von seinem Schulalltag erzählen! Erst verzieht er das Gesicht, dann aber berichtet er: „In aller Frühe muss ich aufstehen ...“

Familia adhūc dormitat[5], egō autem ad tabernam festīnō. Orbilius enim magister mē exspectat. Etiam multī aliī puerī ad Orbilium festīnant. Magistrum salūtāmus. Tum prope viam sedēre dēbēmus. Quam māgna turba illīc[6] est! Clāmat magister, clāmant discipulī et discipulae, clāmant virī, fēminae, servī, servae.

Vōs gaudēre potestis, nam Theodōrus magister bonus est. Sed nōs discipulī Orbilium timēmus. Magister dūrus est. Semper nōs agitat et increpat[7]: „Cūr vōs somniātis[1]? Cūr puerī attentī nōn sunt? Cūr tū clāmās?“

Egō nōn clāmō, nonnumquam autem attentus nōn sum; tum magister mē etiam verberat[8].

Nonnumquam magister fābulās Graecās narrat; tum laetī sumus. Sed rīdēre nōn licet. Lūdus iūcundus nōn est ...“

Tum Gāius tacet. Subitō māgna turba adest. Līberī attentī sunt. Servī et servae per ātrium festīnant. Vir appropinquat. Quis est? Est Rūfus! *Līberī* gaudent et ad Rūfum festīnant: „Tandem ades!“

5 dormitāre *schlafen*
6 illīc (Adv.) *dort*
7 increpāre *anbrüllen*
8 verberāre *schlagen, prügeln*

UND IM ENGLISCHEN?

6 Wenn Personen miteinander ins Gespräch kommen, verwenden sie verschiedene Pronomen. Sammle die dir bekannten englischen und lateinischen *Personalpronomen* (Nominativ) in einer Tabelle.

7 Für Sprachdetektive: Vergleiche die lateinischen und englischen *Pronomen* und notiere, was dir auffällt. Achte auf Schreibweise und ähnlichen Klang!

8 „*We are children.*“ Im Lateinischen hast du zwei Möglichkeiten, einen Satz mit diesem Sinn zu bilden. Erkläre, warum der lateinische Satz auch ohne *Personalpronomen* auskommt. Warum wird es trotzdem manchmal verwendet? Versuche beide Sätze mit der richtigen Betonung auszusprechen.

5 LEBEN IN DER GROSSSTADT
Feste feiern

500 v. Chr. | zwischen 10 und 70 n. Chr. | 500 | 1000 | 1500 | 2000

GUT ZU WISSEN

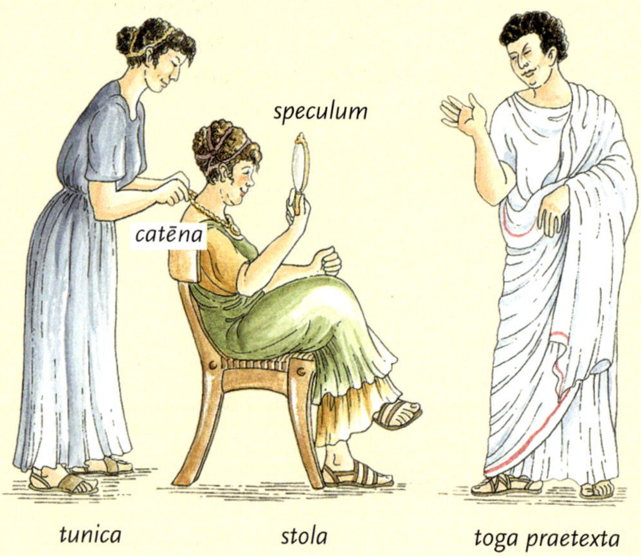

Loquāmur Latīnē

Surge/Surgite, quaesō!

Cōnsīde/Cōnsīdite!

Prōmite librōs!

Aperite librōs ad pāginam decimam, undecimam ... !

Lege/Legite fābulam!

Narrā/Narrāte fābulam!

Properā/Properāte ad tabulam!

Scrībe/Scrībite ad tabulam / in libellum!

Theodōrus Titō togam novam praebet.

TEXT 1 *Kleider machen Leute*

Endlich ist der Tag gekommen, auf den Titus sehnsüchtig gewartet hat: der 17. März. An diesem Tag finden die Volljährigkeitsfeiern der fünfzehn- bis siebzehnjährigen Jungen statt. Heute soll Titus also in den Kreis der Erwachsenen aufgenommen werden. Alle bereiten sich auf dieses Ereignis vor. Im Rahmen einer religiösen Feier wird Titus seine Kinderkleidung, die so genannte *toga praetexta* mit dem Purpurstreifen, ablegen und zum ersten Mal die rein weiße „Männertoga“ (*toga virilis*) anziehen. Zum anschließenden Festessen sind Verwandte und Freunde eingeladen.
Gaius, Secundus und Livia toben durchs Atrium, Onkel Rufus tut ganz geheimnisvoll und Titus ist ziemlich aufgeregt …

Cornēlia ātriō appropinquat et līberōs monet: „Properāte in cubiculum[1], līberī! Theodōre, praebē Titō togam praetextam[2] et mōnstrā togam novam! Serva, dā puellae tunicam novam! Tacēte, līberī! Attentī este! Semper vestīmenta nova vōs dēlectant. Mēdēa autem serva et Theodōrus nunc vōbīs adsunt.“
Ecce Cornēlia. Ante speculum[3] sedet. Servam interrogat: „Mēdēa, ubī sunt ōrnāmenta?“
Serva: „Iam ōrnāmenta tibi praebeō, domina.“
Cornēlia: „Mēdēa, fībulās et catēnās[4] mihi mōnstrā!“
Cornēliae multa ōrnāmenta sunt. Itaque dubitat.
Dum Cornēlia adhūc dubitat, Theodōrus Titō puerō adest.
Subitō *Rūfus* cubiculum[1] intrat; circumspectat[5] et rīdet: „Ecce toga nova. Iam sordida[6] est.“
Tum *paedagōgus*[7] sollicitus est: „Mihi adesse debēs, Mēdēa! Nunc domina certē īrāta est, quod toga sordida[6] est. Sollicitus sum, quod domina nōs nōnnumquam etiam verberat[8].“
Mēdēa aquam apportat. Tum Theodōrus togam pūrgat[9]. Tandem toga pūra est. Theodōrus Rūfō et Mēdēae grātiam habet.
Dum Theodōrus et Mēdēa līberīs adsunt, *Cornēlia* tandem clāmat: „Mēdēa, dā mihi fībulam et catēnam[4] auream[10]! Praebē mihi etiam ānulum[11] pulchrum!“
Subitō Mārcus dominus cubiculum[1] intrat. Spectat Cornēliam et gaudet. Dominō et līberīs vestīmenta et ōrnāmenta valdē placent.
Clāmant: „Quam pulchra est Cornēlia!“ Etiam Cornēlia contenta est.

1 cubiculum n. *Schlafzimmer*
2 praetextus, -a, -um *(mit Purpur) gesäumt, besetzt*
3 speculum n. *Spiegel*
4 catēna f. *Kette*
5 circumspectāre *sich umsehen*
6 sordidus, -a, -um *schmutzig*
7 paedagōgus m. *Erzieher*
8 verberāre *schlagen*
9 pūrgāre *reinigen*
10 aureus, -a, -um *golden*
11 ānulus m. *Ring*

Jetzt ist die eigentliche Volljährigkeitsfeier die reinste Erholung. Nach dem Essen führt Rufus seinen Neffen Titus in den Garten. Titus traut seinen Augen kaum. Da steht tatsächlich … ein Pferd. Rufus grinst und Titus begreift: Es ist ein Geschenk seines Onkels. Deshalb war er also so lange unterwegs. Titus fällt Rufus um den Hals.

1 Wodurch unterschied sich Männer- und Frauen-, Herren- und Sklavenkleidung?

2 Sprecht die Szene im *cubiculum* mit verteilten Rollen nach. Überlegt vorher, wie die Personen sprechen und auftreten müssen.

3 Auch heute gibt es in vielen Kulturen und Religionen Feiern für Jugendliche, die einen besonderen Abschnitt in ihrem Leben hervorheben.
Welche kennst du? Vergleiche sie mit Titus' Volljährigkeitsfeier. Was fällt dir auf?

4 Wer sind Romulus und C. Iulius Caesar? Verfasst kurze „Steckbriefe".

5 Ein Kaiser aus dem 1. Jh. n. Chr. hat sogar für die Benutzung von Toiletten eine Steuer verlangt. Seine Begründung: *Pecūnia nōn olet* (*olēre* riechen, stinken).

a Gib den Abschnitt von Text 2 an, in dem es um die von den römischen Kaisern erhobenen Steuern und Abgaben geht.

b Finde heraus, von welchem Kaiser die Begründung für die Toilettensteuer stammt.

6 Was versteht man heute unter einem *Forum*? Was bedeutet das Wort *Ferien* heute?

7 Der Grammatikfunk meldet: „Achtung! In dieser Reihe kommt Ihnen eine Geisterform entgegen!" Welche Form passt nicht? Begründe deine Auswahl.

fābula • spectā • puella • taberna
tace • gaude • serve • vide
puellīs • portīs • togīs • vestīmentīs
īnsula • templa • monumenta • incendia

Feste und Feiern

Außer privaten Feiern zu Geburt, Volljährigkeit, Hochzeit und Bestattung gab es in Rom öffentliche Feste (*feriae publicae*). Ursprünglich standen 45 solche Feste im Kalender. Sie dauerten zunächst einen Tag, manche wurden später verlängert, andere um Zirkus- oder Theaterspiele erweitert.

Unter den Kaisern kamen viele neue Feste hinzu. Im Mittelpunkt eines solchen Festes stand die Verehrung der Gottheit mit Prozessionen, Opfern, Gebeten und Kulthandlungen. Dadurch sollte sie veranlasst werden, die Wünsche der Menschen zu erfüllen.

Abb. 1 *Opferhandlung, bei der ein Schwein, ein Schaf und ein Stier geopfert werden*

TEXT 2 *Der Kaiser opfert auf dem Marsfeld*

Am nächsten Tag soll auf dem Marsfeld eine große Opferfeier zu Ehren der Götter stattfinden. Der Kaiser selbst wird sie leiten. Auch Marcus Livius Maximus hat für Familie und Gäste eine Einladung erhalten. Die Kinder freuen sich, da heute unterrichtsfrei ist. Titus ist stolz, weil er nun mit der Männertoga bekleidet als vollwertiger Bürger in der Öffentlichkeit erscheinen kann. Endlich sind alle so weit. Die Familie und ihre Freunde lassen sich von Sklaven in Sänften zu ihrem Ziel tragen. Marcus nutzt die Gelegenheit: Voller Stolz zeigt er die alten und neuen Sehenswürdigkeiten Roms.

Servī lectīcās[12] per Viam Sacram ad forum Rōmānum portant. *Mārcus* līberīs et amīcīs aedificia et multa monumenta mōnstrat et explicat: „Spectāte, amīcī! Hīc basilicās[13] amplās et templa māgna vidētis. Hīc vidēmus cūriam[14], illīc[15] templum novum.“
Servī aliī forō et aliīs monumentīs et statuīs novīs appropinquant.
Līvia stupet[16]: „Ecce multae statuae! Explicā mihi statuās!“ *Mārcus* puellae explicat: „Sunt virī Rōmānī clārī velut Rōmulus aut Gāius Iulius Caesar.“ *Gāius amīcus* clāmat: „Etiam egō Gāius sum.“ *Titus:* „Sed tibi statua adhūc nōn est.“
Dum servī lectīcās[12] per Viam Lātam ad campum Mārtium portant, *Quīntus* clāmat: „Mē iuvat Rōmam frequentāre, quod imperātor[17] Rōmānīs aedificia māgnifica dat.“
Rūfus autem: „Nōbīs Pompēiānīs iam diū aedificia māgnifica sunt.“
Tandem servī campō Mārtiō appropinquant. Illīc[15] iam turba māgna exspectat. Subitō *Cornēlia:* „Spectāte! Imperātor[17] nōbīs appropinquat.“ *Populus* clāmat: „Avē[18] Caesar!“ Imperātor[17] deīs immolat.
Tum servī pūblicī populō frūmentum et dōna parva praebent. Multī contentī sunt. *Rūfus* autem: „Vōs grātī estis, quod imperātor[17] vōbīs multa dōna praebet. Egō autem grātus nōn sum. Nam imperātor[17] semper pecūniam postulat.“

12 lectīca f. *Sänfte*
13 basilica f. *Markthalle*
14 cūria f. *Kurie, Sitzungsgebäude des Senats*
15 illīc (Adv.) *dort*
16 stupēre *staunen*
17 imperātor m. *Kaiser*
18 avē! *Sei gegrüßt!*

1 **8** Unterscheide bei folgendem lateinischen *Satzgefüge* zwischen *Haupt-* und *Nebensatz*. Bestimme dann alle *Satzglieder* und entscheide dich für eine der vier *Übersetzungen*. Wo gibt es in den anderen drei *Übersetzungen* Fehler?

Dum servī lectīcās portant, Mārcus līberīs et amīcīs monumenta mōnstrat.

- Während die Sklaven die Sänften tragen, zeigen die Freunde Marcus und den Kindern die Denkmäler.
- Während Marcus den Kindern und Freunden die Denkmäler zeigt, tragen die Sklaven die Sänften.
- Während die Sklaven die Sänften tragen, zeigt Marcus den Kindern und Freunden die Denkmäler.
- Während die Sklaven die Sänfte tragen, zeigt Marcus den Kindern und Freunden das Denkmal.

Übersetzungstraining 1

Vokabeln „richtig" lernen!

ludus m.- Spiel; Schauspiel; Schule
Muss ich etwa alle drei Bedeutungen lernen?

Nōnnumquam magister fābulās narrat;
tum lūdus iūcundus est.

iucundus, -a, -um angenehm
Hmm, in diesem Zusammenhang würde ich das Wort *angenehm* nicht gebrauchen. Kann ich auch ein anderes deutsches Wort verwenden, das hier besser passt?

Überhaupt: Warum steht da so viel im Vokabelverzeichnis? ... , *-a, -um; m./f./n., Adv.; Präp. beim ...* ?
Hätten nicht nur das lateinische Wort und die Bedeutung gereicht? Muss ich das etwa auch noch lernen?

TIPPS ZUM LERNEN VON VOKABELN

▶ **Der Vokabeleintrag.** Der Eintrag eines Wortes im Vokabelverzeichnis deines Buches besteht aus zwei Teilen: aus dem lateinischen Wort mit verschiedenen Zusatzinformationen und seiner deutschen Wiedergabe. In beiden Teilen stecken wichtige Informationen fürs Übersetzen!

lūdus m.
↙ ↘
o-Deklination **Genus**
↓

Dieses Wort ist ein **Substantiv!** Es wird genauso dekliniert wie das Beispielwort für die **o-Deklination (m.)**, das du gelernt hast. Du kennst also alle lateinischen Formen von *lūdus* und kannst im Text die Form sicher bestimmen und richtig in den Satz einordnen.

Spiel; Schauspiel; Schule
↓ ↓ ↓

lūdus hat **drei verschiedene Bedeutungen,** die du dir **alle** merken musst! Andernfalls kann es passieren, dass du beim Übersetzen eine unpassende Bedeutung verwendest! *Lūdus iūcundus est* – Setze doch einmal die drei verschiedenen Bedeutungen ein – Was fällt dir auf?

✔ Es ist also nützlich, alle Informationen und alle Bedeutungen zu lernen!

▶ **Die Bedeutung.** Die Bedeutungen, die im Vokabelverzeichnis den lateinischen Wörtern mitgegeben sind, sollen dir eine Vorstellung davon geben, was das lateinische Wort meint. Das heißt nicht, dass das lateinische Wort ausschließlich mit genau diesen Bedeutungen wiedergegeben werden muss. Manchmal ist es sogar besser, im Deutschen ein anderes Wort einzusetzen, das dem Gemeinten entspricht, um den deutschen Ausdruck zu verbessern.

Ein Beispiel:
Properāte in cubiculum, līberī! Eilt ins Zimmer, Kinder!
Properāre wird im Vokabelverzeichnis mit *eilen* wiedergegeben. Völlig richtig kannst du diesen Satz auch übersetzen: *Lauft schnell ins Zimmer, Kinder!*
Du darfst also bei der Übersetzung nicht an der erlernten Bedeutung „kleben“, sondern kannst und sollst, wenn es den deutschen Ausdruck verbessert, ein anderes deutsches Wort verwenden, das der gemeinten Bedeutung entspricht.

✔ Du solltest dir also schon beim Lernen genau klar machen, was denn die Lernvokabel eigentlich bedeutet. Das erleichtert dir, nicht an der gelernten Bedeutung zu „kleben“ und im Bedarfsfall ein bedeutungsgleiches deutsches Wort zu verwenden!

lūdus m.- *Spiel; Schauspiel; Schule*
Das Wort *magister* zeigt mir, dass hier die Bedeutung *Schule* passt. – Wie gut, dass ich alle drei Bedeutungen gelernt habe!

Nōnnumquam magister fābulās narrat;
tum lūdus iūcundus est.
„Manchmal erzählt der Lehrer Geschichten;
dann ist die Schule schön.“

iūcundus, -a, um- *angenehm*
Mir ist klar, was *iūcundus* bedeutet, und ich wähle ein entsprechendes deutsches Wort, das hier besser passt: *Dann ist die Schule schön.*

Warum da also so viel im Vokabelverzeichnis steht? Damit ich die Wörter genau bestimmen kann- z. B. *fābulās* ist Akk. Pl., also Objekt und nicht Subjekt!

ALLES GEKLÄRT? ALLES KLAR?

In den folgenden lateinischen Satzpaaren kommt jeweils ein Wort in unterschiedlichen Bedeutungen vor.
Übersetze die Sätze. Begründe die Wahl der jeweiligen Bedeutung.

1
- *a* Lūdōs Rōmānōs spectāmus.
- *b* Magistrī et puerī lūdum frequentant.

2
- *a* Īnsula prope forum sita est.
- *b* Sicilia īnsula māgna est.

3
- *a* Līvia cūnctās litterās Latīnās notat.
- *b* Dominus servō litterās dat.

4
- *a* Amīcō novō pecūniam dēbet.
- *b* Discipulī prope viam sedēre dēbent.

Die Lösungen findest du S. 235.

Das Unterscheiden von Wortarten hast du schon in Lekt. 1 geübt. Das Finden wirklich passender deutscher Bedeutungen kannst du in Lekt. 7 üben.

6 DIE GLADIATOREN KOMMEN!
Helden der Arena?

500 v. Chr. | um 70 n. Chr. | 500 | 1000 | 1500 | 2000

GUT ZU WISSEN

meus, -a, -um

tuus, -a, -um

noster, nostra, nostrum

vester, vestra, vestrum

Loquāmur Latīnē

Valēsne? Valētisne?

Bene valeō.

Optimē valeō.

Satis bene valeō.

Male mē habeō.

Pessimē mē habeō.

TEXT 1 *In der Gladiatorenschule*

Für die beiden Gladiatoren Philippus und Celadus ist heute ein großer Tag. Sie haben drei Jahre im Amphitheater von Capua gekämpft. Nun werden sie freigelassen und können in ihre Heimatländer zurückkehren. Celadus stammt aus Thrakien, Philippus aus Illyrien. Doch sie sind nicht einer Meinung, wie sie in Zukunft ihr Leben gestalten wollen:

Philippus: „Nunc libertī sumus, Celade! Nōn iam pūgnāre necesse est. Patria nōs exspectat. Egō patriam meam dēsīderō, tū patriam tuam. Ibī amīcī nōs exspectant."
Celadus: „Patria, amīce, procul est. Mea patria amphitheātrum est; nam locus māgnificus est. Vīta nostra mihi placet. Itaque, Philippe, pūgnāre dēsīderō! Ō adversāriī, audāciam vestram nōn timeō!"

Philippus: „Amphitheātrum locus foedus est. Ibī multī virī pūgnāre dēbent. Lūdī dūrī sunt, amīce!"
Celadus: „Egō neque saevitiam[1] bēstiārum neque gladium adversāriī timeō. Fēminae audāciam virōrum amant. Populus semper lūdum perīculī plēnum dēsīderat. Itaque multī virī Rōmam eunt, ubī amphitheātrum amplum est. Egō libenter Rōmam eō et ibī pūgnō. Cūr tū nōn libenter Rōmam īs, Philippe? Vir bonus libenter pūgnat. Mihi placet pūgnāre, quod glōriam et dōna dēsīderō. Vīta glōriae plēna mē dēlectat."
Philippus: „Vir bonus domum it; nōn libenter perit. Mihi nōn placet sociōs necāre. Sumus enim familia gladiātōria[2]!"
Celadus: „Nōn sociōs, sed adversāriōs necō."
Philippus: „Egō in patriam redīre dēsīderō."

T(h)R(aex)[3]
CELADUS – RETI(arius)[4]
CRESCE(n)S
PUPARRU(m)[5] DOM(i)NUS
[CIL IV 4356]

1 saevitia, -ae f. *Wildheit*
2 gladiātōrius, -a, -um *Gladiatoren-*
3 T(h)r(aex) m. *Gladiator mit thrakischer Rüstung und Bewaffnung*
4 rētiārius, -ī m. *Netzkämpfer*
5 pūpa, -ae f. *Puppe;* pūpārrum *Schreibfehler statt* pūpārum

1 Schlage auf der Karte vorne im Buch nach, wo sich die Heimatländer von Philippus und Celadus befinden.

2 **a** Vir bonus domum it; nōn libenter perit (Text 1, Z. 15): Wer ist *Subjekt* des 2. Satzes? Übersetze so, dass die Aussage des 2. Satzes möglichst deutlich wird.
b Wende dein neues Wissen nun für die Übersetzung der beiden durch *nam* verbundenen Sätze in Z. 4 und 5 an.

3 Philippus und Celadus diskutieren. Ordne ihre Argumente für oder gegen die Teilnahme an Gladiatorenspielen in einer Tabelle. Wie ist deine Meinung?

pro	contra
________________________	________________________

4 Gladiatorenspiele waren beliebt. Nenne mögliche Gründe, die in Text 1 angesprochen sind. Wer ist heute „Gladiator"?

5 Ersetze die Formen von esse durch Formen von īre:
sumus • est • estis • es • sum • sunt.

2 6 a Ordne die folgenden Gegenstände aus dem Haus des Publius sinnvoll ihrem *Besitzer* zu und übersetze die Ausdrücke. Wem gehört hier was?
Beispiel: gladius Mārcī das Schwert des Marcus

gladius	(Pūblius)	pecūnia	(servī)	cibus	(Mārcus)
toga	(Sextus)	tunica	(servae)		

b Was drückt der *Genitiv* hier aus?

2 7 Publius ist mit dieser Verteilung nicht einverstanden. Er verteilt neu. Verbinde dazu die in Klammern hinzugefügten *Possessivpronomen* in der richtigen Form mit den *Substantiven* und übersetze.
Pūblius: „Toga (meus) est. Pecūnia (noster) est. Tunicae (vester) sunt, servae et servī. Gladius (tuus) est, Sexte. Cibus (noster) est."

Gladiatoren

Abb. 1 *Gladiatorenkampf: Deutlich ist der Netzkämpfer (retiarius) zu erkennen (2. v. links). Mosaik aus Rom.*

Gladiator heißt Schwertkämpfer (*gladius:* Schwert). Er kämpfte zur Unterhaltung des Publikums. Häufig ging es um Leben oder Tod. Meist waren Gladiatoren Kriegsgefangene, zum Tode verurteilte Verbrecher oder Sklaven. Es gab aber auch Freiwillige. Siegreiche Gladiatoren konnten viel Geld gewinnen und besonders bei Frauen zu Publikumslieblingen werden. Es gab auch Tierhetzen. Dafür wurden Bären, Löwen und Elefanten in die Arenen gebracht. Römische Kaiser nutzten Gladiatorenkämpfe, um das Volk zu beeindrucken.

TEXT 2 *Verschiedene Meinungen*

Gladiatorenspiele waren überall im römischen Reich sehr beliebt. Dennoch gab es auch Römer, die diese Veranstaltungen ablehnten. Zu dieser kleinen Gruppe gehörten die beiden Brüder Marcus und Sextus. Doch ihr Bekannter Publius, ein hoher römischer Beamter, war ein begeisterter Zuschauer. Außerdem wurde von ihm erwartet, dass er sich bei solchen Großveranstaltungen sehen ließ. So kommt es vor dem Amphitheater zu einer Diskussion:

Mārcus: „Mē nōn iam dēlectat lūdōs spectāre, Pūblī.“
Pūblius: „Quid? Lūdī multōs Rōmānōs dēlectant.“
Sextus: „Multī virī nōn libenter pūgnant. Nam sociōs necāre necesse est. Etiam multae bēstiae ibī pereunt.“
Pūblius: „Sunt virī scelestī[6]. Poenās iūstās subeunt.“
Mārcus: „Mihi nōn placet supplicia spectāre. Plēnus misericordiae sum.”
Pūblius: „Lūdī perīculōrum plēnī vōbīs nōn placent. Domum ite! Nam lūdōs spectāre officium meum est, nōn vestrum. Egō libenter in amphitheātrum eō.“
Sextus et *Mārcus:* „Lūdōs spectāre officium tuum est, nōn nostrum. Grātiam tibi habēmus.“
Tum Pūblius in amphitheātrum it, dum Mārcus et Sextus per viās domum eunt.

6 scelestus, -a, -um *verbrecherisch*

8 Suche in Text 2 eine Stelle, an der du dein neues Wissen aus Aufgabe 2 anwenden kannst.

UND IM ENGLISCHEN?

Max liest vor: „Fēminae audāciam virōrum amant.“
Ben übersetzt ins Englische: „Women love men’s courage.”
Hannah sagt auf Deutsch: „Frauen lieben die Kühnheit der Männer.“

9
a Bestimme in diesen Sätzen *Subjekt, Prädikat* und *Objekt.*
b Stelle durch Umstellproben fest, in welcher Sprache es die feste Regel *SPO* gibt. In welcher ist nur das *Prädikat* auf die zweite Stelle festgelegt?

10 Nun sollst du die Formen des *Artikels* in den drei Sprachen vergleichen.
a Beschreibe die Besonderheit des Lateinischen.
b Welchen Artikel verwendet Ben? Nenne einen weiteren Artikel im Englischen.
c Welche Artikel verwendet Hannah? Nenne noch mehr Artikel im Deutschen. Wonach richten sie sich?
d Wann verwendest du bei der Übersetzung Latein-Deutsch den bestimmten, wann den unbestimmten Artikel?

7 DIE GLADIATOREN KOMMEN!

Spartakus

GUT ZU WISSEN

Celadus et Philippus māgnā audāciā pūgnant.
Itaque fēminae virōs dōnīs dēlectant:
Philippum ānulō[1] pulchrō, Celadum gladiō parvō dēlectant.
Nōnā hōrā virī in amphitheātrum redeunt.
Ibī autem cūrīs līberī nōn sunt.

Loquāmur Latīnē

Quis dēest? Quī discipulī dēsunt? Quae discipulae aegrōtae sunt ?

Ūnus dēest. / Ūna dēest.

Iūlius nōn adest.

Sed ubī Iūlius est?

Sānus nōn est. / Aegrōtat.

Febrim habet.

TEXT 1 *Es begann in Capua*

Dramatische Ereignisse erschüttern das römische Imperium im Jahr 73 v. Chr.: Der Gladiator Spartakus ist mit 70 anderen aus der Gladiatorenschule in Capua ausgebrochen. In kürzester Zeit verließen tausende Sklaven ihre Herren und schlossen sich Spartakus an. Dem römischen Heer ist es bisher nicht gelungen, Spartakus und seine Anhängerschaft zu besiegen. Diese Ereignisse sorgen auch in Rom für Aufregung. Damophilus und Sabinus, zwei befreundete Sklaven, treffen sich auf der Straße.

Sabīnus: „Spartacus est captīvus Thrācus. Nunc fugitīvus[2] est. Imperium Rōmānum dēlere cōgitat, quod amphitheātrum intrāre et ibī pūgnāre nōn iam dēsīderat. Māgnam turbam servōrum armat et Rōmānōs multīs perīculīs terret: Mūnicipia expūgnat, aedificia incendiō dēlet, dominōs pecūniā spoliat. Rōmānōs proeliīs superat, nam audācia servōrum māgna est. Servī armīs sē exercent et etiam multās fēminās Rōmānās et līberōs gladiīs necant. Itaque Spartacus scelestus[3] est."

Dāmophilus: „Fortasse servī imperium Rōmānūm dēlēre cōgitant. Sed nōs servōs multīs cūrīs līberant. Nam Spartacus servōs in patriam reportāre[4] cōgitat. Nōs semper dominōs et dominās cibīs bonīs dēlectāmus. Nōs semper māgnā cūrā labōrāmus. Nōs semper aedificia et hortōs dominōrum māgnā dīligentiā cūrāmus. Sed dominī nōbīs grātiam nōn habent. Nōnnumquam nōs virgā[5] verberant[6] et poenīs dūrīs terrent. Vīta servōrum misera est. Vītam nōn aequō animō tolerō. Itaque etiam egō annō proximō ad Spartacum īre cōgitō."

Plötzlich sehen sie ihren Bekannten Aulus, der traurig die Straße entlanggeht.

Sabīnus: „Quid est, Aule?"
Aulus: „Spartacus mortuus est. Etiam cūnctī sociī mortuī sunt."
Dāmophilus: „Nōn iam spērāre nōbīs licet. Dūra est vīta servōrum. Vītam miseram multōs annōs aequō animō tolerāre dēbēmus. Rōmānī dominī sunt. Animus Rōmānōrum dūrus est."
Aulus: „Poenae servōrum et imprīmīs fugitīvōrum[2] vōbīs ignōtae nōn sunt."

1 ānulus, -ī m. *Ring*
2 fugitīvus, -ī m. *entflohener Sklave*
3 scelestus, -a, -um *verbrecherisch*
4 reportāre *zurückbringen*
5 virga ,-ae f. *Rute*
6 verberāre *schlagen, prügeln*

1

a Sabinus berichtet aus seinem Alltag. Setze die Ausdrücke in Klammern in den richtigen *Kasus:* Beispiel: Dominum vīnō bonō dēlectō. Übersetze dann.
„Dominum-- (vīnum bonum) dēlectō. Cibōs bonōs-- (māgna dīligentia) parō. Servae dominam-- (vestīmentum novum et fībulae aureae et catēnae pulchrae) ōrnant[7]. Egō dominum-- (toga nova) ōrnō[7]. Nōnnumquam dominus-- (dōna) mē dēlectat. Sed Spartacus servōs-- (gladiī) armat et servī dominōs-- (gladius) necant."

7 ōrnāre schmücken

b Was bezeichnet der *Ablativ* jeweils?

2 Aulus denkt über seine Lage nach:
„Nunc multōs annōs servus dominī sum. Semper nōnā hōrā cibōs apportō."
In welchem *Kasus* stehen die beiden *Zeitangaben* und was drücken sie inhaltlich aus?

3 **a** Lies die Äußerung des Sabinus (Text 2, Z. 3–6) aufmerksam durch. Achte auf die *Subjekte* der Sätze. In welcher Person stehen sie?
b Von wem ist also die Rede? Spricht Sabinus über eigene Erfahrungen oder über Ereignisse, an denen er gar nicht beteiligt ist?

1 **4** Spartacus imperium Rōmānum dēlēre cōgitat.
Welche *Übersetzung* dieses Satzes ist gelungen, welche nicht?
- In seinen Gedanken vernichtet Spartakus das römische Reich.
- Spartacus überlegt, das Reich der Römer zu zerstören.
- Spartacus will die römische Herrschaft beseitigen.

Der Spartakusaufstand

73 v. Chr. brach Spartakus mit 70 Mann aus der Gladiatorenschule in Capua aus. Sie hatten nur wenige Waffen und verschanzten sich in Schluchten des Bergs Vesuv bei Neapel. Immer mehr Sklaven schlossen sich Spartakus an. Bald verfügte er über ein Heer von vielen tausend Mann. Der Senat schickte Truppen, vor allem junge Rekruten. Sie belagerten die Sklaven am Vesuv.
Doch Spartakus war klug: Er ließ aus Weinreben Leitern herstellen: So konnten bewaffnete Sklaven nachts am Steilhang nach unten klettern. Sie überfielen die Römer und besiegten sie.
Spartakus verließ die Gegend und zog nach Norditalien, um die Alpen zu überqueren und die Sklaven in ihre Heimat zurückzuführen. Sie stammten aus Gallien, Germanien oder Thrakien – wie er selbst. Auf diesem Zug hat das Sklavenheer viele Städte erobert und geplündert. Römische Heere erlitten zahlreiche Niederlagen. Man fürchtete sogar, Spartakus könnte Rom erobern. Schließlich wurde das Sklavenheer aber 71 v. Chr. vernichtend geschlagen. Spartakus fiel im Kampf. 6000 Sklaven wurden entlang der Via Appia gekreuzigt. So endete der größte Sklavenaufstand der römischen Geschichte.

Abb. 1 *Gladiator. Römische Tonfigur aus Pompeji.*

TEXT 2 *Wer flüchtet, riskiert sein Leben*

Betroffen sprechen die drei über die Bestrafung der entflohenen Sklaven.

Dāmophilus: „Dominī Rōmānī fugitīvōs[2] velut sociōs Spartacī cruciant[8].“
Aulus: „Servōs cruciāre[8] dūra poena est.“
Sabīnus: „Sed etiam pūgna servōrum dūra est: Mūnicipia expūgnant et incendiō dēlent. Māgnā audāciā pūgnant. Sē tēlīs praebēre dēbent. Etiam līberōs fēmināsque gladiīs necant. Familiās pecūniā spoliant. Multī virī Rōmānī pereunt.“
Dāmophilus: „Sed servīs vīta misera est. Poenās dūrās subīre dēbent. Nōnnumquam dominī servōs etiam multās hōrās vexant. Itaque cōnsilium Spartacī probō. Sed egō laetus sum, quod dominus meus iūstus est.“

8 cruciāre *ans Kreuz schlagen, kreuzigen*

5 Untersuche die Entgegnung des Damophilus (Text 2, Z. 7–9): In welcher Person stehen die *Subjekte*? Spricht er von eigenen oder fremden Erfahrungen?

6 Der Herr des Sabinus denkt über sein eigenes Verhalten gegenüber den Sklaven nach:
„Sabīnum dōnīs pulchrīs dēlectō. Māgnā dīligentiā labōrat. Nōnā hōrā mēnsam[9] cibīs ōrnat[7]. Itaque Sabīnum poenīs nōn terreō.“
9 mēnsa, -ae f. *Tisch*
Bestimme die *Satzteile* und übersetze.

VON WORT ZU WORT

7 Bilde zu den drei folgenden Ausdrücken jeweils eine Formenschlange:

dominus iūstus

poena dūra
Abl. Sg. ▸ Dat. Sg. ▸ Dat. Pl. ▸ Akk. Pl. ▸ Akk. Sg. ▸ Nom. Sg.

perīculum māgnum
Gen. Sg. ▸ Abl. Sg. ▸ Abl. Pl. ▸ Dat. Pl. ▸ Nom. Pl. ▸ Nom. Sg.

8 VON TROJA NACH ROM

Troja – Ende oder Neuanfang?

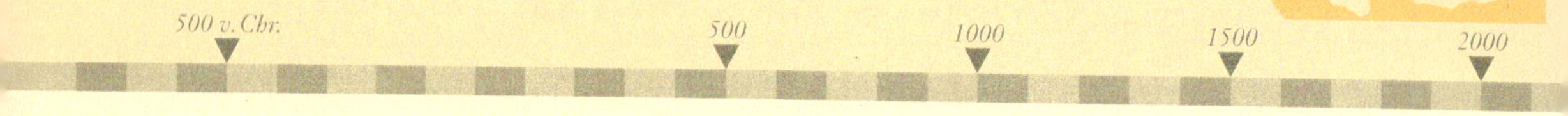

GUT ZU WISSEN

Paris et Helena

Hector

Achillēs

Ulixēs

Lāocoōn

Loquāmur Latīnē

Ita est. Sīc est.

Nōn ita est. / Minimē.

Nesciō.

Nōn possum narrāre.

Libenter.

TEXT 1 *Die List des Odysseus*

Die Römer wollten Näheres über die Entstehung ihrer Stadt Rom erfahren. Man erzählte sich dann, dass der Untergang der Stadt Troja mit der Gründung Roms zusammenhängt: Das Ende Trojas sei der Anfang eines neuen großen Reiches gewesen, des *imperium Romanum*. Wie war das damals genau?

Graecī et Trōiānī propter Helenam pulchram māgnā audāciā inter sē certābant. Decem annōs Graecī Trōiam superāre cōgitābant, decem annōs oppidum armīs expūgnāre nōn poterant. Erat inter virōs etiam Achillēs, Graecus clārus et strēnuus. Ante Trōiae portās pūgnābat. Multī virī ibī perībant. Sed diū neque Trōiānī Graecōs neque Graecī Trōiānōs superāre poterant.
Postrēmō Ulixēs Graecus, quod callidus erat, dolō[1] Trōiānōs superāvit: Graecī ante Trōiae portās equum ligneum[2] aedificāvērunt et ibī nōnnūllōs virōs strēnuōs occultāvērunt. Inter virōs etiam Ulixēs erat. Ceterī autem Graecī ad ōram Tenedī īnsulae nāvigāvērunt.
Statim multī Trōiānī adfuērunt, equum spectāvērunt. *Cūnctī* clāmāvērunt: „Ecce, dōnum deōrum!" *Lāocoōn* autem Trōiānōs monuit: „Timeō Graecōs; nam equus dōnum perīculōsum[3] est!" Sed Trōiānī tamen equum virōrum plēnum in oppidum portāvērunt. Noctū, dum Trōiānī dormītant[4], Ulixēs sociīque equō exiērunt et portās oppidī disturbāvērunt[5]. Tum etiam reliquī Graecī oppidum intrāvērunt. Ita Trōiānōs superāre et oppidum incendiō dēlēre potuērunt; cūnctōs ferē virōs necāvērunt.

1 dolus, -ī m. *List*
2 ligneus, -a, -um *hölzern*
3 perīculōsus, -a, -um *gefährlich*
4 dormītāre *schlafen*
5 disturbāre *aufbrechen, zerstören*

TROJA – WIR SAMMELN INFORMATIONEN UND GESTALTEN

1 In Text 1 kommen viele Namen vor. Informiere dich mit Hilfe des Textes auf S. 50, des Namen- und Sachregisters und weiterer Hilfsmittel über die auftretenden *Personen*. Schreibe einen Steckbrief von einer Person deiner Wahl. Gestalte ein Bild dazu.

2 Stelle den Kampf um Troja im *Comic* dar. Verwende lateinische Überschriften.

3 a Suche aus dem Text 1 (Z. 1–11) die *Perfekt-* und *Imperfektformen* heraus. Unterscheide dabei die unterschiedliche *Perfektbildung* (u- und v-Perfekt). Lege in deinem Heft eine Tabelle nach folgendem Muster an und trage die Formen ein.

Imperfekt		u-Perfekt		v-Perfekt	
Zu a)	Zu c)	Zu a)	Zu c)	Zu a)	Zu c)

b Erkläre deinem/-er Mitschüler(in), *warum* Perfekt oder Imperfekt *verwendet* wurden.
c Bilde im gleichen *Tempus* den anderen *Numerus*.

Der Trojanische Krieg

Um die Belagerung und Zerstörung Trojas ranken sich viele Erzählungen. Die Ursache des Krieges wird folgendermaßen erklärt: Paris, ein trojanischer Königssohn, war Gast bei Menelaos, dem König von Sparta. Paris verliebte sich in Helena, die schöne Frau seines Gastgebers. Bei der Abreise nahm Paris sie einfach mit.

Diese Verletzung des Gastrechtes wollte Menelaos nicht hinnehmen. Deshalb forderte er die Griechen auf, durch einen gemeinsamen Feldzug gegen Troja seine Frau zurückzugewinnen. Die damals größte bekannte Streitmacht zog nach Troja. Aber nach zehn Jahren Belagerung und harten Kämpfen war noch immer keine Entscheidung gefallen.

Doch Odysseus (lat. *Ulixes*) gelang es durch eine List, Troja einzunehmen. Verzweifelt versuchten die Trojaner, als die Griechen schon in ihre Stadt eingedrungen waren, im Kampf dem drohenden Untergang zu entkommen.

Auch Aeneas, der Sohn der Göttin Venus und des Trojaners Anchises, griff sofort zu den Waffen. Aber die Götter hatten bestimmt, dass er in Italien der Stammvater für ein neues, großes Volk sein sollte. Nach Mahnungen seiner Frau Kreusa und auf Drängen seines Vaters Anchises floh Aeneas aus Ehrfurcht und Pflichtgefühl (*pietas*) gegenüber den Göttern aus Troja. An der Küste warteten schon Gefährten auf Schiffen.

Abb. 1 *Aeneas trägt auf der Flucht seinen Vater Anchises und hält seinen Sohn Askanius an der Hand. Tonfigur aus Pompeji.*

TEXT 2 *Aeneas muss sich entscheiden*

Dum Trōiānī et Graecī pūgnant, *Hector mortuus* somniō Aenēae nūntiāvit: „Novam in patriam nāvigā, servā familiam tuam!“ Aenēas tamen pūgnāre et Trōiam servāre cōgitābat. Sed deī Aenēam etiam aliīs prōdigiīs monēbant. Postrēmō fātō deōrum pāruit; familia Aenēae et paucī sociī ad ōram iērunt. Ubīque erant perīcula: Cūncta ferē aedificia ārdēbant. Graecī Trōiānīs īnsidiās ubīque parābant et multōs Trōiānōs gladiīs necābant.

Subitō Aenēas, dum ōrae appropinquat, Creūsam nōn iam vidēre potuit. Itaque in oppidum rediit. Per viās errābat, iterum atque iterum Creūsam vocābat. Tum *umbra Creūsae* appropinquāvit et Aenēam monuit: „Egō mortua sum, tū autem servā et tē et Ascanium fīlium et familiam nostram! Nāvigā in novam patriam!“ Dēnique Aenēas Creūsae pāruit et ad ōram rediit. Aenēas et paucī sociī āvolāvērunt[6] et per altum nāvigāvērunt.

6 āvolāre *schnell fliehen, flüchten*

4 Überlege, in welcher Stimmung Aeneas die Küste Trojas verlassen hat. Wo findest du Hinweise im Text?

5 Suche aus Text 2 alle *Vergangenheitsformen* von esse, posse und īre heraus und wandle sie ins *Präsens* um.

2 6 Übersetze folgende Sätze und verändere dann den *Numerus* im Deutschen und Lateinischen:
Amīcus nōn appropinquāvit. Puerī laetī nōn erant. Servī grātī esse nōn poterant. Amīcae rediērunt.

7 Lege in deinem Heft eine Tabelle mit drei Spalten für *Präsens, Imperfekt, Perfekt* an. Ordne die Verben aus dem Behälter den unterschiedlichen *Tempora* zu und ergänze die restlichen Formen in der Tabelle.

8 Welche Form passt nicht in die Reihe? Begründe deine Entscheidung:

a erāvit, errāvērunt, errābat, errat

b fuit, fuērunt, erant, sunt

VON WORT ZU WORT

9 a Viele Wörter in dieser Lektion beschreiben den Krieg. Suche aus den lateinischen Texten die Vokabeln heraus, die mit „Krieg“ zusammenhängen. Unterscheide dabei nach den Wortarten *Substantiv* und *Verb*. Gestalte ein Bild zu diesem *Wortfeld*.

9 VON TROJA NACH ROM
Die Stammväter Roms

GUT ZU WISSEN

Ā Trōiā in altum nāvigāvērunt.

Loquāmur Latīnē

Quaesō!

Hoc tē rogō!

Tibi (maximās) grātiās agō!

Īgnōsce!

Dā veniam!

Aenēās cum paucīs per altum errābat.

TEXT 1 *Drängende Fragen an Aeneas*

Sagen über Troja und Aeneas sind wie andere Mythen der Antike mündlich oder schriftlich überliefert worden. Die Menschen hatten das Gefühl, diese Erzählungen könnten helfen, die Welt besser zu verstehen.
Nach der Flucht musste die Gruppe um Aeneas viel Leid ertragen. Auf Sizilien starb Anchises. Ein Sturm verschlug sie später an die Küste Libyens. Aeneas verliebte sich in Dido, die Königin von Karthago, musste sie aber auf Befehl des Gottes Merkur verlassen. Nach erneuter Seereise erreichte er mit wenigen Männern Latium. In Cumae begegnete Aeneas der Priesterin Sibylle, die ihn zu seinem Vater in die Unterwelt führte. Dort fasste er wieder Mut, weil Anchises ihm seine künftigen Nachkommen zeigte. In Latium gründete Aeneas nach langen Kämpfen die Stadt Alba Longa.
Manchmal wurde römischen Schulkindern die Aufgabe gestellt, in der Rolle bekannter Helden zu sprechen. Dabei könnte dieses Streitgespräch zwischen Askanius und Aeneas entstanden sein. Es spielt nach der Landung in Latium. Askanius bezweifelt, dass die Entscheidungen seines Vaters richtig waren.

Ascanius: „Graecī Trōiam nostram dēlēbant. Tamen tū et multī sociī ā Trōiā in altum[1] nāvigāvistis! Graecī multōs Troiānōs necāvērunt, quod tū prō patriā nōn pūgnābās, quod tū et sociī adversāriōs nōn arcēbātis. Fēminae, virī, līberī, servī servaeque miserē periērunt. Posteā tēcum et cum paucīs Troiānīs per altum[1] errābam. Ibī māgna perīcula subibāmus. Ventī autem multa nāvigia dēlēvērunt; iam cūnctī ferē sociī mortuī sunt.
Quam īgnāvus fuistī, Aenēās! Cūr tū et sociī contrā adversāriōs strēnuē nōn pūgnāvistis? Cūr tibi pāruī? Cūr ē Trōiā exiimus? Ubī tandem est patria nostra?“
Aenēās: „Postquam Graecī Trōiam expūgnāvērunt, prīmō sociīs adfuī. Iterum atque iterum strēnuē pūgnāre studēbāmus prō patriā. Sed frūstrā! Priamus et multī Trōiānī iam mortuī erant. Itaque mēcum cōgitāvī: „Ō dī[2], cūr nōbīs nōn adfuistis? Patria nostra miserē perit!“ Postrēmō fātīs pāruī, quod deī mē variīs prōdigiīs monēbant: Nam fātīs deōrum semper pārēre dēbēmus. Ita familiam et sociōs ex incendiō Trōiae servāre potuī.“
Ascanius: „Tū familiam nostram malē servāvistī! Nam sine Creūsā ē patriā nāvigāvistī; sine avō[3] dē Siciliā abiimus. Rēgīna Poenōrum tē amābat. Tamen ibī manēre nōn potuistī. Ōrae Italiae appropinquāvimus; in Italiā autem aliēnī sumus! Nunc adversāriī nōs exspectant.“
Aenēās: „Tacē, mī fīlī[4]! Ecce Italia, patria nova! Nam Anchīsēs mihi mōnstrāvit oppidum clārum et posterōs clārōs: Deīs grātiam habēre dēbēmus, quod nōs servāvērunt.“

1 altum, -ī n. *das hohe Meer* **3** avus, -ī m. *Großvater* **4** mī fīlī! *mein Sohn!*
2 ō dī *oh ihr Götter*

1 Aeneas auf Kreuzfahrt durchs Mittelmeer? Welche Länder besuchte Aeneas? Erkundige dich, wie diese Länder heute heißen.

2 Wiederhole die *Meinungen* des Aeneas und Askanius mit eigenen Worten. Wodurch sind die verschiedenen Standpunkte zu erklären? Wer war der Held?

3 Da fehlt noch was! Ergänze nach folgendem Muster die fehlenden *Zeiten* in deinem Heft:

Präsens	Imperfekt	Perfekt
	superābās	
cōgitant		
		dēbuistis

2 4 **a** In dem Behälter befindet sich ein Vorrat an unterschiedlichen *Präpositionen*. Füge sie wieder an die richtige Stelle in den Text ein.

Theodōrus [¯¯] incendiō Trōiae narrābat: [¯¯¯¯] multōs annōs Aenēās [¯¯¯¯¯¯¯] fāta deōrum nōn iam [¯¯¯] patriā pūgnāvit, sed [¯] Trōiā [¯¯] novam patriam īre cōgitāvit.
[¯¯¯¯] Creūsā autem [¯¯] ōram Trōiae īre dēbuit.
[¯] Siciliā [¯¯¯] sociīs [¯¯] Āfricam nāvigāvit.
[¯¯] Libyā autem nōn diū manēbat, sed ventī Aenēam [¯¯] ōram Italiae portāvērunt.

b Übersetze den Text dann ins Deutsche.

Die Gründungssage der Stadt Rom

Mehr als 400 Jahre regierten in Alba Longa der Sage nach Nachkommen des Aeneas als Könige, bis Romulus und Remus, Zwillingssöhne des Kriegsgottes Mars und der Priesterin Rhea Silvia, die Gründung einer neuen Stadt planten. Diese Jungen hatten eine schwere Kindheit hinter sich: Ihre Mutter war zur Strafe, weil sie als Vestalin vom Gott Mars Kinder bekommen hatte, getötet worden.
Die Zwillinge wurden auf dem Tiber in einem Korb ausgesetzt. Zum Glück trieben sie an Land, wurden von einer Wölfin gefunden und genährt. Später wuchsen sie bei dem Hirten Faustulus auf.
Als junge Männer beschlossen Romulus und Remus an der Stelle, wo sie als Kinder an Land gespült worden waren, eine neue Stadt zu bauen. Um zu klären, wer die Stadt regieren und ihr den Namen geben solle, baten sie die Götter um Zeichen:
Remus sah auf dem Aventin sechs Geier. Seine Anhänger hielten dies für das Zeichen der Götter und riefen ihn zum König aus. Er begann die Stadt zu bauen.
Romulus sah auf dem Palatin etwas später die doppelte Anzahl von Vögeln. Deswegen fühlte er sich von den Göttern auserwählt. Mit einem Pflug steckte er die Grenzen der neuen Stadt auf dem Palatin ab und fing an, Stadtmauern zu errichten.

TEXT 2 *Ein Streit zwischen Brüdern*

Gerade ist Remus über die Stadtmauern seines Bruders Romulus gesprungen, als es zu diesem Wortwechsel kommt:

Remus: „Quam parvōs mūrōs prō oppidō tuō aedificāvistī, Rōmule! Egō mūrum tuum expedītē[4] trānsīre potuī.“
Rōmulus: „Īrātus sum! Tū enim fātō deōrum nōn pāruistī, quod oppidum meum valdē violāvistī. Diū in caelum spectābam. Tum deī mihi prōdigium secundum mōnstrāvērunt. Itaque cum sociīs oppidum aedificāvī.“
Remus: „Egō et sociī mūrōs parvōs oppidī tuī rīdēbāmus. Tamen oppidum tuum servāre nōn potuistī.“
Rōmulus, quod īrātus erat, clāmāvit: „Neque tibi neque aliīs licet oppidum sacrum violāre!“

Statim Remum necāvit, tum oppidum aedificāvit. Parvum oppidum Rōmulī nunc est Rōma māgna.

4 expedītē (Adv.) *ungehindert*

5 Bilde folgende *Verbketten* von den Verben posse, esse, īre:
(Beispiel: studeō ▸ studēs ▸ studētis ▸ studēbātis etc.)

possum/sum/eō ▸ 2. Person ▸ Plural ▸ Imperfekt ▸ 3. Person ▸ Perfekt ▸ Singular ▸ 1. Person ▸ Plural ▸ 2. Person

UND IM ENGLISCHEN?

Wie arbeitest du? How do you work? Quōmodo labōrās?

badly

lentē[1]

schlecht

langsam

slowly

male

1 lentus, -a, -um *langsam*

6 Beschreibe, an welchen Merkmalen du das Adverb in den drei Sprachen erkennen kannst.

CLARO

1 *Der heilige Martinus*

500 v. Chr. · *um 350 n. Chr.* · *500* · *1000* · *1500* · *2000*

Martinus wurde im Jahre 316 n. Chr. in der Provinz *Pannonia* (Gebiet des heutigen Ungarn) als Sohn eines römischen Offiziers geboren. Mit 15 Jahren trat er in die römische Armee ein. Drei Jahre später leistete Martinus Dienst in einer Reitertruppe bei Ambianensium (heute Amiens nördlich von Paris). Der Winter war sehr hart. Viele Menschen waren bereits an Erfrierungen gestorben. Der Tag war wieder bitterkalt.

A Tandem Martīnus oppidō Ambiānēnsiō appropinquat. Subitō prope portam oppidī virum videt.

Martīnus sēcum cōgitat:
„Mīrum[1] est. Cūr vir nūdus[2] est?
Cūr virō miserō nōn est tunica?“

Martīnus procul stat et spectat: Nōnnūllī virī oppidum intrant, virum autem nūdum[2] praetereunt[3]. Mendīcus[4]: „Miser sum. Mihi adeste!“ Sed aliī tacent et oppidum intrant, aliī clāmant: „Cūr mendīcī[4] semper prope portam oppidī nostrī sedent? Cūr nōn labōrant? Et nōs et līberōs terrent.“
Nēmō[5] autem mendīcō[4] adesse studet.

Mendīcus[4] sēcum cōgitat:

„Cūr virī tam[6] dūrī sunt? Nōn cōgitō virōs pecūniā spoliāre. Hīc sedēre mē nōn iuvat. Multōs annōs dūrē labōrābam. Tum incendium casam dēlēvit. Familia mea periit. Semper sēdulus esse studēbam. Sed nunc mihi neque tunica neque cibus neque pecūnia sunt. Nōnnumquam vīta dūra est.“

B Martīnus misericordiae plēnus ad mendīcum[4] it: „Salvē[7]!
Cūr hīc sedēs?
Cūr nūdus[2] es?“

Mendīcus[4]: „Domine, cūrīs mē līberā! Iam diū hīc sedeō. Dā mihi cibum! Pereō.“ Martīnus dubitat. Subitō chlamydam[8] gladiō dīvidit et mendīcō[4] dimidium[9] chlamydae dat. Nōnnūllī autem virī Martīnum spectant et rīdent.

Noctū Martīnus, dum dormītat[10], in somniō et mendīcum[4] et multōs angelōs videt. Sed mendīcus[4] nōn iam est nūdus[2], est Christus. Chlamydam Martīnī angelīs mōnstrat et Martīnō grātiam habet. Martīnus cōgitat: Nunc nōn iam gladiō pūgnāre mihi licet.

1 mīrus, -a, -um *wunderlich, erstaunlich*
2 nūdus, -a, um *leicht bekleidet*
3 praeterīre *vorübergehen*
4 mendīcus, -ī m. *Bettler*
5 nēmō *niemand*
6 tam (Adv.) *so*
7 salvē! *Hallo! Sei gegrüßt!*
8 chlamydam dīvidit *er teilt seinen Mantel*
9 dimidium chlamydae *die Hälfte seines Mantels*
10 dormītāre *schlafen*

Die claro – Lektion zeigt dir, was du kannst und was du besser noch einmal wiederholst.

A

1 Lies den Einleitungstext und übersetze den Text Zeile 1–17.

2 Welche der aufgeführten Personen befinden sich vor dem Stadttor?
mendīcus • Martīnus • familia mea • nōnnūllī virī • vir nūdus • līberī

3 Im Text Z. 13–17 erfahren wir, was der Bettler denkt. In welchen Zeiten stehen die Prädikate? Erkläre den Tempuswechsel in Zeile 14–15.

4 Übersetze den Text zu Ende.

B

1 5 Bestimme folgende Formen nach Kasus, Numerus und Genus. Gib auch die Deklination an. Achtung: Es gibt mehrere Möglichkeiten!
oppidum • vīta • gladiō • virī

1 6 Die folgenden Formen lassen sich im Textzusammenhang eindeutig bestimmen. Nämlich wie? oppidum: Zeile 6 – vīta: Zeile 17 – gladiō: Zeile 22 – virī: Zeile 23

2 7 Setze zu jedem dieser Nomen ein sinnvolles Attribut – Achtung, KNG Kongruenz! – und übersetze: nōnnūllī • noster • dūrus • māgnus

8 Ein wichtiger lateinischer Satz des Textes ist in eine Buchstabenschlange geraten. Er umfasste fünf Wörter. Suche sie heraus:
datbtfmartinusasthmendicoglnwadimidiumntechlamydaetbf

9 Bestimme die Wortarten dieser fünf lateinischen Wörter.

10 Welche anderen besonderen Tage kennst du, die nach einer Person benannt sind?

10 WUNDERBARES
Fabelhaft!

GUT ZU WISSEN

Quid videmus?

Uva[1] in vinea[2] alta est.
Vulpecula[3] appropinquat.

Videmus vulpeculam[3] appropinquare.
Videmus uvam[1] in vinea[2] alta esse.

Quid videmus?

Vulpecula[3] saltat[4], sed uvam[1] captare[5] non potest.
Vulpecula[3] cogitat: „Uva[1] matura[6] non est.“

Videmus vulpeculam[3] saltare[4].
Videmus vulpeculam[3] uvam[1] captare[5] non posse.

Quid videmus?

Vulpecula[3] uvam[1] non captavit[5].
Vulpecula[3] abiit.

Videmus vulpeculam[3] uvam[1] non captavisse[5].
Videmus vulpeculam[3] abisse.

TEXT 1 *Der zärtliche Esel*

Dominus asinum et catellum[7] possedit. Catellus[7] saepe in villa domini sedebat, dum asinus semper magna cum diligentia laborat. Tamen cuncti catellum[7] amabant et blandis[8] verbis delectabant.
Asinus cottidie videbat catellum[7] laetum esse. Itaque cogitavit: „Ego maestus sum, quod dominus semper catellum[7] delectare studet. Dominum me numquam laudare puto. Etiam dominam me saepe irridere doleo. Liberi cottidie catellum[7] etiam ex mensa[9] cibant[10]. Sed me numquam ex mensa[9] cibant[10]. Tamen existimo me domino semper paruisse. Non ignoro me semper fidum fuisse et magna cura aquam frumentumque portavisse. Ego enim laboriosus[11] sum. Itaque dominus etiam asinos ita amare debet ut catellos[7].“ Itaque asinus invidia catelli[7] ardebat. Tandem cogitavit dominum ut catellus[7] delectare. Aliquando asinus dominum villam intrare vidit. Statim eo festinavit, magno gaudio clamavit, ungulas[12] super umeros[13] domini levavit, virum lingua, ut catellus, linxit[14]. Primo dominus asinum timuit, tum iratus fuit, quod vidit togam sordidam[15] esse. Irae asini plenus servos convocavit. Tum cuncti asinum stultum verberaverunt[16] et irriserunt. Asinus autem in stabulum[17] festinavit. Maestus fuit et ibi diu mansit.

1 uva,- f. *Weinrebe*
2 vinea, -ae f. *Weinstock*
3 vulpecula, -ae f. *Füchsin*
4 saltare *springen*
5 captare *fassen, ergreifen*
6 maturus, -a, -um *reif*
7 catellus,- i m. *junger Hund*
8 blandus,- a,- um *schmeichelnd, liebkosend*
9 mensa, -ae f. *Tisch*
10 cibare *füttern*
11 laboriosus, -a, -um *fleißig*
12 ungula, -ae f. *Huf*
13 umerus,- i m. *Schulter*
14 linxit (3. Pers. Sg. Perf.) *(er/sie/es) leckte ab*
15 sordidus, -a, -um *schmutzig*
16 verberare *schlagen, prügeln*
17 stabulum, -i n. *Stall*

1 Vielleicht hast du schon Fabeln kennen gelernt. Erzähle, woran du dich erinnerst.

2 a Welche *Eigenschaften* spielen in der von dir vorgestellten Fabel eine Rolle?
b Werden in einer Fabel Eigenschaften von Tieren oder von Menschen dargestellt? Begründe deine Meinung.

3 Erkläre, warum in einer Fabel vor allem *Tiere* handeln, weniger Menschen.

4 Warum sagt die Füchsin nach dem erfolglosen Springen *Uva matura non est*?

3 5 Die Hauptperson der Handlung wird in Texten besonders oft genannt. Schreibe aus Text 1, Z. 1–3 alle Substantive heraus, die mehr als einmal vorkommen.

6 Was ist der entscheidende Augenblick der Handlung in Text 1?

7 a Worin besteht die *Moral* von der Geschichte?
b Sind dir schon vergleichbare oder ähnliche *Verhaltensweisen* im Alltag begegnet?

Die Fabel

Die Fabel (lat. fabula) ist eine kurze Erzählung, die dem Leser auf unterhaltsame Weise eine Lebensweisheit nahebringen soll (*docere et delectare*). Sie ist auch ein Mittel, sich zu äußern, wenn die direkte Aussage gefährlich ist. In der Regel handeln in der Fabel Tiere, die aber in ihrem Denken und Sprechen wie Menschen dargestellt sind. Dabei verkörpern typische Tiere bestimmte Charaktereigenschaften: der Fuchs die Klugheit, der Esel die Dummheit, der Löwe Macht und Stärke. Um die Aussage der Geschichte einprägsamer zu gestalten, haben die Fabeln häufig eine witzige Pointe.

Abb. 1 *Illustration zu der Fabel „Der Rabe und der Fuchs“*

Als „Erfinder“ und geschicktester Erzähler der Fabel gilt seit dem Altertum der Grieche Aesop. Aesop soll in der Mitte des 6. Jhs. v. Chr. als Sklave auf der Insel Samos gelebt haben.

Der Dichter der Fabel vom Fuchs und der Weinrebe heißt Phädrus. Er war der erste, der in lateinischer Sprache Fabeldichtung verfasste. Phädrus kam wahrscheinlich zur Regierungszeit des Kaisers Augustus als Sklave aus Makedonien nach Rom. Dort wurde er später freigelassen. Über Einzelheiten seines Lebens wissen wir kaum etwas. Phädrus schrieb insgesamt 5 Fabelbücher: Zunächst übertrug er Fabeln des Aesop in lateinische Verse, dann verfasste er aber auch neue Erzählungen mit eigenen Motiven.

4 **8** Später erzählt der Herr Freunden, was sich ereignet hat. Übersetze die Sätze und bilde zu den eingeklammerten *Infinitiven der Gleichzeitigkeit* die entsprechenden *Infinitive der Vorzeitigkeit*. Begründe, warum der *Infinitiv der Vorzeitigkeit* erforderlich ist.

Dominus narrat asinum semper magna cum diligentia aquam (portare).
asinum tamen saepe maestum (esse).
asinum invidia catelli[7] (ardere).
asinum familiam valde (terrere).
servos asinum (irridere).
asinum in stabulo[17] diu (manere).

4 **9** Mache die folgenden Aussagesätze von dem Ausdruck *Dominus non ignorat* abhängig:

Beispiel: Dominus non ignorat familiam semper catellum[7] curare.

- Familia semper catellum[7] curat.
- Asinus semper magna diligentia laboravit.
- Nonnumquam asinus stultus est.
- Itaque servi asinum irrident.

2 10 Bilde vier sinnvolle Sätze und übersetze sie. An welche Stelle im deutschen Satz kommt das Prädikat? Beispiel: *Dominus asinum stultum fuisse vidit.*

Dominus	uvam[1] in vinea[2] alta esse	vidit.
Aeneas et Ascanius	dominum catellum[7] delectare	existimat.
Ascanius	asinum stultum fuisse	dolet.
Asinus	Aeneam familiam male servavisse	gaudebant.
Vulpecula[3]	socios orae Italiae appropinquare	putavit.

2 11 **a** Wer macht hier was? Gib nach dem vorgegebenen Beispiel zwei mögliche *Übersetzungen* an und erkläre den Unterschied.

desiderium amicae 1. die Sehnsucht der Freundin
2. die Sehnsucht nach der Freundin

invidia domini   cura liberorum   odium[18] Troianorum

18 odium ,-ii n. *Hass*

b Bilde zu jeder möglichen Übersetzung einen sinnvollen deutschen Satz.

VON WORT ZU WORT

12 In dem Buchstabengitter sind zehn *Infinitivformen* versteckt. Suche sie heraus und übersetze sie. Du kannst die Zeilen von links nach rechts und von oben nach unten lesen.

h	o	c	p	a	m	a	r	e	o
a	f	o	f	d	a	b	n	r	t
u	c	g	h	e	l	i	i	r	e
f	b	i	s	s	s	r	x	a	r
u	d	t	z	s	d	e	e	r	t
k	b	a	t	e	e	u	s	e	b
t	e	r	r	u	i	s	s	e	h
z	c	e	r	t	a	r	e	s	z
r	q	a	m	a	v	i	s	s	e
o	i	r	a	f	p	g	e	m	k

UND IM ENGLISCHEN UND DEUTSCHEN?

13 Auch das Englische und Deutsche kennen den *AcI*. Unterstreiche *seine Teile* und das *Verb*, von dem der AcI jeweils abhängt, in verschiedenen Farben.

1. Asinus dolet dominum catellum[7] blandis[8] verbis delectare.
2. The donkey expects the man to love him, too.
3. Dominus non ignorat dominam semper asinum irridere.
4. Der Esel sieht den Herrn ins Landhaus eintreten.
5. Der Herr hört den Esel jauchzen.
6. The man wants the slaves to beat the donkey.

Wortstellung im Lateinischen und Deutschen

Ich habe sehr wörtlich übersetzt. Ein deutscher Satz ist das allerdings nicht. Besonders das Prädikat kann da nicht stehen bleiben. Wo gehört es eigentlich hin?

Graeci ante Troiae portas equum ligneum aedificaverunt ...
„Die Griechen vor Trojas Toren ein hölzernes Pferd haben gebaut ...“

WORTSTELLUNG IM LATEINISCHEN UND IM DEUTSCHEN

▶ **Die Stellung des Prädikats im deutschen Aussagesatz.** Vergleiche die folgenden Sätze. In ihnen wurde die Wortstellung verändert. Was fällt dir auf?

Die Griechen	bauten	ein Pferd	vor den Toren Trojas.
Ein Pferd	bauten	die Griechen	vor den Toren Trojas.
Vor den Toren Trojas	bauten	die Griechen	ein Pferd.

Das Prädikat steht im deutschen Aussagesatz immer an der **zweiten** Stelle!

Was das für das Übersetzen bedeutet, zeigt ein weiteres Beispiel:

Graeci et Troiani	propter Helenam pulchram	magna audacia	inter se	certabant.

kämpften

Die Griechen und Trojaner	wegen der schönen Helena	mit großemMut	gegeneinander.

Das Prädikat wird beim Übersetzen nach Graeci et Troiani an **die zweite Stelle** vorgezogen; der Rest kann dann „am Satz entlang“ übersetzt werden.

▶ **Wortblöcke im Lateinischen.** Du konntest in den Beispielen oben beobachten, wie grammatisch und damit auch inhaltlich Zusammengehöriges in Wortblöcke eingeteilt werden kann. Welche Arten von Wortblöcken gibt es?
Graeci ante Troiae portas equum ligneum aedificaverunt.

▶ Suche nach Nomen, die im gleichen Kasus stehen. Das können Substantive, die durch *et, atque* oder *-que* verbunden sind, aber auch Substantive und Adjektive im gleichen Kasus, Numerus und Genus (KNG-Kongruenz) sein. Im Beispielsatz trifft das z. B. auf *equum ligneum* zu; die Zusammengehörigkeit ist erkennbar an der KNG- Kongruenz.

✔ **Nomen + adjektivisches Attribut** bilden einen Wortblock.

▶ Suche nach einem Nomen im Genitiv. In den meisten Fällen stehen Genitive nicht allein im Satz, sondern erläutern als substantivisches Attribut ein Beziehungswort näher. Ein solches Beziehungswort steht entweder direkt vor oder direkt hinter dem Genitiv. Im Beispielsatz gibt es von der Form her zwei „Kandidaten" für einen Genitiv: *Graeci* und *Troiae*. Aber nur *Troiae* hat ein Beziehungswort direkt bei sich: *Troiae portas*.

✔ **Nomen + substantivisches Genitiv-Attribut** bilden einen Wortblock.

▶ Suche nach einer Präposition. Direkt nach einer Präposition steht dann ein Nomen in dem Kasus, den die Präposition verlangt. Im Beispielsatz steht *portas* im Akkusativ nach *ante*.

✔ **Präposition + Nomen** im entsprechenden Kasus bilden einen Wortblock.
Übrig bleibt *Graeci*. Dieses Wort ist kein Genitiv, da ein Beziehungswort direkt daneben fehlt. Von der Form her kann *Graeci* auch Nom. Pl., also Subjekt sein. Dafür spricht: Das Prädikat steht auch im Plural (*aedificaverunt*). Also: *Graeci* ist das Subjekt dieses Satzes.

▶ **Übersetzungsmethode.** Daraus lässt sich eine einfache Methode[1] für das Übersetzen eines Aussagesatzes ableiten:
1. Schritt: Einteilen des Satzes in Wortblöcke
2. Schritt: Übersetzen der „1. Stelle"
3. Schritt: Einfügen und übersetzen des Prädikats an der „2. Stelle"
4. Schritt: Übersetzen am Satz entlang bis zum Ende

Graeci • ante Troiae portas • equum ligneum • aedificaverunt.
„Die Griechen bauten vor Trojas Toren ein hölzernes Pferd."

Nachdem ich die Wortblöcke erkannt habe, stelle ich fest, dass das Prädikat *aedificaverunt* nach *Graeci* eingesetzt wird, denn hier ist die zweite Stelle. Den Rest kann ich am Satz entlang übersetzen.

ALLES GEKLÄRT? ALLES KLAR?

Übertrage folgende Sätze in dein Heft. Markiere die Wortblöcke und kennzeichne jeweils die zweite Stelle.

1 Aeneas familiam ex incendio Troiae servare non potuit.

2 Aeneas fatis deorum parebat.

3 Aeneas cum paucis Troianis per altum errabat.

4 Aeneas et socii in patria nova novum oppidum aedificaverunt.

Die Lösungen findest du S. 235.
Das Erkennen von Wortblöcken konntest du bereits in den Übungen zu Lekt. 6, 8, 9 und claro 1 trainieren. Das Erkennen der „zweiten Stelle", an die das Prädikat eingesetzt wird, kannst du in der Lektion 10 üben.

1 Schritt 2–4 entsprechen weitgehend der Drei-Schritt-Methode, entwickelt von dem Tübinger Lehrer Dieter Lohmann.

11 WUNDERBARES
Märchenhaft!

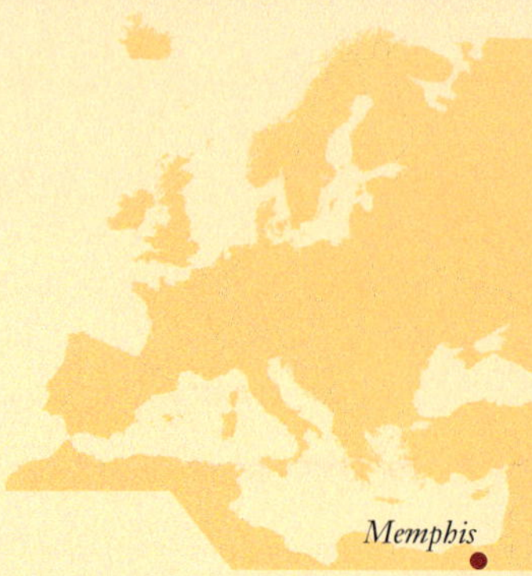

GUT ZU WISSEN

fama

nuntius

Loquamur Latine

Eheu!

Edepol!

Ecastor!

Mehercle!

Pro Iuppiter!

Pro di immortales!

O te stultum!

Asine!

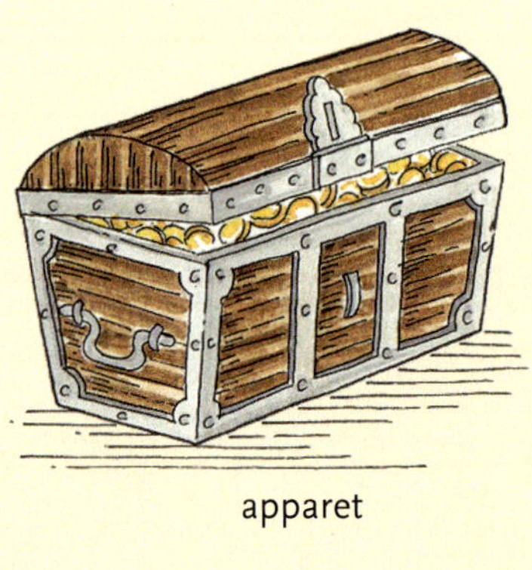

apparet

TEXT 1 *Die schöne Rhodopis*

Es war einmal ein Mädchen namens Rhodopis, das lebte im fernen Ägypten. Dort herrschte der mächtige Pharao Psammetichus in seinem Palast in der großen Stadt Memphis.

Rhodopis, puella pulchra, serva erat. Olim Rhodopis ad ripam fluvii[1] iit et natavit[2]. Vestimenta et socci[3] in ripa remanebant. Subito magnam aquilam[4] de caelo se praecipitare[5] et alterum soccorum[3] raptare[6] vidit. Aquilam[4] soccum[3] ad regiam[7] Psammetichi portavisse notum est. Rhodopis autem ignorabat aquilam[4] cum socco[3] ad regiam[7] Psammetichi volare[8].
Psammeticho magna copia servarum servorumque erat. Unus e servis soccum[3] vidit et ad Psammetichum portavit. Iterum atque iterum Psammetichus soccum[3] spectabat et stupebat[9]: „Quam pulcher est soccus[3] et quam parvus! Certe quidem soccus[3] puellae pulchrae est.“
Paulatim Psammetichum puellam ignotam iam amare apparebat. Itaque nonnullos nuntios ad se vocavit. „Quoquoversus[10] ite“, inquit, „et puellam investigate[11]!“
Diu nuntii per Aegyptum errabant. Tandem servam pulchram investigaverunt[11] et cum puella ad Psammetichum redierunt. Itaque Psammetichus beatus erat et magno cum gaudio puellam spectavit. Etiam Rhodopis Psammetichum adamavit[12]. Fama est puellam et Psammetichum vitam beatam habuisse.

1 fluvius, -i m. *Fluss*
2 natare *schwimmen*
3 soccus, -i m. (leichter) *Schuh*
4 aquila, -ae f. *Adler*
5 se praecipitare *sich stürzen*
6 raptare *rauben*
7 regia, -ae f. *Königspalast*
8 volare *fliegen*
9 stupere *staunen*
10 quoquoversus (Adv.) *in alle Himmelsrichtungen*
11 investigare *ausfindig machen, aufspüren*
12 adamare *lieb gewinnen*

PROJEKT: DAS MÄRCHEN VON DER SCHÖNEN RHODOPIS IM COMIC

1 Nun ist euer zeichnerisches Können gefragt! Stellt das Märchen von der schönen Sklavin Rhodopis in Form eines *Comics* dar. Klärt, wie viele Szenen ihr gestalten wollt, wodurch ihr die einzelnen Personen deutlich erkennbar machen könnt usw.

4 **2** **a** Stelle alle Infinitive aus Text 1 zusammen. Ordne sie nach dem *Zeitverhältnis*. Beispiel:

Infinitiv der Gleichzeitigkeit	Infinitiv der Vorzeitigkeit
(se) praecipitare	*portavisse*

b Forme die Infinitive dann in das jeweils andere *Zeitverhältnis* um.

4 **3** **a** Schreibe aus Text 1 alle Sätze heraus, in denen ein *AcI* steht. Unterstreiche in deinem Heft die *Verben*, von denen der AcI jeweils abhängig ist.
b Welches *Zeitverhältnis* besteht jeweils zwischen AcI und übergeordnetem Verb?
c Welche *Aufgabe* hat der AcI jeweils im Satz?

4 4 Du hast die Qual der Wahl! Entscheide, welche Lösung richtig ist. Gib aber auch an, welche Fehler du in den falschen *Übersetzungen* findest:
Nuntios servam pulchram investigavisse constat.
- Es steht fest, dass die Boten die schöne Tochter aufgespürt haben.
- Es stand fest, dass die Boten die schöne Königin aufgespürt haben.
- Es steht fest, dass die Boten die schöne Sklavin aufspüren.
- Es steht fest, dass die Boten die schöne Sklavin aufgespürt haben.

5 *a* Lies beide *Märchen* noch einmal aufmerksam durch. Überlege, welche Stellen dich an bekannte deutsche Märchen erinnern. Nenne die Namen dieser deutschen Märchen.

b Vergleiche die beiden lateinischen Erzählungen mit den deutschen Märchen. Worin gleichen bzw. unterscheiden sich die Geschichten?

VON WORT ZU WORT

6 Die Römer schrieben nur große Buchstaben. Für u und v galt der gleiche Buchstabe V.
Suche aus dem folgenden Buchstabenwurm fünf neue Vokabeln heraus und nenne ihre deutschen Bedeutungen.
APPCLAMMJIOLIMNNGTNOTVSVNHFAMAVVSIMVLARESL

Märchen

Wer kennt sie nicht: Dornröschen, Hänsel und Gretel oder Rotkäppchen – die zauberhafte Welt der Märchen! Vielleicht habt auch ihr schon solche Märchen gelesen. Auch in der Antike gab es viele Geschichten, die man als Märchen bezeichnen kann oder in denen zumindest märchenhafte Dinge geschehen. Dort erzählen die Schriftsteller von Zauberinnen, Riesen und verliebten Prinzessinnen, von Räubern, Geistern und Verwandlungen.
In früheren Zeiten waren Märchen bei Kindern und Erwachsenen sehr beliebt. Es gab sogar den Beruf des Märchenerzählers, der auf öffentlichen Plätzen Märchen vor einer größeren Menge von Leuten erzählte. Später ersetzten Fernsehsendungen das Erzählen von Märchen.

Echte Märchensammlungen wie die der Brüder Grimm gab es in der Antike und auch im Mittelalter noch nicht. Doch können wir zum Beispiel in den mittelalterlichen *Gesta Romanorum*, die um 1400 entstanden sind, Erzählungen entdecken, die auf antike Berichte zurückgehen. Dort finden wir orientalische, aber auch christliche Geschichten. In diesen tritt oft die Gestalt des Teufels auf, der das Böse verkörpert. Er ist häufig als Wolf oder Schlange dargestellt.

TEXT 2 *Der Teufel und das Böcklein*

Vor vielen hundert Jahren erzählten sich die Menschen gern folgende Geschichte:

Olim capra cum haedo[13] in silva habitabat. Aliquando capram e casa exire et copiam ciborum apportare opus erat. Tum capra ad haedum[13]: „Mane in casa", inquit, „et portam obsera[14]! Valde periculosum[15] est per silvam ire; nam ibi diabolus, inimicus noster, habitat et saepe lupum[16] simulat. Exspecta me! Mihi cibos apportare opus est. Interea casa exire tibi non licet … diabolus te raptare[6] cogitat." Tum capra abiit.
Dicta autem caprae haedus[13] memoria tenebat. Multas horas capram exspectabat; itaque haedum[13] valde timuisse apertum est. Subito lupus[16] casae appropinquavit. Ostium pulsavit[17] et capram simulavit: „Adsum, te voco!"
Haedus[13] autem callidus erat. Clam e fenestra spectavit et lupum[16] vidit – tum respondit:
„Sta procul! Tu non es capra, nam lupum[16] video! Sed non ignoro diabolum quidem ante casam nostram stare."
Ita haedus[13] e summo periculo se servavit. Diabolus autem iratus erat et in silvam rediit.

6 raptare *rauben*
13 haedus, -i m. *Böcklein, junger Ziegenbock*
14 obserare *verriegeln*
15 periculosus, -a, -um *gefährlich*
16 lupus, -i m. *Wolf*
17 ostium pulsare *an die Tür klopfen*

7 Der AcI – mal so, mal so!
Übersetze ins Deutsche und gib an, ob der lateinische AcI *Subjekt* oder *Objekt* ist.
- Haedum[13] callidum fuisse apertum est.
- Servam beatam fuisse notum est.
- Lupus[16] capram e casa exisse non ignoravit.

4 **8** Gib an, welche Übersetzung richtig ist und wo du *Fehler* gefunden hast.
Lupum[16] periculosum[15] ad casam caprae isse non ignoratis.
- Wir wissen nicht, dass der Wolf zu der Hütte der Ziege gegangen ist.
- Ihr wisst genau, dass der gefährliche Wolf zu der Hütte der Ziege gegangen ist.
- Ihr wisst nicht, dass der gefährliche Wolf zu der Hütte geht.

9 Kombiniere richtig! Füge die Teilaussagen sinnvoll zusammen und übersetze.

1. Haedus[13] non ignorabat	A. aquilam[4] soccum[3] apportavisse.
2. Psammetichus vidit	B. puellam pulchram ad ripam fluvii isse.
3. Fama est	C. diabolum in silvam redisse.

4 **10** Auf die *Endung*, fertig, los! Wähle die drei richtigen *Endungen* aus und übersetze.

re - am - re - isse - as - is - isse

Non ignoramus haedum[13] caprae paru▲▲▲.
Rhodopis vitam Psammetichi beat▲▲ esse putat.
Nuntios diu per Aegyptum errav▲▲ notum est.

12 ROM IN GEFAHR
Retter in der Not

458 v. Chr. — *500* — *1000* — *1500* — *2000*

GUT ZU WISSEN

(dictator)

consul consul

praetores

aediles

quaestores

Cincinnatus agricola est. Cincinnatus dictator est.

TEXT 1 *Cincinnatus*

Im Jahr 458 v. Chr. wurden die Römer von den Äquern angegriffen, einem Volk in Mittelitalien. Da brauchte man einen entschlossenen Mann, der das römische Heer führen konnte, man brauchte einen dictator. Nur – Wer war so schnell für diese Aufgabe zu gewinnen?

Olim timor belli animos Romanorum occupavit, quod Aequi in animo habebant Romam expugnare. Salus populi magno in periculo erat. Et consules et plerique senatorum iam de salute desperabant et pleni erant timoris. Itaque *senatores* cum consulibus diu cogitabant: „Quis Romam servabit? Certe Aequi nos necabunt et templa deorum delebunt. Nunc opus est nos dictatorem creare et cum dictatore Aequos superare. Quod magno in periculo sumus, dictatori parebimus. Sed quis dux noster erit?“
Diu senatores dubitabant. Tandem *consul:* „Vobis“ inquit, „consilium dabo. Ad Cincinnatum ibimus, quod magno in honore est.“ Consilium consulis ceteris placuit.
Cincinnatus agricola[1] erat et in agro laborabat. Ibi *senatores* viro nuntiaverunt: „Salve, dictator! Nam tu dictator noster eris et nobiscum Aequos superabis. Tecum Romani victores erunt. Officium tuum est populum Romanum adiuvare.“ At *Cincinnatus:* „Erratis! Agricola[1] numquam imperator idoneus erit.“ Denique autem cuncti viro persuadere potuerunt. Profecto Romani cum dictatore Aequos superaverunt. Tamen Cincinnatus statim dictatura se abdicavit[2] et in agrum rediit.

1 agricola, -ae m. *Bauer*

2 dictatura se abdicare *die Diktatur niederlegen, vom Amt des Diktators zurücktreten*

1 Römische Historiker sahen in Cincinnatus ein Beispiel für alle Römer. Wie könnte man dies begründen? Nenne Stellen in Text 1, an denen er als *Vorbild* dargestellt ist.

2 Ordne die folgenden Adjektive den richtigen Substantiven zu (*KNG-Kongruenz!*):
multi, publicam, Romanas, magno, clarus, paucis — dictator, mulieres, duces, salutem, senatoribus, honore

3 In dieser Formenreihe haben sich einige *Ablative* versteckt. Finde sie heraus.
time • victore • sine • clare • consule • valde • senatore • prope • salute • salvete • ante • nuntio • nuntia • nuntiabo • portis • portatis • portabitis • porta

4 Suche aus Text 1 *Genitiv-Formen* heraus, erkläre ihre *Sinnrichtung* und übersetze sie.

WIR FORSCHEN NACH

5 Forscht nach, wie die Stadt *Cincinnati* in den USA zu ihrem Namen kam.

VON WORT ZU WORT

6 **a** Der Konditor hilft uns, die Herkunft von Wörtern zu verstehen. Seine Berufsbezeichnung hat die Endung *-tor.* Sie sagt dir, was jemand ist oder tut. Das Verb *condire* bedeutet *lecker zubereiten*. Schreibe aus Text 1 Substantive mit dieser Endung heraus und gib die deutschen Bedeutungen dazu an.

b Welche deutschen Wörter kennst du, die ebenso enden?

7 Auch wenn die *Zukunft* sonst ungewiss ist, hier kannst du sie schnell erkennen.
erras • eras • eris • aedificabo • aedificio • aedifico • erunt • errant • placebit • ibis • errabimus • eritis • errabitis • ero • erro • portas • portabas • portabimus

8 Warum haben die Römer das *Amt* des Diktators wohl auf sechs Monate *begrenzt*?

König, Konsuln, Diktator

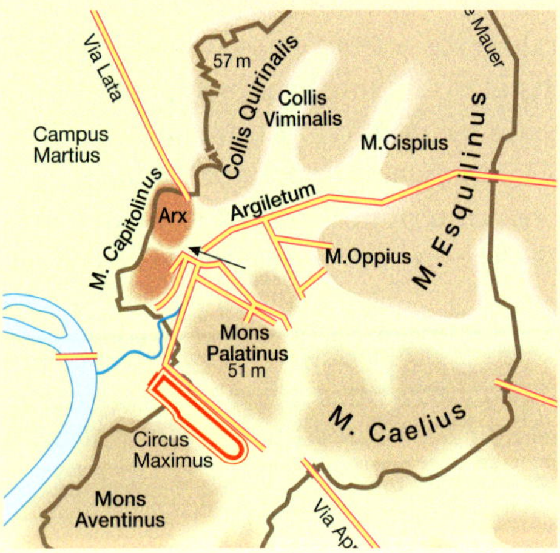

Abb. 1 *Das frühe Rom*

Nach der Vertreibung des Königs Tarquinius Superbus 510 v. Chr. sicherten sich die Römer gegen allzu mächtige Alleinherrscher ab: Sie wählten an die Spitze des Staates zwei Konsuln für nur je ein Jahr. In Zeiten der Not aber, wenn schnelles Handeln erforderlich war, ernannte einer der Konsuln auf Empfehlung der Senatoren einen Diktator. Dieser war ein Beamter mit unbeschränkter Vollmacht. Ihm hatten alle zu gehorchen. Er durfte aber höchstens sechs Monate im Amt bleiben.

Das Kapitol

Das Kapitol (lat. *Capitolium*) ist einer der sieben Hügel Roms. Er begrenzt im Westen das Forum Romanum. Da seine Felsen auf fast allen Seiten steil abfallen, konnte man ihn gut verteidigen. In der Antike stand dort ein Tempel für die Götter Jupiter, Juno und Minerva. Eine Erhöhung des Kapitols trug den Namen Arx (Burg). Dort hatte die Göttin Juno einen eigenen Tempel.

Abb. 2 *Blick auf das Tabularium (Staatsarchiv) am Abhang des Kapitols. Die Blickrichtung ist durch den Pfeil in Abb. 1 gekennzeichnet.*

TEXT 2 *Die Kapitolinischen Gänse*

Im 4. Jh. v. Chr. kamen Gallier über die Alpen und fielen in Italien ein. In der Schlacht an der Allia, einem Flüsschen nördlich von Rom, erlitten die Römer eine schwere Niederlage (390 oder 387 v. Chr.). Dann drangen die Gallier sogar in die Stadt Rom ein und zerstörten sie weitgehend. Die Römer, die überlebt hatten und nicht geflohen waren, verschanzten sich auf dem Kapitol und verteidigten sich dort gegen die Feinde.

Diu Galli contra Romanos pugnabant. Tamen victores non fuerunt. Nam in arce Capitolina adhuc nonnulli Romani erant. Ibi *mulieres* clamaverunt: „Quando dei nos adiuvabunt?"
Diu Galli arcem frustra oppugnabant. Denique, quod putabant noctu Romanos dormitare[3], summam arcem occupare cogitaverunt. Constat custodes tum non vigilavisse[4]. Anseres[5] autem prope templum Iunonis vigilabant[4]. Romani enim anseres[5] in arce tenebant, quod deae sacri erant. Dum Galli arci appropinquant, anseres[5] magno clamore custodes e somno excitaverunt. Statim ceteri viri ad arma festinaverunt et Gallos superaverunt. Sic anseres[5] Capitolium a Gallis servaverunt.

3 dormitare *schlafen* **4** vigiliare *Wache halten* **5** anser, anseris m. *Gans*

WIR RECHERCHIEREN

9 Suche in Lexika und im Internet, welche Rolle das *Kapitol* in Rom und anderswo heute spielt.

UND IM ENGLISCHEN UND DEUTSCHEN?

Jugendliche aus Europa sind zu einem Jugendcamp nach Perugia (Italien) eingeladen worden. Ihre Antworten kommen per E-Mail.

Peter aus Deutschland schreibt:
Hallo, Leute! Ich komme gerne im Sommer. Eine Freundin begleitet mich. Wir freuen uns, euch wiederzusehen. Tschüss, Peter

Kate aus Irland mailt zurück:
Hi there! Sorry, I don't think I'll make it this year. I will probably have to work this summer. See you! Kate

Mika aus Finnland antwortet:
Salvete, amici! Libenter in Italiam ibo. Postea in Germaniam festinabo. Valete! Mika

10 Vergleiche, wie die drei Sprachen *zukünftiges Geschehen* ausdrücken.

13 ROM IN GEFAHR

Allmächtiger Caesar?

GUT ZU WISSEN

Cincinnatus apud Romanos clarus erat. Nam is vir non solum agricola[1], sed etiam dictator et imperator fuit. Romani ei dictatori gratiam habebant.

Cincinnatus enim Aequos superavit. Post eam autem victoriam dictatura se abdicavit[2]. Itaque Romani eum virum laudaverunt.

1 agricola, -ae m. *Bauer*
2 dictatura se abdicare *die Diktatur niederlegen, vom Amt des Diktators zurücktreten*

miles legio

TEXT 1 *Der Diktator wird ermordet*

Um 510 v. Chr. wurden die ersten beiden Konsuln gewählt. So begann die römische Republik. Der bekannteste Römer dieser Zeit ist C. (Gaius) Iulius Caesar. Durch seine politischen und militärischen Erfolge war er so mächtig geworden, dass ein Teil des römischen Adels um die eigene Macht fürchtete. Im Gegensatz zu Cincinnatus hatte sich Caesar das Diktatorenamt nämlich auf Lebenszeit übertragen lassen.

Abb. 1 *Münze, die Caesar als Diktator auf Lebenszeit prägen ließ.*

Post bellum Gallicum et bellum intestinum[3] Caesar dictator perpetuus erat. Itaque multi senatores putabant eum hominem libertati civitatis perniciosum esse. Caesar enim sine consiliis senatorum civitatem modo regis administrabat. Plerique autem milites ei homini grati erant propter multa beneficia. Eum imperatorem amabant, quod erga milites fidos iustus et aequus erat. At senatores nimiam eius hominis auctoritatem timebant. Diu de eo homine secum considerabant.
Alii: „Caesar homo superbus est. Tamen non licet eum necare. Sed nos ei parere debemus. Praeterea legiones eius timemus. Nam Romam ibunt et imperatorem suum adiuvabunt."
Alii: „Neque Caesarem neque milites eius timebimus. Cuncti non ignorant Caesarem cupidum imperii esse. Cottidie vitia eius videmus. Is autem vitia sua non videt. More maiorum opus est Romanos imperium dictatoris perpetuum non sustinere. Certe Caesari consilia sua placent, sed homines boni et iusti consilia eius probare non possunt. Cur dubitamus?"
Postremo nonnulli senatores inter se contra Caesarem coniuraverunt[4], quod in animo habebant civitatem eo dictatore liberare. Principes eius coniurationis Cassius et Brutus fuerunt.

3 bellum intestinum *Bürgerkrieg*

4 se coniurare *sich verschwören*

1 Welche Argumente für oder gegen Cäsars Ermordung werden von den Verschwörern in Text 1 vorgebracht? Stelle sie einander gegenüber.

2 Geht sie oder er vielleicht doch? Suche aus den folgenden Formen diejenigen von ire heraus: it • eo • is • eam • ea • eis • id • itis • eis • eunt • ei • eos • eum • imus

3 Bilde dazu die entsprechenden Formen im Futur, Imperfekt und Perfekt.

4 Suche und bestimme die Formen, die von is, ea, id und von ire kommen können.

4 5 Bilde aus den folgenden Sätzen AcI-Konstruktionen. Beispiel:

▸ Caesar mortuus est. Non ignoramus.	Caesarem mortuum esse non ignoramus.
▸ Cassius et Brutus Caesarem necaverunt.	Constat.
▸ Ii libertatem civitatis servare in animo habebant.	Romani putant.
▸ Cincinnatus apud Romanos magno in honore erat.	Quis ignorat?

6 Überlege, ob in die Lücke ein *reflexives* oder *nichtreflexives Possessivpronomen* gehört.

- Imperatores post victoriam Romam redierunt. Ibi Romani facta ■■■ celebraverunt[5].
- Dictatores saepe more ■■■ imperaverunt[6]. Imperia ■■■ non cunctis placebant.

5 celebrare *feiern* **6** imperare *befehlen*

C. Iulius Caesar

Caesar (100–44 v. Chr.) stammte aus einer angesehenen Familie. Schon früh ließ er sich bei einem berühmten Lehrer in Asien als Redner ausbilden. Die Redekunst half ihm später in der Politik. Dort stieg er 59 v. Chr. bis zum höchsten Amt auf, dem Konsulat. In Text 2 erfährst du, dass Caesar Gallien eroberte, nach Britannien übersetzte und den Rhein mit seinen Truppen überschritt. Dann kehrte er nach Italien zurück und machte sich nach dem Sieg über seine Gegner zum Diktator auf Lebenszeit.
Caesar wurde auch als Schriftsteller bekannt. Eine besondere Leistung war außerdem die von ihm veranlasste Reform des römischen Kalenders. Der war nämlich im Laufe der Jahrhunderte total durcheinandergeraten, weil die Römer die Monatsdauer nach dem Mondumlauf berechneten. Danach hatte das Jahr nur 355 Tage. Vom Sonnenjahr mit 365 Tagen wich es also um 10 Tage ab. Man kann sich leicht vorstellen, dass sich im Laufe der Jahrhunderte große Verschiebungen im Kalender ergaben.

Abb. 2 *Szenenfoto aus dem Fernsehspiel Die Verschwörung von Walter Jens (1969)*

Abb. 3 *Caesar als Figur bei Asterix und Obelix (aus: R. Goscinny / A. Uderzo: Die Lorbeeren des Caesar. Berlin: Egmont Ehapa 2002, S. 47)*

TEXT 2 *Enttäuschte Hoffnungen der Verschwörer*

Im Jahr 44 v. Chr., an den Iden des März (15. 3.), führten die Verschwörer das Attentat auf Caesar aus. Obwohl Caesar vor einem Anschlag gewarnt worden war, ging er in die Senatssitzung. Dort stürzten sich die Verschwörer auf ihn und töteten ihn mit ihren Dolchen. Als die Tat in Rom bekannt wurde, herrschte großes Entsetzen. Als während der Leichenfeier sein Freund Antonius Caesars Testament öffentlich verlas, schlug die Stimmung um und richtete sich gegen die Caesarmörder. Ging deren Rechnung etwa nicht auf? Sah das Volk Caesar gar nicht als Tyrannen?

C. Iulius Caesar mortuus erat. Tum senatores eum non iam timebant. Cassius autem et Brutus, interfectores[7] eius, cunctos Romanos propter id factum laetos esse putabant. At populus eorum facta non probavit neque gaudebat Caesarem mortuum esse. Non solum milites imperatorem suum laudaverunt, sed etiam multi homines magnitudinem atque gloriam eius viri celebraverunt. Nam Romani memoria tenebant Caesarem Galliam expugnavisse et in Britanniam navigavisse et Rhenum transisse. Eis hominibus Caesar dux erat in bello et in pace. Denique interfectores[7] Caesaris apud populum magno in odio fuerunt. Itaque Cassius et Brutus, principes coniurationis, cum amicis e patria in Graeciam abierunt.

Abb. 4 *Diese Münze ließ der Caesarmörder Brutus etwa 43/42 v. Chr. prägen. Die Beschriftung lautet EID(ibus) MAR(tiis).*

7 interfector, -oris m. *Mörder*

UND IM ENGLISCHEN UND FRANZÖSISCHEN?

Im Englischen und Französischen gibt es viele *Substantive*, die von lateinischen Substantiven mit bestimmten Endungen (so genannten *Suffixen*) abgeleitet sind.

7 Wenn du folgenden Lateinvokabeln die entsprechenden englischen bzw. französischen Vokabeln zuordnest, verrät dir das Lösungswort, was du bist.

8

Latein	Englisch	Französisch
civitas	senator	le senateur (CH)
officium	victory	la victoire (SCHER)
senator	office	l'office (RA)
libertas	liberty	la liberté (FOR)
victoria	city	la cité (SP)

Stelle fest, welche Endungen im Englischen und Französischen den lateinischen Endungen *-tas, -ia, -tor, -ium* entsprechen.

14 DAS SAGENUMWOBENE GRIECHENLAND
Im Reich des Königs Minos

500 v. Chr. · 500 · 1000 · 1500 · 2000

GUT ZU WISSEN

Quid vides?

Insulam video.
Estne insula magna?

Ita est!
Cui insula Creta nota est?

Constantino,
amico Graeco,
insula certe nota est.

Quis est?
Cuius caput est?

Nonne caput regis est?

Ita est!
Minoem regem vides.
Is rex insulae erat.
Quem nunc vides?

Estne bestia?
Num taurus[1] est?

1 taurus, -i m. *Stier*

TEXT 1 *Wohin mit dem Ungeheuer?*

König Minos hatte für den Gott Poseidon einen Altar geweiht, um ihm zu opfern. Dann betete er, es möge ein Stier aus dem Meer steigen. Tatsächlich kam plötzlich ein schöner weißer Stier ans Ufer. Minos war so überwältigt von seiner Schönheit, dass er ihn für das Opfer zu schade fand. Er nahm als Ersatz ein anderes Tier. Poseidon war darüber empört: Er ließ als Strafe Pasiphae, die Frau des Minos, sich in diesen weißen Stier verlieben. Sie gebar Minotaurus, den König Minos als eigenen Sohn betrachtete.

Iis temporibus Minos rex desperatus[2] erat, nam Minotauro filio caput tauri[1] et corpus hominis erant. Secum cogitavit: 'Tempora mihi iucunda non sunt, nam filius meus monstrum[3] est. Itaque et ego et familia mea formam eius timemus. Praeterea Minotaurus cunctos terret, quod periculosus est. Sed filium meum necare non licet. At necesse est id monstrum a me et meis arcere. Quis mihi aderit? Quis consilium mihi dare poterit?'
Eo tempore Daedalus, vir propter scientiam clarus, apud regem habitavit. Itaque *rex* ei imperavit: „Daedale, specta Minotaurum, filium meum! Nos cuncti id corpus magnum et id caput periculosum[4] timemus. Meum autem officium est id monstrum a populo arcere. Itaque aedifica labyrinthum, aedificium mirum pro corpore miro!“ *Daedalus:* „Egone?“ *Minos rex:* „Tu multa alia aedificavisti, nunc de eo aedificio labora!“ Daedalus consilium regis non probavit, tamen magna cum diligentia labyrinthum aedificavit. Multis viis, columnis[5] pulchris, parvis fenestris labyrinthum ornavit. Numquam Minotaurus ex eo aedificio exire potuit.

2 desperatus, -a, -um *verzweifelt*
3 monstrum, -i n. *Ungeheuer*
4 periculosus, -a, -um *gefährlich*
5 columna, -ae f. *Säule*

1
a Was erfährst du aus GUT ZU WISSEN (S. 76), der *Textüberschrift* und dem *Einleitungstext* über Minos und den Minotaurus?
b Wie könnte die Geschichte weitergehen?

2
a In Text 1 findest du außer der *Erzählung* verschiedene Formen von *direkter Rede.* An welchen äußeren Merkmalen erkennst du sie?
b Stelle fest, wo jemand ein *Selbstgespräch* führt und wo ein Gespräch zwischen zwei Personen (*Dialog*) stattfindet.
c Beobachte, in welchen *Personen* das *Verbum* der direkten Rede steht.
d Von welchen Wörtern werden die Sätze der direkten Rede *eingeleitet*?

3
Daedalus und Ikarus wollen Kreta verlassen. Sie erkundigen sich nach geeigneten Wegen. Welche Wörter sind *Fragewörter*, die sie benutzen können?
ubi/1 • ibi/4 • neque/3 • ne/2 • tum/8 • num/3 • nam/7 • ecce/10 • dure/0 • cur/4 • cui/5 • certe/2 • cuius/6 • quod/8 • quid/7 • quis/2.
Wenn du die Zahlen der gefundenen Fragewörter zusammenzählst und auf die Zahl 30 kommst, hast du die Aufgabe bestens gelöst.

Abb. 1 *Wissenschaftler nehmen an, Labyrinth bedeutet Haus der Doppelaxt. Doppeläxte wurden auf Kreta im 2. Jahrtausend v. Chr. als heilige Zeichen verwendet. Die Malerei zeigt ein Opfer vor Doppeläxten (bemalter Sarkophag, um 1400 v. Chr.)*

Abb. 2 *Fresken aus dem Palast von Knossos zeigen die typische Form und die Farbe von Säulen im alten Kreta (um 1475 v. Chr.)*

Abb. 3 *Darstellung des Labyrinths auf der Rückseite einer Münze aus Knossos (480–450 v. Chr.)*

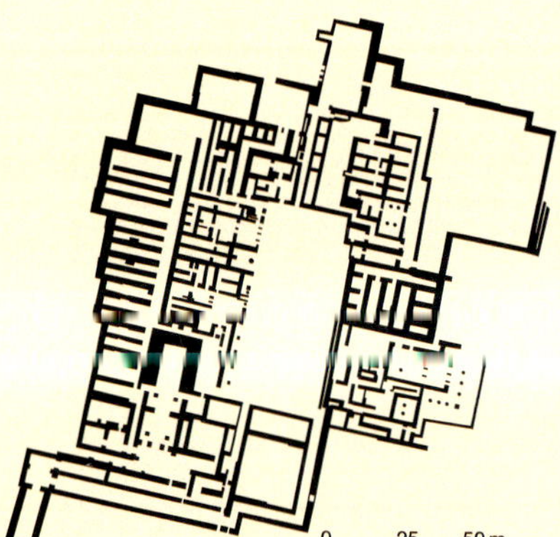

Abb. 4 *In den Jahren 1900 bis 1902 legte der englische Archäologe Arthur Evans bei Knossos (südlich v. Iraklion/Kreta) auf der Fläche von rund 20 000 m² einen Palast frei. Der Palast entstand etwa 2000 v. Chr. und wurde um 1380 v. Chr. endgültig zerstört. Nach dem sagenhaften König Minos wird diese Kultur minoisch genannt. Der Plan zeigt einen vereinfachten Grundriss des Palastes.*

Abb. 5 *Darstellung des Minotauros auf der Vorderseite einer Münze aus Knossos (480–450 v. Chr.)*

4 a Suche Abbildungen und Fotos von Labyrinthen.
b Zeichne oder male selbst ein Bild von Minotaurus im Labyrinth.

5 a Erkläre, was das Besondere an einem Labyrinth ist.
b Vergleiche den Plan des Palastes von Knossos mit Darstellungen des Labyrinthes.

6 Versuche herauszufinden, wie die Geschichte von Minotaurus weitergeht.

TEXT 2 *Dädalus und Ikarus*

Nach dem Bau des Labyrinths wollte Daedalus mit seinem Sohn Ikarus in die Heimatstadt Athen zurückkehren. Doch König Minos verbot ihnen die Heimreise. Was sollte Daedalus tun? Eigentlich war es unmöglich, unerkannt von der Insel zu entkommen. Da hatte er plötzlich eine Idee:

„Minos rex multa possidet, at caelum non possidet. Nonne per caelum in patriam redire poterimus?“ Diu de corpore avis cogitabat. Postremo alas[6] et sibi et Icaro filio paravit. Magna cum diligentia multas pennas cera alligavit[7]. Opus erat magnificum. *Daedalus* alas filio dedit: „Porta alas tuas! Ego meas porto. Eo modo in patriam redire possumus. Sed moneo te, Icare: Move alas tuas magna cura! In itinere semper vola[8] prope me!“ Pater filium spectabat, nam vitae filii timebat. *Icarus* autem gaudebat: „Pater, quid times? Volare[8] pulchrum est.“ Dum per caelum diu volant[8], *nonnulli homines* eos viderunt et vocaverunt: „Num dei sunt?“ *Icarus* magno gaudio alas[6] movebat, iam procul a patre erat. Tum *pater*, quod filium non iam vidit, iterum atque iterum clamabat: „Icare! Icare! Ubi es?“ Sed filius non respondit. Postea Daedalus pennas in aqua vidit et scientiam suam devovit[9].

6 ala, -ae f. *Flügel*
7 pennas cera alligare *Federn mit Wachs verbinden*
8 volare *fliegen*
9 devovere, devoveo, devovi *verfluchen*

7 Vervollständige die *Fragen* aus den Antworten heraus:

Quis ... est pater Minotauri?	Taurus[1] est pater Minotauri.
▪▪▪▪ ... est Minos.	Minos est rex Cretae.
▪▪▪▪ ... est caput tauri[1]?	Minotauro est caput tauri[1].
▪▪▪▪ ... Minos rex vocavit?	Minos rex Daedalum vocavit.
Est ▪▪ Creta insula Graeca?	Ita est.

VON WORT ZU WORT

1 **8** Ordne die folgenden Wörter diesen Gefäßen zu. Beachte die Kennzeichnungen!
tempora • statua • tolera • voca • corpora • cogita • ite • corpore • tempus • campus • miser • iter • magister • noster • puer • pulcher • semper

Substantive

Adjektive

Verben

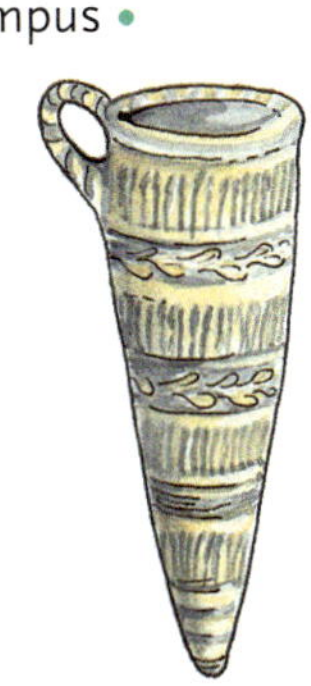
Adverbien

15

DAS SAGENUMWOBENE GRIECHENLAND

Die Taten des Herkules

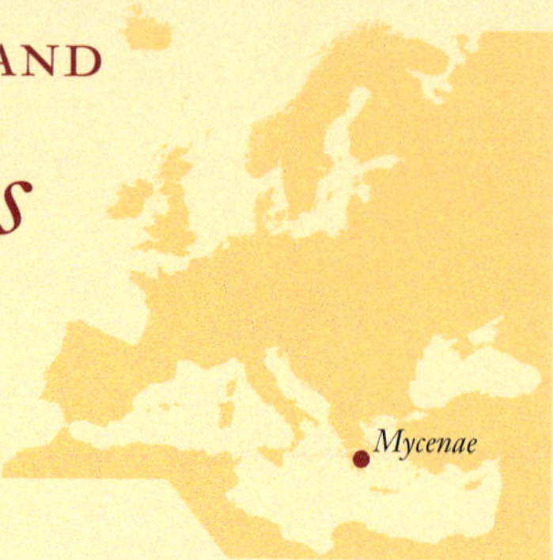

GUT ZU WISSEN

Loquamur Latine

Bene factum!

Recte dicis.

Optime!

Falsum est.

Erras.

Errare humanum est.

TEXT 1 *Der nemeische Löwe*

Herkules mit seinen gewaltigen Kräften diente Eurystheus, dem König von Mykene.

Rex Eurystheus imperavit: „Hercule, adiuva me et cives meos! Leo haud procul a Nemea, oppido nostro, habitat. Frustra multi viri, quibus magnae vires sunt, leonem gladiis aut saxis necare studebant. Nunc timor civium magnus est. Nam in agris et in montibus laborare cogitant. Libera nos ab eo periculo!“ Hercules in silvam prope Nemeam sitam festinavit, bestiam autem videre non potuit. Tandem leonem vidit, cuius caput sanguineum[1] erat. Frustra leonem sagittis[2] necare studuit. Sed leo, qui caput movit et Herculem spectavit et oscitavit[3], mortuus non erat. Etiam gladio aut clava[4] Hercules leonem superare non potuit. Postremo a latere leoni caute appropinquavit et eum magna vi suffocavit[5]. Tandem leo mortuus fuit. Diu Hercules leonem et pellem[6] eius spectabat, quae pulchra et inviolata[7] erat.
Ea pellis[6], quam Hercules semper secum portabat, fuit signum virtutis eius.

1 sanguineus, -a, -um *blutig*
2 sagitta, -ae f. *Pfeil*
3 oscitare *das Maul aufsperren*
4 clava, -ae f. *Keule*
5 suffocare *erwürgen*
6 pellis, -is f. *Fell, Pelz*
7 inviolatus, -a, -um *unverwundbar*

1 Kennst du *Gestalten* aus modernen *Büchern* oder *Filmen,* die ähnlich wie Herkules wirken? Wo liegen deiner Meinung nach aber die Unterschiede zu Herkules?

2 **a** Welche *Handlungen* führt Herkules aus? Stelle eine Liste der *Verben* zusammen.
b Spielt Szenen, in denen Herkules besondere Leistungen vollbringt.

3 Schreibe aus Text 1 fünf *Relativsätze* heraus und das dazugehörige *Beziehungswort* des *übergeordneten Satzes.* Untersuche, für welches *Satzteil* das Relativpronomen in den Sätzen steht.
Beispiel (Zeile 2): multi viri, quibus magnae vires sunt, ... quibus ist ein Prädikatsnomen

2 4 Finde heraus, welche Wörter in ihrer jeweiligen Zusammensetzung nicht im *Kasus, Numerus* und *Genus* übereinsteimmen:
viri, qui • capitis vestris • eius bestiae • maria, quae • eius leoni • cives, quorum

5 Ordne die *Relativsätze* passenden *Hauptsätzen* zu und übersetze sie:

Eurystheum regem cives vocaverunt,	quam diu spectabat.
Eurystheus rex Herculem vocavit,	qui leonem timebant.
Pellis[6] leonis pulchra erat,	cui magna vis erat.

6 Wer kann am schnellsten *qui, quae, quod* deklinieren? Stoppt die Zeit und ermittelt den Rekord. Danach könnt ihr die Schwierigkeit noch dadurch steigern, dass ihr „von unten nach oben“ dekliniert. Ihr beginnt mit dem Ablativ Plural und endet beim Nominativ Singular.

7 War Herkules ein schlauer Mensch? Beurteile sein *Verhalten* bei den beiden Aufgaben (Text 1 und 2) unter diesem Gesichtspunkt. Es steht dazu eine *Wertungsskala* von 1 (geringste Wertung) bis 6 (höchste Wertung) zur Verfügung. Begründe deine Entscheidung.

8 Suche aus jedem Kasten die *Verbform* heraus. Übersetze die gefundenen Formen.

clamoris	videtis	moves	apertus
civitatis	viris	montes	auctoritatibus
cogitatis	vis	mores	aequus
ceteris	virtutis	mulieres	abimus

VON WORT ZU WORT

9 Entwirf eine Tabelle nach dem Muster unten. Bestimme die *Wortart* der Wörter, die der Löwe trägt, und ordne sie in die Tabelle ein. Hast du es richtig gemacht, erhältst du 30 Punkte.

Substantiv je 1 Punkt	Adjektiv je 1 Punkt	Verb je 3 Punkte	Adverb je 4 Punkte	Pronomen je 1 Punkt

Die Aufgaben des Herkules

Herkules (griechisch: Herakles) war der Sohn des Jupiter und der Königin Alkmene. Sein Name bedeutet *Ruhm der Hera*. Doch Jupiters Ehefrau Hera war eifersüchtig. Nach einem heftigen Streit einigten sich beide: Herakles erhält gewaltige Kräfte, muss aber für König Eurystheus von Mykene 12 Aufgaben erfüllen. Später wird er in den Götterhimmel aufgenommen.

Die zweite Aufgabe war es, die lernäische Hydra zu töten, ein Ungeheuer mit vielen Schlangenköpfen. Kurz darauf gelang es ihm, die wunderbare Hirschkuh mit einem goldenen Geweih und Hufen aus Bronze lebendig zu fangen. Auf dem Berg Erymanthos konnte er den gewaltigen Eber fangen, an einem einzigen Tag reinigte er den tief mit Mist bedeckten Kuhstall des Königs Augias.

Herkules verjagte aus den stymphalischen Sümpfen gefährliche Vögel, auf Kreta fing er einen rasenden Stier. Die wilden Pferde des Königs Diomedes brachte Herkules zu Eurystheus. Dann raubte er am Schwarzen Meer den goldenen Gürtel der Königin Hippolyte. Herkules gelang es auch, die wunderschönen Rinder des Königs Geryon zu rauben. Herkules schaffte es sogar, den Höllenhund Kerberos aus der Unterwelt zu holen.

TEXT 2 *Die Äpfel der Hesperiden*

König Eurystheus hatte trotz der vielen Aufgaben, die Herkules schon für ihn ausgeführt hatte, immer noch weitere Wünsche. Nun wollte er auch noch die goldenen Äpfel der Hesperiden besitzen, der Töchter des Atlas – ein Wunsch, von dem er glaubte, dass selbst Herkules nicht in der Lage sein werde, ihn zu erfüllen. Herkules ahnte, dass dieses Mal eine ganz andere Leistung von ihm gefordert wurde: Er wusste nämlich nicht, wo er die Hesperiden suchen sollte.

Iterum atque iterum *Hercules* homines, qui ei obviam ibant, interrogabat: „Ubi Atlas habitat? Ubi est hortus Hesperidum, quae mala aurea[8] curant?" Diu Hercules per terras ignotas migrabat[9]. Postquam mare apertum nave parva transiit, tandem Atlantem vidit, qui caelum sustinebat. *Hercules:* „Salve, Atlas!" Tum consilium Atlanti dedit: „Video te defessum esse. Te adiuvabo. Da mihi caelum et te relaxa[10]!" Atlas, quem ea verba delectaverunt, risit et ei caelum libenter dedit. *Hercules:* „Ego hic laborabo, sed tu festina ad filias et porta mihi nonnulla mala aurea[8], quae Eurystheus rex desiderat." Sed postea *Atlas*, dum Herculi mala aurea[8] monstrat, postulavit: „Ego autem ea regi dabo." *Hercules:* „Gratiam tibi habeo. Festina! Sed antea tu paulisper[11] sustine caelum! Interea apportabo tegimentum[12], quo umeros velare[13] potero." Hercules autem, postquam caelum Atlanti dedit, cum malis aureis[8] ad navem festinavit. At Atlas usque adhuc ibi stat et caelum sustinet.

8 malum aureum n. *goldener Apfel*
9 migrare *wandern*
10 se relaxare *sich erholen*
11 paulisper (Adv.) *ein wenig*
12 tegimentum, -i n. *Schutz, Decke*
13 umeros velare *die Schultern bedecken*

UND IM ENGLISCHEN UND DEUTSCHEN?

Latein	Englisch	Deutsch
campus	camp	Campus
clarus	clear	klar
familia	family	Familie
studere	(to) study	studieren
verbum	verb	Verb

10 In dieser Tabelle stehen *sprachverwandte Wörter,* die sich aus lateinischen Wörtern entwickelt haben. Stelle fest, welche *Bedeutung* die modernen Wörter haben. Du kannst auch Lexika zu Hilfe nehmen.

11 Vergleiche die *Bedeutungen* in den drei Sprachen, beschreibe *Unterschiede* und *Veränderungen.*

Textvorerschließung

Wenn das doch möglich wäre:
Den Inhalt eines Textes kennen, bevor ich ihn übersetze ...
Dann fiele mir das Übersetzen viele leichter!

Herkules und die Äpfel der Hesperiden

Rex Eurystheus mala aurea[1] Hesperidum possidere desiderabat. Itaque Herculem haec mala aurea[1] sibi parare iussit[2]. Hercules postquam diu per terras ignotas erravit, virum Atlantem vidit, qui caelum sustinebat. Nunc autem alius alii officium praestitit[3]: Dum Hercules caelum sustinet, Atlas mala aurea[1] apportavit. Eurystheus autem stupuit[4]; nam Hercules mala aurea[1] parare potuit.

1 malum aureum n. *goldener Apfel*
2 iubere, iubeo, iussi *befehlen*
3 praestare, praesto, praestiti *ausführen, leisten*
4 stupere *staunen*

WEGE ZUR VORERSCHLIESSUNG

▶ **Die Eigenschaften von Texten.** Das Wort *Text* hat eine lateinische Wurzel und bedeutet *Gewebe, Geflecht* (von Worten). Ähnlich wie Maschen zu einem Strickpullover werden einzelne Wörter zu einem Text verknüpft. Ähnlich, wie es für Pullover Strickanleitungen gibt, gibt es Baupläne für Texte. Wenn du wichtige Bestandteile solcher Baupläne kennst, kannst du erschließen, worum es in einem unbekannten Text geht.

✔ Sieh dir die „Umgebung" und die äußere Gestaltung des Textes an!
Da ist zunächst die Überschrift, die einen bekannten Namen enthält: Herkules! Der Text enthält keine direkte Rede, er ist durchgängig in der 3. Person geschrieben – also ein Bericht oder eine Erzählung. Vermutung: Ein Bericht über eine Aufgabe des Herkules.

▶ **„Äußere Merkmale" des Textes.** Lateinische Texte, die man dir vorlegt, sind in einen Zusammenhang eingebunden. Deshalb gibt die äußere Umgebung eines Textes dir wertvolle Hinweise auf seinen Inhalt. Das können sein: Überschrift, deutscher Einleitungstext, Abbildungen. Außerdem hilft es dir weiter, Satzzeichen und die Art und Weise, wie der Text aufbereitet ist, zu beachten (z. B. ständiger Wechsel in direkter Rede: Personen reden miteinander; Text ohne Unterbrechungen in direkter Rede: Es wird etwas erzählt oder über etwas nachgedacht). Absätze können zeigen, dass etwas Neues passiert oder über etwas Neues nachgedacht wird.

✔ Stelle die Wörter zusammen, die mehr als einmal vorkommen!
Eurystheus (zweimal), *Hercules* (viermal), *Atlas* (zweimal), mala aurea (viermal), *caelum sustinebat – caelum sustinet, parare* (zweimal).

Die handelnden Personen sind Eurystheus, Herkules und ein gewisser Atlas. Goldene Äpfel spielen wohl eine wichtige Rolle, denn sie sind viermal erwähnt. Eine gewisse Person trägt den Himmel. Etwas wird beschafft.

▶ **Wortwiederholungen.** Texte haben immer ein Thema. Wenn Menschen sich mit einem Thema beschäftigen, wiederholen sie Worte, die zu dem Themenfeld gehören. Wenn du nun Wörter sammelst, die mehr als einmal vorkommen, erschließt sich dir das Thema des Textes! Zweckmäßig ist es, sich dabei auf Nomen (Eigennamen, Substantive, Adjektive) und Verben (aber nicht *esse!*) zu beschränken.

✔ Was weißt du über das Thema? Wo findest du zusätzliche Informationen? Wenn du Eurystheus und Herkules kennst, weißt du auch, wie die Aufgaben des Herkules aufgebaut sind: Eurystheus stellt Herkules eine eigentlich unlösbare Aufgabe, die Herkules aber dennoch bewältigen kann – das passt ganz gut zu den wiederholten Wörtern!

▶ **Zusätzliche Informationen.** Wenn du nun in diesen beiden Schritte das Thema des Textes erschlossen hast, kannst du dir zusätzliche Informationen dazu verschaffen. Je mehr du darüber weißt, desto leichter fällt das Übersetzen!

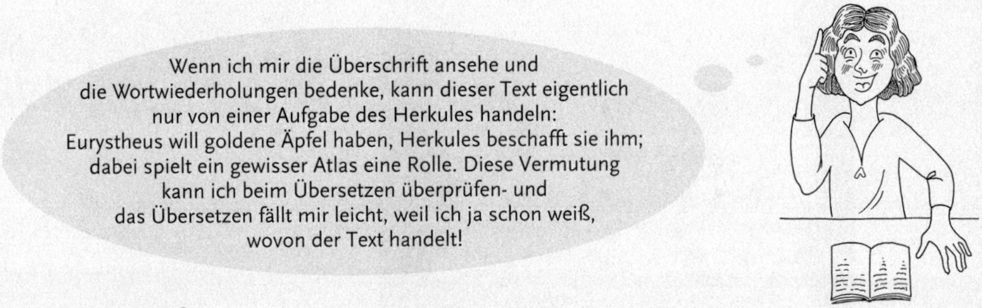

ALLES GEKLÄRT? ALLES KLAR?

Jetzt kannst du dein Wissen anwenden. Welches Thema hat folgender Text?

Rex Eurystheus Herculem stabula[5] regis Augiae purgare[6] iussit[2]. Id officium homini erat durum. Nam Augiae magnus numerus bovum[7] erat. Itaque magna copia stercoris[8] stabula[5] implebat[9].
Hercules, quod magnam copiam stercoris[8] demovere[10] non poterat, flumen[11] in stabula[5] derivavit[12] et eo modo purgavit[6].

5 stabulum, -i n. *Stall*
6 purgare *reinigen, sauber machen*
7 bos, bovis m. und f. *Rind*
8 stercus, stercoris n. *Mist*
9 implere *füllen*
10 demovere *wegschaffen, wegbewegen*
11 flumen, fluminis n. *Fluss*
12 derivare *ableiten, umleiten*

Die Lösung findest du auf S. 235. Textvorerschließung konntest du bereits in Lekt. 10 üben, eine weitere Übung findest du in Lekt. 16.

16 DAS SAGENUMWOBENE GRIECHENLAND
Die Abenteuer des Odysseus

500 v. Chr. — 500 — 1000 — 1500 — 2000

GUT ZU WISSEN

Abb. 2 *Odysseus begegnet dem Ungeheuer Skylla. 1999 hergestellte Rekonstruktion einer antiken Figurengruppe, deren Reste in Sperlonga (Mittelitalien) gefunden worden waren.*

Abb. 1 *Trojaner ziehen das Pferd in die Stadt. Filmszene 2004.*

Abb. 3 *Odysseus und Penelope. Pompejanisches Wandgemälde (um 70 n. Chr.)*

TEXT 1 *Neuigkeiten für Penelope*

Auf Ithaka wartet Penelope, die Frau des Odysseus, seit zwanzig Jahren auf die Rückkehr ihres Mannes, der gegen Troja gezogen ist. Seit zehn Jahren versucht sie verzweifelt zu erfahren, wie es ihm nach der Eroberung Trojas ergangen ist, und befragt jeden Fremden, der vorbeikommt. Eines Tages taucht im Palast ein alter, zerlumpter Mann auf. Penelope lässt ihn bewirten und spricht ihn an:

Penelope: „Senex, hic cuncti non ignorant me multos annos Ulixem maritum[1], regem Ithacae, exspectavisse. Apparet te per cuncta maria navigavisse et multas terras vidisse. Fortasse Ulixi obvius[2] fuisti et de eo narrare potes.“
Senex: „Ita est. Puto me nonnulla de Ulixe nuntiare posse. Nam nuper in insula fui, quae prope Ithacam sita est. Ibi viri feminaeque valde solliciti erant: Narraverunt virum alienum in arce regis adesse, hospitem esse pulchrum et splendidum, Nausicaam, filiam regis, eum adiuvisse.“

Der Alte berichtet, dass er selbst im Palast des Königs gewesen sei. Dort habe ein großes Fest stattgefunden. Ein Sänger habe von Troja gesungen, was den Fremden sehr berührt habe. Dann habe der König den Fremden nach seinem Namen gefragt.

Senex: „Hospes respondit nomen Ulixem sibi esse. Tum Ulixes narravit se sociosque magna pericula subisse et per cuncta maria erravisse, se sociosque iram Neptuni dei movisse; nam se cunctos filium dei violavisse.“

1 maritus, -i m. *Ehemann* **2** obvium esse *begegnen*

1 Odysseus begegnet auf seiner Fahrt in die Heimat nicht nur dem Kyklopen Polyphem, sondern auch weiteren Wesen. Informiert euch in einem *Sagenbuch* über Kalypso, Kirke, die Lotophagen, Skylla und Charybdis und die Sirenen. Spielt die damit verbundenen Abenteuer des Odysseus der Klasse vor.

4 **2** In Zeile 1 bis 10 wimmelt es von *AcIs*. Wie viele kannst du finden? Übertrage sie ins Heft, kennzeichne das *übergeordnete Verb, Subjektsakkusativ* und *Prädikatsinfinitiv*.

4 **3** Setze mit Hilfe des Wortspeichers die richtigen Worte ein. Überlege genau, *wer* etwas getan hat. Übersetze dann; z. B.:

Ulixes narrat	■■■ sociosque insulae ignotae appropinquavisse.
Ulixes narrat	se sociosque insulae ignotae appropinquavisse.
Ulixes narrat	ibi ■■■ speluncam vidisse; subito ■■■ apparuisse; ■■■ duos socios devoravisse[6]; ■■■ dolum[15] adhibuisse; ■■■ Polyphemo vinum praebuisse; ■■■ multum vini potavisse[14]; ■■■ ebrium[16] fuisse; ■■■ monstrum caecavisse[19].

eum • eum • eum • se • se • se • se • virum

4 Vergleiche Odysseus mit dem Helden Herakles, den du in der vorigen Lektion kennen gelernt hast. Wodurch unterscheiden sie sich? Diskutiert in der Klasse, wen von beiden ihr als Vorbild anerkennen würdet.

2 5 Vieles ist hier durcheinandergeraten. Stelle, wo es nötig ist, die richtigen Wortverbindungen wieder her und übersetze dann. Verwende nur die vorhandenen Wörter.
eo victoria • eis regis • id timorem • eas feminis • eam monstrum • eius voces • ea senatore • ei homini • eum magnitudinem • eos filios

3 6 Bevor du den Text übersetzt, kannst du schon einiges über seinen Inhalt herausbekommen, indem du auf Wortwiederholungen achtest. Sortiere sie in deinem Heft nach folgenden Gesichtspunkten:
Örtlichkeiten • Personen • Gegenstände • Handlungen
Stelle nun Vermutungen an, was in der Geschichte passieren könnte. Betrachte das Bild unten und nenne die entsprechende lateinische Textstelle.

Odysseus

Ein anderer großer Held der griechischen Sagenwelt ist Odysseus, der König der Insel Ithaka. Die Römer nannten ihn Ulixes. Anders als Herakles / Hercules verließ er sich nicht so sehr auf Kraft und Stärke, sondern auf kluge und listige Einfälle. Die Abenteuer des Odysseus wurden oft erzählt und im 8. Jh. v. Chr. erstmals aufgeschrieben. Die Darstellung umfasst viele tausend Verse. Man nennt diese langen Verserzählungen Epen. Als Verfasser wird in der Überlieferung der Grieche Homer genannt. Er ist der erste Schriftsteller Europas, dessen Name überliefert ist. Im Epos *Ilias* berichtet Homer, wie die griechischen Helden und Könige versuchen, die Stadt Troja zu erobern. Nach der Überlieferung gelingt es ihnen allerdings erst im zehnten Jahr, durch eine List des Odysseus die Stadt einzunehmen.

In der *Odyssee* wird geschildert, wie Odysseus nach weiteren zehn Jahren, gefahrvollen Abenteuern und langen Irrfahrten durch fremde Länder und Meere nach Ithaka heimkehrt.

***Abb. 4** Odysseus und seine Gefährten blenden Polyphem. 1999 hergestellte Rekonstruktion einer antiken Statuengruppe, deren Reste in Sperlonga (Mittelitalien) gefunden worden waren.*

TEXT 2 *Horror in der Höhle*

Penelope will noch mehr erfahren. Der alte Mann lässt sich nicht lange bitten: Odysseus habe Folgendes erzählt:

„Olim insulae ignotae appropinquavimus. Ibi speluncam amplam vidimus, quae erat plena ovium[3] et caseorum. Quod fame laborabamus, speluncam intravimus et caseum gustavimus.

Subito vir horridus[4] apparuit, cui media in fronte erat oculus unus.

Is, postquam nos caseum gustavisse vidit, duos socios captavit[5] et devoravit[6].

Tum monstrum[7] risit et clamavit: „Ego Polyphemus Cyclops sum, filius Neptuni dei. Num putatis vos sanos ex ea spelunca exire posse? Minime exibitis. Vos cunctos devorabo[6].“

Postridie[8] Cyclops e spelunca exiit et saxum magnum ante ianuam[9] speluncae collocavit. Statim studebamus saxum demovere[10] – sed frustra. Captivi eramus. Cyclops, postquam vesperi[11] rediit, denuo[12] duos socios captavit[5] et devoravit[6]. Tum clamavi: „Necesse est te non solum bene cenare[13], sed etiam bene potare[14]. Gusta vinum bonum!“ Polyphemus vinum potavit[14], tum clamavit: „Vinum bonum est. Cui gratiam debeo? Quis es?“

Tum dolum[15] adhibui et nomen „Neminem“ mihi esse respondi. Iterum atque iterum Polyphemus potabat[14]. Tandem vino ebrius[16] fuit et somno se dedit.

At ego sociique trunco[17] longo et acuto oculum monstri terebravimus[18]. Tum Polyphemus magna voce ad ceteros Cyclopes, qui in insula habitabant, clamavit „Neminem“ se caecavisse[19]. Cyclopes autem ridebant, quod eum insanum esse putabant. Itaque Polyphemo respondebant se neminem videre et in speluncas suas redierunt.“

3 ovis, -is f. *Schaf*
4 horridus, -a, -um *struppig, wild*
5 captare *fassen, fangen*
6 devorare *verschlingen*
7 monstrum, -i n. *Ungeheuer*
8 postridie (Adv.) *am nächsten Tag*
9 ianua, -ae f. *Eingang*
10 demovere *fortschaffen, wegbewegen*
11 vesperi (Adv.) *abends*
12 denuo (Adv.) *nochmals, wieder*
13 cenare *speisen*
14 potare *trinken*
15 dolus, -i m. *List*
16 ebrius, -a, -um *betrunken*
17 truncus, -i m. *Pfahl*
18 terebrare *durchbohren*
19 caecare *blenden, blind machen*

VON WORT ZU WORT

7 Oft benutzt man nicht nur das einfache Verb (*Simplex*), sondern setzt es mit Vorsilben zusammen (*Kompositum*), so dass sich neue Bedeutungen ergeben. In der Regel sind die Vorsilben dir bekannte *Präpositionen*. So kannst du dir beim Vokabellernen häufig die neue Bedeutung selbst herleiten.

a Sammle aus Text 1 und 2 und den bisherigen Lektionen alle *Komposita* von ire und gib ihre Grundbedeutung, aber auch weiter gehende Bedeutungen an.

b Welche Bedeutung könnten folgende Komposita von movere haben: ad-movere, de-movere, per-movere, re-movere?

17 LIEBE UND EIFERSUCHT UNTER GÖTTERN

Europa

GUT ZU WISSEN

accedere

litus

pes

Abb. 1 *Tongefäß in Form eines Stierkopfes, hergestellt um 1500 v. Chr. Eines der eindrucksvollsten Kunstwerke der minoischen Kultur Kretas.*

TEXT 1 *Ein Stier am Strand*

In Phönizien herrschte einst König Agenor. Er hatte drei Söhne und eine Tochter, die Europa hieß. Sie spielte oft mit ihren Freundinnen am Strand. So auch an jenem Tag, als sich vor den Augen der Mädchen plötzlich Folgendes ereignete:

Subito *puellae* clamaverunt: „Europa, videsne taurum[1]?" Qui in litore iacebat. Diu *Europa* secum cogitabat: „Cur taurus[1] non in agro, sed in litore iacet?" Diu animal spectabat et cogitabat: „Quam pulcher est is taurus[1]!" Cuius corpus erat niveum[2] et clarum. Primo Europa tauro[1] appropinquare timuit. Tum vero caput eius palpavit[3] et flores ei praebuit. Quod taurum[1] valde delectabat.

Tum Europa vidit se taurum[1] adisse, amicas autem plenas timoris cessisse. Quas filia regis vocavit: „Accedite, puellae! Is taurus[1] ferus non est, sed in harena[4] iacet et caput ad corpus meum premit et velut vir oscula[5] dat." Dum Europa ea verba dicit, in tergo tauri[1] consedit. Qui subito pedes movit et mare petivit. Puella autem plena timoris erat et magna voce clamabat: „Me adiuvate, amicae! Valde trepido[6] ac tremo[7]. Nonne videtis taurum[1] mare adire? Iam litus relinquimus. Iam undae pedes tangunt. Iam vos oculis cernere non possum." Amicae Europae diu in litore stabant et stupebant[8]. Alia ab alia quaerebat: „Num tauros[1], qui natant[9], umquam vidisti? Quo taurus[1] mirus filiam regis portabit? Cur Europam pulchram e patria ducit?"

1 taurus, -i m. *Stier*
2 niveus, -a, -um *schneeweiß*
3 palpare *streicheln*
4 harena, -ae f. *Sand*
5 osculum, -i n. *Kuss*
6 trepidare *verwirrt sein*
7 tremere *zittern*
8 stupere *staunen*
9 natare *schwimmen*

1 Welcher Satz in Zeile 1–9 enthält bereits einen Hinweis darauf, dass es sich um einen außergewöhnlichen Stier handelt?

2 Welches Pronomen passt nicht in die Reihe? Begründe deine Entscheidung.

qui • cui • quod • quae

eos • eum • eam • id

ii • eae • eis • ea

quem • eam • quam • quod

3 Setze aus den Elementen der Baukästen korrekte lateinische Verbformen zusammen und übersetze diese anschließend. Beachte: Nicht immer ist ein *Bindevokal* erforderlich!

Stamm	Bindevokal	Personalendung
dic	i	nt
duc	i	o
relinqu	u	re
pet	i	t
cognosc	e	mus
prem		s

1 🔧 4 Bilde jeweils die 1. *Person Singular* zu den *Infinitiven*. Aber Vorsicht: Stier ist nicht gleich Stier! Und in dieser Übung ist e nicht gleich e!
accedere • adhibere • apparere • cernere • docere • tangere

5 **a** Verbinde die beiden Sätze jeweils durch einen *relativischen Satzanschluss*, indem du das *Demonstrativpronomen* durch das entsprechende *Relativpronomen* ersetzt.
- Europa caput tauri[1] palpavit[3]. Is ferus non erat.
- Puellae diu in litore stabant et Europam exspectabant. Eam taurus[1] in insulam Cretam duxit.
- Iuppiter Europam e patria portavit. Pater eius filiam frustra quaerebat.

b Übersetze anschließend.

Phönizien

Phönizien hatte in der Antike durch den Fernhandel mit Holz, Purpur und anderen Waren viel Reichtum erworben. Die Phönizier sprachen eine semitische Sprache, die mit dem Arabischen und Hebräischen verwandt ist. Schon um 1200 v. Chr. entwickelten sie für ihre Sprache ein Alphabet, das nur aus Konsonanten bestand. Die Griechen übernahmen im 9. Jh. v. Chr. dieses Alphabet und passten es an die griechische Sprache an. Aus dem griechischen Alphabet leiteten später die Römer die lateinischen Schriftzeichen ab. Somit schufen die semitischen Phöniker die Grundlage für die weltweit verbreitetsten Schriftsysteme.
Übrigens wurde auch die Stadt Karthago in Nordafrika von phönikischen Siedlern gegründet.

Europa

Auf Kreta war Europa nach dem Mythos zunächst die Geliebte von Jupiter bzw. Zeus, wie der oberste Gott bei den Griechen genannt wurde. Sie gebar drei Söhne, von denen Minos später die Herrschaft über die Insel übernehmen sollte.
Schließlich heiratete aber der kretische König Asterios Europa und nannte neben ihrer gemeinsamen Tochter Krete auch die drei Zeussöhne seine eigenen.
Aus antiken Schriften wissen wir, dass der Mädchenname Europa ursprünglich unabhängig von der geographischen Bezeichnung bestand. Dennoch sahen die Menschen im Altertum die Europa des Mythos als Namensgeberin für Teile Griechenlands an. Dies ist der Grund dafür, weshalb wir heutzutage den Erdteil Europa auf jene phönizische Königstochter zurückführen.

Abb. 2 *Europa und der Stier. Antikes griechisches Vasenbild*

TEXT 2 *Ein Stier?*

Als die Königsfamilie von dem rätselhaften Raub ihrer Tochter erfuhr, war sie zutiefst bestürzt. König Agenor setzte nun alles daran, Europa wiederzufinden – leider ohne Erfolg.
Auch sonst herrschte unter den Menschen Ratlosigkeit, wohin der Stier die schöne Europa entführt haben könnte. Nur der Göttervater Jupiter wusste mehr ...

Taurus[1] Europam per mare in insulam Cretam duxit. Ibi puella sollicita, dum de tauro[1] descendit, subito stupuit[8]. Nam taurus[1] formam mutabat: De tergo Iovis, summi dei, descendit! Qui animum Europae iis verbis confirmavit: „Nonne meam magnitudinem atque potestatem cognoscis? Ego sum Iuppiter! Ego sum pater deorum! E patria tua te deduxi, quod pulchra es, quod inter ceteras puellas excellis, quod te amo.“
Quibus verbis Iuppiter amorem Europae petebat. Quae tacet et oculos modo ad deum, modo ad mare convertit.

1 taurus, -i m. *Stier* 8 stupere, *staunen*

6 Beschreibe, auf welche Weise Jupiter versucht, Europa für sich zu gewinnen.

7 Erkläre die Reaktion von Europa (oculos modo ad deum, modo ad mare convertit) in Text 2, Zeile 7–8.

8 **a** Alle Vokale haben sich aus dem Staub gemacht! Füge sie wieder ein, so dass korrekte Verbformen entstehen.
ptvt • dscndrnt • ddcms • cdbm • qrbts • prssst • cgnscnt

b Übersetze die Formen.

VON WORT ZU WORT

9 In dieser riesigen Buchstabenschlange sind einige lateinische Wörter versteckt, die hintereinander gelesen einen Satz ergeben. Suche sie heraus und übersetze den Satz.

iptaurusotlitusvinxaelrreliquitudetmaepuellambopulchramineinsulamurscretamp evhdeduxitrt

18 LIEBE UND EIFERSUCHT UNTER GÖTTERN

Verliebter Gott – verliebte Nymphe

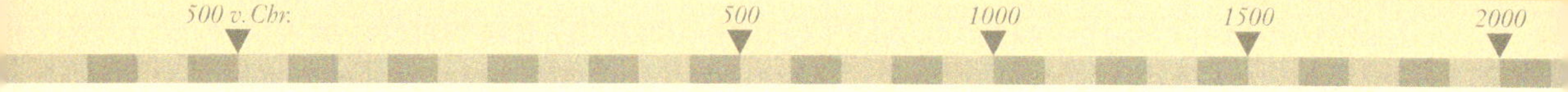

GUT ZU WISSEN

Loquamur Latine

Quae sunt oblectamenta tua?

Quos libros libenter legis?

Quos ludos amas?

Amasne mathematicam aut musicam / historiam / biologiam / physica / chimiam / artem computatoriam / linguam Latinam / Theodiscam / Anglicam / Graecam / Francogallicam / Hispanicam / Italicam / corporis exercitationem / geographiam?

Placetne tibi legere aut natare aut pingere aut coquere aut ludere?

Mihi placet …

TEXT 1 *Die Leiden der schönen Io*

Jupiter erblickte eines Tages das Mädchen Io und verliebte sich unsterblich in sie. Was sollte er jetzt tun? Vor seinen Augen stand dieses wunderschöne Mädchen, weit entfernt in den himmlischen Höhen aber wohnte seine Ehefrau Juno. Er überlegte:

„Haec est Io, puella pulchra. Beatus sum, quod hanc puellam specto. Illa est Iuno dea, coniunx mea. Illi deae sunt multa officia: Una cum illa salutem hominum curo. Magnum officium illius est puellas, virgines, mulieres in periculis adiuvare. Itaque feminae illam colunt. Sed pulchritudo[1] huius puellae me delectat. Igitur huic appropinquabo.“
Tum his verbis Ionem salutavit: „Salve, puella pulchra! Quo festinas? Te amo! Cur hic non manes?“ Io autem, quod timor huius viri magnus erat, se avertit et fuga salutem petere studebat. Iuppiter, quamquam se Ionem terruisse videbat, terram nebulis[2] occultavit et eo modo puellam a fuga prohibuit.

Aber Juno befahl dem Nebel zu weichen. Plötzlich stand vor ihr Jupiter, bei ihm eine schöne Kuh. Jupiter hatte Io in diese Kuh verwandelt. „Also ein Liebesabenteuer“, dachte Juno. Sie bat Jupiter, ihr die Kuh zu schenken. Er war verunsichert: Die Geliebte zu verschenken wäre grausam, das Geschenk abzulehnen verdächtig: Also verschenkte er die Kuh. Juno übergab sie dem Argus, der sie mit hundert Augen beobachtete.

Abb. 1 *Der Liebesgott Eros mit einer Falle. Griechisches Vasenbild.*

Io de hoc custode et de hac forma vaccae[3] dolebat. Secum cogitavit: ‚Quomodo auxilium deorum implorare[4] possum? Nam vox humana non iam mihi est. Cum Iovem deum, amicum meum, imploro[4], mugitus[5] ex ore meo exit. Numquam patrem consulam, numquam sorores mecum ludent[6], numquam cibum humanum edam[7].‘
Io misera erat. Itaque Iuppiter Mercurium iussit Argum custodem necare. Tamen Io libera non fuit. Nam Iuno eam per orbem terrarum usque ad ripam Nili fluminis agitavit. Ibi Io finem horum malorum multis cum lacrimis desideravit. Quae lacrimae denique animum Iunonis commoverunt et dea Ioni formam pulchrae puellae reddidit.

1 pulchritudo, -inis f. *Schönheit*
2 nebula, -ae f. *Dunst, Nebel*
3 vacca, -ae f. *Kuh*
4 implorare *erbitten, anflehen*
5 mugitus m. *Gebrüll*
6 ludere *spielen*
7 edere *essen*

1 Jupiter hat Europa und nun die schöne Io verführt. Sind die Begegnungen zwischen Jupiter und den Frauen unterschiedlich oder eher ähnlich? Wie sieht deine Meinung dazu aus? Gib passende *Textstellen* an, die deine Meinung bestärken.

2 2 Wenn du den *Pronomen* entsprechende *Substantive* richtig zuordnest, verraten dir die Buchstaben in den Klammern einen geheimen Gedanken des Gottes Jupiter.

1. huius (t) amore (a)
2. harum (i) locus (o)
3. haec (n) virginis (e)
4. hoc (m) puellarum (o)
5. hic (m) templa (e)

2 3 Ordne die Substantive außerhalb der Wolke den Formen von ille, illa, illud zu:

deus

timorem

coniugis

puellae

officiorum

templum

mulieres

officia

2 4 Hebe in dem Text die unterstrichenen *Nomen* hervor, indem du eine Form des *Demonstrativpronomens* hic, haec, hoc hinzufügst, und übersetze die Textstücke.

Europa: „Quam niveus est color tauri! Puellae, ad taurum ibo. Puellae, videte, taurus non est ferus.“ Puellae: „Tauri sunt bestiae.“

Europa autem tauro appropinquavit. Postremo flores ei praebuit.

5 Hier findest du *Subjunktionen*, die Nebensätze einleiten. Suche diejenigen heraus, die einen *Grund (kausal)*, eine *Zeit (temporal)* oder einen *Gegengrund (konzessiv)* angeben. Nenne drei Wörter, die nicht in diese Schachtel gehören.

postquam quando
quamquam numquam
cum iam dum
ubi quod

6 In den folgenden Formenreihen sind *Futurformen* versteckt. Finde sie heraus. Wenn du die Zahlen in Klammern zusammenzählst und 147 erhältst, hast du alle Formen entdeckt.

portam (1) • petam (2) • eis (3) • eris (4) • clamoris (5) • clamabis (6) • curam (7) • curabam (8) • petes (10) • nuntiabitis (11) • nuntiis (12) • periculo (13) • pereo (14) • placebit (15) • potero (16) • prohibebimus (17) • proximus (18) • spoliabitis (20) • superabo (21) • sustineo (22) • temporis (23) • timetis (24) • dicemus (25)

7 Verbinde die Sätze durch die *Subjunktionen* quod • quamquam • dum • postquam und übersetze.

Beispiel: Iuppiter amorem Ionis petere studet. Iuppiter Ionem in silva spectavit.
Iuppiter, postquam Ionem in silva spectavit, amorem Ionis petere studet.

Iuppiter vocat: „Salve, puella pulchra!“
Io autem hominem non spectat.
Iuppiter ad Ionem adit.

Iuppiter Ionem amat.
Verba hominis eam delectant.
Animum eius his verbis firmat[8]:
„Ego Iuppiter sum. Te amo.“

8 firmare *stärken*

TEXT 2 *Echo und Narcissus – eine unglückliche Liebe*

Die Nymphe Echo ist von den Göttern hart bestraft worden: Sie sollte nicht selbstständig reden, sondern nur jeweils die letzten Worte, die jemand gesagt hatte, wiederholen dürfen. Eines Tages sah Echo von Weitem den jungen Mann Narcissus. Sofort verliebte sie sich in ihn.

Dum hunc iuvenem diu spectat, secum cogitavit: ‚Amo Narcissum, sed quomodo dicere possum me eum amare?' *Narcissus* autem puellam non vidit, sed circumspectavit[9] et vocavit:
„Ecquis[10] adest?"
Echo respondit: „Adest."
Narcissus stupuit[11]: „Non te video."
Echo: „Te video."
Narcissus: „Cur non festinas ad me?"
Echo: „Ad me!"
His verbis Narcisso appropinquavit et magno cum gaudio eum tetigit. Narcissus autem, quod eam non amabat, puellam magna vi a se depulit. At Echo de amore huius iuvenis valde dolebat. Itaque hic amor paulatim corpus eius delevit. Usque adhuc Echo non corpus, sed sonus est.

Abb. 2 Narziss. *Gemälde des italienischen Künstlers Carvaggio (1573–1610).*

9 circumspectare *umherschauen, sich umsehen*
10 ecquis? etwa *jemand?*
11 stupere *staunen*

WAS IST WAS? – EIN SPIEL FÜR KLUGE KÖPFE

8 Dieses Spiel könnt ihr zu zweit oder in der Klasse – auf Lateinisch oder Englisch – spielen.
Ein Mitspieler zeigt auf einen Gegenstand in der Nähe oder hält ihn in der Hand und beginnt mit der Frage „Quid hoc est?" oder „What's this?" – Ein anderer Schüler weiß die richtige Antwort: „Hic liber est." oder „This is a book."
Er darf die nächste Frage stellen. Er zeigt nun z.B. auf einen entfernten Gegenstand und fragt: „Quid illud est?" oder „What's that?" – Ein Mitschüler erklärt: „Illa porta est." oder „That´s a door."

Für dieses Spiel könnt ihr zum Beispiel noch folgende Vokabeln verwenden:
fenestra/window • magister/teacher • puella/girl • puer/boy • caelum/sky • aqua/water • pecunia/money • mensa/table.
Achtet beim lateinischen Spiel auf die KNG-Kongruenz zwischen Pronomen und Substantiv!

CLARO

2 *Vestalin in Not!*

500 v. Chr. · 1. Jh. n. Chr. · 500 · 1000 · 1500 · 2000

Rumms! Claudia verspürt einen stechenden Schmerz in der Magengegend. Als sie genauer hinsieht, wer sie da gerade vor dem Tempel der Göttin Vesta fast umgerannt hat, erkennt sie Julia. Das 10jährige Mädchen lebt seit einigen Wochen gemeinsam mit Claudia und vier anderen Priesterinnen der Vesta in einem Haus auf dem Forum Romanum. Claudia ist schon fast 30 Jahre lang Vestalin und steht damit kurz vor dem Ende ihrer Dienstzeit als Priesterin. Julia wurde erst vor einigen Wochen vom Pontifex Maximus zur Vestalin berufen. Jetzt ist Julia so aufgeregt, dass sie kaum sprechen kann:

Abb. 1 *Der mythische König Numa Pompilius; er führte den Vesta-Kult ein. Römisches Münzbild*

A *Claudia:* „Quid est, Iulia? Quo festinas? In templo Vestae manere debes! Ibi flammas sacras semper ardere necesse est, quae signa salutis populi Romani sunt. Nonne flammas servas? Hoc Vestalis officium esse tibi notum est!“

Iulia: „Me custodem flammarum semper fuisse confirmo[1]. Non solum saepe templum frequentabam, sed etiam magna cum diligentia ibi laborabam. Sed nunc auxilium tuum imploro[2]!
Bonus amicus patris cum familia in oppido prope mare sito habitat. Cui filius est, quem saepe visitabam[3]. Libenter enim cum patre sororibusque iter in illum locum faciebam atque in villa amici cum Lucio illo ludebam[4]. Puer mihi valde placebat, sed hoc ei numquam dixi.
Nuper Lucius subito ante templum Vestae apparuit, quod sacra facere in animo habebat. Nemo tam[5] pulcher est quam ille! Cum Sacerdos Maximus me Vestalem fecit, me umquam virum amare vetuit[6]. Adhuc parui, sed nunc illi parere non iam possum. Me Lucium amare constat!“

1 confirmare *bekräftigen*
2 implorare *erbitten, anflehen*
3 visitare *besuchen*
4 ludere *spielen*
5 tam (Adv.) *so*
6 vetare, veto, vetui beim Akk. *jmdm. etw. verbieten*

1 Übersetze den lateinischen Text ins Deutsche.

2 Wie könnte Claudia reagieren? Schreibe eine mögliche Antwort.

B Und hier Claudias tatsächliche Antwort:

Claudia: „Doleo, quod te adiuvare non possum. Eo tempore, quo ad Lucium accedes, Vestam deam violabis. Itaque poena dura erit! Officium Vestalis est, ut dixisti, triginta[7] annos caelebem[8] esse. Tum autem virum amare tibi licebit!“

7 triginta *dreißig* **8** caelebs, caelebis *allein lebend, ehelos*

3 Wie viele Substantive im Ablativ findest du im Text (Zeile 1–15)?

4 Passe die folgenden Pronomen dem Genus der zugehörigen Substantive an und dekliniere die Wortverbindungen im Singular und Plural: victoria (hic); signum (hic); hospes (ille)

5 Schreibe aus Zeile 12–15 die konjugierten Verbformen heraus. Setze dann alle Perfekt-Formen in die 1. Pers. Sg. Präs.

4 Bilde von den Infinitiven die angegebene Form im Futur. Die hervorgehobenen Buchstaben ergeben ein Lösungswort, das dir einen Ort verrät, der für eine Vestalin sehr wichtig war.

petere	1. Sg.	□□□ O □	movere	2. Sg.	□□□□□ O □
sustinere	3. Sg.	□□□□□□□□□ O	putare	3. Pl.	□□□□□ O □□
esse	2. Pl.	□ O □□□□	relinquere	1. Pl.	□□□□□□□□ O □□

4 7 Suche im Text einen AcI und benenne Subjektsakkusativ und Prädikatsinfinitiv. Welches Zeitverhältnis liegt vor?

8 Schreibe aus dem Text einen Relativsatz heraus und das dazugehörige Beziehungswort des übergeordneten Satzes.

9 Gib das Adjektiv aus der folgenden Reihe an, das deiner Meinung nach Julias Stimmung am besten wiedergibt. Begründe deine Meinung anhand des lateinischen Textes.
fröhlich-müde-wütend-traurig-aufgeregt-niedergeschlagen-glücklich-gespannt-ängstlich

10 Stelle anhand des lateinischen Textes die Pflichten einer Vestalin zusammen.

11 Kennst du heutige Menschen, die ähnlich leben wie die Vestalinnen zur römischen Zeit? Nenne Beispiele und vergleiche. Kannst du dir vorstellen so zu leben? Begründe.

19 BEGEGNUNGEN IM NORDEN
Friedliches Gallien?

500 v. Chr. | *1. Jh. n. Chr.* | *500* | *1000* | *1500* | *2000*

GUT ZU WISSEN

Abb. 1 *Das Forum der Römerstadt Augusta Treverorum. Die Rekonstruktionszeichnung zeigt gepflasterte Straßen, wie sie im 4. Jh. n. Chr. angelegt wurden. Vorher hatten diese Straßen einen Kiesbelag.*

TEXT 1 *Gatus trifft Lucius*

Auf dem Forum von Augusta Treverorum wartet Gatus, ein Junge aus dem einheimischen Stamm der Treverer, auf seinen Onkel. Zu der Säule, in deren Schatten Gatus wartet, geht auch Lucius, ein römischer Junge. Er hat sich dort mit seinem Vater verabredet. Als Gatus den anderen Jungen sieht, will er schnell weggehen.

Lucius clamat: „Heus tu! Cur me fugis? Num me times?“

Gatus: „Trevir sum. Itaque te, puerum Romanum, fugio et semper fugiam. Romani enim hostes Celtarum sunt ac victores, qui nos despiciunt. Saepe nobis magnas iniurias faciebant. Nam victoris est eos, qui superati sunt, opprimere.“

At *Lucius:* „Magnae virtutis erat vos vincere, magnae autem sapientiae est vobis consulere. Certe ignoras Gallos et Romanos nunc cum bona pace vivere. Galli etiam in legionibus nostris stipendia faciunt, quamquam non sunt Romani. Galli multis in proeliis nobiscum arma ceperunt et magna pericula sustinuerunt.“

Tum *Gatus* iratus: „Tace tu,“ clamat, „latrones estis! A populo Romano fines nostri occupati sunt, nobis terrae ereptae, vectigalia imposita sunt. Haec est pax Romana. Quid facitis in patria nostra?“

Lucius: „Asinus es! Nonnulli Galli etiam in civitatem Romanam accepti sunt. Nostrum est Germanos a finibus arcere. Nunc mercatores sine periculo negotia agere possunt.“

Diu pueri inter se certant. Subito autem duo viri apparent: avunculus[1] Gati, mercator, et pater Lucii, qui extra moenia villam rusticam possidet. Amici sunt, quod iam diu inter se negotia agunt.

Tum *pater Lucii* pueros conspicit et admonet: „Cur certatis? Non solum inter Gallos et Romanos amicitia firma est, sed etiam inter me et avunculum[1] Gati.“

Tum pueri obstupescunt[2].

1 avunculus, -i m. *Onkel*   2 obstupescere *verstummen*

1 Im Gespräch zwischen Gatus und Lucius fliegen *Argumente* hin und her. Stelle die *Aussagen* einander gegenüber. Welche überzeugen dich eher? Begründe deine Entscheidung.

2 Überprüfe anhand der Karte über das römische Weltreich vorne in deinem Buch,
- a zu welchen heutigen *Ländern* das Gebiet Galliens gehört,
- b ob sich deren *Sprache* aus der lateinischen entwickelt hat.

3 Suche aus der Wortreihe die Wörter heraus, die zu den Verben der ĭ-Konjugation gehören.
facies • hostis • fugistis • accipiebat • imposui • cepisse • eripiunt • capiam • pacem • agetis • ducem • ducam • dicam

Im Land der Treverer

Im 2. Jh. v. Chr. besetzten die Römer Norditalien und einen Teil des heutigen Südfrankreich. Das übrige Gallien eroberte Caesar 58–51 v. Chr. Die Römer tolerierten Bräuche, Kulte und Verwaltung der unterworfenen Gallier (die sich selbst Kelten nannten), soweit diese nicht Roms Interessen entgegenstanden. Durch das friedliche Nebeneinander von Römern und Einheimischen entwickelte sich die Wirtschaft gut. Augusta Treverorum (heute Trier) war ebenso wie die *Colonia Claudia Ara Agrippinensium* (heute *Köln*) und die *Colonia Ulpia Traiana* (heute *Xanten*) römische Kolonie und damit das Zentrum der keltisch-germanischen Treverer. Eindrucksvolle Bauten zeigen noch heute die Bedeutung dieser Römerstadt.

Abb. 2 *Darstellung der keltischen Pferdegöttin Epona*

Die keltischen Druiden

Wir kennen zwar viele römische Priesterschaften, aus Gallien sind uns aber nur die Druiden näher bekannt. Ihre Lehre war ursprünglich von Britannien nach Gallien gelangt. Kelten siedelten nämlich in beiden Ländern. Dank ihrer Geheimlehre genossen die Druiden großes Ansehen. Da nur Adlige eingeweiht waren und die Lehre nur mündlich weitergegeben wurde, rankten sich im Volk viele geheimnisvolle Geschichten um sie. Weil die Römer meinten, Druiden gefährdeten römische Interessen, ließ Kaiser Claudius (41–54 n. Chr.) ihren Kult verbieten.

Abb. 3 *Luftbild der heutigen Stadt Trier. Der Bereich des römischen Forums ist durch rötliche Linien auf dem freien Platz markiert.*

TEXT 2 *Wer sind die Druiden?*

Zu Hause kommt Lucius noch einmal auf Römer und Kelten zu sprechen. Zum Beispiel solle ihm der Vater doch einmal etwas über die Druiden erzählen, über die man so viel Merkwürdiges höre. Der Vater überlegt und erzählt:

„De druidibus[3], sacerdotibus Gallorum, mirae fabulae traditae sunt. Multi homines eos metuunt et fugiunt, quod officia et facta eorum ignorant. Fama est ante proelia ab eis venena facta et viris data esse. Druides[3], ut Galli credunt, viros illis venenis ad summam virtutem incitant. Certe eae fabulae falsae sunt. Druides autem apud Gallos magno in honore esse constat. Princeps eorum is est, qui summam inter eos auctoritatem habet. Druidum[3] est sacris praeesse, consilia capere, poenas constituere. Magi[4] non sunt, sed sacerdotes, quibus populus paret."

3 druides, -um m. *Druiden* 4 magus, -i m. *Magier, Zauberer*

4 Lies Text 2 und den Einleitungstext dazu aufmerksam durch:
- **a** Was ist *Thema* dieses Textes? Woran kannst du das *Thema* erkennen?
- **b** Welche Wörter zeigen, dass der Vater *unterschiedliche Meinungen* wiedergibt?
- **c** Mit welchem *Verb bekräftigt* der Vater die *Richtigkeit* seiner eigenen Sicht?
- **d** *Gliedere* den Text und finde für jeden Abschnitt eine *Überschrift*.

5 Aus den Geschichten um Asterix und Obelix kennst du sicher auch den Druiden Miraculix. Wie stellen die Autoren ihn dar und welche Aufgaben hat er dort?

2 **6** Suche aus Text 1 und 2 alle *Prädikate* mit einem *PPP* heraus; überlege, wonach sich die *Endung* des *PPP* richtet.

7 Forme die folgenden Sätze in das *Passiv* um.
Beispiel: Romani Galliam occupaverunt. Gallia a Romanis occupata est.
- ▸ Imperatores multas legiones in alienas terras duxerunt.
- ▸ Romani pacem cum populis alienis fecerunt.
- ▸ Druides[3] poenas constituerunt.

2 **8** Vervollständige die Sätze jeweils mit der richtigen *Form* des Prädikats im *Perfekt Passiv*. Achte dabei darauf, von wem jeweils die Rede ist.
- ▸ (serva) Tu a domina (laudare).
- ▸ (Mulieres) Vos a militibus (liberare).
- ▸ (Imperator) Ego a populo (celebrare[5]).
- ▸ (Galli) Nos a Romanis (despicere).

5 celebrare *rühmen*

9 Finde jeweils die sinnvollste Möglichkeit, den *Genitiv* bei *esse* wiederzugeben:
- ▸ Villa rustica consulis est.
- ▸ Consulis est civibus consulere.
- ▸ Magnae misericordiae est miseros homines adiuvare.

20 BEGEGNUNGEN IM NORDEN

Weit draußen am Limes

500 v. Chr. | *2. Jh. n. Chr.* | 500 | 1000 | 1500 | 2000

GUT ZU WISSEN

TEXT 1 *Sorge um den Sohn*

Titus Vitalius Adventus ist mit seiner Truppe an den Limes geschickt worden, den römischen Grenzwall östlich des Rheins. Er ist Befehlshaber einer turma, einer kleinen Abteilung der berittenen Einheit Ala II Flavia. Deren Standort befand sich nahe der heutigen Stadt Aalen in Baden-Württemberg. Lange hat seine Familie nichts von ihm gehört. Da wird Titus Vitalius ein Brief seines Vaters Aulus ins Lager gebracht.

Aulus Vitalius filio suo salutem

Iam diu litteras tuas exspectavi. Cura enim filii mei sollicitatus sum. Quo modo vitam agis in terra barbarorum? Valesne bene an morbo laboras? Iterum atque iterum timore mortis tuae terreor. Nam non ignoro copias nostras, quae terra marique pro patria pugnare debent, saepe magna in pericula mitti.
Praeterea de vita militum, qui in Germania stipendia faciunt, haec narrantur: Illis locis caelum numquam serenum[1] est; milites inopia frumenti pereunt; cottidie bellum cum Germanis geritur, qui limite vix prohiberi possunt; vita militum ne in castris quidem tuta est.
Pro salute tua deos imploramus[2]. Cito, quaeso, responde.
Vale!

1 serenus, -a, -um *heiter, klar* 2 implorare *anflehen, anrufen*

1
a Kläre anhand des Einleitungstextes, um welche *Textsorte* es sich bei Text 1 handelt.
b Wer ist der *Absender*, wer der *Empfänger* dieses Textes?
c Ordne die *Verbformen* nach *Personen*. Von wem ist die Rede?
d Fertige eine Übersetzung an.

2
Den Briefschreiber Titus Vitalius Adventus hat es wirklich gegeben. Auf einem Votivstein (Weihestein) für *I(ovi) O(ptimo) M(aximo)* sagt er, dass er sein Gelübde *pro salute sua et suorum* froh und freudig nach Gebühr eingelöst hat.
a Erläutere die Formel *pro salute sua et suorum*.
b Überlege, wann ein römischer Befehlshaber wohl solch ein Gelübde ablegte?

3
Nenne die *heutigen Bundesländer,* durch die der Limes führt.

4
Unter den folgenden Verbformen stehen einige im *Passiv*. Suche sie heraus und bestimme sie. Ob du die richtigen gefunden hast, erfährst du durch deren Anfangsbuchstaben. Sie ergeben nacheinander die deutsche Fassung des Namens eines römischen Kaisers, der große Strecken des Limes erbauen ließ.
timebis • deducuntur • agis • occupamur • faciam • monemini • interrogatur • recipiunt • gerimus • tegemini • imperabitur • relinquo • agi • monebis • nuntiaris

5
Übersetze und beachte, welche Rolle das deutsche Wort *werden* dabei spielt:
- Romani Galliam occupabunt.
- Gallia a Romanis occupatur.
- Etiam Britannia occupabitur.

Der römische Limes

Als die Römer ihre Provinzen über den Rhein und die Donau hinaus ausdehnten, bildeten keine Flüsse mehr die natürlichen Grenzen des Reiches. Deshalb ließen die Kaiser – vor allem Domitian (81–96 n. Chr.) – eine künstliche Grenzbefestigung ausbauen, den Limes. Er bestand aus einem Wall mit Holz-Palisaden und Graben oder aus Steinmauern. Der Limes zog sich vom Rhein über den Taunus bis zur Donau über 550 km hin. Etwa 900 Wachtürme waren in Sichtweite an ihm entlang errichtet. Nachrichten konnten durch Signale schnell weitergegeben werden. Im Hinterland waren Militäreinheiten stationiert. Händler durften an Kontroll- und Zollstationen die Grenze überschreiten; es wurden aber auch Waren geschmuggelt.

Der Verlauf des Limes ist noch heute an vielen Stellen im Gelände zu erkennen. Allerdings wird dieses Bodendenkmal durch Land- und Forstwirtschaft, Straßen- und Siedlungsbau und andere Eingriffe zum Teil stark zerstört. 2005 hat die UNESCO den obergermanisch-rätischen Limes in die Liste des Weltkulturerbes aufgenommen. Ähnliche römische Grenzanlagen gibt es z. B. in Ägypten, Großbritannien, Jordanien, Libyen, Marokko, Syrien und der Türkei.

Abb. 1 *Eine Restauratorin bereitet einen bronzenen römischen Paradehelm (2. Jh. n. Chr.) für eine Ausstellung vor.*

6 Finde in Text 1 und 2 die Stellen heraus, an denen der *Ablativ* einen *Grund* angibt oder den Ort des Geschehens bezeichnet.

VON WORT ZU WORT

7 Für das lateinische Wort *imperium* bietet dir das Lexikon verschiedene Begriffe an: *Befehl, Macht, Gewalt, Herrschaft, Herrschaftsgebiet, Reich, Oberbefehl.* Übersetze die folgenden Sätze und suche dabei die passende Bedeutung für *imperium* heraus.

- Legiones fines imperii Romani defendunt[3].
- Milites imperio principis parere debebant.
- Cum imperio Caesar copias in Galliam duxit.
- Imperio Augusti diu pax erat.

3 defendere *verteidigen*

TEXT 2 *Zur Zeit ist es ruhig …*

Tatsächlich antwortet der Sohn recht bald.

Titus Vitalius patri suo salutem

Litteras tuas recepi, gaudeo tuis verbis. Tu quidem curis terreris, at ego valeo. Sententia autem, quam tu de provinciis prope Germanos sitis accepisti, non iam probari potest. Hic enim nunc pacem agimus, bellum non iam gerimus: Pax virtute imperatoris et armis nostris servatur. Itaque patria per longum tempus tegetur. Vita nostra non est aspera, quod magna pericula his temporibus absunt. Sed militum est cottidie a mercatoribus rationem repetere, qui vectigalia non pendunt. Saepe ea deprehendimus[4], quae ab eis contra legem importantur[5]. Interdum nos milites ab illis pecunia corrumpimur. Is miles, qui iniuriam facit et deprehenditur[4], in vincula mittitur. At filius vester illam iniuriam numquam faciet. Nunc autem me satis scripsisse puto. His litteris certe et tu et mater delectabimini et curis liberabimini.
Vale!

4 deprehendere *finden, sicherstellen, beschlagnahmen* **5** importare *einführen*

8 Das *Passiv* muss nicht immer wörtlich *übersetzt* werden; suche die passendste Wiedergabe
Beispiel: pugnatur – es wird gekämpft, man kämpft
terrentur – sie erschrecken / lassen sich erschrecken
oppida relicta sunt • ridetur • multa bella geruntur • abitur • tempora mutantur[6]

9 Verwandle folgende Sätze ins *Passiv* und übersetze sie.
Beispiel: Milites hostes prohibent. Hostes a militibus prohibentur.
- Dux iubet legiones limitem exstruere[7].
- Itaque dux legiones trans[8] Alpes mittit.
- Postea autem Alamanni partem[9] provinciae occupant.

UND IM ENGLISCHEN?

(to) accept • (to) collect • (to) demonstrate • (to) expect • (to) pronounce • (to) remain

10 Aus den Vorsilben *(Präfixen)* kannst du den Sinn dieser englischen Verben ableiten. Lege dazu in deinem Heft eine Tabelle nach folgendem Muster an:

engl. Verb	lat. Verb	Vorsilbe	Bedeutung	Übers. d. Verbs
(to) collect	colligere	col ▸ com ▸ cum	zusammen mit	sammeln, zusammensuchen

6 mutare *ändern*
7 exstruere *erbauen*
8 trans (Präp. beim Akk.) *über*
9 pars, partis f. *Teil*
10 demonstrare *zeigen, beweisen*
11 pronuntiare *öffentlich bekannt machen*

AcI

Vestales caelebes erant;
nam pontifex maximus eas
viros amare vetuit.

ÜBERSETZUNGSTIPPS ZUM ACI

▶ **Erkennen eines AcI.** Es gibt einige deutliche Indizien, an denen du mit Sicherheit erkennen kannst, dass eine AcI-Konstruktion vorliegt.

✔ **Indiz Nr. 1** Das Prädikat gehört zu den Verben, die eine Wahrnehmung, ein Wissen, eine Behauptung, einen Befehl ausdrücken. Leicht zu merken: Das Prädikat gehört zu den „Kopfverben"!

Indiz Nr. 2 Das Prädikat gehört zu den unpersönlichen Verben, die einen Sachverhalt ausdrücken, wie z. B. *constat, necesse est, fama est.* Übrigens: Es liegt entweder Indiz 1 oder Indiz 2 vor!

Indiz Nr. 3 Du erkennst einen Infinitiv!

Indiz Nr. 4 Du erkennst einen Akkusativ!

In dieser Reihenfolge solltest du dich auf die Suche nach den Indizien machen. Dabei gibt dir das Prädikat den entscheidenden Hinweis: Bei Kopfverben wie *er sieht, sie weiß, sie sagen* oder unpersönliche Verben wie *es ist bekannt* fügt sich im Deutschen automatisch ein *dass* an. Wenn du dann noch im Lateinischen einen Infinitiv und einen Akkusativ entdecken kannst, liegt mit ziemlicher Wahrscheinlichkeit ein AcI vor!

▶ **Übersetzungsschritte.** Planmäßig kannst du bei der Übersetzung eines AcI in folgenden Schritten vorgehen:

1. Identifizieren und Markieren des AcI: Unterstreiche den Akkusativ und den Infinitiv!
2. Übersetzen des Satzes bis auf den AcI!
3. Einführen von *dass*
4. Verwandeln des Akkusativs in den Nominativ (Subjekt des dass-Satzes)!
5. Übersetzen der „Füllung" bis zum Infinitiv!
6. Verwandeln des Infinitivs in das Prädikat des dass-Satzes! – Fertig!

▶ **Tempora im AcI.** Der Prädikatsinfinitiv im AcI drückt kein Tempus wie Präsens, Imperfekt, Perfekt oder Futur aus, sondern bezeichnet ein Zeitverhältnis. Wenn du nun bei der Übersetzung den Prädikatsinfinitiv in das Prädikat des deutschen dass-Satzes umwandelst, musst du dich für ein Tempus entscheiden. Folgende Tabelle gibt dir dafür eine Übersicht:

Tempus des Prädikats	Prädikatsinfinitiv – Zeitverhältnis	Tempus im deutschen „dass“-Satz
Präsens	Präsens – Gleichzeitigkeit	Präsens
	Perfekt – Vorzeitigkeit	Perfekt
Imperfekt oder Perfekt (Vergangenheitstempus)	Präsens – Gleichzeitigkeit	Präteritum
	Perfekt – Vorzeitigkeit	Plusquamperfekt

▶ **Personalpronomen im AcI.**
Bei der Umwandlung in das Subjekt des dass-Satzes musst du im Deutschen den Nominativ des Pronomens wissen! Das Pronomen *se* bezieht sich auf das Subjekt, und je nach Subjekt hat es den entsprechenden Genus und Numerus; Wiedergabe: *er* oder *sie*.

Person	Numerus	Lat. Pron.	dass-Satz
1. Person	Singular	me	ich
	Plural	nos	wir
2. Person	Singular	te	du
	Plural	vos	ihr
3. Person (reflexiv)	Singular	se	er/sie
	Plural	se	sie
3. Person (nicht reflexiv)	Singular	eum/eam	er/sie
	Plural	eos/eas	sie

Vestales caelebes erant; nam pontifex maximus eas viros amare vetuit.

Die Vestalinnen waren unverheiratet; denn der Pontifex Maximus verbot, dass sie Männer liebten.

ALLES GEKLÄRT? ALLES KLAR?

Welche Behauptung ist falsch? Die Lösungen findest du S. 235.

Sacerdotes Vestae se ignem sacrum semper servavisse dicebant.

a *dicebant* ist ein „Kopfverb“; es gibt also ein gewichtiges Indiz für einen AcI!
b *se ignem sacrum semper servavisse* ist die AcI-Konstruktion.
c *servavisse* ist Infinitiv der Vorzeitigkeit; bei der Übersetzung muss das Prädikat des dass-Satzes im Perfekt stehen.
d *dicebat* ist Imperfekt; beim Infinitiv der Vorzeitigkeit (*servavisse*) muss das Prädikat des deutschen dass-Satzes im Präteritum stehen.
e das reflexive Personalpronomen *se* muss hier mit *sie* (Plural) übersetzt werden, da es sich auf *sacerdotes* bezieht.
f das reflexive Personalpronomen *se* muss hier mit *sie* (Singular) übersetzt werden, da es sich auf *Vestae* bezieht – die Gottheit gibt es nur einmal!

21 BEGEGNUNGEN IM NORDEN

Nach Britannien!

500 v. Chr. | 55 v. Chr. | 500 | 1000 | 1500 | 2000

GUT ZU WISSEN

Gallia occupata est.

Multi milites Romani Galliam occupatam relinquunt et in Britanniam eunt.

Milites armati Britannos non timent.

trahere

proelium committere

TEXT 1 *Die Überfahrt war grauenhaft*

C. Bruttius traute seinen Augen kaum. Er blinzelte in das Sonnenlicht und starrte auf den Mann, der vor der Taverne stand. War er es wirklich? Titus, den er mehr als fünf Jahre nicht mehr gesehen hatte? Nun blickte der Mann in seine Richtung. Ihre Blicke trafen sich. Dann glitt ein Lächeln über sein Gesicht. Zögernd hob er die Hand und winkte. Gaius lächelte zurück. Wahrhaftig – Es war Titus, mit dem er vor langer Zeit in Gallien im Heer Caesars gekämpft hatte. Gaius wurde danach an der Rheingrenze stationiert. Titus dagegen marschierte mit den römischen Truppen zur Atlantikküste, um nach Britannien überzusetzen. Von da an hatten sie sich aus den Augen verloren. Schnell ging Gaius über die Straße. Freudig umarmten sie sich und beschlossen, ihr Wiedersehen in der Taverne zu feiern. Sie diskutierten und sprachen über gemeinsame alte Zeiten ...

Gaius: „Tene saepe ad memoriam belli Gallici revocas?“
Titus: „Saepe bellum Gallicum est mihi in memoria, imprimis proelia in Britannia commissa.“
Gaius: „Narra mihi de bello in Britannia gesto!“
Titus: „Iam e Gallia in Britanniam traicere horrebamus[1]. Nam foetor[2] magnus erat, quod etiam equi, nonnulli asini gallinaeque[3] in nostro navigio erant. Mox aqua nobis defuit. Tandem oram Britanniae nondum expugnatae vidimus ...“.
Gaius: „Potuistisne copias e navigiis educere?“
Titus: „Locum litoris occultum[4] petivimus, ubi navigia appellere[5] potuimus. Nam multi Britanni armati oram occupatam tenebant.“
Gaius: „Fueruntne proelia periculosa[6], quae contra barbaros commisistis?“
Titus: „Bellum Britannicum valde periculosum[6] erat, quia nationem Britannorum ignorabamus; praeterea Britanni viri animosi[7] et strenui erant et loca non ignorabant. Itaque militibus Romanis insidias parare poterant. Non semper Britanni a nobis victi sunt. Sed non solum fortitudo[8] Britannorum, sed etiam varia pericula nobis imminuerunt; aliquando tempestas multa navigia frumento impleta[9] in litore delevit.
Postremo cum obsidibus a Britannis datis insulam reliquimus.“

1 horrere beim Akk. *zurückschaudern vor etw.*
2 foetor, -oris m. *Gestank*
3 gallina, -ae f. *Huhn*
4 occultus, -a, -um *verborgen*
5 appellere *landen*
6 periculosus, -a, -um *gefährlich*
7 animosus, -a, -um *mutig*
8 fortitudo, -inis f. *Tapferkeit*
9 implere, impleo, implevi, impletum *(an)füllen*

1 Finde heraus, wie *Londinium* und *Dubris*, antike Orte Britanniens, heute heißen.

2 Schreibe aus Text 1 alle *PCs* mit ihren *Beziehungswörtern* heraus.

3 Verbinde die Formen der Nomen sinnvoll mit einem *PPP* der Verben:
filium • plaustra • militis • puellis
laudare • amare • armare • trahere

VON WORT ZU WORT

4 Wohin segelt die römische Flotte? Ordne in deinem Heft die lateinischen Vokabeln den deutschen Wörtern zu. Wenn du alles richtig gemacht hast, geben die Anfangsbuchstaben der lateinischen Wörter, von oben nach unten gelesen, das Ziel der römischen Flotte an.

besonders	bis jetzt
erzählen	Schiff
Britannien	Nation
lachen	manchmal
betreten	er ist da
ziehen	bald

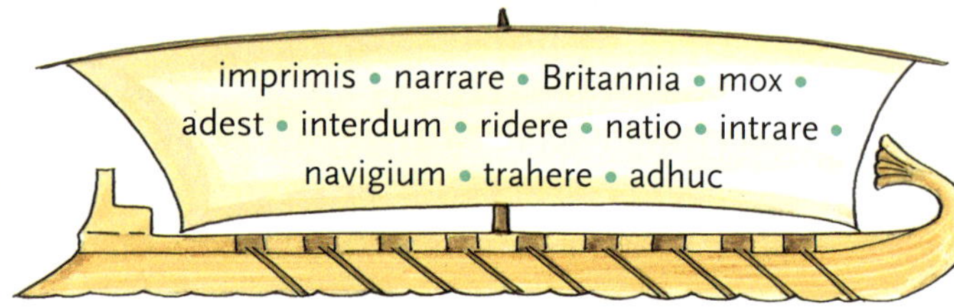

Britannien und die Römer

Zur Zeit der Landung Caesars (55 v. Chr.) war Britannien überwiegend von Kelten besiedelt. Nach Caesar versuchten auch die römischen Kaiser Augustus und Gaius, Britannien zu besetzen. Erst Kaiser Claudius aber gelang es im Jahre 43 n. Chr., einen Teil Britanniens zu erobern. Nach und nach organisierte er Britannien als römische Provinz.

Kaiser Hadrian ließ schließlich den berühmten Hadrianswall (*Vallum Hadriani,* Länge: 120 km) als nördliche Grenze des römischen Reiches in Britannien erbauen. Er verlief von Maia (heute: Bownes-on-Solway) bis nach Segedunum (heute: Wallsend). Noch heute sind große Teile des Hadrianswalls erhalten. Sie sind eine beliebte Touristen-Attraktion Nordenglands.

Auch im 3. Jahrhundert n. Chr. blieb Britannien römische Provinz. Danach wurde die Insel von den keltischen Ureinwohnern Irlands, den Picten und Scoten („Schotten"), aber auch von Sachsen und Franken überfallen. Anfang des 5. Jhs. n. Chr. zogen die Römer ihre Truppen aus Britannien ab: Die Soldaten wurden an der Rheingrenze dringend benötigt.

***Abb. 1** Die Roman Baths, eine römische Bäder- und Tempelanlage in der südenglischen Stadt Bath. Im Hintergrund Bath Abbey (15. Jh.).*

TEXT 2 *Wie war es bei den Briten?*

Bevor Titus wieder in seine Heimatstadt zurückkehrt, trifft er sich noch einmal mit Gaius in der kleinen Taverne. Sie setzen sich und rufen einen Jungen, der bedient: „Bring' uns geschmortes Rindfleisch mit Zwiebeln!"

Titus ridet: „Bonam bubulam assatam in Britannia edi[10]. Britannis multi greges bovum[11] sunt. Igitur plerique Britanni frumenta non serunt[12], sed lacte et carne[13] vivunt. Sed bovibus[11] etiam plaustra[14] variis mercibus onerata[15] trahere necesse est." *Gaius:* "Estne verum Britannos apros edere[16]?" *Titus* a Gaio interrogatus: „Nonnulli narrant Britannos etiam apros assatos edere[16] et tepidam cervisiam bibere[17]." Tum puer apportat vinum, quod amici statim gustant[18]. Vino bono delectati amici sermonem pergunt. *Titus:* „Cibi Britannorum vix similitudinem[19] cum cibis Romanis habent. Etiam formam Britannorum non ignoro. Nonnullis Britannis colorata ora et crines plerumque torti[20] sunt. Itaque multi putant eos e Hispania a nobis expugnata ad Britanniam isse. Multi Britanni autem originem a Germanis habent; nam eis sunt rutili crines[21] et corpora magna." *Gaius* autem fame vexatus: „Tandem puer cibos nostros apportat ... Bene comede[22]!"

10 bubulam assatam edere *geschmortes Rindfleisch essen*
11 bos, bovis *m. und f. Rind*
12 serere *säen*
13 caro, carnis f. *Fleisch*
14 plaustrum, -i n. *Wagen, Fuhrwerk*
15 onerare *beladen*
16 apros assatos edere *geschmortes Wildschwein essen*
17 tepidam cervisiam bibere *lauwarmes Bier trinken*
18 gustare *kosten*
19 similitudo, -inis f. *Ähnlichkeit*
20 colorata ora et crines torti *braungebrannte Gesichter und gekräuseltes Haar*
21 rutili crines m. *rotgoldenes Haar*
22 bene comede! *guten Appetit!*

5 Schreibe aus Text 2 alle *PCs* mit ihren *Beziehungswörtern* heraus. Lege in deinem Heft eine Tabelle nach folgendem Muster an und ordne richtig ein: Beispiel:

Participium coniunctum (PC)		Bezugswort
attributiv	prädikativ	
assatam		bonam bubulam

6 Nenne alle Eigenschaften der Briten, die in Text 2 genannt werden.

7 Übersetze das *PC* auf verschiedene Weise:
- Romani in Britanniam nondum expugnatam navigaverunt.
- Gaius cum Claudia liberisque amatis vitam iucundam agere cogitat.
- Liberi Gaium iam diu exspectatum magno cum gaudio salutant.

8 Die Karteikarten mit den folgenden Wörtern sind durcheinandergeraten:
expugnata navigaverunt e Britanniam milites Gallia in

a Ordne die Karten so, dass ein *sinnvoller lateinischer Satz* entsteht.
b Unterstreiche das *PC* und sein *Beziehungswort*. Übersetze den Satz dann auf zwei verschiedene Weisen ins Deutsche.

22 SCHATTENSEITEN DER MACHT

Varus geschlagen! Und Augustus?

GUT ZU WISSEN

augere

clades

propinqui

frater avunculus soror

TEXT 1 *Die schreckliche Nachricht*

Seit einigen Wochen hatte sich in Rom eine merkwürdige Stimmung verbreitet. Der Feldzug des Varus in Germanien scheint gescheitert zu sein. Täglich erreichen Berichte über das Schicksal der etwa 15 000 römischen Soldaten die Hauptstadt. Schließlich wird aus den Gerüchten Gewissheit: Der abgeschlagene Kopf des Varus wird Augustus geschickt. Ist nun auch seine Herrschaft gefährdet? Der Schriftsteller Sueton berichtet, Augustus habe, als die schlimme Nachricht ihn erreichte, gerufen „*Quinctili Vare, legiones redde!*" Außerdem habe er Soldaten in Rom aufmarschieren lassen. Da könnte es zu einem Streitgespräch zwischen Augustus und seiner Frau Livia gekommen sein.

Livia: „Constat Varum mortuum et legiones victas esse. Nostri milites bene armati tamen a Germanis victi sunt. Haec clades te summum in periculum vocat. Tuum enim consilium fuit numerum provinciarum augere."
Augustus: „Non meum consilium, sed temeritas Vari est causa cladis acceptae!"
Livia: „At Varus dux idoneus non fuit, quod Germaniam et mores Germanorum ignorabat."
Augustus: „Varus temeritatis plenus fuit: Nam Segestes, princeps Cheruscorum, Varo nuntiavit Romanis insidias parari. A Segeste monitus ille tamen periculum non cognovit. Varus imperio Romano multum nocuit. Itaque Varus sepultura[1] dignus non est."
Livia: „Fama est Varum ab Arminio, alio principe Cheruscorum, ad summam socordiam inductum esse. Arminius enim Varum perfide[2] fefellit: Primum ille miles Romanus fuit; postea autem in Germaniam patriam rediit et simulavit se amicum populi Romani esse."
Augustus: „Milites nostri multis bellis ab aliis populis raro victi nunc tamen socordia ducis et perfidia[3] hostis tantam cladem acceperunt."
Postremo Augustus tamen Varum sepultura[1] honoravit[4] et magnos ludos Iovi vovit. Hoc modo populum a tumultibus prohibuit.

1 sepultura, -ae f. *Bestattung, Begräbnis*
2 perfidus, -a, -um *sehr treulos, verräterisch*
3 perfidia, -ae f. *Verrat*
4 honorare *ehren*

1
a Kläre, nachdem du Text 1 gelesen hast, um welche *Textsorte* es sich handelt.
b Es kommen viele *Namen* vor. Nenne die Personen. Wie stehen sie zueinander?
c Wörter der Militärsprache kommen in diesem Text häufig vor. Suche sie aus dem Text heraus. Stelle Vermutungen über den *Inhalt* des Textes an und übersetze.

2 Inwiefern ist nach Livias Meinung Augustus für die Niederlage des Varus verantwortlich? Begründe deine Darstellung mit *Aussagen* im *lateinischen Text.*

3 Nenne zu den folgenden *Infinitiven* die deutsche Bedeutung und bilde zu ihnen das PPP: augere • superare • delere • expugnare

4 Dekliniere: arx deleta

Die Schlacht im Teutoburger Wald

Die römischen Legionen hatten bereits zahlreiche Feldzüge in rechtsrheinisches Gebiet unternommen. Daher glaubten die Römer, den germanischen Widerstand gebrochen zu haben, so dass man nun zur Romanisierung der neuen Provinz *Germania Magna* übergehen könne. Bald sollte sich zeigen, dass diese Einschätzung der Lage falsch war. Die Römer beherrschten nämlich nur einzelne Punkte im Land, aber kein zusammenhängendes Gebiet. Die Aufgabe, aus dem besetzten Land eine römische Provinz zu machen, übernahm der neue Statthalter Quinctilius Varus, eher ein weit gereister Verwaltungsfachmann als ein guter Feldherr. Während er im Sommer durch das Gebiet zog, demonstrierte er römische Macht. Er versuchte, durch die Einführung der römischen Rechtsprechung Streitigkeiten zwischen den Germanen zu schlichten. Die weiteren Ereignisse sind nicht ganz klar. Es kann sich aber folgendermaßen abgespielt haben: Das Verhalten des Varus hat den Widerstand des Arminius und anderer germanischer Fürsten hervorgerufen. Deshalb lockten sie Varus im Jahre 9 n. Chr. unter dem Vorwand, dass ein Aufstand niedergeschlagen werden müsse, von seiner vorgesehenen Marschrichtung ab. Als er in der Senke von Kalkriese, nördlich von Osnabrück, ankam, wurden seine drei Legionen zusammen mit den Hilfstruppen – ca. 25 000 Mann – in einem dreitägigen Gemetzel im *saltus Teutoburgiensis* vernichtet. Das Ausmaß der Katastrophe kann man daran erkennen, dass diese drei Legionen die Hälfte der römischen Rheinarmee darstellten. Die Niederlage ging als *clades Variana* in die Geschichte ein.

Abb. 1 *Grabstein des Marcus Caelius, der in der Varus-Schlacht 9 n. Chr. gefallen ist.*

Abb. 2 *Wertvolles römisches Prunkgeschirr aus Silber wurde 1868 bei Hildesheim gefunden. Herstellungszeitraum: Ende des 1. Jhs. v. Chr. Da auf der abgebildeten Prachtschale der Name des Varus eingeritzt ist, wird der Hildesheimer Schatzfund als Beute aus der Varusschlacht gedeutet.*

TEXT 2 *Arminius: Held oder Verräter?*

Arminius erat filius Segimeri, principis gentis Cheruscorum. Qui Romanis obsides dare debuit et Arminium filium Romam misit. Postea Arminius etiam miles Romanus fuit. Civitate Romana donatus tamen patriam suam amabat.

In Germania autem hostis periculosus[5] Romanorum fuit. Post cladem Romanorum gloria et auctoritas Arminii auctae sunt. Sed nonnulli principes Germanorum Arminium regnum appetere putabant. Itaque eum necare in animo habebant. Denique Arminius bello non victus dolo[6] propinquorum necatus est. A Germanis liberator[7] Germaniae appellabatur, a Romanis proditor[8].

5 periculosus, -a, -um *gefährlich*
6 dolus, -i m. *List*
7 liberator, -oris m. *Befreier*
8 proditor, -oris m. *Verräter*

5 Wo ist der Irrläufer? Welche Form ist kein *PPP*? Nenne zu den *Partizipien* den *Infinitiv* und dessen deutsche Bedeutung.
- delectatum • deletum • durum • ductum
- motae • miserae • monitae • narratae
- postulata • postea • pressa • oppugnata

5 **6** Ein Veteran erzählt, dass er an Gefechten mit Germanen beteiligt war.

a Schreibe die nachfolgenden Sätze in dein Heft und unterstreiche die *Partizipien* und das zu ihnen gehörende *Nomen*.

b Übersetze dann die Sätze. Entscheide dich für die passendste Übersetzungsmöglichkeit: *attributiver Relativsatz, adverbialer Nebensatz* (*temporal:* als, nachdem; *kausal:* weil; *konzessiv:* obwohl), *beigeordneter Hauptsatz* oder *präpositionaler Ausdruck*.

Ex oppido a Germanis expugnato incolae[9] in castra nostra fugerunt. Nam in castris a militibus nostris aedificatis tuti erant. Nos milites fato miserorum hominum permoti[10] maesti fuimus. Oratione[11] imperatoris moniti castra reliquimus. Postquam diu pugnatum est, hostes vicimus. Post cladem acceptam Germani in silvas redierunt. E periculis servati deis gratiam habuimus.

7 Arminius versucht durch eine flammende Rede seine Stammesangehörigen von seiner Politik zu überzeugen. Füge den unterstrichenen *Nomen* einen in Form und Inhalt passenden *Partizipialausdruck* hinzu. Übersetze die Sätze, soweit möglich und sinnvoll, auf verschiedene Weise:

„Germania non iam libera erit. Populi pecunias dare debebunt. Sed Romanos tamen a patria nostra prohibere possumus. Itaque ego Romanis insidias parare in animo habeo. Vos libertatem defendite[12]!“

- bene armatos
- a Romanis expugnata
- a legionibus Romanis victi
- studio libertatis permotus

9 incola, -ae m. *Bewohner*
10 permotus, -a, -um *sehr bewegt, sehr beeindruckt*
11 oratio, -onis f. *Rede*
12 defendere *verteidigen*

23 SCHATTENSEITEN DER MACHT

Auf die Familie kommt es an

500 v. Chr. *14–54 n. Chr.* *500* *1000* *1500* *2000*

GUT ZU WISSEN

C. Iulius Caesar
Adoption
Octavianus – Augustus (Kaiser 27 v. Chr. – 14 n. Chr.)

Claudius Nero — Livia — Octavianus – Augustus

Tiberius (Kaiser 14 n. Chr. – 37 n. Chr.)

Drusus — Antonia Minor

Germanicus (15 v. Chr. – 19 n. Chr.)

Claudius (Kaiser 41 n. Chr. – 54 n. Chr.)

Agrippina Maior — Germanicus

Abb. 1 Dieses römische Schmuckstück (1. Jh. n. Chr.) zeigt links Claudius und Agrippina die Jüngere, rechts Germanicus und seine Frau Agrippina die Ältere.

Caligula (Kaiser 37 n. Chr. – 41 n. Chr.)

Agrippina Minor — Domitius Ahenobarbus

Nero (Kaiser 54 n. Chr. – 68 n. Chr.)

TEXT 1 *Claudius – ein Hofnarr?*

Zwei ältere Männer unterhalten sich auf dem Weg über das Forum Romanum. Obwohl Tiberius erst seit kurzem Kaiser ist, scheint es um den möglichen Nachfolger zu gehen. Die Männer könnten Senatoren sein – so gut informiert wirken die beiden. Allerdings spricht jeder den anderen nur mit Vornamen an. Als ob sie unerwünschten Zuhörern nicht zu viel über sich verraten wollen.

Aulus: „Augustus fines imperii Romani firmavit et nobis pacem dedit. Urbem autem aedificiis novis ornavit. Templa vetera et insulas pauperum renovavit[1], thermas ingentes aedificavit. Nunc ille quidem mortuus est, Tiberius autem princeps est, vir magna fortitudine[2] et summo ingenio. Tiberio postea Germanicus succedet, adulescens summa virtute."
Servius: „Germanicus singulari virtute officia communia et militaria et civilia curat, sicut nobilium civium est salutem communem servare. Sed Germanico frater Claudius est. Is quidem est homo omni doctrina eruditus[3], sed imperare non potest."
Aulus: „Claudius numquam vir illustris erit. O di immortales[4]! – qualem nepotem[5] dei illi genti nobili dederunt! Saepe post cibum addormiscit[6] et alii convivae[7] eum olearum aut palmularum ossibus incessunt[8]."
Servius: „Claudius homo terribilis est. Praeterea semper extra modum cibo et vino vetere gaudet. Linguae titubantia[9] caputque tremulum[10] eum dehonestant[11]."
Aulus: „Ita est. Fratres non similes sunt. Germanicus Claudium multo superat. Multis annis post Germanicus princeps erit, sed Claudius contumelia oneratus[12] numquam imperabit."

1 renovare *erneuern*
2 fortitudo, -inis f. *Tapferkeit*
3 eruditus, -a, -um *ausgebildet*
4 o di immortales! *ihr unsterblichen Götter!*
5 nepos, -otis m. *Enkel, Nachkomme*
6 addormiscere *einschlafen*
7 conviva, -ae m. *Gast*
8 olearum aut palmularum ossibus incessere *mit Oliven- oder Dattelkernen bewerfen*
9 linguae titubantia f. *Stottern*
10 tremulus, -a, -um *zitternd*
11 dehonestare *entehren*
12 onerare *beladen*

1 Lies den Text aufmerksam durch.
Woran erkennst du, dass im Text sehr viele *Personen* genannt sind?

2 An den *Satzzeichen* und der Stellung der Eigennamen erkennst du, um welche *Textsorte* es sich handelt.

a *Wer* spricht?

b Welche *möglichen Thronfolger* sehen die Gesprächspartner?

c Welche besonderen *Eigenschaften* werden den Thronfolge-Kandidaten zugesprochen? Lege im Heft eine Tabelle an und ordne die *Eigenschaften* den beiden Personen zu:

Germanicus	Claudius

d Welche Eigenschaften sollte demnach ein römischer Kaiser haben?

Die Kaiser Caligula und Claudius

Caligula herrschte willkürlich und grausam. Der geringste Widerspruch hatte ein Todesurteil zur Folge. Erpressung, Enteignungen und Prozesse wegen Majestätsbeleidigung waren an der Tagesordnung. Da die Staatsausgaben ins Unermessliche stiegen, musste Caligula oft Steuererhöhungen erzwingen. Nach zwei Verschwörungen des Senats fiel er 41 n. Chr. einem Attentat zum Opfer. Nun wurde Claudius als letzter Angehöriger der julisch-claudischen Dynastie von den Prätorianern, der kaiserlichen Leibwache, auf den Thron gebracht. Weil er hinkte und stotterte, galt er als geistig minderbemittelt. In Wirklichkeit aber war Claudius ein hoch gebildeter Mann. Kaiser wollte er offenbar nicht werden, dann als das Gerücht von der Ermordung Caligulas zu ihm drang, versteckte er sich hinter einem Vorhang. Ein zufällig durch das Zimmer laufender Soldat bemerkte aber seine Füße, zog ihn mit Gewalt aus seinem Versteck und begrüßte ihn als *imperator*.

Die 13 Jahre dauernde Herrschaft des Claudius war innen- und außenpolitisch erfolgreich. Er förderte die Romanisierung der Provinzen und ordnete die kaiserliche Verwaltung und das Finanzwesen. Schließlich wurde Claudius am 13. 10. 54 n. Chr. von seiner vierten Frau Agrippina Minor, der Mutter Neros, vergiftet; so war der Thron frei für ihren Sohn.

2 3 Was passt hier zu wem? Ordne die *Adjektive* auf der Schriftrolle den passenden *Substantiven* zu. Bilde dann den Nominativ Singular der Wortverbindungen und übersetze ihn.

Beispiel: viro forti — Nom. Sg. vir fortis: der tapfere Mann

viro — vina — deos — hostibus — civium — senatorem

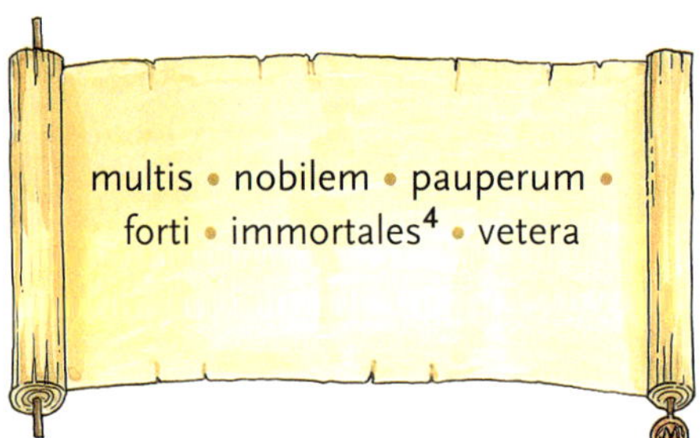

VON WORT ZU WORT

4 Ordne den folgenden *Substantiven* Adjektive zu, die du in dieser Lektion neu kennen gelernt hast. Nenne deren deutsche Bedeutung und leite daraus die *deutsche Bedeutung der Substantive* ab.

Beispiel: paupertas — pauper arm — paupertas Armut

communio, fortitudo, militia, nobilitas, paupertas, similitudo

Kannst du dir erklären, warum man in diesem Zusammenhang von *Wortfamilien* spricht?

TEXT 2 *Das Attentat auf Caligula*

Doch es kam anders, als die beiden klugen Herren dachten. Denn der beim Volk sehr beliebte Feldherr Germanicus starb im Alter von nur 34 Jahren. Sein Sohn Gaius, genannt Caligula („Stiefelchen"), wurde Nachfolger des Tiberius.

Caligula tyrannus incredibili crudelitate fuit. Saepe cives fortes et senatores nobiles ingenti saevitia[13] vexavit: senatores in amphitheatro necare iussit, tribunos cohortis praetoriae[14] et uxores nobilium civium contumeliis offendit. Itaque duo tribuni cohortis praetoriae[14], viri singulari fortitudine, consilium ceperunt Palatinis ludis[15] tyrannum interficere in amphitheatro, in quo crypta[16] obscura erat. Nam omnes, qui ex amphitheatro exire cogitant, hanc cryptam[16] transeunt. Ibi milites odio inflammati tyranno insidias paraverunt. IX Kal. Febr.[17] hora fere nona Caligulam temptaverunt et triginta plagis[18] necaverunt.
Post mortem tyranni Claudius, patruus[19] Caligulae, tredecim annos imperavit.

***Abb. 2** Porträtbüste des Caligula*

13 saevitia, -ae f. *Brutalität*
14 cohors praetoria f. *Prätorianerkohorte (in Rom stationierte kaiserliche Leibwache)*
15 Palatini ludi m. *die Palatinischen Spiele (dreitägige Bühnenspiele, die zu Ehren der Livia eingeführt worden waren)*
16 crypta, -ae f. *unterirdisches Gewölbe*
17 ante diem nonum Kalendas Februarias *am 24. Januar*
18 plaga, -ae f. *Hieb, Stoß*
19 patruus, -i m. *Onkel väterlicherseits*

2 **5** Ergänze die richtige Form des *Adjektivs* und übersetze. Lege dann in deinem Heft eine Tabelle an, in der du die in den Sätzen vorkommenden *Adjektive* nach *einendigen, zweiendigen* und *dreiendigen* ordnest.

Templa urbis Romae (vetus) erant. Augustus in foro multa aedificia renovavit[1]. (Fortis) legiones Romanas per (omnis) orbem terrarum misit. Alii imperatores Romanorum (fortis), alii (crudelis[20]) erant. Nonnulli virtute (singularis) bella gesserunt, sed Caligula et Nero multos cives (nobilis) crudelitate (incredibilis[21]) vexabant.

einendig	zweiendig
------------------------	------------------------

20 crudelis, -e *grausam*
21 incredibilis, -e *unglaublich*

24 SCHATTENSEITEN DER MACHT
Nero und die Frauen

500 v. Chr. — *59–68 n. Chr.* — *500* — *1000* — *1500* — *2000*

GUT ZU WISSEN

Caligula, quod odium Romanorum timebat, turbam hominum fugiebat.	Caligula odium Romanorum timens turbam hominum fugiebat.
quamquam odium Romanorum timebat, tamen multos cives vexabat.	odium Romanorum timens tamen multos cives vexabat.
Caligula, dum amphitheatrum relinquit, necatus est.	Caligula amphitheatrum relinquens necatus est.

TEXT 1 *Ein verhängnisvoller Streit*

Abb. 1 *Nero; Kopf einer Porträtstatue (Glyptothek München)*

Nero erträgt die Herrschsucht seiner Mutter Agrippina, die sich ständig in die Politik und sein privates Leben einmischt, immer weniger. Oft kommt es daher zu heftigen Streitigkeiten. Die Auseinandersetzung erreicht 59 n. Chr. ihren Höhepunkt: Nero, der mit Octavia verheiratet war, hat sich in die schöne Poppaea verliebt, Agrippina versucht diese Beziehung zu unterbinden.

Agrippina ad filium: „Haec omnia tibi providens feci: Ego Claudio, patruo[1] meo, veteri illi viro, non libenter nupsi. A me autem commotus Claudius te sibi filium adoptavit[2]. Post Claudii mortem ego potestatem tenebam, sed mea neglegens tibi imperium comparavi. Poppaea illa, quam amas, est mulier non nobili genere nata. Octaviam autem uxorem ab omni populo amatam Poppaeae causa neglegis. Matri te amanti parere debes; itaque te iubeo Poppaeam dimittere!"

Nero autem matrem aspiciens secum cogitavit: „Est mater mea, tamen eam iterum atque iterum mihi maledicentem[3] contemno. Non iam ei parebo. Quomodo autem matrem e medio tollere[4] possum?"

Poenam deorum timens Nero tamen matrem interficere decrevit. Itaque iussit Anicetum libertum navem fragilem[5] construere[6].

Nero putabat Agrippinam hac nave navigantem perisse, Agrippina autem natans[7] se servare potuit. Salva villam suam petivit. Ibi a liberto Neronis iam exspectata magna crudelitate occisa est.

At Nero post matris mortem vitam timoris plenam agebat.

Abb. 2 *Agrippina die Jüngere; Kopf einer Porträtstatue*

1 patruus, -i m. Onkel *väterlicherseits*
2 adoptare *annehmen*
3 maledicere (beim Dat.) *lästern über jmdn.*
4 e medio tollere *aus dem Weg räumen*
5 fragilis, -e *zerbrechlich*
6 construere *bauen, herstellen*
7 natare *schwimmen*

1 **a** Stelle aus Text 1 die *Aussagen* (Verben, Adjektive, Pronomen) zusammen, die Agrippina *charakterisieren*.
b Fertige eine *Personenbeschreibung* Agrippinas an.

2 **a** Gliedere Text 1 in *Sinnabschnitte*.
b Beschreibe mögliche *Gedankengänge* Neros und Agrippinas.

5 3

Dein Wissen über Fachbegriffe ist gefragt: Ordne die *Konjunktionen* und *Präpositionen* in das Fach mit der passenden *Sinnrichtung*. Unterscheide bei der Wiedergabe *Adverbialsatz* und *Präpositionalausdruck*.

als • da • wegen • trotz • nachdem • durch •
obwohl • indem • während • verneint: ohne dass • bei •
aus • verneint: ohne • wenn • weil • obgleich

1. Fach: temporal	2. Fach: kausal	3. Fach: modal	4. Fach: konzessiv
____________	____________	____________	____________

5 4

Übersetze die folgenden Sätze und ordne die *Partizipien* nach ihren *Sinnrichtungen*. Achtung: Mehrfachnennungen sind möglich!

- Agrippina Neroni Poppaeam amanti iterum atque iterum maledixit[3].
- In amphitheatro bestiae Christianos captos necabant.

Kaiser Nero

Nero wurde 37 n. Chr. geboren. Seine Mutter Agrippina, eine Schwester Caligulas, setzte alles daran, den Sohn zum Kaiser zu machen: Sie heiratete Kaiser Claudius, ihren Onkel, der auf ihren Druck hin Nero adoptierte. Schließlich vergiftete Agrippina Claudius, Nero bestieg 17-jährig den Thron. Er ertrug die Herrschsucht der Mutter immer weniger und ließ sie im 5. Regierungsjahr ermorden. Davor hatte er die schöne Poppaea kennengelernt, die er heiratete, nachdem er seine Frau Octavia hatte ermorden lassen. 64 n. Chr. wurde Rom durch einen Brand stark zerstört. Nero ließ einen prächtigen Palast bauen – Teile davon wurden 1999 ausgegraben. Da Nero Christen für den Brand verantwortlich machte, begann eine grausame Verfolgung.

Abb. 3 *Wandmalereien im Palast Neros (Domus Aurea)*

Nero zeigte sich immer maßloser und hörte nicht mehr auf seinen Berater, den Philosophen Seneca. Nero trat als Sänger auf; er reiste nach Griechenland, um an musischen Wettkämpfen teilzunehmen. Überall musste er zum Sieger erklärt werden. Als Nero 68 n. Chr. mit 1808 Siegeskränzen im Triumph in Rom einzog, war die Unzufriedenheit der Römer groß. Sie rebellierten wegen einer Hungersnot, in Gallien begann ein Aufstand. Der römische Senat erklärte Nero zum Staatsfeind. Nero floh aus Rom und ließ sich schließlich von einem seiner Freigelassenen erdolchen.

TEXT 2 *Es wird immer schlimmer*

Mit dem Muttermord enden die fünf ersten Regierungsjahre Neros, die als erfolgreich gelten. Nero ist beim Volk sehr beliebt. Von nun an aber schwindet der günstige Einfluss seines Erziehers, des Philosophen Seneca: Nero verunsichert und erschreckt vor allem die Senatoren durch sein Verhalten immer mehr ...

Post mortem Agrippinae matris Nero se omnino liberum esse censuit. Ergo Octavia uxor ab imperatore repudiata[8] in exsilium dimissa est. Tum autem milites a Nerone missi eam occiderunt. Nonnullis annis post Nero etiam Poppaeam, uxorem novam, quae tum gravida[9] erat, necavit calce percutiens[10]. Postea Nero multa alia scelera commisit. Mox senatores Romani Neronem officia imperatoris neglegentem contemnere coeperunt. Tum auctoritas Neronis minuta est, multi Romani ei maledixerunt[3]. Postremo senatus[11] nuntiavit: „Nero hostis imperii Romani est! Galbam imperatorem esse decrevimus!“ Nero autem odium senatorum timens Roma fugit. Ab omnibus amicis desertus unum ex libertis suis ad se vocavit. Qui imperatorem mortem metuentem gladio necare debuit.

3 maledicere (beim Dativ) *lästern über jemanden*
8 repudiare *zurückweisen, verschmähen*
9 gravidus, -a, -um *schwanger*
10 calce percutere *mit dem Fuß treten*
11 senatus m. *Senat*
12 vituperare *tadeln*
13 carmen, -inis n. *Lied*
14 canere, cano, cecini *(be)singen*

5 **5** Einige Szenen aus Neros Leben. Wenn du die richtige Form des *Partizips* ergänzt, erfährst du mehr über den Kaiser.
Beispiel: Nero Poppaeam (videre) amore eius captus est.
Nero Poppaeam videns amore eius captus est
- Agrippina Neronem Poppaeam (amare) vituperabat[12], omnibus fere feminis a Nerone (amare) maledicebat[3].
- Graeci Neronem carmina[13] (praebere) laudare debuerunt. Nero autem Graecis se (laudare) dona dedit.
- Nero incendium urbem Romam (delere) cecinit[14]. Postea autem hominibus flammas (fugere) auxilium praebuit.

UND IM ENGLISCHEN UND FRANZÖSISCHEN?

5 Iuppiter puellam pulchram *videns* amore capitur.
Seeing a beautiful girl, Jupiter falls in love.
Voyant une jolie fille, Jupiter en tombe amoureux.

6 Beobachte, wie das *Partizip* im Englischen und Französischen gebildet wird.

7 Wie kennzeichnen die modernen Fremdsprachen die *Satzwertigkeit* des Partizips?

8 Wie werden die *Partizipialausdrücke* im Deutschen wiedergegeben?

25 SIE SPIELT DIE HAUPTROLLE
Kleopatra

500 v. Chr. · ***48–30 v. Chr.*** · *500* · *1000* · *1500* · *2000*

GUT ZU WISSEN

Abb. 1 *Kleopatra VII. (69–30 v. Chr.)*

Abb. 2 *C. Iulius Caesar (100–44 v. Chr.)*

Abb. 3 *Marcus Antonius (82–30 v. Chr.)*

TEXT 1 *Wie erobert man einen Feldherrn?*

Kleopatra war 48 v. Chr. von ihrem Mitregenten, Bruder und Ehemann, dem 12jährigen Ptolemaios XIII., und seinen Beratern als Königin von Ägypten abgesetzt worden. Mit ihren Söldnern wartete sie außerhalb von Alexandria auf eine Chance zurückzukehren. Da landete Caesar mit seiner Flotte und erklärte, er sei gekommen, um die Thronstreitigkeiten zu beenden. Kleopatras Vater hatte nämlich die Herrschaft seiner Kinder unter den Schutz des römischen Volkes gestellt. Caesar forderte die Geschwister auf, ihre Truppen zu entlassen und sich seinem Urteil zu beugen. Wie sollte Kleopatra nun handeln?

Abb. 4 *Kleopatra und Caesar. Gemälde von Jean-Léon Gérôme (1866)*

Cleopatra in tentorio[1] circumiens[2] secum cogitavit: „Regnum Aegypti repetam. Necesse est me cum Caesare de hac re agere. Sed res sunt difficiles: Fratri fidem non iam habeo. Nam is multis cum militibus me urget. Si luce Alexandriam urbem petam, frater me capiet. Nisi ego cum Caesare de regno agam, frater solus regnum tenebit.“

Cleopatra, postquam de his rebus cogitavit, cum Apollodoro amico vespere[3] naviculam ascendit[4]. Noctu prope domum regiam, quam Caesar imperator obtinebat, naviculam appulerunt[5]. Difficile erat ad domum regiam accedere, quod ubique custodes vigilabant[6]. Itaque Cleopatra dolum[7] adhibens stragulo[8] se velavit[9]. Apollodorus autem stragulum[8] vinculis coniunctum in domum regiam et in cubiculum[10] Caesaris portavit. Ibi vincula solvit. Statim Cleopatra e stragulo[8] se volvit[11] et sine metu Caesari res suas explicavit.

Caesar adventu mulieris inopinato[12] valde permotus audaciae et speciei eius resistere non potuit et amore incensus est. Postero die imperator fratrem eius placans Cleopatram in pristinam[13] diginitatem restituit.

Quod Plutarchus, rerum scriptor Graecus, nobis tradidit.

1 tentorium, -i n. *Zelt*
2 circumire *umhergehen*
3 vespere (Adv.) *abends*
4 naviculam ascendere *ein kleines Schiff besteigen*
5 naviculam appellere *das kleine Schiff anlegen lassen*
6 vigilare *Wache halten*
7 dolus, -i m. *List*
8 stragulum, -i n. *Decke, Teppich*
9 velare *bedecken, einhüllen*
10 cubiculum, -i n. *Zimmer, Schlafzimmer*
11 volvere, volvo, volvi *rollen*
12 inopinatus, -a, -um *unerwartet*
13 pristinus, -a, -um *früher*

PROJEKT TAGESZEITUNG

1 Eine deutsche Tageszeitung hat das Motto *rerum cognoscere causas*.

a Finde heraus, um welche Zeitung es sich handelt.

b Überlege, was durch dieses Motto zum Ausdruck gebracht werden soll.

Kleopatra – griechische Königin Ägyptens

Das Königshaus ging auf einen griechischen General Alexanders des Großen zurück. Den Ägyptern galt Kleopatra als Nachfolgerin der Pharaonen. Wir wissen nicht genau, was Caesar an Kleopatra faszinierte. Jedenfalls konnte sie mit seiner Hilfe ihre Macht festigen. Ihr Bruder starb bei dem Versuch Caesar anzugreifen. Ihr Söhnchen Kaisarion, das sie von Caesar hatte, machte Kleopatra zum Mitregenten und Alleinerben. Später kam sie auf Einladung Caesars nach Rom. Manche Römer prangerten den Luxus an, mit dem sie in Rom residierte. Andere waren von ihr begeistert.

Abb. 5 *Kleopatra in der Comic-Serie Asterix und Obelix.*

44 v. Chr. kehrte Kleopatra nach Ägypten zurück, unter den Römern kam es zum Bürgerkrieg um die Nachfolge Caesars. Nach diesem Krieg gelang es Kleopatra, den mächtigsten Mann Roms, Marcus Antonius, für sich zu gewinnen. Doch Octavianus, der spätere Kaiser Augustus, setzte alles daran, das Machtgebiet des Marcus Antonius im östlichen Mittelmeerraum zu erobern. Deshalb behauptete er, Antonius, der seit 37 v. Chr. mit Kleopatra zusammenlebte, verrate Rom, und erklärte beiden den Krieg. 30 v. Chr. eroberte Octavianus Alexandria. Ägypten wurde römische Provinz.

2 a Auf welchen Teil des Infotextes beziehen sich die *Originalzitate* aus Briefen Ciceros?
▸ Reginam odi. (...) Superbiam autem ipsius reginae, cum esset trans Tiberim in hortis, commemorare sine magno dolore non possum. (Cicero, ad Atticum 15, 17, 2)
Ich hasse die Königin. (...) Doch den Hochmut der Königin selbst, als sie sich jenseits des Tiber in den Gärten aufhielt, kann ich nicht ohne große Erbitterung erwähnen. ▸ Reginae fuga mihi non molesta est. (Cicero, ad Atticum 14, 8, 1)
Das Verschwinden der Königin ist mir nicht unangenehm.

3 In den „Körbchen" ist nur eine „Schlange" giftig. Begründe deine Entscheidung.
- ▸ frumentum • fructum • factum • fratrum
- ▸ opus • rebus • scelus • corpus
- ▸ manu • exercitu • morsu • metu
- ▸ impone • admone • specie • persuade

VON WORT ZU WORT

4 Das kleine, aber wichtige Wörtchen res kommt in vielen Verbindungen mit Adjektiven vor, die du gut erschließen kannst,
z. B. res novae – neue Dinge ▸ Neuigkeiten.
Was bedeutet: res privatae • res publica(e) • res militaris • res secundae • res adversae • res navalis • res frumentaria • res gestae?

TEXT 2 *Mit Antonius gegen Augustus*

Nach der Eroberung Alexandrias sah Marcus Antonius keinen Ausweg mehr und stürzte sich in sein Schwert. Die Kinder des Marcus Antonius und der Kleopatra wurden als Geiseln nach Rom gebracht. Octavian ließ Kaisarion, den jungen Sohn Caesars und rechtmäßigen König Ägyptens, ermorden. Kleopatra durfte Marcus Antonius bestatten, sollte dann aber als Gefangene die Reise nach Rom antreten. Es war vorgesehen, sie beim Triumphzug Octavians vorzuführen – und dann zu töten.

Abb. 6 *Römische Gedenkmünze, geprägt nach der Eroberung Ägyptens*

Cleopatra cum duabus servis ad sepulcrum M. Antonii adiit. Ibi lacrimas fundens haec verba dixit: „Marce, vir amate, nuper his manibus tibi sepulturam[14] paravi, nunc custodibus circumdata[15] tibi inferias[16] facio. Quoniam dei me deseruerunt, spem salutis et rerum secundarum deponere debeo. Nam magno exercitui Octaviani non resistam. Sine te neque ego vivere possum. Itaque me in sepulcro tuo accipies." Tum servas in sepulcro balneum[17] et cenam[18] sibi parare iussit. Paulo post servus iussu Cleopatrae corbem[19] portans ad eum locum adiit. Servus, quod custodes Romani ei fidem non habebant, corbem[19] eis monstravit, in qua magna fructuum copia inerat[20]. Iam custodes inopinantes[21] servum sepulcrum intrare iusserunt neque cognoverunt Cleopatram in animo habere sua manu se necare. Paulo post morsu[22] duarum aspidum[23], quae in corbe[19] inter fructus occultae erant, de vita decessit. Octavianus autem audacia reginae[24] permotus et Cleopatrae et M. Antonio honorem sepulcri communis tribuit.

14 sepultura, -ae f. *Bestattung*
15 circumdare *umzingeln*
16 inferiae, -arum f. (Pluralwort) *Totenopfer*
17 balneum, -i n. *Bad*
18 cena, -ae f. *Essen*
19 corbis, -is f. *Korb*
20 inesse *enthalten sein*
21 inopinans, -antis *ahnungslos*
22 morsus, -us m. *Biss*
23 aspis, aspidis m. und f. *Natter*
24 regina, -ae f. *Königin*

5
a *Gliedere* Text 1 und 2 in *sinnvolle Abschnitte*. Achte auf die *Verwendung* der *Tempora*.
b Gib den Abschnitten jeweils eine passende *Zwischenüberschrift*.
c Vergleiche beide Texte vom *Aufbau* und vom *Inhalt* her miteinander.

2 **6** Sammle aus Text 1 und 2 alle Wörter der *e*- und *u-Deklination*, die ein *Adjektiv* oder *Pronomen* als *Beziehungswort* haben, und setze sie jeweils in den anderen *Numerus*.

7 Welchem *grammatikalischen Begriff* sind die *Subjunktionen* jeweils zuzuweisen?
kausal • kondizional • konzessiv • temporal
cum • dum • nisi • quod • quamquam • postquam • si

8 Kleopatra verwendet in Text 2 (Z. 2–6) *Stilmittel:* die *Antithese* (Gegenüberstellung) und den *Parallelismus* (ähnlichen Satzbau aufeinanderfolgender (Teil)sätze)
a Nenne die betreffenden Textstellen.
b Überlege dir, was durch diese Stilmittel beim Leser erreicht werden soll.

PC

Cleopatra stragulo velata
in cubiculum Caesaris portata est.
Hic mulierem res suas
explicantem statim adamavit.

Ein Partizip erkenne ich schon, aber: Woran erkenne ich ein PC? Was alles gehört zum PC?

... schon wieder Probleme mit den Zeiten: Ist das ähnlich lösbar wie beim AcI?

... wie kann ich hier das PC sinnvoll übersetzen?

TIPPS ZUM PC

▶ **Erkennen eines PC.** Wenn du dir klar machst, dass die Abkürzung PC *Participium Coniunctum* bedeutet, also verbundenes Partizip, weißt du das Entscheidende: Du musst nur das *Nomen* suchen, das mit dem *Partizip* in *KNG-Kongruenz verbunden* ist. Dazu ein Beispiel:

Cleopatra fratrem suum timens clam ad Caesarem iit.

Is forma et audacia eius permotus feminae adfuit.

Satz	Partizip	Bestimmung		Nomen in KNG-Kongruenz
1	timens	Nom. Sing. m./f./n.	▶	*Cleopatra* ist Nom. Sing. f.; nur dieses Nomen passt zu *timens*!
2	permotus	Nom. Sg. m.		*Is* ist Nom. Sg. m.; nur dieses Pronomen passt zu *permotus*!

Das, was zwischen dem Partizip und dem Beziehungswort steht, gehört als Objekt oder Adverbiale zum Partizip. Behandle bei der Übersetzung Partizip, Beziehungswort und die Wörter dazwischen als Wortblock.

▶ **Tempus bei der Übersetzung des PC.** Die Partizipien drücken ein *Zeitverhältnis* aus, kein Tempus. Du kannst ähnlich vorgehen wie beim AcI:

Tempus d. Prädikats	Partizip – Zeitverhältnis	Tempus im dt. Nebensatz
Präsens	Part. d. Gleichzeitigkeit (PPA)	Präsens
	Part. d. Vorzeitigkeit (PPP)	Perfekt
Imperfekt/Perfekt	Part. d. Gleichzeitigkeit (PPA)	Präteritum
	Part. d. Vorzeitigkeit (PPP)	Plusquamperfekt

▶ **Wahl der Übersetzungsmöglichkeiten.**

Cleopatra fratrem suum *timens* clam ad Caesarem iit.

1. Schritt: Wörtliche Übersetzung. Eine gute Ausgangsbasis.

2. Schritt: Prüfung des inhaltlichen Verhältnisses, das zwischen der Handlung, die das Partizip bezeichnet, und dem Prädikat besteht. Im obigen Beispiel beschreibt das Partizip, dass Kleopatra vor ihrem Bruder Angst hat (*Cleopatra* fratrem suum *timens*), das Prädikat erzählt, dass Cleopatra heimlich zu Caesar ging. Die Angst vor ihrem Bruder war der Grund, zu Caesar zu gehen. Es besteht also ein kausales Verhältnis!

3. Schritt: Wahl einer angemessenen Wiedergabe, z. B. durch Nebensätze:

▶ *Weil* sie ihren Bruder fürchtete, ging Kleopatra heimlich zu Caesar.
Achtung: Das Beziehungswort des Partizips muss durch ein Pronomen als Subjekt im Nebensatz vertreten sein.

Cleopatra stragulo *velata* in cubiculum Caesaris portata est. Hic *mulierem* res suas *explicantem* statim adamavit.

Nachdem sie in einen Teppich eingehüllt worden war, wurde Cleopatra ins Zimmer Caesars getragen. Dieser verliebte sich sofort in die Frau, während sie ihre Angelegenheiten erklärte.

ALLES GEKLÄRT? ALLES KLAR?

Welche Behauptung ist falsch? Lösungen S. 235.

Cleopatram regno spoliatam Caesar adiuvit.

- **a** Das PC besteht aus dem Partizip spoliatam und dem Beziehungswort Cleopatram.
- **b** Der PC-Wortblock umfasst den ganzen Satz mit Ausnahme von adiuvit.
- **c** Das inhaltliche Verhältnis zwischen Partizip und Prädikat ist kausal.
- **d** Das inhaltliche Verhältnis zwischen Partizip und Prädikat ist temporal.
- **e** Das Prädikat adiuvit ist Perfekt, spoliatam PPP. Es besteht Gleichzeitigkeit.
- **f** Im Nebensatz muss spoliatam mit einem Prädikat im Plpf. übersetzt werden.

26 SIE SPIELT DIE HAUPTROLLE
Nanna

GUT ZU WISSEN

Si haec puella me amat,
laetus sum.

Si haec puella me amaret,
laetus essem.

Utinam haec puella
me amaret!

Abb. 1 *Das Forum Romanum, damals Campo Vaccino genannt; Gemälde von Claude Lorrain (um 1640).*

TEXT 1 *Zwei Konkurrenten*

Liebe, Eifersucht, Betrug – das sind Gefühle und Verhaltensweisen, die das Leben der Menschen schon zu allen Zeiten aufregend gemacht haben. Ein aufschlussreiches Beispiel dafür ist die Geschichte von der schönen Nanna, einer jungen Frau mit etwas zweifelhaftem Ruf, und einem reichen Kaufmann, der seine Gefühle nicht immer unter Kontrolle hat.

Mercator dives puellam, cui nomen Nanna erat, acriter amabat. Illa non solum pulchra erat, sed etiam callida et avara. Mercator huic puellae saepe pecuniam dabat; eo modo puellam sibi adiungere cogitabat. Sed hoc satis non erat Nannae: Erat enim adulescens formosus[1], qui saepe circum domum puellae ambulabat. Apertum erat etiam eum amore puellae pulchrae captum esse. Mercator forma adulescentis vehementer sollicitus erat. Nanna autem iterum atque iterum formam adulescentis laudabat. Denique *mercator* miser ira invidiaque inflammatus ei cultrum[2] monstravit et clamavit: „Utinam ne tam infidelis[3] esses! Vae[4] tibi! Si amori adulescentis amore respondebis, iram meam cognosces!“ Ubi *mulier* virum cultrum[2] in vestimento portare animadvertit, secum cogitavit: „Croesum regem divitiis superarem, si ille mercator semel cultrum[2] in me educeret.“ Itaque adulescenti dixit: „Festina ad me proxima nocte! Pulsa ianuam[5] sine metu!“

1 formosus, -a, -um *schön*
2 culter, cultri m. *Dolch*
3 infidelis, -e *untreu*
4 vae! *wehe!*
5 pulsare ianuam *an die Tür klopfen*

1 Suche im Text, welche *Verhaltensweisen* in der Erzählung von Nanna und dem Kaufmann *kritisiert* werden. Könntest du dem Kaufmann etwas raten, das einen glücklicheren Ausgang der Geschichte ermöglicht?

2 Informiere dich über die Person des *Krösus*. Überlege dann, was Nanna meint mit ihrer Aussage *Croesum regem divitiis superarem, si ille mercator semel cultrum[2] in me educeret.*

3 Bilde folgende Formen:

2. Pers. Sg. Konj. Imperf. zu *respondere*
2. Pers. Sg. Konj. Imperf. zu *posse*
1. Pers. Pl. Konj. Imperf. zu *dicere*
1. Pers. Sg. Konj. Imperf. zu *esse*
3. Pers. Pl. Konj. Imperf. zu *superare*
1. Pers. Sg. Konj. Imperf. zu *vocare*
2. Pers. Pl. Konj. Imperf. zu *redire*
3. Pers. Sg. Konj. Imperf. zu *facere*

4 Der Kaufmann beobachtet die Tätigkeiten der Diener und fragt sich, ob er sich diese vielen Diener in Zukunft noch wird leisten können. Setze das eingeklammerte *Adjektiv* in die richtige *Adverbform* und erläutere, wie du jeweils das Adverb gebildet hast. Übersetze dann die Sätze.
Servae libenter cibum parant. Saepe eas (iustus) laudat. Aliae (bonus) vivunt, aliae (miser). Nonnumquam servi (acer) inter se litigant[7]. Nonnulli servi propter negotia (longus latusque) per urbem ire debent.

5 Lege im Heft eine Tabelle an und trenne folgende Formen nach *Indikativ* und *Konjunktiv*.
apportabam • adibat • accederemus • premebas • accedebamus • aderas • adhibebatis • accipiebant • premit • adesses • adhiberetis • acciperent • accipiet • adero • adiret • apportarem • premeres • adit

Latein – Weltsprache der frühen Neuzeit

Die Geschichte von Nanna stammt aus der neulateinischen Novelle *Eudemia,* die der italienische Jurist Ianus Nicius Erythraeus (Gianvittorio Rossi 1577–1647) in Rom verfasst hat. Sie schildert Abenteuer zweier Römer, die der Tyrannei des Kaisers Tiberius (14-37 n. Chr.) entkommen sind und auf eine Atlantikinsel verschlagen wurden. Der Titel *Eudemia* ist griechisch und bedeutet *Insel der Gutmenschen.* Gestrandete Römer haben dort ein neues Rom gegründet. Erythraeus entwirft eine satirische Darstellung des Lebens seiner Zeit. Rom war in der Epoche des Barock internationales Zentrum der lateinischen Literatur. Lateinische Werke wurden überall in der westlichen Welt gelesen und bewundert. 1622 gab es 89 Buchläden in Rom, also einen für ca. 1400 Einwohner. Das Interesse an Literatur war groß.

***Abb. 2** Sehr beliebt waren im 17 Jh. Aufführungen von Wanderbühnen (sog. Commedia Dell'Arte); die kostümierten und maskierten Schauspieler stellten oft bestimmte Menschentypen dar.*

TEXT 2 *Eifersucht macht erpressbar*

Vesper[6] adest; mercator puellam adit et cum ea litigat[7] dicens eam adulescentem amare. Illa quidem negat, sed mercatori persuadere non potest; itaque ille ira inflammatus est. Subito adulescens ad ianuam[5] adest. Fortiter pulsat[5]; *mercator* ad fenestram festinat et interrogat: „Quis pulsat[5]?" *Adulescens:* „Ego," inquit, „adsum. Statim reclude ianuam[8]!" *Mercator* adulescentem cognoscit et magna voce clamat: „Nisi hinc abire festinas, te necabo! Si possem, te statim necarem." Tum destricto cultro[9] in Nannam incurrit[10]: „Ante meos oculos amatorculum[11] tuum mihi adducis?" et eam acriter planitie[12] gladii verberat[13]. At *illa* rubrica[14], quam dextra manu occultabat, celeriter os inficit[15] simul clamans: „Adiuvate me, vicini[16], adiuvate! Hic vir malus mihi faciem deformavit[17]!" Vicini statim undique accurrunt[18]. Denique mercator miser de sua vita metuens fugit.

Postero die Nannae magnam partem fortunarum suarum donavit et eo modo eam ab accusatione[19] prohibere potuit. *Mercator* secum cogitavit: ‚Nisi hanc mulierem amarem, fortunas meas non perderem.'

6 vesper, vesperi m. *Abend*
7 litigare *streiten*
8 recludere ianuam *die Tür öffnen*
9 destricto cultro *mit gezücktem Dolch*
10 incurrere in *losgehen auf*
11 amatorculus, -i m. *Liebhaber*
12 planities, -ei f. *stumpfe Fläche*
13 verberare *schlagen, prügeln*
14 rubrica, -ae f. *rote Farbe*
15 inficere *färben, bemalen*
16 vicinus, -i m. *Nachbar*
17 deformare *verunstalten, entstellen*
18 accurrere *herbeilaufen*
19 accusatio, -onis f. *Anklage*
20 desistere *Abstand nehmen von*

6 Der Kaufmann wendet sich mit einigen Bitten an Nanna. Doch weil er meint, dass die Erfüllung seiner Bitten unmöglich ist, müssen die Sätze besser im *Irrealis* formuliert werden. Bilde zu dem *Realis* den entsprechenden *Irrealis* und *übersetze* beide Sätze ins Deutsche.

- Si accusatione desistes[20], tibi magnam pecuniam quaeres.
- Quod si facies, tibi semper amore et gratia coniunctus ero.
- Si me amas, semper sine curis vivere possumus.

2 **7** Wenn das Wörtchen wenn nicht wäre ... Der Kaufmann hadert mit seinem Schicksal und ärgert sich über den Verlust des vielen Geldes. Doch das lässt sich nicht ändern. Ergänze die eingeklammerten *Formen* richtig und *übersetze* dann die Sätze.
Utinam Nanna me (amare)! Utinam ne tam infidelis[3] (esse)! Utinam ne amori adulescentis amore (respondere)!

8 Schreibe auf Deutsch eine *Zusammenfassung* der Geschichte.

VON WORT ZU WORT

9 Sammle aus beiden Texten alle Vokabeln zum *Wortfeld Liebe* und *Leidenschaft*. Übertrage die Vokabeln in dein Heft und schreibe die deutschen Bedeutungen dazu.

27 SIE SPIELT DIE HAUPTROLLE
Zenobia

500 v. Chr. — 270–275 n. Chr. — 500 — 1000 — 1500 — 2000

GUT ZU WISSEN

dicere reden (Infinitiv) — das Reden (Nom.)

die Kunst des Redens /
die Kunst zu reden

dicendo (Dat.; selten) — dem Reden

paratus ad dicendum (Akk.) — bereit zum Reden / bereit zu reden

dicendo (Abl.) — durch das Reden

in dicendo — beim Reden

dicendi causa — um des Redens willen / um zu reden

TEXT 1 *Zenobia weiß, was sie will*

Zenobia, die Königin von Palmyra, einer mächtigen Stadt in einer Oase der syrischen Wüste, hat sich 271 n. Chr. zur Kaiserin ausgerufen. Das konnte Rom nicht hinnehmen. Deshalb wird die Stadt von dem römischen Kaiser Aurelian belagert. Als er sie aber nicht erobern kann, versucht er mit Zenobia zu verhandeln und schickt ihr einen Brief:

„Aurelianus imperator Zenobiae et ceteris, qui ei copias auxilio mittunt.

Magno usui tibi erit id, quod te iubebo. Audi! Deditionem enim praecipio. Cur non potius tua sponte consensisti? Te in loco idoneo collocabo, ibi tibi licebit cum tuis vitam agere. At gemmas[1], aurum, argentum, sericum[2], equos, camelos[3] Romanis tradi necesse erit. Ius autem Palmyrenorum servabo".

Zenobia fortiter rescripsit[4]: „Zenobia regina[5] orientis[6] Aureliano Augusto.

Nemo adhuc praeter te deditionem a me postulavit. Causam postulandi iustam non habes. Nam etiam latrones Syri exercitum tuum vicerunt. Nobis autem auxilia Persarum subveniunt, pro nobis sunt Saraceni, pro nobis Armenii. Studium pugnandi omnibus sociis iniectum est. Mox illa auxilia venient, tum libenter bellum finies."

Aurelianus ira commotus statim Palmyram undique obsedit. Omnia, quae ei ad oppugnandum usui erant, comparare coepit. Fuit paratus ad pugnandum. Auxilia a Persis missa intercepit[7] et Saracenos Armeniosque corrupit. Denique mulierem potentem vicit. Nam Zenobia noctu fugiens ab equitibus Romanis capta et in potestatem Aureliani deducta est.

1 gemma, -ae f. *Edelstein*
2 sericum, -i n. *Seide*
3 camelus, -i m. und f. *Kamel*
4 rescribere *zurückschreiben, antworten*
5 regina, -ae f. *Königin*
6 oriens, -entis m. *Osten, Orient*
7 intercipere, intercipio, intercepi *abfangen*

1 Nenne die *Argumente*, mit denen Aurelian Zenobia zur Kapitulation zwingen will.

2 Wie reagiert Zenobia auf die *Argumente* Aurelians? Welche *Argumente* führt sie zur Stärkung ihrer eigenen Position an?

3 Stelle dir vor, du wärest in Zenobias Lage. Entwerfe selbst einen *Brief* an Aurelian.

4 Bilde die entsprechenden Formen von *venire* zu
eo • eunt • ibas • iret • ibimus • istis • ierunt.

5 Übersetze folgende Ausdrücke auf verschiedene Weise:
modus vivendi • tempus abeundi • exercitus pugnandi cupidus • pugnandi causa • finis oppugnandi

Zenobia von Palmyra

Abb. 1 *Das Hadrianstor in Palmyra*

Palmyra bedeutet *die Palmenreiche,* was jeder Besucher der Stadt bestätigen kann. Sie war ein wichtiger Handelsstützpunkt zwischen Orient und Okzident. Dies brachte den Einwohnern Reichtum, der sich in den noch heute sichtbaren Bauten zeigt. Zenobia wurde dort 241 n. Chr. geboren. Im Alter von 20 Jahren heiratete sie Odaenathus, der von den Römern für seine Verdienste um das Imperium den Königstitel erhalten hatte. Zenobia soll sehr schön gewesen sein: Sie hatte braune Haut und schwarze, ausdrucksvolle Augen. Außerdem war sie gebildet, sprach Syrisch, Ägyptisch und auch etwas Latein und Griechisch. 267 n. Chr. wurde Odaenathus ermordet, Rom setzte Zenobia als Regentin für ihren unmündigen Sohn ein. Als sie sich aber 271 n. Chr. zur *Augusta* (Kaiserin) ernannte und ihren Sohn zum *Augustus,* kam es zum Bruch mit Rom. Nach längeren Kämpfen belagerte Kaiser Aurelian (270–275 n. Chr.) Palmyra. Nachdem Zenobia bei dem Versuch, den Euphrat zu überqueren, in die Hände der Römer gefallen war, kapitulierte die Stadt. Zenobia soll auf dem Weg in die Gefangenschaft gestorben sein; nach anderer Darstellung wurde sie beim Triumphzug Aurelians mitgeführt. Später soll sie von ihm eine Villa erhalten haben, wo sie nach der Heirat mit einem Senator als vornehme Dame lebte.

Abb. 2 *Das Gräberfeld von Palmyra*

6 Ordne die folgenden Verbformen in einer Tabelle den entsprechenden Konjugationen zu. Bestimme anschließend alle Formen.
arcebam • accipis • accedent • coniunxerunt • subveniunt • certo • commovisti • manerem • quaerunt • sciebas • fugit • consentiebamus

VON WORT ZU WORT

7 Wie heißt jeweils das *Gegenteil* zu bellum • inimicus • dives • scire • mare • amor • puella • mulier • sine • ante • pauci • abire • malus • adulescens?

TEXT 2 *Aurelian muss sich rechtfertigen*

Nach dem Sieg über Zenobia bringt Aurelian sie als Gefangene nach Rom und führt sie in seinem Triumphzug mit. Später schreibt er folgenden Brief an den Senat, um sich gegen Leute zu verteidigen, die es für unwürdig halten, dass er seinen Sieg über eine Frau in einem Triumphzug gefeiert hat.

„Audio, patres conscripti, mihi obici me virile[8] munus non implevisse[9] de Zenobia triumphantem[10]. Sed illi, qui me reprehendunt, certe me laudarent, si scirent illam mulierem tam fortem fuisse quam multos imperatores. Erat prudens et constans in consiliis, erga milites gravis, larga[11], cum necessitas postulabat. Possum dicere populos Aegyptiorum, Arabes, Saracenos, Armenios illam mulierem valde timuisse. Nec ego illi vitam conservarem, nisi scirem eam multum Romanae rei publicae profuisse, quod diu servabat orientales[12] fines imperii.“

8 virilis, -e *männlich*
9 implere, impleo, implevi *ausfüllen, vollbringen*
10 triumphare de *triumphieren über*
11 largus, -a, -um *freigebig, großzügig*
12 orientalis, -e *östlich*
13 perambulare *umhergehen, hindurchgehen*

8 Nenne die *Eigenschaften* Zenobias, die Aurelian in seinem Brief an den Senat erwähnt.

9 Betrachte Text 1 und 2 genauer: In welchen Abschnitten herrscht die *Satzreihe* vor, wo findest du mehr *Satzgefüge*?

PROJEKT: EIN STREITGESPRÄCH

10 Wandelt den *Briefwechsel* Aurelian – Zenobia in einen *Dialog* um. Spielt die Szene. Sucht eine *einvernehmliche Lösung* des Interessenkonflikts.

UND IM ENGLISCHEN?

Mrs Hill besucht mit ihrer Klasse die Erlebniswelt *Roman Experience* in Chester, dessen Name an das ehemalige römische *castra* erinnert.

Mrs Hill: "Today you have the chance of experiencing a piece of Roman life."
The children immediately start their tour: "Oh, it's dark in here." – "What a strange smell!" – "Look, here's a real Roman street. The Romans had so many materials for building streets and houses." – "And there are the baths. The Romans really had a great way of living."
By touring the museum, the children learned a lot about the Romans.

11 Finde für die folgenden Ausdrücken mit *Gerundium* die *Entsprechungen* im *englischen* Text: ars vivendi, facultas experiendi, ad aedificandum, perambulando[13]

12 Welche Beobachtungen kannst du über das englische *gerund* machen?

CLARO

3 Königin Boudicca wehrt sich

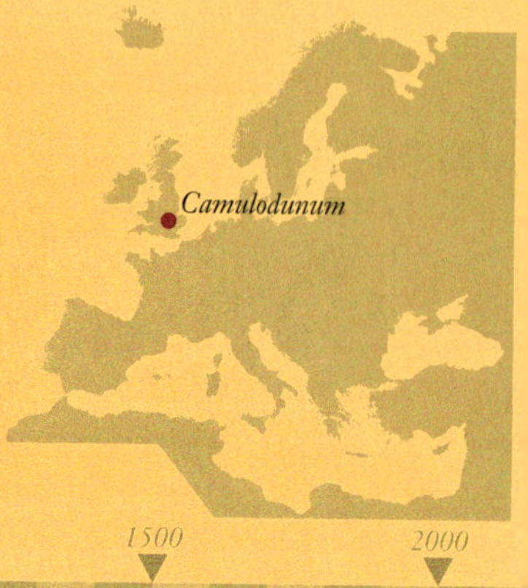

Kaiser Claudius landete 43 n. Chr. mit Truppen und Elefanten in Britannien und begann, die Insel zu erobern. Manche britischen Stämme schlossen sich daraufhin den Römern an, so zum Beispiel die Ikener. Sie waren jetzt Verbündete, ohne ihre Eigenständigkeit zu verlieren. Aber ausgerechnet bei ihnen brach 17 Jahre später ein Aufstand gegen die römischen Besatzer aus.

A Nonnullos per annos Iceni et Romani cum pace vivebant. Sed postquam illorum rex mortem obiit[1], Iceni a Romanis non iam pro sociis, sed pro mancipiis[2] habebantur: Servi Romani domum regiam omnibus bonis spoliaverunt; praeterea Icenorum agri et aedificia a Romanis vastabantur. Quin etiam[3] Boudicca, uxor regis mortui, verberata[4] est. Imprimis Boudicca suas filias a Romanis violatas esse doluit.

Quibus rebus commota regina[5] secum cogitavit: ‚Quando Romani vastandi et oppida capiendi finem facient? Deos nostros neglegentes etiam templum imperatori Claudio sacrum in finibus nostris aedificant. Nunc opus est Romanos a nobis arceri.‘ Paulo post non solum Boudicca regina, sed etiam principes Icenorum aliarumque gentium odio Romanorum ardebant. Itaque occultis coniurationibus libertatem recuperare[6] cogitabant.

1 mortem obire *sterben*
2 mancipium, -i n. *Besitz, Sklave*
3 quin etiam *ja sogar*
4 verberare *schlagen, prügeln*
5 regina, -ae f. *Königin*
6 recuperare *wiedergewinnen*

Abb. 1 *Boudicca-Statue vor dem britischen Parlamentsgebäude in London*

B Primum Britanni armati Camulodunum coloniam[7] petunt, deinde[8] milites Romanos in templo se occultantes[9] interficiunt, tum totam[10] coloniam occupant, incendunt[11], delent. Qua clade territus Catus Decianus, procurator[12] provinciae, in Galliam transiit. At C. Suetonius Paulinus, qui quartae decimae legioni praeerat, Britannos proelio vincere cogitans locum ad pugnandum idoneum quaesivit. Denique in loco prope silvam sito et Romanorum et Britannorum copiae ad pugnam paratae sunt. Tum Boudicca filias curru[13] prae se vehens[14] animos Britannorum ad pugnam incitavit: „Si Romani pugna vincerent, non solum viri nostri, sed etiam mulieres nostrae ab hostibus violarentur. Si belli causas, si copiam armatorum consideratis, apertum est nos Britanniae viros mulieresque nunc summo studio pugnare debere. Aut vincemus aut interficiemur." Tamen Britanni hoc proelio victi et interfecti sunt. Boudicca autem veneno[15] vitae finem fecit.

7 colonia, -ae f. *Siedlung, Kolonie*
8 deinde *sodann, daraufhin*
9 occultare *verstecken*
10 totus, -a, -um *ganz*
11 incendere *anzünden*
12 procurator, -oris m. *kaiserlicher Verwalter, Prokurator*
13 currus, -us m. *Wagen*
14 prae se vehere *vor sich (her) fahren*
15 venenum, -i n. *Gift*

A

1 **a** Dank deiner Lateinkenntnisse kannst du manche Landschafts- und Ortsnamen in Großbritannien auf ihren lateinischen Ursprung zurückführen. Ordne richtig zu: Englisch: Newcastle, Bath, Hadrian's Wall; Latein: aquae, vallum, castellum
b Jetzt kannst du – dank Latein – die englischen Namen ins Deutsche übersetzen.

2 In Zeile 14 findest du die Form arceri. Bestimme diese Form und bilde die entsprechenden Formen von vastare, petere, capere, aperire.

3 Was veranlasste den Aufstand? Nenne familiäre und allgemeine Gründe.

4 Übersetze den Textabschnitt Z. 1–18.

B

5 **a** Suche zur Abbildung die entsprechende Textstelle.
b Erkläre mit Hilfe der Textstelle näher, was das Denkmal darstellt.

5 🔧 6 **a** Suche alle Partizipien aus Z. 19–31 heraus.
b Nenne mögliche Sinnrichtungen für die Wiedergabe dieser PCs.
c Finde die jeweils angemessene Übersetzung.

7 Die Prädikate in Z. 19, 20, 21 und 25 stehen im Präsens. Was drückt das Präsens aus?

6 🔧 8 **a** Suche die Sätze, in denen die substantivische nd-Form (Gerundium) vorkommt, aus Z. 10–26 heraus.
b Bestimme die jeweilige Form des Gerundiums.
c Finde jeweils eine passende Wiedergabe im Deutschen für die nd-Konstruktion.

28 SCHÖN UND GESUND?

Gut für Körper und Seele

GUT ZU WISSEN

Imperatores thermas aedificantes populum delectaverunt.

Thermae a Caracalla imperatore aedificatae populo usui fuerunt.

Thermis ingentibus a Caracalla aedificatis populus laetus fuit.

Abb. 1 *Caracalla (römischer Kaiser 211–217 n. Chr.)*

TEXT 1 *Thermen – Erholung oder Stress?*

Kaiser Caracalla (211–217 n. Chr.) versuchte, sich beim Volk und den Soldaten beliebt zu machen. Das gelang ihm vor allem durch großzügige Spenden und prachtvolle Bauten – z. B. durch die nach ihm benannten Thermen. 212 n. Chr. verlieh er fast allen Bewohnern des imperium Romanum das Bürgerrecht. Dadurch gab er den Provinzbewohnern das Gefühl, gleichberechtigt zu sein.
Damals kamen aus Britannien zwei Kaufleute nach Rom. Sie wollten mit Geschäftspartnern verhandeln, interessierten sich aber auch für die Bauten Roms.

Mercatores longo itinere terra marique facto Romam pervenerunt. Nonnullas horas in hospitio[1] requiescunt[2], tum autem eis placet thermas Caracallae visere[3]. Paulo post viri ante thermas consistunt. Tum alter: „O, maro[4]!" inquit. „Ecce tanta aedificia!" Alter autem: „Pst! Nunc cives Romani sumus. Ergo loquamur Latine!"
Viris thermas intrantibus senex exit. Ille manibus ad caelum sublatis clamat: „O di! Me miserum! Pereo!" Causa clamandi ab eis quaesita respondet: „Si possem, fugerem. Nam clamorem tantae multitudinis hominum non sustineo. Sed paedagogus[5] sum. Meum est pueros domini huc ducere, qui cottidie voluptatis causa thermas frequentant. Equidem puto talia aedificia valetudini non prodesse."
His verbis factis senex tacet. Uterque autem mercator abit. Veste posita utrique placet in caldario[6], tum in tepidario[7] et frigidario[8] animos relaxare[9]. Gaudium utriusque magnum est. Postea mercatores thermas relinquentes senem adhuc ante portam stantem vident. Ille utroque viro ingentia aedificia et magnam liberalitatem imperatoris laudante talem sententiam reprehendit: „Vos tanta opera videtis, quae non modo plebi, sed etiam servis gaudio sunt. At crudelitatem imperatoris ignoratis. Nos autem Romani hac aetate thermas honori et gloriae unius hominis aedificari scimus. Populus rursus ab imperatore solo panem[10], circenses[11], thermas petit. Ille quidem non audet omnia gaudia populo negare." Viri de verbis senis diu cogitantes discedunt.

1 hospitium, -i n. *Herberge*
2 requiescere *sich erholen*
3 visere *besichtigen*
4 maro (keltisch) *großartig*
5 paedagogus, -i m. *Begleiter der Kinder, Erzieher*
6 caldarium, -i n. *Warmbad*
7 tepidarium, -i n. *Raum mit mäßig warmer Luft*
8 frigidarium, -i n. *Kaltbad*
9 animum relaxare *sich entspannen*
10 panis, -is m. *Brot*
11 circenses, -ium m. *Zirkusspiele*

1 Welche *Personen* sind in Text 1 genannt und wie werden sie bezeichnet?

2 Bezeichne in Abb. 2 die *Räume* der Thermen, in die sich die beiden Kaufleute begeben.

6 3 Suche aus Text 1 alle *Ablativi absoluti* heraus und ordne sie nach a) *Vorzeitigkeit*, b) *Gleichzeitigkeit* zum übergeordneten Verb.

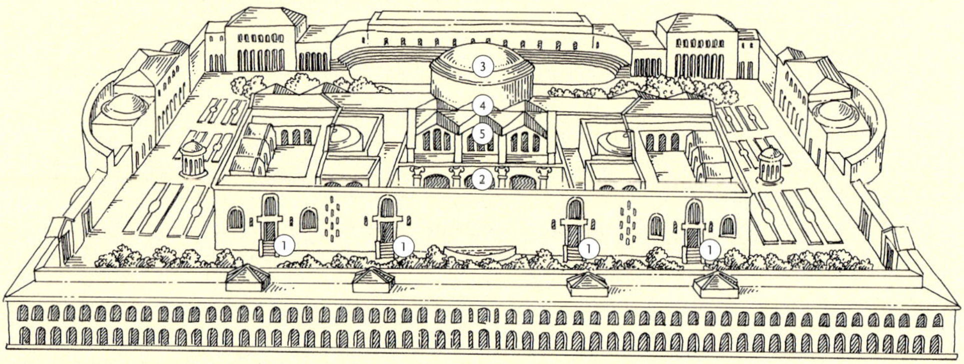

Abb. 2 *Die Caracallathermen in Rom. Rekonstruktionszeichnung:*

1 Eingänge
2 Schwimmbecken (natatio)
3 Warmbad (caldarium)
4 Raum mit mäßig warmer Luft (tepidarium)
5 Kaltbad (frigidarium)

Römische Thermen

Thermen bezeichnen vom griechischen Ursprung her warme Bäder. Fast jede römische Stadt besaß solche Großbauten. In der ersten Hälfte des 3. Jhs. n. Chr. waren die Caracallathermen die größten in Rom. Später wurden sie noch an Größe von den Diokletiansthermen übertroffen. Hauptbestandteil der Thermen waren das *Caldarium* (Warmwasserbecken) über der Heizungsanlage, das *Tepidarium* (Raum mit mittlerer Temperatur) und das *Frigidarium* (Kaltbad). Eine nicht überdachte *Natatio* (Schwimmbecken) schloss sich an. In dem großen Gebäudekomplex befanden sich ferner Umkleideräume, Sportanlagen, Gymnastikräume sowie Lese- und Vortragssäle. Man konnte also hier seine gesamte Freizeit verbringen. Die Thermen dienten aber nicht nur dem Vergnügen und der Unterhaltung, sondern auch der Hygiene.

4 Reiche Privatleute leisteten sich oft ein eigenes kleineres Bad, ein balneum/balineum. Über einem solchen wohnte einst der römische Philosoph Seneca. In einem Brief beklagt er sich über den unerträglichen Lärm, bei dem er nicht arbeiten kann. Hier kannst du an einem lateinischen Originaltext deine Kenntnisse überprüfen.

Ecce undique me varius clamor circumsonat[12]. Supra ipsum balneum[13] habito. Propone[14] nunc tibi omnia genera vocum, quae in odium possunt aures[15] adducere: cum fortiores[16] exercentur et manus plumbo graves[17] iactant[18]. Gemitus[19] audio. Adice[20] nunc furem deprensum[21] et illum, cui vox sua in balineo[13] placet. Adice[20] nunc eos, qui in piscinam[22] cum ingenti impulsae aquae sono[23] saliunt[24].

12 circumsonare *rings um jmdn. tönen*
13 supra ipsum balneum *direkt über dem Bad*
14 proponere *sich vorstellen*
15 auris, -is f. *Ohr*
16 fortior *kräftiger*
17 manus plumbo graves *die von der Bleikugel schweren Hände*
18 iactare *schwingen*
19 gemitus, -us m. *Keuchen*
20 adicere *hinzufügen*
21 fur deprensus m. *ertappter Dieb*
22 piscina, -ae f. *Badebecken*
23 impulsae aquae sonus m. *das Geräusch des geschlagenen/verdrängten Wassers*
24 salire *springen*

TEXT 2 *Epidauros – ein griechisches Heilzentrum*

Die Thermenanlagen in Rom gaben den Großstadtmenschen der Kaiserzeit Gelegenheit, Körperpflege mit Freizeitvergnügen und kulturellen Interessen zu verbinden.
In Griechenland gab es dagegen Orte, die der Heilung von schweren Krankheiten dienten. Ein solcher Ort war Epidauros auf der Peloponnes. Er war Kultstätte und Kurzentrum zugleich. Hier verehrte man den Heilgott Asklepios oder, wie die Römer ihn nannten, Aesculapius. Oft dankten ihm Menschen für gelungene Heilungen durch Weihegeschenke oder Votivtafeln.

Abb. 3 *Griechische Statue des Gottes Asklepios (4. Jh. v. Chr.)*

Apud rerum gestarum auctores Graecos et Romanos legimus homines totius orbis terrarum Aesculapium, filium Apollinis, coluisse. Aegroti doloribus vel vulneribus gravibus laborantes in templum Aesculapii undique convenerunt sanationem[25] corporum petentes. Ii sacris confectis a sacerdotibus in templum ducebantur. Ibi eos dormire opus erat. Nam traditum est silentio noctis Aesculapium per somnia dormientibus apparere et eos miro modo morbis liberare. Aegroto sanato[26] nonnumquam inscriptio[27] composita est, quae sanationem[25] miram nuntiavit.

25 sanatio, -onis f. *Heilung*
26 sanare *heilen*
27 inscriptio, -onis f. *Inschrift*
28 brevis, -e *kurz*
29 aestas. -atis f. *Sommer*

5 Stelle *Vor- und Nachteile* römischer Bäder aus Text 1 und dem Seneca-Text einander gegenüber.

6 Dekliniere parallel: uterque frater – tota urbs

6 **7** Für die *Übersetzung* des *Ablativus absolutus* gibt es viele Möglichkeiten: durch *Nebensätze* (temporal, kausal, modal, konzessiv), durch *Beiordnung,* durch einen *Präpositionalausdruck*. Beispiel: Imperatore iubente thermae aedificatae sunt.
Weil/Als der Kaiser es befahl, wurden die Thermen erbaut.
Auf Befehl des Kaisers ...
Der Kaiser befahl und die Thermen wurden erbaut.
Thermis aedificatis populus contentus erat.
Nachdem/Als/Weil die Thermen erbaut worden waren, war das Volk zufrieden.
Nach dem Bau der Thermen ...
Die Thermen waren erbaut und das Volk war zufrieden.
Übersetze nun den Ablativus absolutus auf unterschiedliche Weise:

a Omnibus militibus adiuvantibus castra brevi[28] tempore facta sunt.
b His nuntiis acceptis imperator illo loco mansit.
c Aestate[29] exeunte exercitus rediit.
d Urbe expugnata hostes pacem petiverunt.

8 Als Zeichen des Gottes Aesculap gilt die Schlange. Achte einmal darauf, wo diese, um einen Stab gewunden, im medizinischen Bereich auftritt.

29 SCHÖN UND GESUND?

Die Reichen und die Schönen

500 v. Chr. — 500 — 1000 — 1500 — 1621 — 2000

GUT ZU WISSEN

Ulixe auctore

Abb. 1 *Das Trojanische Pferd. Griechisches Vasenbild (6. Jh. v. Chr.)*

Aenea duce

Abb. 2 *Flucht des Aeneas zusammen mit seinem Vater Anchises und seinem Sohn Askanius. Griechisches Vasenbild (6. Jh. v. Chr.)*

Daedalo invito

Abb. 3 *Der Sturz des Ikarus. Pompejanisches Wandgemälde*

TEXT 1 *Gesund oder krank?*

König Radirobanes von Sardinien will die schöne Königstochter Argenis aus ihrer Heimat Sizilien entführen. Zu diesem Zweck ist Radirobanes mit einem Heer dorthin gesegelt. Unter einem Vorwand plant er, Argenis und ihren Vater, König Meleander, an den Strand zu locken, um die junge Frau auf ein Schiff bringen zu können. Als die Entführungspläne Meleander verraten werden, ist es zu spät: Er und seine Tochter befinden sich schon im Lager des Radirobanes. Als der Sarde Vater und Tochter aus seinem Zelt zum Strand geleiten will, fasst Argenis einen klugen Entschluss.

Radirobane duce Argenis et Meleander a tentorio[1] ad litus ierunt. Subito Argenis: „Aegra sum, pater!“. His verbis exclamatis[2] illa cecidit. Statim circum puellam humi[3] iacentem turba hominum crevit. Simul Radirobanes, qui valde sollicitus erat, aquam poposcit. Sed Meleandro auctore lecticarii[4] vocati sunt: „Necesse est,“ inquit ille, „Argenidem statim in oppidum reportari[5]! Ibi aderit medicina apta.“ At Radirobanes consilium rapiendi non omisit. Itaque Argenidem in idem tentorium[1] reportari[5] iussit, quod ei notum erat. Eodem tempore medicus Radirobanis vocatus est. Postquam virginem inspexit[6], negavit se indicium aegritudinis invenisse. Argenis autem de morbo interrogata certum dicere non potuit. Ergo medicus Meleandro: „Puella gravi morbo affecta non est.“ Tunc denique Radirobanes sensit aegrotationem[7] a puella simulari. Nam rex medico fidem habebat. Hic enim erat idem medicus, qui etiam valetudinem Radirobanis consiliis bonis servabat. Itaque Radirobanes cognovit: „Pater et filia me invito fugere in animo habent. Quis insidias meas prodidit?“ De sui sceleris successu[8] sollicitus etiam vim adhibere cogitavit.

1 tentorium, -i n. *Zelt*
2 exclamare *ausrufen*
3 humi (Adv.) *auf dem Boden*
4 lecticarius, -i m. *Sänftenträger*
5 reportare *zurücktragen*
6 inspicere, inspicio, inspexi, inspectum *betrachten, untersuchen*
7 aegrotatio, -onis f. *Krankheit*
8 successus, -us m. *Erfolg*

1 Nenne alle *Personen,* die in Text 1 vorkommen. Beachte dabei auch, welche neue Person in Text 2 Z. 1 auftritt. Bezeichne sie auf der Abbildung.

2 In welchem *Verhältnis* stehen die Personen *zueinander*? Wo findet das beschriebene Ereignis statt? Lies noch einmal aufmerksam die Einleitung.

3 Wie durchkreuzen Meleander und Argenis die Entführungspläne?

6 4 Übersetze folgende Ausdrücke in ein angemessenes Deutsch.
Caesare auctore • adulescente duce • Augusto invito • Cicerone consule
Caracalla imperatore • Romulo rege • Claudio mortuo

Antike Medizin

Argenis konnte die Ohnmacht vortäuschen, weil im Mittelalter europäische Ärzte nicht mehr über das umfassende Wissen der Antike verfügten. Ihre Kenntnisse basierten auf Teilbereichen antiker griechischer Medizin. Berühmt ist der Eid des Hippokrates, der auch heute noch für Mediziner Gültigkeit hat. Hippokrates (ca. 460–380 v. Chr.) verkörperte das Idealbild des Arztes. Seine Lehre – bis in die frühe Neuzeit maßgebend – geht von der Existenz von vier Körpersäften aus: Blut (*sanguis*), Schleim (*phlégma*), gelbe Galle (*cholé xanthé*), schwarze Galle (*cholé mélaina*). Aus ihnen leiten sich vier Menschentypen ab: Sanguiniker, Phlegmatiker, Choleriker und Melancholiker. Die Körpersäfte müssen je nach Menschentyp im richtigen Verhältnis im Körper gemischt sein. Wird es gestört, entstehen Krankheiten. Deshalb mussten Lebensgewohnheiten untersucht werden: ganzheitliche Verfahren, wie sie auch asiatische Kulturen kennen. Behandelt wurde durch Diäten, aber auch mit Medikamenten auf pflanzlicher Basis. Man konnte chirurgische Eingriffe vornehmen. Das Risiko war für Patienten sehr hoch. Arabische Ärzte studierten im Mittelalter antike Medizin intensiver und entwickelten sie durch eigene Forschungen weiter.

John Barclay's Roman Argenis

Das Abenteuer von der geplanten Entführung der Argenis stammt aus dem gleichnamigen lateinischen Roman von John Barclay (1582–1621). Das Buch war für 150 Jahre in Europa ein Bestseller in lateinischer Sprache. Barclay erzählt die Geschichte von Argenis und ihren drei Verehrern. Aber er entwickelt auch Vorstellungen von richtiger Staatsführung. John Barclays Vater war Schotte, seine Mutter Französin, er selbst wurde in Frankreich geboren und lebte in England und Rom. Dort hielt sich die damalige internationale Schriftstellerelite auf.

Abb. 4 *John Barclay, zeitgenössische Darstellung*

Barclay starb, als sein fünfbändiges Werk in Paris gedruckt wurde.

5 Nach der geglückten Flucht spricht Argenis mit ihrem Vater. Manchmal fehlen ihr vor Aufregung noch die Worte. Meleander hilft ihr. Setze die Wörter, die ihr Meleander gibt, in die Lücken ein: adiuvantibus • facto • invito • duce

„Itinere molesto --- in oppidum pervenimus. Fugimus deis ---. Radirobane --- lecticarii[4] me in lecticam[14] imposuerunt. Te --- viam invenimus."

TEXT 2 *Ein Fall – zwei Diagnosen*

Interim aderat etiam medicus Meleandri. Hic de valetudine Argenidis ab altero medico longe dissensit: „Morbus gravis est. Argenis peribit, nisi sine mora ad oppidum portabitur." Sed medicus Radirobanis: „Eandem puellam vidimus! Idem corpus inspeximus[6]! Eidem arti studuimus! Cur nunc artem meam contemnis? Num indicium mali vides? Quid de vultu? Quid de labellorum[9] colore? Num sudor[10] in frigida[11] fronte?" Sed medicus Meleandri vehementer se defendit. Dum hi de incertitudine[12] medicinae verbis certant, magnus tumultus inter audientes fuit. Etiam multi milites Meleandri in castra properaverunt[13]. Subito lecticarii[4] Meleandro auctore celeriter Argenidem in lecticam[14] imposuerunt et in oppidum reportaverunt[5]. Radirobanes autem inter tot homines vim adhibere non potuit. Tumultu denique finito Meleander hospitium[15] curamque Radirobanis laudavit et in oppidum se recepit. Radirobanes autem ira ingenti affectus in litore relictus est.

9 labellum, -i n. *Lippe*
10 sudor, -oris m. *Schweiß*
11 frigidus, -a, -um *kalt, kühl*
12 incertitudo, -inis f. *Unsicherheit*
13 properare *schnell sich begeben, eilen*
14 lectica, -ae f. *Sänfte*
15 hospitium, -i n. *Gastfreundschaft*

6 Löse in den lateinischen Sätzen den *Ablativus absolutus* mit verschiedenen Sinnrichtungen auf und bestimme die *Sinnrichtung* des jeweils entstehenden Nebensatzes.

Medico vocato Radirobanes sensit aegritudinem a puella simulari.
Turba hominum crescente Radirobanes vim adhibere non potuit.
Puella humi[3] iacente Radirobanes consilium rapiendi non omisit.

7 Welche *Handlungsphasen* lassen sich in Text 1 und 2 feststellen? Ordne die Aktionen beider Parteien in einer Tabelle. Beachte Prädikate, Konnektoren und Reden.

Meleander + Argenis + medicus Meleandri	Radirobanes + medicus Radirobanis

8 Welches Wort ist kein Partizip?
audiente • adulescente • cogitante • delente
ductis • expugnatis • ducis • factis
excitantibus • prudentibus • facientibus • moventibus

VON WORT ZU WORT

9 Kläre im *Lexikon* den Begriff Simulant. Trifft diese Bezeichnung auf Argenis zu? Begründe deine Meinung.

10 Schreibe alle Wörter zum *Sachfeld Gesundheit – Krankheit* aus den Texten der Lektionen 28 und 29 heraus.

Krisenzeiten der Republik

500 v. Chr. · 63 v. Ch. · 500 · 1000 · 1500 · 2000

GUT ZU WISSEN

senatus

Abb. 1 Cicero hält vor dem römischen Senat eine Rede gegen Catilina. Fresko von C. Maccari (19. Jh.)

TEXT 1 *Bewährungsprobe für den Konsul Cicero*

Marcus Tullius Cicero hat es endlich geschafft: Mit Energie und Beharrlichkeit, eindrucksvollen Reden und unermüdlichem Ehrgeiz hat er sich zum höchsten Amt emporgearbeitet: Im Jahre 63 v. Chr. wird er zum Konsul gewählt. Aber er hat Neider und Konkurrenten. Einer von ihnen ist L. Sergius Catilina ...

Catilina, qui senator erat, primo una cum ceteris senatoribus saluti rei publicae Romanae providerat. Deinde autem ipse summam potestatem obtinere cupivit. Sed iterum atque iterum consulatum petens semper a Romanis repulsus est. Multi enim Catilinam hominem et levem et crudelem esse putabant. Postquam ergo omnem spem consulatus abiecit, Catilina coniurationem fecit: Ciceronem interficere, urbem incendere, rem publicam opprimere in animo habebat. Cicero autem periculum et vitae suae et rei publicae Romanae cognovit. Iam Catilina et socii omnia ad coniurationem comparaverant, cum Cicero senatum convocavit. Catilinam, qui in senatum venerat, vehementibus verbis accusavit: „Videte, patres conscripti, vultum hominis istius! Catilinam istum, qui de nostra morte, de urbis pernicie cogitaverat, nos omnes iam perspeximus. Diu inscii[1] fueramus, priusquam consilia istius viri scelesti[2] comperimus.“

1 inscius, -a, -um *unwissend*
2 scelestus, -a, -um *verbrecherisch*

1 Der Text 1 gibt dir einen ersten Eindruck von der Person Catilinas.
Schreibe *Adjektive* heraus, die ihn *charakterisieren*.

2 Wenn du die Deklination der Demonstrativpronomen beherrschst, findest du leicht die richtige Form von ipse und iste zu den vorgegebenen Substantiven.
Beispiel: hominum – ipsorum / istorum

dominam • senatores (2) • senatui • domino (2) • scelus • dictatoris • pernicie • urbibus

3 Bestimme folgende Verbformen und bilde dazu jeweils die passende *Form* des *Plusquamperfekt:*
Beispiel: parabam: 1. Pers. Sg. Ind. Impf. Akt. ▸ paraveram

nuntiat • agebant • ponimur • cado • dictum est • capis • capiebatur • mittebamini • dixistis

4 Benenne in Text 1 die *Verbformen*, zu denen die Plusquamperfekt-Formen im Zeitverhältnis der *Vorzeitigkeit* stehen.

Die römische Republik

Die wichtigste Institution der Republik war der Senat. Er hatte die Aufgabe, bei anstehenden Problemen zu einer Mehrheitsmeinung zu finden und dann Beschlüsse zu fassen. Sein Ansehen war so groß, dass die regierenden Konsuln sich in der Regel an Beschlüsse der Senatoren gebunden fühlten.

Der Zugang zu Senat und Staatsämtern, von denen das höchste das Konsulat war, blieb meistens den Mitgliedern reicher und angesehener Familien Roms, den sogenannten *nobiles*, vorbehalten. Sie waren bestrebt, eine ausgewogene Machtverteilung innerhalb ihrer Kreise zu gewährleisten. Wer nicht dazugehörte, musste sich durch besondere Fähigkeiten seinen Aufstieg erkämpfen. Einen solchen Emporkömmling, der sich nicht auf seine Familie, sondern nur auf eigene Leistungen berufen konnte, nannte man *homo novus*. Der bekannteste unter ihnen ist M. Tullius Cicero (106–43 v. Chr.); er war außerhalb Roms, in Arpinum, als Sohn eines Landgutbesitzers geboren worden.

Das wichtigste Handwerkszeug eines römischen Politikers war die Rhetorik. Nur durch die Redekunst konnte man überzeugen und seine Ziele erreichen. Deshalb stand für jeden Römer die rhetorische Ausbildung am Anfang seiner politischen Karriere.

Abb. 2 *Porträtbüste Ciceros*

Cicero hatte schon als Rechtsanwalt mit seiner eindrucksvollen und überwältigenden rhetorischen Begabung Aufsehen erregende Prozesse gewonnen. In kürzester Zeit durchlief er die Ämterlaufbahn (*cursus honorum*), deren Höhepunkt sein Konsulat im Jahre 63 v. Chr. darstellte. Cicero war somit einer der wichtigsten Politiker der römischen Republik. Allerdings hatte zu seiner Zeit der übermächtige Einfluss einzelner Politiker und Feldherren das innenpolitische Gleichgewicht schon erheblich gestört. Bald trat Caesar in den Vordergrund. Er riss schließlich als Diktator alle Macht an sich und schuf so die Voraussetzungen für eine neue Staatsform, das römische Kaiserreich.

5 Glanzlichter einer Rede waren und sind auch heute noch die *Stilmittel*. Sie setzen Akzente und lassen die Zuhörer aufhorchen. Die wichtigsten sind

- *Alliteration* (gleicher Anlaut bei aufeinanderfolgenden Wörtern), z. B.: *Veni, vidi, vici.*
- *Trikolon* (dreigliedrige Anordnung von Satzteilen), z. B. *Veni* (1), *vidi* (2), *vici* (3).
- *Hyperbaton* (zusammengehörige Wörter werden auseinandergestellt), z. B.: *magna* cum *laude*.
- *Parallelismus* (aufeinanderfolgende Sätze oder Satzbestandteile sind grammatikalisch gleich gebaut), z. B.: *Livia gaudet, Secundus* autem *tacet.*

Suche in Text 1 und 2 für jedes Stilmittel mindestens ein Beispiel. Benenne auch die Wirkung, die die Verwendung dieser Stilmittel auf den Zuhörer hat.

TEXT 2 *Die Verschwörung ist aufgedeckt!*

Unter den Senatoren herrscht große Aufregung. Sollte Cicero mit seinen Anschuldigungen Recht haben, wäre die Republik tatsächlich in größter Gefahr.
Wir erleben nun einen Ausschnitt der dramatischen Entwicklung mit und hören, wie Cicero Catilina vor den versammelten Senatoren bloßstellt.

„Dico te in M. Laecae domum venisse, in quam convenerant complures sceleris socii. Num negare audes? Quid taces? Video esse hic in senatu istos, qui tecum una fuerunt.
Fuisti igitur apud Laecam illa nocte, Catilina. Distribuisti partes Italiae; discripsisti[3] urbis partes ad incendia; dixisti paulum tibi esse etiam nunc morae, quod ego vivebam.
Reperti sunt duo equites Romani, qui te ista cura liberarent[4] et illa ipsa nocte paulo ante lucem me in meo lecto[5] interficerent[6]."

(Cicero, Cat. 1, 4, gekürzt und geringfügig bearbeitet)

Die Verschwörungspläne sind durch Cicero aufgedeckt worden. Noch in der Nacht flieht Catilina aus Rom. Seine Mitverschworenen werden sofort hingerichtet, Catilina selbst fällt später in einer Schlacht. Cicero hat die Republik gerettet. Das Volk feiert ihn als den Retter Roms und der Senat verleiht ihm zum Dank den ehrenvollen Titel pater patriae.

3 discribere, discribo, discripsi, discriptum *einteilen, zuteilen*
4 liberarent *befreien sollten*
5 lectus, -i m. *Bett*
6 *töten sollten*

STILMITTEL IN EINER BUNDESTAGSREDE

6 Im Internet unter http://www.bundestag.de/bic/plenarprotokolle/index.html oder beim Pressedienst des Deutschen Bundestages könnt ihr euch die schriftliche Fassung einer aktuellen politischen Rede besorgen. Untersucht einen Abschnitt auf *Stilmittel*, die ihr auch aus lateinischen Texten kennt.

VON WORT ZU WORT

7 Auch die *Antithese* (Gegenüberstellung von Gegensätzen) ist ein Stilmittel. Finde zu den folgenden Wörtern gegensätzliche Begriffe: z. B.: accusare ↔ defendere.

accusare • tacere • vita • respondere • mare • malus • iuvenis • deesse • dives

Ablativus absolutus – ein Sonderfall des PC

Coniuratione patefacta Cicero pater patriae appellatus est.

ÜBERSETZUNGSTIPPS ZUM ABLATIVUS ABSOLUTUS

▶ **PC und Abl. abs.** Der Ablativus absolutus ist als Sonderfall des PC (Participium Coniunctum – verbundenes Partizip, vgl. Übersetzungstraining 5) zu betrachten: Wie das PC besteht der Abl. abs. aus einem Nomen, das in KNG-Kongruenz (vgl. Übersetzungstraining 2) mit einem Partizip verbunden ist. Nun der Unterschied: Nomen und Partizip stehen ausschließlich im Ablativ (deshalb der Name Ablativus absolutus); sie bilden eine satzwertige Konstruktion; absolutus bedeutet losgelöst. Dafür ein Beispiel:

Consiliis Catilinae cognitis Cicero senatum convocavit.

Consiliis ▼ Nomen im Ablativ

cognitis ▼ Partizip im Ablativ (KNG-Kongruenz!)

Information der satzwertigen Konstruktion:
Die Pläne Catilinas sind bekannt geworden.

Information:
Cicero rief den Senat zusammen

Bei der Übersetzung müssen nun diese beiden Informationen in ein entsprechendes zeitliches und logisches Verhältnis gebracht werden. Dabei kannst du viele deiner Kenntnisse zur Übersetzung eines PC anwenden.

▶ **Von der Übersetzung des PC zu übertragen**

✔ **Erkennen:** Nomen + Partizip in KNG-Kongruenz

✔ **Geschlossene Wortstellung (Wortblock):** Partizip, Beziehungswort und die Wörter dazwischen gehören grammatisch und inhaltlich zusammen. Im Beispiel oben: *Catilinae* gehört als Genitivattribut zu *consiliis*.

✔ **Tempus in der deutschen Übersetzung:** Bei der Umwandlung des Partizips in ein Prädikat kannst du die gleiche Tabelle benutzen wie beim PC (Übersetzungstraining 5). In welches Tempus muss also *cognitis* verwandelt werden, wenn als Wiedergabe ein Nebensatz gewählt wird?

Speziell beim Ablativus absolutus zu beachten:

- ✔ **Erkennen:** Nomen + Partizip stehen ausschließlich im Ablativ! Hieran kannst du in der Regel PC und Abl. abs. unterscheiden!
- ✔ **Wahl der Übersetzungsmöglichkeiten:** Es gibt eine im Verhältnis zum PC nur eingeschränkte Zahl von Übersetzungsmöglichkeiten:

1. Subjunktionaler Nebensatz:	Als/Weil die Pläne Catilinas bekannt geworden waren,	rief Cicero den Senat zusammen.
2. Zwei Hauptsätze:	Die Pläne Catilinas waren bekannt geworden und deshalb ...	
3. Präpositionale Verbindung:	Nach Bekanntwerden der Pläne Catilinas ...	

- ✔ **Tipp:** Wähle als erste Übersetzungsmöglichkeit einen temporalen Nebensatz!

Coniuratione patefacta Cicero pater patriae appellatus est.

Nachdem die Verschwörung aufgedeckt worden war, wurde Cicero Vater des Vaterlandes genannt.

ALLES GEKLÄRT? ALLES KLAR?

Welche Behauptung ist falsch?

Cicerone orationem habente Catilina fuga salutem petere cogitavit.

- **a** Der Abl. abs. besteht aus dem Partizip *habente* und dem Beziehungswort *Cicerone*.
- **b** Sehr elegant kann der Abl. abs. mit einem Relativsatz wiedergegeben werden.
- **c** Das logische Verhältnis zwischen dem Partizip und dem Prädikat ist kausal.
- **d** Das logische Verhältnis zwischen dem Partizip und dem Prädikat ist temporal.
- **e** Das Prädikat *cogitavit* ist Imperfekt, *habente* ist ein Partizip der Gleichzeitigkeit (PPA); *cogitavit* ist also zu *habente* vorzeitig.
- **f** In einem Nebensatz muss das Partizip *habente* mit einem Prädikat im Präteritum übersetzt werden.

Die Lösung findest du auf S. 235.

Die Konstantinische Wende

500 v. Chr. 312 n. Ch. 500 1000 1500 2000

GUT ZU WISSEN

XP Christogramm: Die griechischen Anfangsbuchstaben des Namens Christós.

crux

***Abb. 1** Silbermünze Kaiser Konstantins, geprägt 313 oder 315 n. Chr. Manche Forscher deuten das Zeichen XP als eindeutiges Bekenntnis Konstantins zum Christentum. Andere sehen darin nur ein mächtiges himmlisches Zeichen, das damals unterschiedlich aufgefasst werden konnte: z. B. auch als Hinweis auf den Sonnengott Sol, der auf anderen Münzen Konstantins aus dieser Zeit erscheint.*

***Abb. 2** Die Schlacht an der Milvischen Brücke. Gemälde von Piter Lastmann (1583–1633)*

TEXT 1 *Traum oder Wirklichkeit?*

Eusebius, Bischof von Caesarea, erzählt seinem Neffen Philippus von einer bemerkenswerten Schlacht, die er in seinem Buch über das Leben des Konstantin beschreibt. „Diese Schlacht“, so erläutert Eusebius, „war gleichsam der Anfang einer ganz neuen Zeit: Sie begann im Jahre 312 n. Chr.: Damals wütete ein Bürgerkrieg um die Stadt Rom zwischen den Feldherrn Konstantin und Maxentius.“ Eusebius fährt fort:

„Maxentius magno cum exercitu Romae se continebat, Constantinus parvo cum exercitu prope pontem Mulvium consederat. Uterque dux occasionem pugnandi exspectabat. Tandem nonnullis diebus post circiter[1] meridiem Constantinus in caelo super solem signum vidit. Dum signum caeleste spectat, cui forma crucis fulgentis[2] est, haec verba audivit: ‚In hoc signo vinces.‘ Iterum media nocte vocem miram audivit. ‚Nota labarum[3] tuum signo crucis et ita proelium committe!‘

Proximo die proelium commissum est et profecto Constantinus vicit – deo adiuvante, ut et Constantinus et ego putamus.“

Philippus: „At ego id credere non possum.“

Eusebius: „Nisi verum esset, id tibi non dicerem. Nisi a Constantino imperatore ipso id mihi narratum esset, eum librum non scripsissem.“

Philippus: „Nonne Constantinus sine eo signo caelesti vincere potuisset?“

Eusebius: „Nisi a deo id signum ei datum esset, Constantinus illud proelium committere non potuisset. Nisi ei signo credidisset neque deo paruisset, in illa pugna victus esset. Nam exercitus Constantini parvus fuit, magnus fuit hostium numerus.“

Tum Eusebius parvam crucem argenteam[4] Philippo his verbis donavit: „In hoc signo etiam tu vinces! Proba, Philippe!“

1 circiter (beim Akk.) *um, gegen*
2 fulgere *strahlen, glänzen*
3 labarum, -i n. *mit Edelsteinen verzierte Kriegsfahne, versehen mit dem Namen des Kaisers*
4 argenteus, -a, -um *silbern*
5 schola, -ae f. *Schule*
6 lectus, -i m. *Bett*

1 Welche *Personen* werden in den Z. 1–9 des vorliegenden Textes genannt?

2 Welche *Phasen der Handlung* lassen sich erkennen? Achte auf Konnektoren, die Zeitangaben ausdrücken.

3 Bezeichne die einzelnen Personen auf Abbildung 2.

7 4 Schülerträume – diesmal Lateinisch: Übersetze folgende Sätze:
„Si possem, in scholam[5] non irem. Si in scholam[5] non irem, in lecto[6] manere possem. Si in lecto[6] manerem, laetus essem.“
„Si potuissem, in scholam[5] non issem, laetus fuissem. Si laetus discipulus fuissem, magistrum delectavissem. Cur in scholam[5] ii?“

Die Konstantinische Wende

Konstantin, Sohn des Feldherrn Constantius Chlorus und seiner Ehefrau Helena, wurde nach dessen Tod vom Heer zum Augustus ausgerufen – als Gegner des in Rom zum Herrscher ernannten Maxentius. 312 n. Chr. kam es zur Schlacht an der Milvischen Brücke. Konstantin wurde danach Herrscher über den Westen des römischen Reiches, dann auch über den Osten.

Schon kurz nach 312 schaffte Konstantin Christenverfolgungen ab. Er gestattete den Christen, ihre Religion uneingeschränkt auszuüben. Sie ist eine monotheistische Religion: Die Christen glauben an einen Gott und an Jesus, seinen Sohn, der stellvertretend für Gott auf die Erde kam, die Sünden der Menschen auf sich nahm, gekreuzigt wurde und Ostern wieder auferstand. Die Grundlage ihres Glaubens ist die Bibel.

Nun stand das Christentum der römischen Religion gleichberechtigt gegenüber. Sie war eine polytheistische Religion, in der viele Götter verehrt wurden.

380 n. Chr. setzte Kaiser Theodosius die christliche Religion als Staatsreligion fest: Dies war die Wende vom Polytheismus zum Monotheismus. Ungefähr zehn Jahre später verbot er alle nichtchristlichen Kulte. Die Christen gingen nun gegen andere Kulte vor: Theodosius ließ z. B. den Altar der Göttin Victoria aus dem Senatsgebäude entfernen. Tempel wurden zerstört und die Olympischen Spiele verboten.

Es entstanden große christliche Gemeinden mit einem Bischof an der Spitze, die sich prächtige Kirchenbauten leisteten. Manches wurde auch von anderen Religionen übernommen, z. B. der Tag des Weihnachtsfestes, des Festes der Geburt Christi. An diesem Tag hatten vorher die Römer das Fest der Wintersonnenwende des Gottes Sol Invictus gefeiert.

Abb. 3 *Der Palast Kaiser Konstantins in Augusta Treverorum (Trier), Mitte des 4. Jh.s n. Chr. Rekonstruktionszeichnung*

TEXT 2 *Wozu ist der Sonntag da?*

Einige Wochen später an einem Sonntag besucht der junge Rechtsanwalt Philippus gemeinsam mit seiner jungen Frau Claudia wieder seinen Onkel Eusebius.

Philippus: „Salve! Hodie dies solis est. Itaque mihi non licet negotia suscipere." *Eusebius:* „Salvete! Me iuvat vos videre. Hodie est dies dominicus, ut Christiani dicunt, vel dies solis, ut tu dicis." *Philippus:* „Si possem, negotiis non desisterem; nam multarum rerum forensium[7] cura occupatus sum." *Eusebius:* „Nisi multis annis ante Constantinus hunc diem dominicum decrevisset, hodie defendere vel accusare posses." *Philippus:* „Quid? Nisi Constantinus imperator orbis terrarum fuisset, dies dominicus hodie non esset, sed negotia suscipere possem?" Subito *Claudia* manus ad caelum tollens „Constantine imperator! Gratias tibi ago", inquit, „nam dies dominicus fuit, quo Philippum meum primum vidi et amavi."

7 forensis, -e *Gerichts-* **8** emere *kaufen* **9** millionarius, -i m. *Millionär*

5 Finde alle *indikativischen Verbformen*. Wenn du die Zahlen der Verbformen zusammenzählst und die Zahl 50 errechnest, hast du alle Formen gefunden.

(1) peterent	(7) cresceret	(13) servarent
(2) creverunt	(8) venimus	(14) cogitavissent
(3) fuisti	(9) invenissem	(16) habeo
(4) omisissemus	(10) terruistis	(17) prodidisses
(5) potui	(11) diceret	(18) adhiberem
(6) reliquit	(12) venissem	

6 Ordne die übrig gebliebenen 10 Formen des Irrealis in eine Tabelle ein:

Irrealis der Gegenwart	Irrealis der Vergangenheit
(Kontrollzahl 50)	(Kontrollzahl 56)

7 Suche aus den Lektionstexten 28–30 alle Zeitangaben heraus und ordne sie wie folgt:

Adverb	Präpositionaler Ausdruck	Kasusverbindung

UND IM ENGLISCHEN?

Si multa pecunia mihi esset, emerem[8] domum magnam.
Si millionarius[9] fuissem, emissem ...
If I had a lot of money, I would buy a big car.
If I had been a millionaire, I would have bought ...

8
a Wie werden die *Konditionalsätze* in beiden Sprachen *eingeleitet*?
b Wie werden die lateinischen Konjunktive im englischen Haupt- und Nebensatz wiedergegeben?

Der römische Kalender

Ianuarius	Januar – benannt nach dem doppelgesichtigen Gott *Ianus*, der in Vergangenheit und Zukunft schaut
Februarius	Februar – nach *februa*, der Reinigung benannt
Martius	März – Monat des Kriegsgottes *Mars*
Aprilis	April – Bedeutung des Wortes nicht geklärt
Maius	Mai – Monat der Götting *Maia*
Iunius	Juni – Monat der *Iuno*
Iulius	Juli – zu Ehren von C. *Iulius* Caesar so benannt
Augustus	August – nach Kaiser *Augustus* benannt
September	September – vom Zahlwort *septem* abgeleitet
October	Oktober – vom Zahlwort *octo* abgeleitet
November	November
December	Dezember

Der altrömische Kalender wurde 45 v. Chr. von Caesar nach Vorgaben des griechischen Astronomen Sosigenes reformiert (Julianischer Kalender) und ist nach einer geringfügigen Verbesserung 1582 unter Papst Gregor XIII. (Gregorianischer Kalender) bis heute Grundlage unserer Zeitrechnung.

Urspünglich war der März, ab 153 v. Chr. der Januar der erste Monat. Man behielt die Monatsnamen September bis December auch dann bei, als der Jahresanfang in den Januar verlegt wurde.

Tage und Wochen

Die Römer kannten die Einteilung des Jahres in Wochen mit je 7 Tagen nicht. Sie orientierten sich an den regelmäßig wiederkehrenden Markttagen, die jeweils nach 8 Tagen in den Städten abgehalten wurden. An diesem Tag (*nundinae* – abgeleitet von *novem* und *dies*: neunte Tage) ruhte die Arbeit auf dem Land, weil die Menschen zum Handel in die Stadt gingen.
Erst im 1. Jh. n. Chr. übernahmen die Römer die Zählung von sieben jeweils wiederkehrenden Tagen, wie sie bei den Babyloniern schon seit vielen Jahrhunderten bekannt war. Die Babylonier hatten die sieben Wochentage nach den wichtigsten, ihnen damals vertrauten Himmelserscheinungen benannt, nach Sonne, Mond und den Planeten Mars, Merkur, Jupiter, Venus und Saturn.
Diese Bezeichnungen übernahmen die Römer.

dies Solis
(Sonntag)

dies Lunae
(Montag)

dies Martis
(Dienstag)

dies Mercurii
(Mittwoch)

dies Iovis
(Donnerstag)

dies Veneris
(Freitag)

dies Saturni
(Samstag)

Für den siebten Tag verwendete man bald den hebräischen Namen Sabbath. Der Sabbat ist für die Juden bis heute der Ruhetag, in Erinnerung an den Tag, an dem Gott sich nach seiner Weltschöpfung in 6 Tagen ausgeruht hatte.
Die Christen feierten in Abgrenzung zum Judentum den Sonntag als den besonderen Tag in Erinnerung an den Ostersonntag, an dem Christus auferstanden ist.

Für die Römer war der erste Tag der Woche, dies Solis, ursprünglich kein Ruhetag im heutigen Sinn. Jeder Römer ging seiner gewohnten Arbeit nach. Erst im Jahre 321 n. Chr. bestimmte Kaiser Konstantin den ersten Tag der Woche, den *dies Solis*, zum *dies dominicus*, dem Tag des Herrn. Er erklärte diesen Tag für alle Menschen verbindlich zum Ruhetag. Heute verliert der Sonntag die 1946 im Grundgesetzt festgelegte Bedeutung als Tag der Arbeitsruhe immer mehr.

9 Vergleiche die Bezeichnung der lateinischen Wochentage mit den deutschen, französischen, italienischen, spanischen und englischen Bezeichnungen.

deutsch	französisch	italienisch	spanisch	englisch
Sonntag	dimanche	domenica	domingo	Sunday
Montag	lundi	lunedì	lunes	Monday
Dienstag	mardi	martedì	martes	Tuesday
Mittwoch	mercredi	mercoledì	miércoles	Wednesday
Donnerstag	jeudi	giovedì	jueves	Thursday
Freitag	vendredi	venerdì	viernes	Friday
Samstag	samedi	sabato	sábado	Saturday

32 *Karl der Große*

GUT ZU WISSEN

TEXT 1 *Ein Papst in Not*

Karl erbte im Alter von etwa 20 Jahren die Königsherrschaft im Frankenreich: Er stand zunächst vor der Aufgabe, die Grenzen zu sichern. Aquae Grani (Aachen) baute er zu einer prächtigen Residenz aus. Im Spätsommer 800 n. Chr. erhielt Karl eine Nachricht von Papst Leo. Er bat ihn, schnell nach Rom zu kommen: Seine Lage, von der er ihm bei einem früheren Treffen schon berichtet hätte, sei unerträglich. Was sollte Karl tun? Er überlegte:

„Mox hiems incipiet. Tum nive[1] cadente Alpes transire difficile et arduum[2] erit. Cum hiems venit, me semper iuvat Aquas Grani redire et thermas frequentare. Praeterea regno amplificato[3] et multis exteris nationibus subactis complures duces auxilium a me petiverunt. Sed Leo pontifex amicus est. Eum adiuvare debeo. Qui inimici me Romae exspectabunt? Quod munus et quod onus ibi suscipiam? Quibus curis Leonem pontificem liberare debebo?“

Abb. 1 *Diese kleine Statuette (Höhe 24 cm) stellt Karl den Großen dar. Sie entstand im 9. Jh. n. Chr.*

Carolus rex, cum incommoda et pericula itineris metueret, tamen magno cum exercitu Romam iter fecit. Alpium transitus[4] difficilis fuit. Invia[5] montium iuga et scopulos[6] in caelum eminentes[7] superare necesse fuit. Vix autem Carolus rex ad loca plana venerat, cum Leo pontifex multis cum comitibus[8] ei obviam venit. Carolus magna laetitia affectus est, cum ab omnibus ut imperator Romanus salutaretur. Postremo Leonem interrogavit: „Quid est, amice? Te bene valere video. Quae insidiae tibi paratae sunt?“
Tum *Leo pontifex* de coniuratione narravit haec fere addens: „Nonnulli Romani me interficere in animo habebant, alii oculos meos eruere[9], alii linguam meam amputare[10] temptabant.“
Postea, cum viri coniurationis conscii[11] comprehensi et damnati essent, concordia Romanorum a Carolo restituta est.

1 nix, nivis f. *Schnee*
2 arduus, -a, -um *steil, schwierig*
3 amplificare *vergrößern*
4 transitus, -us m. *Durchquerung*
5 invius, -a, -um *unwegsam, unzugänglich*
6 scopulus, -i m. *Fels*
7 eminere *emporragen*
8 comes, comitis m./f. *Begleiter(in)*
9 eruere *herausreißen*
10 amputare *abschneiden*
11 conscius, -i m. *Mitwisser*
12 Aquis Grani *in Aachen*
13 calidus, -a, -um *warm*
14 natare *schwimmen*
15 regia, -ae f. *Königspalast*

1 Welche *heutigen Länder* befinden sich auf dem Gebiet des Frankenreiches?

2 Übersetze und finde eine *passende Wiedergabe* für cum.
Carolus, cum rex magni imperii factus esset, saepe a Gallia usque ad Italiam iter fecit.
- Aquis Grani[12] aquae calidae[13] erant. Itaque ibi Carolus,
- cum in aqua calida[13] natare[14] eum delectaret, regiam[15] aedificavit.
- Carolus, cum infirmus esset, tamen thermas frequentabat.

Kaiser Karl der Große

Die Krönung Karls zum Kaiser hatte eine große Bedeutung: Er wurde dadurch Oberhaupt eines Reiches, das weite Teile des heutigen West- und Mitteleuropa umfasste. Andererseits war er durch die Krönung in Rom eng mit dem Papst verbunden, dem religiösen Oberhaupt der Christen des Reiches. Diese Verbindung zwischen Kaisertum und Papstherrschaft prägte für viele Jahrhunderte die Geschichte dieser Region.

Karl der Große legte Wert auf das, was die Antike in der Architektur, Kunst und Literatur geschaffen hatte. Zum Beispiel war ihm bei seinen Reisen aufgefallen, dass selbst Gebildete sehr schlecht Latein sprachen. Da der Gottesdienst auf Latein abgehalten wurde, konnten nicht einmal mehr Gebildete ihn verstehen. Deswegen ließ Karl ein Lehrbuch zur Orthografie und eine *Ars grammatica* erarbeiten: So sollte wieder eine einheitliche Grundlage für die lateinische Sprache entstehen. Karl verlangte von den Gebildeten ausreichende Fähigkeiten in den so genannten sieben freien Künsten, den *septem artes liberales*. Dazu gehörten: Grammatik, Rhetorik, Dialektik (Kunst der Gesprächsführung), Arithmetik (Mathematik), Musik, Geometrie und Astronomie. Darüber hinaus ließ er die lateinische Literatur von den am besten Ausgebildeten möglichst fehlerlos abschreiben. Dazu wurde eine einheitliche Schrift entwickelt, die karolingische Minuskel. Sie ist Grundlage unserer heutigen Schrift.

Am 28. Januar 814 starb Karl. Er wurde in Aachen in der Kapelle seiner Residenz beigesetzt. Diese Kapelle ist bis heute erhalten. Sie bildet einen Teil des Aachener Doms.

Abb. 2 *Karl der Große. Gemälde von Albrecht Dürer (1471–1528).*

3 Ordne den entsprechenden Formen von cum die deutschen *Übersetzungsmöglichkeiten* zu:

cum (beim Abl.) | cum (beim Ind.) | cum (beim Konj.)

obgleich • immer wenn • als plötzlich • da • damals, als • weil • obwohl • nachdem • mit • jedesmal, wenn • zu dem Zeitpunkt, als

4 Ordne die passenden *Formen* des *Fragepronomens* zu und übersetze:

Quae – Quo – Cuius	■ die Constantinus proelium commisit?
Quam – Qui – Cui	■ exercitus erat parvus, ■ exercitus erat magnus?
Quo – Quas – Cuius	■ anno Constantinus vicit?
	■ fabulam Eusebius puero narravit?

TEXT 2 *Ein bedeutender Tag*

Karls Rückkehr nach Aachen hatte sich verzögert. Das Weihnachtsfest stand nun bevor, deshalb wollte Karl noch einige Tage in Rom bleiben, um am Weihnachtstag den Gottesdienst in der Peterskirche zu besuchen. Am Morgen des 25. Dezember hatten sich viele Menschen vor und in der Peterskirche versammelt. Da geschah etwas Außergewöhnliches:

Cum Carolus basilicam[16] beati Petri apostoli[17] intravisset et coram altari[18], ubi ad orationem se inclinaverat[19], adsisteret[20], Leo pontifex coronam capiti eius imposuit cuncto Romanorum populo acclamante[21]: „Carolo Augusto, a Deo coronato[22], magno et pacifico[23] imperatori Romanorum, vita et victoria!" Post has laudes a pontifice more antiquorum principum adoratus[24] est et deinde imperator et Augustus appellatus est. Notum est Carolum postea haec fere dixisse: „Sin consilium pontificis praescivissem[25], hodie basilicam[16] non intravissem."

(nach: Einhard: Annales 801 und Vita Karoli Magni 27)

16 basilica, -ae f. *Basilika, Dom*
17 apostolus, -i m. *Apostel*
18 coram altari *vor dem Altar*
19 se inclinare *sich hinwenden, sich neigen*
20 adsistere *sich dazustellen, herantreten*
21 acclamare *Beifall klatschen*
22 coronare *krönen*
23 pacificus, -a, -um *Frieden stiftend*
24 adorare *verehren*
25 praescire *vorher wissen, ahnen*

5 Ordne die Formen des *Fragepronomens* passend den *Substantiven* zu:

Qui – Quem – Quae – Quibus – Quos – Quas – Quod	amicum – signum – sol – voces – imperatores – temporibus – tempora

6 Karl der Große wird mit dem Titel *Augustus Imperator Romanorum* begrüßt. Schlage in einem Lexikon nach oder suche im Internet, woher dieser Titel kommt.

7 **a** Stelle aus dem Infotext S. 164 und den lateinischen Lektionstexten die Leistungen Karls des Großen in einer Liste zusammen.
b Ergänze die Liste durch Informationen aus einem *Lexikon* oder dem *Internet*.

VON WORT ZU WORT

8 Schreibe zu folgenden *Substantiven* die entsprechenden *Verben* mit Stammformen auf.
Beispiel: imperator – imperare, impero, imperavi, imperatum

vox • factum • iter • cura • timor • exercitus • victor • dux

33 ALTE FRAGEN – GRIECHISCH-RÖMISCHE ANTWORTEN

Römische Wege zum Glück

GUT ZU WISSEN

Abb. 1 *König Attalos von Pergamon ließ im 2. Jh. v. Chr. auf der Agora, dem Marktplatz von Athen, eine Säulenhalle (Stoa) errichten. Sie war ca. 112 m lang, 11 m hoch und 20 m tief. An der Stelle, an der das antike Gebäude gestanden hatte, ließen amerikanische Archäologen 1931 diese Säulenhalle rekonstruieren.*

TEXT 1 *Zum Studium nach Griechenland*

Die meisten Söhne vornehmer Römer wollten, wie ihre Väter, Politiker werden. Dazu war die Ausbildung in einer Rhetorenschule erforderlich. Denn wer gut formulieren konnte, überzeugte seine Zuhörer und gewann Macht. Wer etwas auf sich hielt und reich genug war, schickte den Sohn zum Studium nach Griechenland. Dort wurden die jungen Männer mit der Redekunst und mit philosophischem Gedankengut vertraut gemacht. Als feine Adressen dafür galten Athen und die Insel Rhodos.
Ein Senator möchte den Sohn zum Studium nach Griechenland schicken. Die Diskussion zeigt aber, dass der Wunsch des Vaters beim Sohn nicht auf Gegenliebe stößt.

Filius: „Qua de causa me in Graeciam mittere statuisti? Etiam Romae litteris studere possum." *Pater:* „Athenas te conferes, quod filius senatoris artem dicendi ac philosophiam ibi disces, ubi viri sapientes magistros se offerunt. Tu quoque aliquando magistratus sapiens officium tuum explebis. Viri sapientis est varios casus vitae aequo animo perferre, cum homines odio adducti ei iniuriam intulerunt."
Filius: „Cur ad homines a nobis victos ire debeo?"
Pater: „Num Graecos contemnis? Bello Graecis a nobis illato victores fuimus. Sed re vera ab illis victi sumus. Horatius poeta dixit: ‚Graecia capta ferum victorem cepit et artes intulit agresti[1] Latio'. Itaque a nobis victoribus gratiam Graecis victis referri oportet. Mox eosdem philosophos videbis, quos ego adulescens vidi. Eo contendes, ubi Socrates et Plato docuerunt, qui principes philosophiae habentur. Cogita philosophiam primam in Graecia inventam esse. Ceterum te praesta dignum patre. Seneca noster dixit: ‚non scholae, sed vitae discimus.'"
Filius: „Erras! Ille scripsit: ‚Non vitae, sed scholae discimus.' Cui bono igitur?"

1 agrestis, -e *ländlich, bäuerlich*

1 Vater und Sohn haben ihre eigene Ansicht. Welche Vorbehalte hat der Sohn gegenüber den Plänen des Vaters, welche *Argumente* setzt der Vater dagegen?

2 Was sagt das *Horaz-Zitat* über die Haltung der Römer gegenüber Griechenland aus?

3 Welche Vorzüge hat *Rom*, welche Stärken hat *Griechenland*? Belege deine Aussagen mit lateinischen Textzitaten.

4 Suche alle *Formen des Verbs* ferre aus Text 1 heraus und ordne sie nach ihren verschiedenen *Stämmen*.

VON WORT ZU WORT

5 Unter welchem Stichwort musst du im *Vokabelverzeichnis* suchen, um die Bedeutung der folgenden Formen zu finden? oblatum • pertulistis • distulisse • relata • transtulerunt

Freunde der Weisheit

Freunde der Weisheit – *philosophi* – nannten die Griechen Männer, die sich Fragen stellten, auf die es keine schlüssigen Antworten gab. Woraus ist alles entstanden? Wo kommen wir her? Wohin gehen wir einst?
Im 7./6. Jh. v. Chr. z. B. beschäftigten Thales und Pythagoras solche Gedanken. Dabei entdeckten sie auch mathematische Gesetzmäßigkeiten, die ihr auch heute noch in der Schule kennen lernt. Sokrates und Platon wandten sich dagegen im 5./4. Jh. v. Chr. mehr dem Menschen zu. Wie steht es mit der Gerechtigkeit, Frömmigkeit, Tapferkeit? „Erkenne dich selbst!" (lateinisch: *Nosce te ipsum!*) lautete einer der Grundsätze, die bei den Griechen als Aussprüche der Sieben Weisen bekannt waren. Selbsterkenntnis und daraus abgeleitetes Handeln standen im Mittelpunkt der philosophischen Fragestellungen von Sokrates und Platon. Später bildeten sich in der Nachfolge einzelne Philosophenschulen, deren Gedanken die Römer übernahmen und sie für ihre Zwecke umformten. Cicero und Seneca sind die bedeutendsten römischen Philosophen.

Abb. 2 *Sokrates. Kopie einer griechischen Porträtbüste des 4. Jh.s v. Chr.*

6 Notiere aus Text 1 alle Beispiele für den *doppelten Nominativ*, den *doppelten Akkusativ*, das *Prädikativum*.

7 Übersetze die folgenden Sätze und ordne sie jeweils einer der drei Gruppen aus Übung 6 zu:
- Cum Socrates fugere potuisset, tamen philosophus mortem fortiter pertulit.
- Uterque summus philosophus habebatur.
- Etiam Romani eos principes omnium sapientium putaverunt.

8 Was sagt Text 2 aus über
a die *Aufgabe* und das *Ziel* der *Philosophie*?
b das, was beide genannten *philosophischen Richtungen* gemeinsam haben?
c die verschiedenen Wege zum Ziel?

9 Beantworte die am Ende von Text 2 gestellte Frage des Vaters. Für welche der beiden *Philosophenschulen* würdest du dich entscheiden?

10 Übersetze die folgenden Originalzitate und ordne sie jeweils einer der beiden *Philosophenschulen* zu. Begründe deine Entscheidung.
- Beatus ille, qui procul negotiis. (Horaz)
- Beata est ergo vita conveniens naturae suae. (Seneca)

TEXT 2 *Zwei Wege zum Glück?*

Auf die Frage seines Sohnes hin überlegt der Vater, wie er ihm am besten den Sinn einer philosophischen Ausbildung klarmachen könnte. Aus seiner Sicht muss sich jeder, der ein verantwortungsvoller und am Wohl seiner Bürger interessierter Politiker werden will, die Frage nach einem glücklichen Leben stellen.

Quid efficit philosophia? Quomodo homines ad beate vivendum ducit? Rem ipsam tibi paucis verbis ostendam. Cicero, qui doctrinam[2] philosophorum Graecorum in nostram linguam transtulerat, hoc fere de ea dixit: multum ad vitam beatam afferens animos sanat[3], curas inanes detrahit, cupiditatibus liberat, pellit timores. Ea adiuvante omnia facile perferre possumus, quae fortuna fert. Multi Romani disciplinam Epicuri vel Zenonis, auctoris Stoicorum, elegerunt. Utrique idem propositum est: homines beatos reddere. Sed qua re sententiae utriusque inter se differunt? Doctrina[2] Epicuri haec est: homines a negotiis publicis se in otium recipere oportet. Hoc modo liberi dolore ac cupiditatibus aequo animo vivent.
At Stoici ab Epicuro dissentiunt. Si vita cum virtute ac ratione secundum naturam agitur, eam beatam appellant. Philosophia eorum non in verbis, sed in rebus est. Itaque Stoici ad rem publicam adeunt. Utra doctrina tibi placet, mi fili?

Seneca sagt über die Philosophie:

Animum format[4] et fabricat[5], vitam disponit, actiones regit, sedet ad gubernaculum[6]. Sine hac nemo intrepide[7] potest vivere, nemo secure[8].
(Epistulae morales ad Lucilium 16, 3)

2 doctrina, -ae f. *Lehre*
3 sanare *heilen*
4 formare *formen*
5 fabricare *bilden*
6 gubernaculum, -i n. *Steuer*
7 intrepidus, -a, -um *furchtlos*
8 securus, -a, -um *sorglos, sicher*

VON WORT ZU WORT

11 Stelle aus den folgenden Vokabeln Gegensatzpaare zusammen.
adire • audire • colere • contemnere • defendere • dicere • laudare • neglegere • quaerere • respondere • tacere • videre

LEBENSWEISHEITEN – LATEINISCH UND ENGLISCH

ART IS LONG, LIFE IS SHORT		**To err is human**
	My home is my castle	
Errare humanum est		*The exception proves the rule*
	ARS LONGA, VITA BREVIS	

12 Finde zwei *Sprichwörter*, die sich im Lateinischen und Englischen entsprechen.

13 Welche lateinischen Wörter verbergen sich in den englischen Sprichwörtern? Erkläre den *Sinn* der *Sprichwörter* mit Hilfe deiner Latein- und Englischkenntnisse.

34 ALTE FRAGEN – GRIECHISCH-RÖMISCHE ANTWORTEN

Was braucht der Mensch?

GUT ZU WISSEN

summum bonum ↔ malum

vita ↔ mors

philosophia

gaudium ↔ dolor

homo ↔ deus

otium ↔ negotium

tolerare ↔ fugere

Abb. 1 *Die Schule von Athen, Gemälde von Raffael, entstanden 1509–1510.*

TEXT 1 *Diogenes, ein Bettler als Philosoph*

Im 4. Jahrhundert v. Chr. lebte in Griechenland ein Philosoph, der durch seine armselige und ungewöhnliche Lebensweise bei manchen großes Aufsehen, bei anderen Ärger erregte. Er hieß Diogenes. Den Inhalt seiner Philosophie können wir nur aus den meist anekdotenhaften Erzählungen späterer Schriftsteller erahnen; seine eigenen Schriften sind verloren gegangen.

Diogenes nihil fere eorum probabat, quae ceteris placebant. Nullius fere rei cupidus erat, nulla fere re egebat. Sic solum se liberum esse putabat. A quibusdam civibus irrisus tamen secundum naturam vivere studebat.

Olim Diogenes puerum quendam aquam e manibus cavis[1] bibere[2] vidit. Statim poculum[3] suum his verbis abiecit: „Cur Diogenes poculo[3] eget, si huic puero poculo[3] opus non est?“

Diogenes aliquando domum incendio amisisse fertur. Deinde non in domo, sed in dolio[4] habitavit. Atheniensibus hoc domicilium[5] irridentibus dixit: „Nemo ullam domum possidere debet; nemini eius modi rebus opus est.“

Cives Athenienses patriam laudare solebant. Ergo homo quidam etiam ex Diogene originem quaerebat. Ille autem respondit: „Nulla urbs mihi patria est. Totius mundi civis sum.“

Tota Graecia Diogenes philosophus mirabilis esse dicebatur; mirae fabulae de Diogene narrabantur. Etiam Alexander, rex Macedonum, Athenas se contulerat, quod philosophum visitare cupiebat. Ergo ad dolium[4] philosophi accessit, Diogenem salutavit. Misericordia Diogenis in domo tam misera habitantis affectus philosophum interrogavit: „O Diogenes, nonne dono eges?“ Tum Diogenes: „Nunc quidem paulum cede sole.“ Alexander autem admiratione[6] commotus haec exclamavisse[7] dicitur: „Si Alexander non essem, Diogenes esse cuperem.“

1 cavus, -a, -um *hohl*
2 bibere *trinken*
3 poculum, -i n. *Becher*
4 dolium, -i n. *Fass*
5 domicilium, -i n. *Behausung*
6 admiratio, -onis f. *Bewunderung*
7 exclamare *ausrufen*

1 Achte in den Anekdoten des zweiten, dritten, vierten und fünften Textabschnitts auf die Häufigkeit *sinnverwandter Wörter* und schreibe diese heraus.

2 Formuliere aufgrund der Ergebnisse von Aufgabe 1 ein *Thema* für diese Anekdoten.

3 Diskutiert über Alexanders Ausruf am Ende von Text 1.

4 Füge zu folgenden *Substantiven* die *passende Form* von quidam hinzu:
philosophum • casuum • anno • poetas • cupiditati • feminam • pueris • viri (2!)

35 RETTER DER REPUBLIK
Menenius Agrippa

um 494 v. Chr. — *500* — *1000* — *1500* — *2000*

GUT ZU WISSEN

1 calceus, -i m. *Schuh*

TEXT 1 *Fast alle haben Rom verlassen!*

Eines Tages waren die Plebejer mit ihrer Geduld am Ende: Allzu groß war die Macht der Patrizier geworden, zu hoch waren die Plebejer bei den Patriziern verschuldet. Sie verließen daher um 494 v. Chr. die Stadt Rom und begaben sich auf den Mons Sacer (heiligen Berg), was für die Patrizier eine empfindliche Bedrohung bedeutete. Etwa 90 % aller Einwohner Roms haben die Stadt verlassen und arbeiten in der staatlichen Gemeinschaft nicht mehr mit. Die Patrizier diskutierten daraufhin, wie sie die Plebejer veranlassen könnten, nach Rom zurückzukehren.

Diu patricii inter se de statu rei publicae periculoso[2] disseruerant. *Alius:* „Opto, ut plebeii extra urbem maneant! Nam cives boni non sunt.“
Alius: „Tace! Plebeii immo cives tam utiles sunt, ut sine eorum auxilio vitam agere non possimus.“
Alius: „Recte dixisti! Ego quoque opto, ut plebs brevi Romam redeat. Nam urbs non solum nobilibus, sed etiam agricolis[3], mercatoribus, fabris[4] eget.“ *Alius:* „Quomodo, amice, denique impetrare possumus, ne plebeii ab urbe absint?“
Alius dixerat: „Timeo, ne plebeii novam civitatem condant, ut nobis noceant“, cum subito unus ex eis clamavit: „Cur non rogamus Menenium Agrippam, ut plebs ab eo de Monte Sacro in urbem revocetur? Menenius enim tanta eloquentia praeditus est, ut omnium hominum animos facile flectere possit.“ Tum alius ex patriciis haec addidit: „Bene dixisti, amice. Menenius enim non solum facundus[5], ut narravisti, sed etiam plebi carus est. Itaque plebeiis persuadebit, ut urbem rursus intrent.“
Eo consilio probato Menenius Agrippa rogatus est, ut orator ad plebem iret, ut plebeiorum animos flecteret et plebeios in urbem revocaret. Et hercle[6]: Menenius a plebeiis in castra, quae in Monte Sacro sita erant, intromissus[7] est. Ibi nihil nisi hoc narravisse dicitur:

2 periculosus, -a, -um *gefährlich*
3 agricola, -ae m. *Bauer*
4 faber, fabri m. *Handwerker*
5 facundus, -a, -um *redegewandt*
6 hercle! *beim Herkules!*
7 intromittere *einlassen*

1 Welche *Textsorten* lassen sich in Text 1 feststellen?

2 Welche *Personen* treten auf und in welcher Reihenfolge?

3 Lies noch einmal aufmerksam die Einleitung. Erarbeite eine *Textstruktur der Handlung* ohne die direkten Reden. Beachte dabei besonders die *Konnektoren*. Durch welchen Konnektor wird auf eine *Veränderung der Situation* hingedeutet?

4 Lege in deinem Heft eine Tabelle nach dem folgenden Muster an und trage die Formen entsprechend ein:

Indikativ	Konjunktiv

Eant • parent • pareant • eunt • parant • agemus • sint • cogitant • sunt • agamus

Patrizier und Plebejer

Die reichen und angesehenen Patrizier bestimmten seit Beginn der römischen Republik um 510 v. Chr. ausschließlich die Politik der Stadt. Die lateinische Bezeichnung *patricii* ist abgeleitet vom Wort *pater*:
Patres nannte man die Senatoren, also die Mitglieder des Senats.
Aus Protest gegen die politische Benachteiligung verließen die *plebeii* – also alle Römer, die nicht zu den Adelsgeschlechtern gehörten – 494 v. Chr. die Stadt.
In harten Auseinandersetzungen, den so genannten Ständekämpfen, errangen die Plebejer im Verlauf von fast 200 Jahren zahlreiche politische Rechte:

- Volkstribunen (*tribuni plebis*) schützten die Plebejer vor Maßnahmen römischer Beamter durch ihr Einspruchsrecht (Veto).
- Das geltende Recht wurde schriftlich fixiert (Zwölftafelgesetz 451 v. Chr.).
- Reichere plebejische Familien erhielten Zugang zu den politischen Ämtern.

Im Jahre 287 v. Chr. brachte die *Lex Hortensia* das Ende der Ständekämpfe: Die Beschlüsse der Plebejer (*plebis scita*) waren fortan für alle römischen Bürger maßgebend und verbindlich.
Zusammen mit den Patriziern bildeten die reicheren plebejischen Familien bald eine Interessengruppe (*nobiles*). Die wirtschaftliche Lage der Plebejer besserte sich auch durch die Gründung von Kolonien und die Bereitstellung von Ackerland in den Provinzen.
Die (sagenhafte) Geschichte von Menenius Agrippa stammt aus dem 1. Buch des Geschichtswerks *Ab urbe condita* des römischen Historikers Titus Livius (59 v. Chr. – 17 n. Chr.). Die Bezeichnung Patrizier hat sich mit anderer Bedeutung bis heute erhalten: Prachtvolle Patrizierhäuser mittelalterlicher Städte wurden von den reicheren Familien der Städte, den so genannten Patriziern, errichtet.

5 Satz–Bau–Meister(in) gesucht! Stelle *sinnvolle Satzgefüge* her:

▸ Plerique patricii timuerunt,	ut in montem sacrum se conferrent.
▸ Plebeii Roma exierunt,	ut in urbem Romam redirent.
▸ Menenius fabulam tanta sapientia narravit,	ne plebeii in monte sacro manerent.
▸ Patricii plebeios rogaverunt,	ut plebs verbis eius obsistere non posset.

6 Übersetze ut zuerst mit *dass* oder *damit*, sodann, wenn möglich, mit *zu* oder *um ... zu*. Unter welchen Bedingungen ist die „freiere" *Wiedergabe* nicht möglich?

- Patricii: "Rogamus te, Meneni, ut plebeios in urbem revoces!"
- Patricii Menenium rogaverunt, ut plebeios in urbem revocaret.
- Patricii: "Optamus, ut plebs in urbem revocetur."
- Patricii optaverunt, ut plebs in urbem revocaretur.
- Patricii: "Optamus, ut in urbe Roma rursus concordia sit."
- Menenius Agrippa a patriciis ad plebem missus est, ut concordiam ordinum[8] renovaret.
- Menenius fabulam narravit, ut discordia ordinum[8] finiretur.

8 ordo, ordinis m. *Stand*

TEXT 2 *Menenius spricht als Vermittler*

Menenius Agrippa versucht die Plebejer nicht mit Drohungen oder Bitten zur Rückkehr nach Rom zu bewegen, sondern er erzählt ihnen, ganz diplomatisch, eine Geschichte: Die Fabel vom Magen und den Gliedern.

„Olim in homine non, ut nunc, omnia membra in unum consentiebant. Nam singula membra tam varia erant, ut saepe inter se litigarent[9]. Aliquando reliquae corporis partes valde iratae erant, quod venter non laborabat, sed piger[10] cibis a membris datis delectabatur.
Inde membra conspiraverunt[11], ne manus ad os cibum portarent nec os acciperet cibum datum nec dentes cibum conficerent. Certe, plebeii, intellexistis membra ventrem fame domare[12] cupivisse."
„At ira membrorum", inquit, „tanta fuit, ut primum singula membra, deinde totum corpus ad extremam tabem[13] veniret. Inde apparuit ventris quoque ministerium[14] haud segne[15] esse. Tum membra secum cogitabant: ‚Venter a nobis non magis alitur quam alit nos! Praeterea efficit, ut confecto cibo in omnes corporis partes sanguis distribuatur.' "
Traditum est Menenium Agrippam eo modo, id est comparando intestinam[16] corporis seditionem[17] cum ira plebis in patres, flexisse mentes hominum.

(nach Livius : Ab urbe condita 2, 32)

9 litigare *streiten*
10 piger, pigra, pigrum *untätig, träge*
11 conspirare *sich verschwören*
12 domare *zähmen*
13 tabes, -is f. *Entkräftung*
14 ministerium, -i n. *Dienst*
15 segnis, -e *langsam, träge*
16 intestinus, -a, -um *innerlich*
17 seditio, -onis f. *Aufstand*

7 In welchen *heutigen Situationen* könnte die Fabel vom Magen und den Gliedern angewandt werden? Nenne und vergleiche Beispiele aus den Bereichen Familie • Freundeskreis • Wohnort • Heimatland • internationale Beziehungen in Wirtschaft und Politik.

UND IM ENGLISCHEN?

Statue of Liberty renovated

Labour Party wins back authority

MINISTRY OF JUSTICE WANTS LEGAL REFORM

Public school students misbehave

Traditions of British Empire revived

8 **a** Finde in diesen Überschriften alle Wörter mit *lateinischem Ursprung* und trage sie in eine Tabelle (Englisch-Latein) ein.
b Ergänze die Tabelle um weitere dir bekannte *Wortpaare* aus dem Bereich der *Politik*.

Übersetzen von Satzgefügen

Menenius Agrippa rogatus est, ut ad plebeios iret, ut illos de Monte Sacro in urbem revocaret. Postquam orationem habuit, plebeii Romam redierunt.

TIPPS ZUR ÜBERSETZUNG VON SATZGEFÜGEN

▶ **Was ist eigentlich ein Satzgefüge?**

Multi patricii de statu rei publicae desperaverunt, *cum plebeii ex urbe exissent.*
Viele Patrizier verzweifelten am Zustand des Staates, *weil die Plebejer die Stadt verlassen hatten.*
Ein Satzgefüge besteht aus einem *Haupt-* und einem *Nebensatz.*

▶ **Wie kann man Haupt- und Nebensatz unterscheiden?**

Nebensätze sind leicht zu erkennen: Sie werden von Subjunktionen oder Relativpronomen eingeleitet. Sätze, die nicht so eingeleitet werden, sind Hauptsätze!

▶ **Folgende Subjunktionen hast du schon kennen gelernt:**

cum, dum, ne, nisi, postquam, quamquam, quia, quod, quoniam, si, ut. Dass das Relativpronomen *qui, quae, quod* lautet, ist dir schon lange bekannt. Sätze, die mit diesen Wörtern eingeleitet werden, sind mit größter Wahrscheinlichkeit Nebensätze!

✔ Begründe für den Beispielsatz: Was ist Haupt-, was Nebensatz?

Beim Übersetzen ist es nützlich, Übersicht zu bewahren. Gerade dann, wenn dir der Überblick fehlt, empfiehlt es sich, vor dem Übersetzen das Wichtigste zu markieren, d. h. Subjunktionen markieren, Haupt- und Nebensatz durch Unterstreichung unterscheiden, Wortblöcke einteilen (vgl. Übersetzungstraining 2). Besonders übersichtlich ist es, wenn du die Nebensätze nach rechts einrückst. Ein Nebensatz, der von einem Nebensatz abhängt, rückt noch weiter nach rechts. Für den um einen Nebensatz erweiterten Beispielsatz könnte das so aussehen:

Multi patricii | de statu rei publicae | desperaverunt,
cum | plebeii | ex urbe | exissent,
ut liberi essent.

Viele Patrizier verzweifelten am Zustand des Staates,
weil die Plebejer die Stadt verlassen hatten,
um frei zu sein.

Nach dieser Vorarbeit hast du den nötigen Überblick zum Übersetzen!

Menenius Agrippa | rogatus est,
ut | ad plebeios | iret,
ut | illos | de Monte Sacro | in urbem | revocaret.
Postquam orationem habuit,
plebeii Romam redierunt.

Menenius Agrippa wurde gebeten, zu den Plebejern zu gehen, um sie vom Heiligen Berg in die Stadt zurückzurufen. Nachdem er eine Rede gehalten hatte, kehrten die Plebejer nach Rom zurück.

ALLES GEKLÄRT? ALLES KLAR?

Welche Behauptung ist falsch?

Dum patricii in urbe manent, Menenius in Monte Sacro fabulam narravit.

a *Dum* ist eine Subjunktion; der Nebensatz ist folglich *Dum patricii in urbe manent.*
b *Dum patricii in urbe manent* ist Nebensatz, wird also nach rechts eingerückt.
c Wenn *Dum patricii in urbe manent* Nebensatz ist, muss der Rest Hauptsatz sein.
d Das Komma zwischen *manent* und *Menenius* ist ein sicheres Indiz dafür, dass hier ein Satzgefüge vorliegt.

Die Lösung findest du auf S. 235.

Gut motiviert durch Marius

500 v. Chr. | 2.–1. Jh. v. Chr. | 500 | 1000 | 1500 | 2000

GUT ZU WISSEN

Abb. 1 *miles/legionarius*

Abb. 2 *veteranus*

TEXT 1 *Wohin soll das führen?*

Wir schreiben das Jahr 107 v. Chr. In Rom sind die neuesten Ankündigungen zu hören: Der Konsul und Feldherr Marius lässt auf dem Marsfeld neue Soldaten für den Krieg gegen König Jugurtha in Afrika anwerben. Ein älterer Mann in der toga praetexta verfolgt das Geschehen. Er ist äußerst aufgebracht und schreit einen jüngeren Mann, einen Militärtribunen (tribunus militum), laut an.

Ille se vertens: „Salve, senator! Cur tam saevus es? Cur mihi maledixisti[1]?"
Senator: „Interrogas, cur tam saevus sim, cur tibi maledixerim?
Marius consul milites non more maiorum neque ex classibus,
sed pauperes conscribit. Id solum facit, ut pauperes sibi ipsi usui sint."
Tribunus militum: „Ita non est. Id facit, ut numerus militum augeatur.
Nonne scis, cur hostes Africanos nondum vicerimus, cur bellum Africanum tam diu geratur? Desunt legionarii[2] boni. Nam bellis pristinis[3] multos milites perdidimus.
Nunc autem Marius non cogendo, sed conciliando efficit, ut milites sua sponte ac summo studio arma capiant."
Senator: „Mehercle[4]! Nonne cognoscis, quo modo Marius id effecerit?
Ille plebi terram, praedam, divitias promittit, quae rei publicae sunt.
Aerarium rei publicae consumit, ut omnes milites armis ornet.
Timeo, ne isti milites solum pro imperatore contendant, sed rem publicam neglegant. Timeo, ne imperator eo modo nimium potentiae accipiat.
Quis scit, quae consilia Marius cupiditate imperandi adductus secreto[5] sibi ceperit?"

1 maledicere, maledico, maledixi, maledictum (beim Dat.) *lästern über jmdn.*
2 legionarius, -i m. *Legionär*
3 pristinus, -a, -um *früher*
4 Mehercle! *beim Herkules!*
5 secreto (Adv.) *heimlich*

1 Schreibe aus Text 1 alle *Wörter* heraus, die *mehrmals* vorkommen.

2 Welchen Wortfeldern sind sie zuzuordnen?

3 Erschließe aus diesen Wortfeldern das *Thema* des Textes.

4 Wie könnte das Streitgespräch *weitergehen*? Sammle aus dem Infotext S. 182 weitere *Argumente*.

5 Welchem der beiden Redner gab die *Geschichte* Recht? Informiere dich über die römische Republik im 1. Jahrhundert v. Chr.

Marius, der „dritte Gründer Roms“

Warum wurde Marius (158–86 v. Chr.) ganz unterschiedlich eingeschätzt? Seit 107 v. Chr. hatte er durch seine Heeresreform ein Berufsheer geschaffen. Wegen der Verluste in früheren Kriegen gab es immer weniger Wehrpflichtige. Soldaten leisteten nun nicht mehr aufgrund der Zugehörigkeit zu Steuerklassen Militärdienst, sondern wurden als Freiwillige angeworben. Auch Besitzlose konnten in die Armee eintreten, da der Staat jetzt die Ausrüstung stellte. Außerdem boten Beförderungen die Aussicht auf sozialen Aufstieg. 16 Jahre diente der Berufssoldat seinem Feldherrn. Er erhielt regelmäßig Sold und wurde an der Beute beteiligt. Auch nach der Dienstzeit sorgte der Feldherr für seine Soldaten: Jeder *veteranus* erhielt ein Stück Land. Deshalb fühlte sich der Soldat bald mehr dem Feldherrn als dem Staat verpflichtet. Die Armen gewannen an Selbstvertrauen und forderten mehr Beteiligung am politischen Leben. Schließlich führte Marius auch eine Neugliederung des Heeres durch. Eine Legion bestand nun aus 10 Kohorten zu je 500 bis 600 Mann, diese wiederum aus Manipeln zu 200 bis 300 Mann. Diese Einteilung erlaubte neue militärische Taktiken.

Marius erzielte militärische Erfolge in Spanien und Afrika. Ruhm erwarb er sich durch seine Siege über die Kimbern und Teutonen, zwei Germanenstämme, die den Römern empfindliche Niederlagen beigebracht hatten (102/101 v. Chr.). Deshalb ließ Marius sich als „dritter Gründer“ Roms feiern. Als Politiker der Volkspartei (Popularen) geriet er in Konflikt mit Interessenvertretern des Adels, den Optimaten, unter Führung Sullas. Marius musste aus Italien fliehen, nach seiner Rückkehr 87 v. Chr. ließ er viele politische Gegner töten.

Abb. 3 *Marius in Minturnae. Gemälde von Jean Germain Drouais. 1786.*

6 Wer gilt als der erste und zweite Gründer Roms?

TEXT 2 *Auf der Flucht*

Im Bürgerkrieg erklärten die Gegner Marius zum Staatsfeind und damit für vogelfrei. Auf seiner Flucht durch Italien wurde Marius schlammbedeckt in einem Sumpf bei der kleinen Stadt Minturnae aufgegriffen und in einem Privathaus unter Arrest gestellt. Die Bewohner von Minturnae wollten ihn allerdings möglichst schnell wieder loswerden ...

Igitur Minturnenses imperaverunt, ut servus publicus natione Cimber Marium in privata domo interficeret. Ille, cum gladium sibi paravisset, villam Marii petivit.
Iam servus ad occidendum paratus in domo erat.
Repente vox e tenebris sonuit[6]: „Num audes, homo, contra C. Marium manus tollere?“ Servus, cum gladium strictum[7] in manu teneret, tamen senem inermem atque infirmum[8] temptare non potuit.
Nam claritate et auctoritate viri ita superatus est, ut gladio abiecto attonitus[9] inde ac tremens[10] fugeret. Minturnenses autem maiestate Marii ita permoti sunt, ut eum incolumem servarent.
Quaeris, cur servus eo modo egerit?

(nach Valerius Maximus: Facta et dicta memorabilia 2, 10, 6)

6 sonare, sono, sonui *tönen*
7 stringere, stringo, strinxi, strictum *ziehen, zücken*
8 infirmus, -a, -um *schwach*
9 attonitus, -a, -um *wie vom Donner gerührt*
10 tremere *zittern*
11 luxuria corruptus *vom Luxus verweichlicht*
12 peritus, -a, -um (beim Gen.) *erfahren in/mit*

7 Vergleiche Text 2 und Abb. 3: Was arbeitet der Autor, was der Maler genauer heraus?

7 **8** **a** Suche aus Text 1 und 2 alle *indirekten Fragesätze* und *konjunktivischen Nebensätze* heraus.
b In beiden Fällen spielt das *Zeitverhältnis* zwischen Haupt- und Nebensatz eine entscheidende Rolle. Notiere bei allen Satzgefügen mit einem konjunktivischen Nebensatz die Prädikate des Haupt- und des Nebensatze.

7 **9** Dass im Lateinischen das *Zeitverhältnis* eine wichtige Rolle spielt, weißt du, seitdem du AcI und Partizipialkonstruktionen kennst. Das Gleiche gilt für die Nebensätze. Stelle fest, ob folgende Konstruktionen *vorzeitig* oder *gleichzeitig* zum übergeordneten Verb sind. Markiere dazu das Prädikat des Hauptsatzes und die Verbform der jeweiligen Konstruktion. Übersetze anschließend.
Hominibus multis audientibus tribunus militum orationem habuit. „Quaeritis, cur nobiles non amem? Scio nobiles luxuria corruptos[11] esse. Nobiles luxuria corrupti[11] ignavi sunt. Timeo, ne nobiles onera belli non sustineant. Senatores autem quaerunt, cur Marium consulem creaveritis. Scimus Marium virum bonum atque belli peritum[12] esse. Marius milites novos conscribens omnia ad bellum parat.“

CLARO

4 Die Koffer-Szene

Vor Kyrene hatte es einen Seesturm gegeben, ein Passagierschiff war untergegangen. Als der Sklave Gripus morgens zum Fischen fährt, macht er einen seltsamen Fang: einen Reisekoffer, offenbar das Gepäck eines reichen Passagiers. Sofort will er die Beute nach Hause bringen. Aber der Koffer ist schwer, nur mit Mühe schleppt Gripus das Netz und lässt dabei das Seil des Netzes hinter sich herschleifen. Gripus bemerkt nicht, dass er von Trachalio, dem Sklaven eines anderen Herrn, beobachtet wird. Trachalio schleicht sich an, ergreift schnell mit einer Hand das Seil des Netzes und hält es fest in der Hand. Die beiden Sklaven streiten nun um den Fang, der eine zieht am Netz, der andere am Seil, jeder in eine andere Richtung.

A *Trachalio:* Heus[1], mane!
Gripus: Quid?
Trachalio: Mane!
Gripus: Quid tu, malum, me retrahis[2]?
Trachalio: Audi!
Gripus: Non audio.
Trachalio: At pol[3] audies post[4].
Gripus: Quid est?
Trachalio: Audi! Furtum ego vidi qui faciebat. Ad furem[5] venio: „Ego istud furtum scio qui fecit. Nunc mihi si dabis dimidium[6], indicium[7] non faciam." Dimidium[6] cupio.
Gripus: Immo hercle[8] etiam plus[9], nam nisi dat, domino dicere potes.
Trachalio: Tuo consilio faciam. Nam hoc omne attinet[10] ad te.
Gripus: Quid factum est?
Trachalio: Mihi homo notus est iam pridem[11], cuius vidulus[12] iste est.
Gripus: Quid est?
Trachalio: Et quo modo periit.
Gripus: At ego, quo modo inventum sit, scio.

1 heus! *he!*
2 retrahere *zurückziehen, abhalten*
3 pol! *beim Pollux! wahrhaftig!*
4 post (Adv.) *nachher, endlich*
5 fur, furis m. *Dieb*
6 dimidium, -i n. *Hälfte*
7 indicium, -i n. *Anzeige*
8 hercle! *beim Herkules!*
9 plus (Adv.) *mehr*
10 attinere ad (beim Akk.) *betreffen, angehen*
11 pridem (Adv.) *längst*
12 vidulus, -i m. *Reisekoffer*

Trachalio: Itane vero?

Gripus: Cum pisces in mari capio, siquidem[13] cepi, mei sunt. Mare quidem commune est omnibus.

Trachalio: Adsentio. Ergo: Hunc vidulum[12] etiam mihi esse oportet. In mari communi inventus est.

Gripus: Esne impudens? Nam si istud ius esset, quod memoras[14], piscatores[15] perirent. Nemo emeret[16], cuncti suam partem piscium sibi poscerent, dicerent pisces in mari communi captos esse.

Trachalio: Quid ais[17], impudens? Audes etiam comparare vidulum[12] cum piscibus?

Gripus: Quod rete[18] extraho[19], meum est.

Trachalio: Haud est, siquidem[13] vas excepisti[20].

Gripus: Philosophe!

Trachalio: Sed tu enumquam[21] piscatorem[15] vidisti, venefice[22], vidulum[12]-piscem cepisse?

Gripus: Quid? Tu numquam audivisti esse vidulum[12]-piscem? Ego, qui sum piscator[15], scio; verum raro[23] capitur.

Trachalio: Scio. Tu hercle[8], opino[24], in vidulum[12] te bis[25] vertes, nisi caves[26].

Gripus: Adfligam[27] ad terram te itidem[28], ut piscem polypum[29] soleo. Cupis pugnare?

Trachalio: Quin[30] tu potius praedam divide[31]!

Gripus: Abeo ego hinc.

Trachalio: Mane.

Gripus: Mitte rudem[32], sceleste[33]!

Trachalio: Mittam: Omitte vidulum[12]!

Gripus: Numquam hercle[8]!

13 siquidem (Adv.) *wenn wirklich*
14 memorare *erwähnen*
15 piscator, -oris m. *Fischer*
16 emere *kaufen*
17 ais *du sagst, behauptest*
18 rete, retis n. *Netz*
19 extrahere *herausziehen*
20 vas excapere *ein Gefäß herausziehen*
21 enumquam (Adv.) *etwa jemals*
22 veneficus, -i m. *Giftmischer, Scheusal*
23 raro (Adv.) *selten*
24 opinare *meinen, glauben*
25 bis (Adv.) *zweimal*
26 cavere *sich hüten, vorsichtig sein*
27 adfligere/affligere *werfen, schlagen*
28 itidem (Adv.) *ebenso, gleichfalls*
29 piscis polypus, -i m. *Polyp*
30 quin *doch*
31 dividere *teilen*
32 rudis, -is f. *Degen*
33 scelestus, -i m. *Verbrecher*

A

1. In Zeile 4 findest du die Form retrahis, die sich aus re und trahis zusammensetzt. Bestimme und übersetze die Form trahis. Was bedeutet die Silbe re?
2. In Zeile 17 steht das Wort quo: Bestimme die Form und nenne den Nominativ. Welches Wort bezieht sich auf quo? Benenne die Wortart.
3. Inventum sit in Zeile 18 ist eine Passivform. Bilde die entsprechende Aktivform.
4. In Zeile 18 steht der Satz ... quo modo inventum sit, scio. Erkläre den Konjunktiv.
5. Zeile 20 beginnt mit dem Wort cum. Nenne alle Bedeutungen von cum. Wähle die an dieser Textstelle passende Bedeutung aus und begründe deine Entscheidung.
6. Übersetze den Text bis Zeile 46.

B *Trachalio:* Non probare[34] negando mihi potes, nisi pars datur.
Gripus: Quem ego excepi[20] in mari ....
Trachalio: At ego inspectavi[35] e litore.
Gripus: … mea opera[36], labore et rete[18]?
Trachalio: Si veniret nunc dominus, nonne ego, qui inspectavi[35] te hunc habere, idem fur[5] essem quam tu? *Gripus:* Nescio.
Trachalio: Mane! Quo argumento[37] socius[38] non sum et fur[5] sum?
Gripus: Nescio. Hunc meum esse dico.
Trachalio: Et ego item[39] esse aio[40] meum.
Gripus: Mane! Iam repperi quomodo nec fur[5] nec socius[38] sis.
Trachalio: Quomodo?
Gripus: Sine me hinc abi tacitus[41] tuam viam! Nec tu me cuiquam indicabis[42] neque ego tibi quicquam dabo.
Trachalio: Ecquid condicionis[43] audes ferre?
Gripus: Ut abeas, rudentem[44] amittas, ne mihi molestus sis.
Trachalio: Mane, dum refero condicionem[43]. Cupisne dominum, qui in hac villa habitat, arbitrum[45] esse? *Gripus:* Paulisper[46] remitte retem[47], dum consulo. – (ad se ipsum) Eugae[48]! Res salva est, praeda haec perpetua[49] est mea; ad meum dominum arbitrum[45] me vocat. Iste haud scit, quam condicionem[43] tulerit. Ibo ad arbitrum[45]. *Trachalio:* Quid igitur? *Gripus:* Ibo. Non pugnabo tecum.

34 probare mihi *mit mir zurechtkommen*
35 inspectare *zuschauen*
36 opera, -ae f. *Mühe, Hilfe*
37 argumentum, -i n. *Beweismittel, Schlussfolgerung*
38 socius, -i m. *Teilhaber*
39 item (Adv.) *ebenso*
40 aio *ich sage, behaupte*
41 tacitus, -a ,-um *still, ruhig*
42 indicare *anzeigen, verraten*
43 ecquid condicionis *eine Bedingung*
44 rudens, rudentis m. u. f. *Seil*
45 arbiter, arbitri m. *Schiedsrichter*
46 paulisper (Adv.) *ein wenig*
47 remittere retem *das Netz loslassen*
48 eugae! *toll!*
49 perpetuus, -a, -um *auf Dauer, für immer*

B

1 Erkläre die Form negando in Zeile 1.

2 Erkläre, um was für ein Satzgefüge es sich in Zeile 5/6 handelt.

3 Bestimme die Form tulerit in Zeile 20. Bilde die entsprechende Form des Präsens, Imperfekt und Plusquamperfekt.

4 Übersetze den Text zu Ende.

C

WIR SPIELEN DIE SZENE MIT VIER PERSONEN

1 Schreibt Regieanweisungen zu dieser Szene.

2 Lest den Text mit verteilten Rollen. Ergänzt, wenn nötig, eure Anweisungen.

3 Schreibt eine Fortsetzung der Szene.

Das antike Theater

Das antike Theater war in der Regel eine Freilichtbühne. Es hatte also kein Dach wie ein heutiges Schauspielhaus. Die griechischen Theateraufführungen fanden tagsüber statt.

Abb. 1 *Das griechische Theater in Epidauros. Um 330 v. Chr.*

Abb. 2 *Das römische Theater in Arausio (Orange). Auf der Bühne ist ein Requisit für eine moderne Aufführung zu sehen.*

Das griechische Theater bestand im Wesentlichen aus drei Teilen, der Orchestra, dem Theatron und der Skene. Besonders deutlich wird der Charakter des griechischen Theaters am Beispiel des Theaters in Epidauros. Das Theatron ist der kreisförmige Zuschauerraum, der an einen Hang gebaut und in die Landschaft eingebettet ist. Es umfasst zu zwei Dritteln die ebenfalls kreisrunde Bühne, die Orchestra. Der Hang ist terrassiert und mit Sitzreihen versehen. Der Teil der Theateranlage, der die Orchestra nicht mit Sitzreihen umschließt, ist die Skene. Sie war meist ein langgestreckter Holzbau: Hier konnten sich die Schauspieler umkleiden, hier lagerten die Requisiten, die Kostüme und Masken, hier befand sich die Bühnentechnik. Die Skene bildete gleichzeitig die Rückwand und Begrenzung der Bühne.

Das römische Theater lag in der Stadt und war in die Straßenführung eingefügt. Seine charakteristische Form erhielt es durch den halbrunden, hochgebauten und mit Sitzreihen versehenen Zuschauerraum, die *Cavea*. Die Bühne bestand aus der halbrunden Orchestra am Fuße der Sitzreihen und dem Bühnenhaus, der *scaenae frons*. Das Bühnenhaus war meist aus Stein, wurde hoch gebaut und mit dem Zuschauerraum verbunden. Das römische Theater war also ein großer geschlossener Gebäudekomplex in der Stadt. Zeltplanen konnten als Sonnenschutz aufgespannt werden. Außerdem kannten die Römer das *theatrum tectum* oder *odeum*, ein kleineres, überdachtes Theater für Konzerte.

OLYMPIA GESTERN UND HEUTE

37 *Fairplay?*

4. Jh. v. Chr. *1. Jh. n. Chr.* *500* *1000* *1500* *2000*

GUT ZU WISSEN

„Praecepta sunt servanda."

„Regeln müssen eingehalten werden."

„Etiam tibi praecepta sunt servanda."

„Auch von dir müssen die Regeln eingehalten werden."

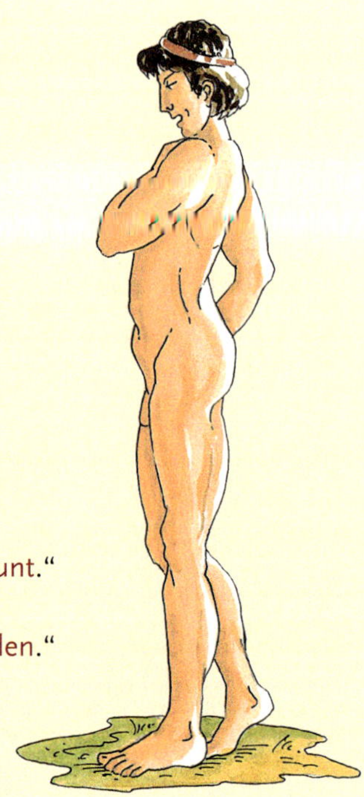

„Ita est! Praecepta mihi neglegenda non sunt."

„So ist es! Die Regeln dürfen von mir nicht missachtet werden."

TEXT 1 *Der schnellste Mann der Welt*

Der Sportler Eupolemos, der 396 v. Chr. den Stadionlauf in Olympia gewonnen hatte, erzählt seinem Enkel von dem größten Erfolg seines Lebens. Es spricht auch über die Regeln, die in Olympia zu beachten sind, und natürlich über die Verehrung der Götter.

Primum omnibus, qui adsunt, Iuppiter summus deus colendus est, deinde Iuno dea, uxor Iovis, colenda est. Tum athletis[1] varii labores subeundi sunt. Etiam multi spectatores[2] eo conveniunt, ut Olympiis intersint. Praeterea Graecis inter dies festos Olympiorum bella gerenda non sunt.
Eo anno, quo vici, multi spectatores[2] ad stadium[3] accesserant. Memini libenter illius certaminis. Nos cursores[4] initium cursus exspectabamus. Omnibus tacendum erat. Signo dato currere coepimus. Tum celeriter currendum fuit! Inter cursores[4] fuit Leon quidam, qui nonnullis annis ante iam vicerat. Multi amici eum magna voce incitabant. Mox Leon et ego primi eramus; summa celeritate[5] per stadium[3] currebamus. Subito pulsus sum et cecidi. Statim surrexi[6] et denuo[7] currere coepi. Secundus metam[8] tetigi.
Ira commotus clamavi: „Leon me pepulit, ut secundam victoriam domum referret! Praecepta sunt servanda! Facinora sunt punienda[9]! Cursores[4] pellendi non sunt!“ Etiam arbitri[10] cognoverunt Leonem praecepta non servavisse. Itaque me victorem ramo olivae[11] coronaverunt[12]. Eo modo victoriam recuperavi[13]. Quanto studio tum corpus mihi exercendum erat! Certe id novisti. Victori autem ramus olivae[11] summum praemium laborum est. „Vicit Eupolemos noster!“ incolae[14] civitatis nostrae clamaverunt, cum domum redirem. Opto, ut gloriae meae semper meminerint.“

1 athleta, -ae m. *Athlet, Wettkämpfer*
2 spectator, -oris m. *Zuschauer*
3 stadium, -i n. *Laufbahn, Rennbahn*
4 cursor, -oris m. *Läufer*
5 celeritas, -atis f. *Schnelligkeit, Geschwindigkeit*
6 surgere, surgo, surrexi *aufstehen*
7 denuo (Adv.) *von neuem*
8 meta, -ae f. *Zielsäule*
9 punire *bestrafen*
10 arbiter, arbitri m. *Schiedsrichter*
11 ramus olivae *Ölzweig*
12 coronare *bekränzen*
13 recuperare *zurückgewinnen*
14 incola, -ae m. *Bewohner*

1 Welche *Informationen* über die Olympischen Spiele gibt Eupolemos seinem Enkel in Text 1?

2 Warum war der Sieg für Eupolemos so bedeutend? Suche in Text 1 Aussagen, die als *Begründungen* dienen.

8 3 Eupolemos erläutert seinem Enkel die disziplinierte Lebensweise der Sportler. Ergänze die fehlenden *Endungen* und benenne den *Dativus auctoris*. *Übersetze* die Sätze dann ins Deutsche:
Corpora semper athletis[1] exercend__ sunt. Olympiis athletis[1] currend__ et certand__ est. Studia eorum contemnend__ non sunt. Post certamina dei colend__ sunt.

Der Ablauf der Olympischen Spiele seit dem 5. Jh. v. Chr.

Olympischer Monat Den Olympischen Spielen ging ein so genannter olympischer Monat voraus, in dem Herolde durch die ganze griechische Welt reisten und den olympischen Festfrieden (*ekecheiría*) verkündeten, der eine ungestörte Anreise der Sportler und Zuschauer gewährleisten sollte. Die Athleten mussten bereits vier Wochen vor Beginn der Spiele in Olympia unter Aufsicht der späteren Schiedsrichter trainieren, damit ihre körperliche Leistungsfähigkeit sichergestellt war.

Festwoche

1. Tag	Eid der Athleten am Altar des Schwurgottes Zeus Horkios und Opfer eines Ebers. Wettbewerb für Herolde und Trompeter (ab 396 v. Chr.)	
2. Tag	Wettkämpfe der Jungen (Stadionlauf, Ringen, Faustkampf)	
3. Tag	Vormittag:	Pferderennen und Wagenrennen mit verschiedenen Gespannen
	Nachmittag:	Pentathlon (Diskuswurf, Weitsprung, Speerwurf, Laufen und Ringkampf)
4. Tag	Opfer von 100 Rindern für Zeus als religiöser Höhepunkt des Festes	
5. Tag	Vormittag:	Laufwettbewerbe (Stadionlauf, Doppellauf, Langlauf)
	Nachmittag:	Ringkampf, Faustkampf, Pankration (Ringkampf mit sehr weit gefassten Regeln), anschließend Waffenlauf
6. Tag	Siegerehrung und Dankopfer am Aschenaltar des Zeus Olympios	

4 Wodurch unterscheidet sich der Ablauf der *antiken* Olympischen Spiele von dem der *heutigen* Olympischen Spiele?

8 5 **a** Der Enkel möchte auch einmal ein großer Sportler werden wie sein Großvater. Eupolemos gibt ihm einige Ratschläge. Gib die *Gerundivkonstruktion* im *Deutschen* im *Aktiv* wieder.

b Welche *Satzteilfunktion* übernimmt der *Dativus auctoris* im Deutschen? Wie muss man die *verneinte Gerundivkonstruktion übersetzen*?

- Diligentia tibi semper adhibenda est.
- Ars currendi tibi exercenda est.
- Dolores tibi ferendi sunt.
- Consilia mea tibi contemnenda non sunt.

KLEINE SPORTGESCHICHTE

6 **a** Tragt zusammen, welche *Sportarten* ihr betreibt. Nennt Gründe, warum ihr bestimmte Sportarten bevorzugt.

b Findet heraus, welche dieser *Sportarten* es in der *Antike* schon gab.

c Informiert euch in Lexika oder im Internet darüber, wann die in der Antike noch nicht bekannten *Sportarten entstanden* sind.

TEXT 2 *Sport und Politik*

Dass die Olympischen Spiele in der Antike keineswegs unpolitisch waren, zeigt uns das Beispiel des Kaisers Nero.

Nero imperator ab ineunte aetate equorum certamina spectare cupivit. Mox et ipse aurigare[15] coepit. Numquam imperatorem vituperandum[16] esse omnes non ignorabant; nam adversarios vehementer oderat. Imperator semper vicit, quod et arbitri[10] et ceteri aurigae[17] iram Neronis timebant. Tum etiam Olympiis aurigavit[15]: Signo dato equi currere coeperunt. Ceteri aurigae[17], qui etiam in Graecia Neronem timebant, imperatori de via decesserunt. Subito autem omnes territi sunt: Nero ex curru[18] ceciderat! Quamquam statim in curru[18] repositus est[19], substitit ante metam[20]. Omnes secum cogitaverunt: „Quid imperator faciet?"
Cursu statim finito arbitri[10] sapientes tamen Neronem coronaverunt[12]. Itaque imperator provinciam universam libertate, arbitros[10] autem civitate Romana et magna pecunia donavit. Postquam e Graecia rediit, Romae triumphavit[21].

15 aurigare *den Rennwagen lenken, Wagenrennen fahren*
16 vituperare *tadeln*
17 auriga, -ae m. *Wagenlenker*
18 currus, -us m. *Wagen*
19 reponere *wieder aufrichten, hinstellen*
20 subsistere ante metam *vor der Ziellinie stehen bleiben*
21 triumphare *einen Triumphzug abhalten*

7 Schreibe aus Text 1 und 2 alle *-nd-Formen* heraus. Ordne Formen des *Gerundivums* in deinem Heft in eine Tabelle nach folgendem Muster ein. Gib jeweils auch an, in welcher Zeile des Textes die Form steht:

persönlicher Gebrauch	unpersönlicher Gebrauch

8 8 Achtung: Verwechslungsgefahr! Ordne folgende Formen der Tabelle zu und nenne jeweils den *Infinitiv* der Verben. Nach welchen *Merkmalen* kannst du die Formen *unterscheiden*?

adiuvantis • probanda • appellati • appellandi • dicendo • colentes • movens • appellanti • occupatus • adiuvanti • certandi

Partizip der Gleichzeitigkeit	Partizip der Vorzeitigkeit	-nd-Form

VON WORT ZU WORT

9 **a** Suche aus Text 1 und 2 alle lateinischen Vokabeln des *Sachfelds Sport* heraus. Übertrage die Vokabeln in dein Heft und schreibe die deutschen Bedeutungen dazu.
b Male oder zeichne die durch die Vokabeln bezeichneten sportlichen Aktivitäten.

Olympia – gestern und heute

Die ersten Olympischen Spiele sollen 776 v. Chr. stattgefunden haben. Um ihre Entstehung ranken sich verschiedene Mythen. Nach einer Sage galt Herakles als Begründer. Laufen, Weitsprung, Speerwerfen, Ringkampf und Diskuswerfen waren die wichtigsten Sportarten. Sie wurden auch im Fünfkampf (Pentathlon) zusammengefasst. Später kamen Pferde- und Wagenrennen hinzu.
In der Antike erhielt nur der Sieger Preise und Ehrungen. Das Motto *Dabeisein ist alles*, das Pierre de Coubertin zugeschrieben wird, dem Begründer der neuzeitlichen Olympischen Spiele seit 1896, war der Antike unbekannt. Schon der Zweite eines Wettkampfs galt als Verlierer. Der Olympische Eid, die Schiedsrichter (Hellanodiken) und Strafen für Sportler sollten Manipulationen verhindern. Die Zeusstatuen vor dem Stadioneingang wurden z. B. mit Strafgeldern der Athleten finanziert. Wir lesen trotzdem von erkauften Siegen.
Frauen durften damals bei den Spielen weder teilnehmen noch zuschauen. Der Wahlspruch der modernen Olympischen Spiele *altius, citius, fortius* zeigt, dass zum Wettkampf der Wille zur Höchstleistung hinzugekommen ist. Messbare Leistungen waren dem antiken Sport fremd, es zählte nur der Gegner, Sieg und Ruhm.

Der Olympische Eid (nach Pausanias 5, 24, 9)

„Neben dieser (d. h. neben der Statue des Zeus Horkios) ist es Brauch für die Sportler, ihre Väter und Brüder sowie für die Trainer beim Opfer eines Ebers zu schwören, dass sie sich keinen Verstoß gegen die Regeln der Olympischen Spiele zu Schulden kommen lassen werden. Die männlichen Athleten schwören außerdem, dass sie insgesamt zehn Monate ununterbrochen auf das Training verwenden. Schließlich schwören alle, die Kinder zu beurteilen haben oder Fohlen, die an den Pferderennen teilnehmen, dass sie nach bestem Recht und Wissen und ohne Geschenke eine Entscheidung fällen und über Zulassung und Nichtzulassung Stillschweigen bewahren werden.“

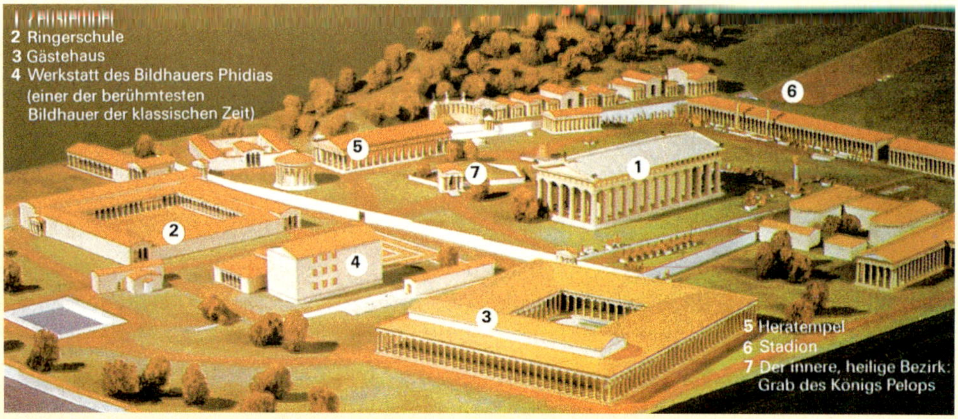

Abb. 1 *Modell des antiken Olympia*

Die Götterstatue des Zeus

Der Geschichtsschreiber Titus Livius berichtet über eine Rundreise, die der römische General Aemilius Paullus 167 v. Chr. durch verschiedene Gegenden des südlichen Balkans unternahm.

Unde per Megalopolim Olympiam escendit. Ubi et alia quidem spectanda ei visa: Iovem velut praesentem intuens motus animo est.
Itaque haud secus quam si in Capitolio immolaturus esset, sacrificium amplius solito apparari iussit.
(Livius, Ab urbe condita 45, 28)

Von Sparta zog er über Megalopolis nach Olympia. Dorthin, wo von ihm auch anderes Sehenswertes besichtigt worden ist. Als er aber den Zeus, als ob es sich um eine göttliche Erscheinung handelte, betrachtete, war er ganz ergriffen. Deshalb befahl er nicht anders, als wenn er auf dem Kapitol hätte opfern wollen, dass ein größeres Opfer als gewöhnlich vorbereitet werde.

Abb. 2 *Das neue Olympiastadion in Athen, erbaut von dem Architekten Santiago Callatrava anlässlich der Olympischen Spiele 2004*

38 UND IMMER WIEDER LOCKT DAS GOLD
Pompeji wird geplündert

500 v. Chr. | 79 n. Chr. | 500 | 1000 | 1500 | 2000

GUT ZU WISSEN

Abb. 1 *Dieser goldene Ring in der Form einer Schlange wurde in Pompeji im Haus des Salvius gefunden.*

Salvius ad anularium[1] venit, ut anulum[2] emeret.
Salvius ad anularium[1] venit anuli[2] emendi causa.

Salvius tempus consumpsit, ut anulum[2] pulchrum eligeret.
Salvius tempus consumpsit ad anulum[2] pulchrum eligendum.

1 anularius, -i m. *Ringmacher, Juwelier*
2 anulus, -i m. *Fingerring*

Abb. 2 *Schmuckstück aus Glaspaste, auf dem eine nackte weibliche Figur dargestellt ist. Vielleicht stellt diese Figur die Göttin Venus dar. Auch dieses Schmuckstück wurde in Pompeji im Haus des Salvius gefunden.*

TEXT 1 *Kostbares bei Salvius*

Am Vormittag des 24. August 79 n. Chr. brach der Vesuv aus. Für die Menschen in der Stadt Pompeji, die am Fuße des Vulkans lag, war dieser plötzliche Ausbruch eine Katastrophe. Der Himmel verdunkelte sich, heißer Ascheregen, Bimssteine und Lavabrocken fielen zu Boden. Einige Menschen schlossen sich in ihren Häuser ein, viele aber versuchten zu fliehen.
Auch der Sklave Lydus war auf der Flucht. Er hatte seinen Herrn in den überfüllten Straßen verloren. Doch bald gab er die Suche auf, weil er vermutete, dass sich sein Herr mit einem Boot in Sicherheit gebracht habe. Lydus ging zum Hafen.

Lydus servus de salute sua non desperabat, cum sub divo[3] pumices[4] cadentes timeret. Cervicali[5] in capite posito Lydus per vias errabat et occasionem aquae bibendae[6] quaerebat. Tandem tabernae Salvii appropinquavit et sitis[7] exstinguendae[8] cupidus domum eius intravit. Salvium vocavit, at nemo respondit. Tum poculo[9] sumpto aquam bibit[6]. Deinde Lydus scalas ascendit[10]. Cum neminem in cubiculo[11] videret, non iam dubitavit Salvium cum familia domum reliquisse, ut fuga salutem peteret.
Subito Lydus anulum[2] aureum[12] sub lecto[13] iacere videt. Salvium denuo[14] vocat, tum anulum[2] tollere audet. Lydus eo modo fur[15] factus haec secum cogitat: „Fortasse alias res pretiosas[16] inveniam." Et profecto nonnullos nummos et inaures argenteas[17] colligit. Quas magna laetitia spectat, cum terribilem[18] odorem[19] sentit. Ubique voces paventium[20] liberorum, feminarum, virorum audit; alii deos implorant[21], alii magna voce auxilium petunt. Portus petendi causa Lydus statim in tabernam descendit. Sed odore[19] intolerabili[22] vires eum deficiunt, Lydus decidit[23]. Surgit[24], cum terrae motu iterum proicitur[25]. Denuo[14] surgere temptat. Tum taberna Salvii Lydum obruit[26].

3 sub divo *unter freiem Himmel*
4 pumex, pumicis m. *Bimsstein*
5 cervical, cervicalis n. *Kissen*
6 bibere, bibo, bibi *trinken*
7 sitis, -is f. *Durst*
8 exstinguere *löschen*
9 poculum, -i n. *Becher*
10 ascendere *hinaufsteigen*
11 cubiculum, -i n. *Schlafzimmer*
12 aureus, -a, -um *golden*
13 lectus, -i m. *Bett*
14 denuo (Adv.) *von neuem*
15 fur, furis m. *Dieb*
16 pretiosus, -a, -um *wertvoll*
17 inaures argenteas f. *silberne Ohrringe*
18 terribilis, -e *schrecklich*
19 odor, -oris m. *Geruch, Gestank*
20 pavere *zittern, ängstlich sein*
21 implorare *anflehen*
22 intolerabilis, -e *unerträglich*
23 decidere *hinfallen*
24 surgere *aufstehen*
25 proicere *zu Boden werfen*
26 obruere *überdecken, verschütten*

1 Die *Überschrift* hebt *Kostbares* hervor. Welche Kostbarkeiten sind im Text genannt?

2
a Schreibe aus Text 1 alle *Prädikate* der Hauptsätze in eine Tabelle.
b Erkläre den *Tempuswechsel*.
c Welche Informationen zum *Handlungsverlauf* kannst du aus der Bedeutung der Prädikate und den unterschiedlichen Zeiten entnehmen?

3 Lydus war ein treuer Sklave! – Lydus war ein Dieb! Nimm Stellung zu diesen *Charakterisierungen* und erläutere deine *Meinung*.

Der Untergang der Stadt

Abb. 3 *Ein Ausbruch des Vesuvs in der Neuzeit: Gemälde von Pierre Jacques Volaire (1729–1802)*

Pompeji war eine reiche Stadt. Im Umland wurden vor allem Olivenbäume und Weinreben angebaut. Am 24. August 79 n. Chr. zerstörte der Ausbruch des Vesuvs diese Stadt und Nachbarstädte wie Herkulaneum. Die Katastrophe ereignete sich in mehreren Stufen: Zunächst wurden die Bewohner durch Erdstöße gewarnt. Dann folgte die erste Eruption, eine große Wolkensäule aus Gas und Asche bildete sich über dem Berg. Mittags setzte ein Asche- und Bimssteinregen ein. Die Wolkensäule hatte eine solche Höhe erreicht, dass sie die Sonne verdunkelte. Immer wieder folgten Eruptionen und Erdstöße. Schwefeldämpfe mischten sich unter den Asche- und Bimssteinregen. Zähe Massen aus Dampf, Asche, Schlacken und Staub begruben schließlich die Stadt. Als es nach zwei Tagen wieder hell wurde, war Pompeji vom Erdboden verschwunden. Erst im 18. Jh. wurde die Stadt bei landwirtschaftlichen Arbeiten entdeckt und danach ausgegraben.

Wir sind über das Geschehen gut informiert; denn der junge Schriftsteller Plinius war damals in Misenum bei seinem Onkel gewesen, dem älteren Plinius, dem Kommandanten der dortigen Flotte. Der Onkel starb bei dem Versuch, den Menschen in Pompeji zu helfen. Plinius der Jüngere aber, der in Misenum geblieben war, beobachtete von dort aus das Geschehen. Später schrieb er Briefe an seinen Freund Tacitus und berichtete ihm, was er gesehen und erlebt hatte.

4 Mit welchen Ausdrücken wird die Katastrophe in Text 1 anschaulich gemacht?

Abb. 4 *Verkohlte Körper von Menschen, die beim Vesuvausbruch 79 n. Chr. in Pompeji ums Leben kamen*

TEXT 2 *Woher kam das Geld?*

Rückblende: Schon einige Jahre hatte Salvius mit seiner Frau Claudia die Taberna geführt. Sie wurde von Arbeitern und Bauern besucht, die Wein mit Wasser vermischt tranken, Oliven und Käse verzehrten. Abends berichteten Salvius und Claudia sich gegenseitig, was am Tag passiert war. Diesmal erzählte vor allem Claudia:

„Hodie, cum cibi emendi causa in foro essem, Silviam amicam conveni. Silvia oravit me, ut una cum ea ad anularium[1] irem. Ibi gemmam[27] e splendido vitro[28] factam vidi. Valde gauderem, si ea gemma[27] pulchra mihi esset!"
Salvius: „Libenter te delectarem et id ornamentum tibi donarem, sed ad gemmam[27] emendam pecunia nobis deest. Taberna paulum lucri[29] fert."
Media nocte *Salvius*, cum somnum capere non posset, secum cogitavit: „Quomodo occasio pecuniae augendae reperiri potest? Quid facere possum? … Fortasse in vino miscendo copiam aquae augere possum? … Certe! … Sed caute[30] … nam is dolus[31] detegendus[32] non est. … Praeterea nemini, ne Claudiae quidem, de hac re narrabo. Iam cras incipiam."
Profecto multis mensibus post Salvius gemma[27] empta uxorem magno gaudio affecit.

27 gemma, -ae f. *Edelstein*
28 splendidum vitrum *schimmerndes Glas*
29 lucrum, -i n. *Gewinn*
30 caute (Adv.) *vorsichtig*
31 dolus, -i m. *List*
32 detegere *entdecken, entlarven*
33 nummus, -i m. *Münze*

8 **5** Füge in die -nd-Konstruktionen die folgenden Buchstabenverbindungen richtig ein: ae • ae • i • i • um • um. Übersetze anschließend die Sätze.
- Lydus tabernam Salvii aqu__ bibend[6]__ causa intravit.
- Lydus ad port__ petend__ paratus erat.
- Lydus in cubiculum[11] Salvi_ conveniend_ causa ascendit[10].

8 **6** Die nd-Konstruktionen können die *Notwendigkeit*, einen *Zweck* oder *Vorgang* ausdrücken. Sie können *attributiv* oder als *Prädikatsnomen* verwendet sein. Es ist jeweils eine angemessene deutsche Wiedergabe erforderlich. Übersetze die folgenden Sätze und gib an, welche Sinnrichtung und welche syntaktische Verwendung jeweils vorliegt. Beispiel:
- Lydus occasionem aquae bibendae[6] quaerebat.
- Lydus suchte eine Gelegenheit, um Wasser zu trinken.

a) Tandem aquae bibendae[6] causa Lydus servus tabernam intrat.
b) Taberna Salvio familiaeque relinquenda erat.
c) Lydus servus occasionem auri inveniendi habet.
d) In deis implorandis[21] liberi atque feminae manus ad caelum tollunt.

7 O cives, cives, quaerenda pecunia primum est, virtus post nummos[33] hat der römische Dichter Horaz geschrieben. Übersetze zusammen mit einer Mitschülerin oder einem Mitschüler den Satz und klärt, was er bedeuten soll. Nehmt selbst Stellung zu diesem Thema.

39 UND IMMER WIEDER LOCKT DAS GOLD
Räuber am Werk

500 v. Chr. — *70 v. Chr.* — *500* — *1000* — *1500* — *2000*

GUT ZU WISSEN

artificium

monumentum

templum

signum

TEXT 1 *Cicero muss helfen*

In den Jahren 73 bis 71 v. Chr. hatten die Einwohner der Provinz Sizilien unter der Ausbeutung durch den Statthalter C. Verres besonders zu leiden. Nach dem Ende seiner Amtszeit wenden sie sich an ihren ehemaligen Quästor M. Tullius Cicero. Er steht inzwischen als Anwalt in Rom am Beginn einer erfolgreichen Politikerkarriere.

Legati Siculorum Romam venerunt. Nam Verres praetor tres annos incolas[1] Siciliae oppresserat et diripuerat. Quamcumque statuam pulchram, quodcumque artificium egregium, quaecumque ornamenta pretiosa[2] videbat, possidere volebat. Neque templa neque monumenta publica neque ornamenta privata sancta habebat. Omnia, quae ei placebant, Verri tradenda erant. Sin autem quis ex Siculis ea tradere nolebat, vehementer premebatur, interdum etiam torquebatur[3] vel capitis damnabatur. Imperio Verris finito Siculi auxilium a Cicerone petunt: „Tu, qui quaestor Siciliam iuste administravisti, Romam rediens subsidium promisisti, si nobis opus esset. Nonne nunc vis nos ab illo vexatos adiuvare? Iniurias Verris tolerare nolumus".
Cicero primo causam suscipere non vult; mavult se abstinere a tanto negotio. Nam scit Verrem hominem gravem esse patronosque graves habere, se ipsum autem nondum multum valere. Denique autem occasionem auctoritatis suae augendae cognoscit: „Iam saepe provinciarum incolae[1] praetores pecuniarum repetundarum accusaverunt; iudices Romani autem reos[4] plerumque absolverunt. Paulum temporis mihi ad causam praeparandam[5] superest. Hac autem causa bene acta ceteros oratores gloria superabo."
Profecto Cicero causam suscipere Siculisque subvenire decernit. Statim in Siciliam iter facit, summo studio testes inquirit[6], Verrem scelerum convincere[7] omnibus viribus atque opibus contendit …

1 incola, -ae m. *Einwohner*
2 pretiosus, -a, -um *wertvoll*
3 torquere *foltern*
4 reus, -i m. *Angeklagter*
5 praeparare *vorbereiten*
6 inquirere *suchen, beschaffen*
7 convincere (beim Gen.) *einer Sache überführen*

1 Ergänze aus dem Vorratsspeicher die fehlenden Formen:

velle	nolle	malle
■■■	non vis	■■■
velim	■■■	■■■
■■■	■■■	mavultis
■■■	nollent	■■■
■■■	nolueramus	■■■
volebam	■■■	■■■
■■■	■■■	malet

malebam • malim • mavis • mallent • malueramus • nolebam • nolet • nolim • non vultis • vellent • vis • volet • volueramus • vultis

2 Bestimme die folgenden Formen, bilde zu ihnen den Infinitiv bzw. Nominativ und nenne deren deutsche Bedeutung(en): vultis • vultus (4) • vis (2) • vir • volumus • vires (2) • viri (2) • virum • virium • velis • velles • voles

Wer war Verres?

C. Verres wurde um 115 v. Chr. geboren. Von Beginn seiner politischen Karriere an ging er mit kriminellen Mitteln vor. Schon in der Provinz Kilikien, wo er Proquästor war, raubte Verres Kunstwerke. Um von den Verbrechen abzulenken, sagte er später vor Gericht bedenkenlos auch gegen Freunde aus.
74 v. Chr. war Verres Prätor. Nach dem Ende seiner Amtszeit in Rom wurde ihm für drei Jahre die Verwaltung der reichen Provinz Sizilien übertragen. Wie viele andere Prokonsuln und Proprätoren nutzte er seine unbeschränkte Vollmacht für private Zwecke: Er beutete die für ihre griechischen Kulturgüter berühmte Provinz schamlos aus, erhob hohe Steuern, erpresste Geld und eignete sich zahlreiche Kunstwerke an. Zwar konnten die Bewohner einer ausgebeuteten Provinz vor einem römischen Gerichtshof Klage wegen Amtsmissbrauchs einreichen. Dies hatte aber wegen der weit verbreiteten Korruption kaum Aussicht auf Erfolg. Auch Verres verließ sich auf seine Freunde in Rom.
Als Cicero 70 v. Chr. im Auftrag der Sizilier die Anklage gegen Verres leitete, versuchte dieser, den Prozess durch Bestechung hinauszuzögern – doch ohne Erfolg. Cicero präsentierte sein Beweismaterial so überzeugend, dass Verres nach Massilia (heute Marseille) floh. Cicero galt seither als bedeutendster Anwalt und Redner in Rom, Verres' politische Karriere war beendet. Nur die Sizilier hatten das Nachsehen: Verres konnte in Abwesenheit nicht verurteilt werden und lebte noch lange in großem Luxus. Er starb – wie Cicero – 43 v. Chr.
M. Antonius ließ Verres ermorden, angeblich weil dieser ihm einige kostbare Kunstschätze nicht geben wollte.

3 Setze von quicumque, quaecumque, quodcumque jeweils die *passende Form* zu den folgenden *Substantiven:* statuam • patri • matris • tempus • puellae (3) • oratore

4 Von dem Philosophen Seneca stammt folgender Ausspruch:
Ducunt volentem fata, nolentem trahunt.

a Übersetze das Zitat.
b Welche *Stilfigur* erkennst du?
c Was hat Seneca mit diesem Ausspruch wohl sagen wollen? Diskutiert, ob ihr im Alltag schon ähnliche *Erfahrungen* gemacht habt.

5 Der römische Dichter Horaz schreibt: Aut prodesse volunt aut delectare poetae. Welche Ansprüche habt ihr an die Arbeit eines *poeta*?

6 Was bedeutet es, wenn jemand etwas *nolens volens* tut?

POLITISCHE REPORTAGE

7 Übertrage die Verres-Geschichte in die Gegenwart und verfasse einen *Zeitungsartikel,* in dem du über die Machenschaften dieses Politikers schreibst. Berücksichtige dabei auch die möglichen Reaktionen der Bevölkerung.

TEXT 2 *Der Fall Sopater*

Cicero bietet sein ganzes Können auf, um die Richter von Verres' Schuld zu überzeugen.

„Verres iste praetor Siculis iam multa signa et artificia eripuit atque multa alia scelera commisit. Unum exemplum nunc vobis affero: Aliquando Verres Tyndarim venerat, cum signum Mercurii, pulchre factum et ab omnibus civibus dilectum, vidit. Statim hoc artificium tolli et Messanam, ubi habitabat, traduci iussit. Omnibus Tyndaritanis huic imperio parere nolentibus Verres a proagoro[8] Sopatro ipso destructionem[9] signi poposcit. Sopater cum crudelitatem iramque praetoris istius horreret[10], senatum Tyndaritanorum adiit. Etiam senatores Tyndaritani voluptati praetoris resistere voluerunt …

Hiems frigida[11] erat, imber[12] magnus. Verres autem lictores[13] iussit Sopatrum capere et nudum[14] medio in foro constituere. Tum Sopatrum vestibus omnibus direptum in statua equestri[15] ibi posita deligari[16] iussit. Diu Sopater imbri[12] frigido[11] vexabatur. Quicumque Sopatrum vidit, misericordia hominis innocentis commotus est. Itaque Tyndaritani magno cum clamore a senatu finem terroris postulabant. Denique senatores Verrem adierunt. Signum Mercurii destrui[17] maluerunt quam Sopatrum ultra vexari. Itaque signum illi promiserunt. Tandem Sopater vix vivus de statua equestri[15] solutus est. Iudices, num hanc crudelitatem, hanc cupiditatem, hanc vim Verris istius sustinere vultis?"

8 proagorus, -i m. *oberster Beamter in einigen Städten Siziliens*
9 destructio, -onis f. *Abbau*
10 horrere (beim Akk.) *zurückschaudern vor*
11 frigidus, -a, -um *kalt*
12 imber, imbris m. *Regen*
13 lictor, -oris m. *Liktor (Helfer höherer Beamter)*
14 nudus, -a, -um *nackt*
15 equester, -tris, -tre *Reiter-*
16 deligare *anbinden*
17 destruere *zerstören*
18 triennium, -i n. *Zeitraum von drei Jahren*
19 vastare *verwüsten*
20 exinanire *ausplündern*
21 fanum, -i n. *Heiligtum*
22 confugere *sich flüchten*
23 defensor, -oris m. *Verteidiger*
24 calamitas, -atis f. *Unglück*
25 ultor, -oris m. *Rächer*
26 cognitor, -oris m. *Vertreter*
27 actor, -oris m. *Rechtsbeistand*

8 **a** Lies Text 2. Dir fallen bestimmt *Ortsangaben*, die *Gegner* im *Rechtsstreit* und die *Gegenstände* auf, um die es im Prozess geht. Schreibe sie in eine Tabelle.
b Nenne die *Verbrechen*, die hier beschrieben sind.

9 So fasst Cicero als Vertreter der Sizilier die Verbrechen des Verres zusammen: „C. Verres per triennium[18] Siculorum civitates vastavisse[19], domos exinanivisse[20], fana[21] spoliavisse dicitur. Adsunt Siculi universi; ad meam fidem, quam habent spectatam iam et cognitam, confugiunt[22]; auxilium sibi per me a vobis atque a populi Romani legibus petunt; me defensorem[23] calamitatum[24] suarum, me ultorem[25] iniuriarum, me cognitorem[26] iuris sui, me actorem[27] causae totius esse voluerunt."
a Übersetze den lateinischen Originaltext.
b Stelle mit lateinischen Begriffen die *Vorwürfe* gegen Verres zusammen.
c Suche die Begriffe heraus, mit denen Cicero seine *Aufgabe* erklärt.
d Untersuche den Text auf *Stilfiguren* und nenne ihre mögliche *Wirkung* auf die Richter.

40 UND IMMER WIEDER LOCKT DAS GOLD
Ein Piratenschiff!

500 v. Chr. · ***1. Jh. v. Chr.*** · *500* · *1000* · ***16. Jh.*** · *2000*

GUT ZU WISSEN

Abb. 1 *Königin Elisabeth I. von England geht an Bord von Francis Drakes Schiff Golden Hind nach seiner Weltumseglung 1580. Illustration von Frank Brangwyn (1867–1956)*

Num tempora mutantur? Ändern sich die Zeiten etwa?

Abb. 2 *Indonesische Piraten in ihrem Schnellboot. Aufnahme aus dem Jahr 1990*

TEXT 1 *Seeräuber beherrschen das Mittelmeer*

Gaius und Julia haben Besuch von ihrem Onkel Lucius bekommen. Er war Soldat in der Flotte des Gnaeus Pompeius (106–48 v. Chr.) gewesen und hatte gegen Piraten gekämpft. Die Kinder interessieren sich sehr für Piratengeschichten.

Gaius: „Esne adhuc memor belli, quod Pompeius cum piratis[1] gessit?"
Lucius: „Certe, liberi, Pompeii Magni virtutis recordari possum. Nam cum gubernator[2] factus essem, bello navali interfui. Quo bello orae, sinus[3], portus imperii Romani liberati sunt ab impetu piratarum[1]."
Iulia: „Oramus te, ut de piratarum[1] facinoribus narres. Nam fabulae, quas narrare soles, nos semper delectant. Itaque sumus cupidi audiendi."
Lucius: „Amore vestri adducor, ut de temporibus illis narrem. Multos annos neque consulum neque praetorum exercitibus contigit, ut oras et portus nostros tutarentur. Saepe mercatorum naves a praedonibus temptabantur et praeda abacta[4] in mari mergebantur[5]."
Gaius: „Sed qua de causa neque consules neque praetores oras nostras tueri poterant?"
Lucius: „Magistratus diu conati sunt piratas[1] vincere, sed et magna calliditas[6], dolus[7], fiducia[8] sui piratis[1] erant et venti secundi praedonibus iterum atque iterum usui fuisse videntur. Non cunctabor ad vos de quibusdam factis referre. Primum confiteor praetores ipsos, Sextilium Bellinumque, insidias piratarum[1] non effugisse. Multi homines tum valde indignati sunt[9], quod et lictores[10] et duodecim secures[11] in praedonum potestatem pervenerant. Taedet[12] me de illa ignominia recordari! Deinde audite de portu Caietae! Portus ille semper clarus fuerat et navium plenus."
Gaius: „Quid mali ibi fieri potuit?"
Lucius: „Vereor, ne ingenii atque ferocitatis[13] piratarum[1] ignarus sis, Gai. Nam quamquam praetor ipse eum portum intuebatur et inspectabat[14], portus a praedonibus direptus est."
Iulia: „Hercle[15]! Adhuc imperatores Romanos solos admirata sum, nunc autem concedo etiam illos piratas[1] et fortes et callidos fuisse."
Gaius: „Tace, Iulia! Meditare[16]! Piratae[1] non honesti erant, sed scelesti[17], quia cives Romanos crudeliter necare solebant. Sine dubio res publica tum summo in periculo versata est!"
Lucius: „Quin etiam ne liberis quidem piratae[1] pepercerunt. Nam e Miseno oppido a praedonibus sublati sunt liberi eius praetoris, qui cum praedonibus antea bellum gesserat."

1 pirata, -ae m. *Pirat*
2 gubernator, -oris m. *Steuermann*
3 sinus, -us m. *Bucht, Busen*
4 abigere, abigo, abegi, abactum *fortschaffen*
5 mergere, mergo *versenken*
6 calliditas, -atis f. *Schlauheit*
7 dolus, -i m. *List*
8 fiducia sui *Selbstvertrauen*
9 indignari, indignor, indignatus sum *empört sein*
10 lictor, -oris m. *Liktor, Amtsdiener*
11 securis, -is f. *Beil*
12 taedet me *es ekelt mich*
13 ferocitas, -atis f. *Wildheit*
14 inspectare *vor Augen haben*
15 Hercle! *beim Herkules!*
16 meditari *bedenken*
17 scelestus, -a, -um *verbrecherisch*

Ein Piratenschiff!

Iulia et Gaius: „Miseremur fati eorum liberorum. Suntne servati?“
Lucius: „Nos nautae[18] arbitrati sumus Marcum Antonium, qui tunc classi Romanae praeerat, eos a piratis redemisse[19]. Sed paulo post a Pompeio eiusque exercitu finis belli navalis factus est.“
Iulia et Gaius: „Vere gloriari potes, avuncule, te bene de re publica meritum esse!“

18 nauta, -ae m. *Seemann*

19 redimere, redimo, redemi *freikaufen*

1 Wie erklärt sich Julias Bewunderung für Piraten? *Beurteile* die Antwort des Gaius.

Piraterie damals und heute

Wer von Piraten hört, denkt an Filme, Asterix und Obelix, Romane oder Schiffe im Playmobil-Park.
Aber tatsächlich kapern Piraten immer wieder Schiffe, entführen und töten Reisende und rauben Güter.
Im 1. Jh. v. Chr. war das Mittelmeer so unsicher geworden, dass der römische Feldherr Pompeius 67 v. Chr. ein Oberkommando für 3 Jahre erhielt. In 3 Monaten besiegte seine Flotte die Piraten. Im 16. Jh. dagegen profitierte die englische Königin Elisabeth I. davon, dass der Pirat Drake spanische Handelsschiffe kaperte. 1588 trug er zum Sieg über die spanische Flotte im Ärmelkanal bei. Not und Abenteuerlust sind zwei mögliche Motive für Piraten:
Heute gibt es Piraterie im See- und Flugverkehr, im Internet und bei der Produktherstellung …

Abb. 3 *Francis Drake*

2 Setze aus dem Formenvorrat die richtige *Form* von fieri ein und *übersetze:*

fit • fiunt • facta sunt • factae sunt

- Omnia, quae rex tetigit, aurum ■ ■ ■.
- Rex poma edit: Poma aurum ■ ■ ■.
- Rex vinum bibit: Vinum aurum ■ ■ ■.
- Etiam aliae potiones aurum ■ ■ ■.

3 Ordne im Heft die *Verbformen* in einer Tabelle: fieri – Futur Aktiv – Präsens Passiv.
fit • festinabit • firmatur • fiebat • finiet • interrogatur • fiunt • legitur • licebit • erit

4 Wie lauten die entsprechenden *Formen* von dubitare?
cunctor • cuncter • cunctabar • cunctarer • cunctabar • cunctabor • cunctatus sum • cunctatus sim • cunctatus eram • cunctatus essem

5 Wo befindet sich das Kuckucksei? Bestimme die folgenden *Verbformen*.
- audire • legere • videre • tutare • capere • laudare
- monemur • regimur • confitemur • vocamur • neglegimur
- deletus • amatus • tutatus • expugnatus • excitatus • laudatus

TEXT 2 *Piraten im Dienst der Königin*

Im Jahr 1589 findet eine englische Flottenexpedition gegen das von Spanien besetzte Portugal statt. Kommandanten sind John Norreys und Francis Drake, genannt „Pirat im Dienste Ihrer Majestät“. Auch holländische Schiffe nehmen teil. Autor des folgenden Berichts ist Anthony Wingfield, einer der Piraten. Bei Cascalis nahe Lissabon fällt Norris und Drake Kriegsgerät in die Hände, doch es herrscht Mangel an Nahrung.

Hic aliquot[21] dies commorati[22], commeatum[23] subsidiumque[24] ex Anglia exspectantes, sexaginta naves urbium Hansaticarum mercatura onustas[25] capimus; militem nostrum in eas imponimus, Hollandicas dimittimus, frumento pro stipendio dato.

Trotzdem verlässt einer der besten englischen Kämpfer, der Earl of Essex, die Armee und kehrt mit seinen Männern vorzeitig nach England zurück.

Essexiae comes[26] grassante[27] inter milites epidemia[28] vino, aranciis[29], limonibus[30] fructibusque delicatis[31] minime affluctos[32], compluribus aegrotantibus[33], summo cum omnium dolore in Angliam redit.

Weitere Kämpfe folgen, aber auch Drakes Männer erkranken und sterben reihenweise. Unverrichteter Dinge fährt er, sobald günstiger Wind aufkommt, nach England zurück. Dasselbe gilt für General Norris: Auch er gibt auf.

Norreysius ibi biduum[34] exspectare cogitur, partim ut aquandis[35] navibus provideret, partim ut aliquas[36] earum tuto[37] e portu educeret, ne hosti praeda essent. Tandem multis procellis[38] variisque ventis agitatus[39] Plimotham appulit[40].

21 aliquot *einige*
22 commorari, commoror, commoratus sum *sich aufhalten*
23 commeatus, -us m. *Nachschub*
24 subsidium, -i n. *Hilfe*
25 mercatura onustus, -a, -um *mit Handelsware beladen*
26 comes, -itis m. *Graf*
27 grassari *wüten*
28 epidemia, -ae f. *Seuche, Epidemie*
29 arancium, -i n. *Orange*
30 limo, -onis f. *Zitrone*
31 delicatus, -a, -um *schmackhaft*
32 affluere *reichlich versehen mit*
33 aegrotare *krank sein*
34 biduum, -i n. *Zeitraum von zwei Tagen*
35 aquare *mit Wasser versehen*
36 aliquas *einige*
37 tuto (Adv.) *sicher*
38 procella, -ae f. *Sturm*
39 agitare *hin- und herbewegen*
40 appellere, appello, appuli *anlegen, landen*

LATEINISCHE GRUNDWÖRTER IN ENGLISCHEN SACHTEXTEN ENTDECKEN

Ein Internet-Angebot für Kinder an entlegenen Orten Australiens.
Schools of the Air bring education to students in remote areas as isolated stations and mine sites. Traditionally, lessons have come by radio network. However, more recently e-mail and other technologies have been introduced to make communication between students and teachers easier. E-mail is also used to send, check and return lessons to students. Teachers regularly visit remote homes to help parents and students.
(aus: English G 2000 A 5, hrsg. von Hellmut Schwarz. Berlin: Cornelsen 2002, S. 56)

10 Welche lateinischen Wörter helfen dir, diesen Text zu verstehen?

Verbformen

Cum omnes iram Neronis timerent,
Nero imperator semper vicit.

TIPPS ZUR ÜBERSETZUNG VON VERBFORMEN

▶ **Entscheidend – das Ende.** Um bei der Übersetzung von Verbformen keine Fehler zu machen, musst du dich besonders aufs Ende konzentrieren. Das zeigt dir der „Bauplan" des lateinischen Verbs:

Verbalstamm, z. B.	Tempus-/ Moduszeichen, z. B.	Personalendung, z. B.
voca	ba	nt
↓	↓	↓
Gibt die Wortbedeutung an.	Gibt an, wann (Tempus) und wie (Modus) etwas geschieht.	Gibt an, wer handelt (Aktiv) oder mit wem etwas gemacht wird (Passiv).

Nominalform:

Verbalstamm, z. B.	Kennzeichen z. B.	Kasusendung, z. B.
voca	nt nd t	es i i
↓	↓	↓
Gibt die Wortbedeutung an.	Gibt die Funktion an: Partizip der Gleichzeitigkeit, Gerundium/Gerundivum, Partizip der Vorzeitigkeit	Gibt Kasus und Kongruenz an.

Beim Übersetzen darfst du dich also nicht nur auf den „Bedeutungsteil" konzentrieren, sondern musst den letzten beiden Bestandteilen der Wörter besondere Aufmerksamkeit widmen. Hier nun einige Tipps, wie du Fehler vermeiden kannst:

Personen: Hier kann eine „Probe“ deine Entscheidung untermauern. Untersuche, ob das Subjekt zu deiner Übersetzung passt. Es muss gleiche Person und gleichen Numerus aufweisen!
Übersetzt du einen Text, der über einen Sachverhalt oder Person(en) berichtet, ist mit der 3. Pers. Singular oder Plural zu rechnen. Ein Ich-Erzähler berichtet in der 1. Person Singular. Bei einem Dialog einer wörtlichen Rede ist mit der 2. Pers. Singular und Plural zu rechnen, aber auch mit der 1. Person.

Tempora: Auch hier gibt dir die Textsorte Hinweise. Übersetzt du gerade eine Erzählung / einen Bericht? Als Erzähltempora finden im Lateinischen Präsens, Imperfekt, Perfekt und Plusquamperfekt Verwendung. Hier musst du das Plusquamperfekt beachten, das du auch im Deutschen im Plusquamperfekt wiedergeben musst. Sonst ist in der Regel das Präteritum richtig! Dialoge/Wörtliche Reden stehen in der Regel im Präsens.

Modi: Wenn du in einem Satz einen Konjunktiv erkannt hast, überprüfe, ob er in einem Nebensatz steht, ihn also eine Subjunktion wie *ut, cum* usw. einleitet. In der Regel genügt hier die Übersetzung im Indikativ. Ist keine Subjunktion vorhanden, steht der Konjunktiv im Hauptsatz. Dann ist er als Konjunktiv wiederzugeben!

timerent- 3. Pers. Plural; Probe: Subjekt des Nebensatzes ist *omnes:* Plural! *vicit*- 3. Pers. Singular ; Probe: Subjekt des Hauptsatzes ist *Nero imperator:* Singular. Außerdem erinnere ich mich, dass der Text über die Olympiateilnahme Neros ein Bericht / eine Erzählung war. Dazu passt die 3. Person!

Textsorte: Erzählung. Dazu passt das Erzähltempus Perfekt, das ich bei *vicit* erkenne. Ich übersetze also im Präteritum!

Cum omnes iram Neronis timerent,
Nero imperator semper vicit.

Weil alle Neros Zorn fürchteten,
siegte Kaiser Nero immer.

Timerent ist eine Konjunktivform, die in einem mit *cum* eingeleiteten Nebensatz steht. Deshalb wird der Konjunktiv hier nicht übersetzt!

ALLES GEKLÄRT? ALLES KLAR?

Welche Behauptung ist falsch? Lösungen findest du S. 235.

Der Sportler Leon berichtet: „Magno studio corpus meum exercebam.“

a Der Satz stammt aus einer Erzählung (Indiz: *berichtet*); es ist also mit einer 3. Person zu rechnen.

b Die Anführungszeichen sind ein sicheres Indiz für einen Dialog; es ist also mit einer 2. Person zu rechnen.

c Der Einleitungssatz und die Anführungszeichen deuten auf eine Ich-Erzählung.

d Das Tempus Imperfekt passt zu einer Erzählung; auf diese Textsorte weist der Einleitungssatz hin.

41 GRENZENLOSE ANSPRÜCHE?

Meister der Technik

500 v. Chr. · 1. Jh. n. Chr. · 500 · 1000 · 1500 · 2000

GUT ZU WISSEN

Abb. 1 *Einer der heute noch eindrucksvollsten römischen Aquädukte ist der so genannte Pont du Gard in Südfrankreich nahe Uzès. An dieser Stelle überquert die Wasserleitung nach Nemausus (Nîmes) den Fluss Gard.*

Abb. 2 *Zentraler Verteiler (so genanntes castellum) der römischen Wasserversorgung von Nemausus (Nîmes)*

Abb. 3 *Bogenkonstruktionen des Pont du Gard: Detailansicht*

TEXT 1 *Ein Aquädukt für Nemausus*

Die ursprünglich keltische Stadt Nemausus (heute Nîmes) in der Provinz Gallia Narbonensis wurde unter Kaiser Augustus römische Kolonie. Mit dem schnellen Anwachsen der Stadt stieg auch der Bedarf an reinem Wasser. Es musste aus der Gegend von Ucetia (heute Uzès) über eine Strecke von ca. 50 Kilometern unter Umgehung eines Hügelmassivs nach Nemausus geleitet werden. Teile dieser Wasserleitung sind heute noch zu sehen. Am eindrucksvollsten ist der Aquädukt, der das Tal des Flüsschens Gard überspannt.
Ein Gespräch zwischen einem aus Rom angereisten Curator aquarum, der dort für die Wasserversorgung zuständig war, den Beamten der Stadt und dem von ihnen beauftragten Architekten könnte wie folgt verlaufen sein:

Curator[1]: „A principe missus sum, ut consilia vestra aquaeductus aedificandi cognoscam. Deliberemus[2] de tanto opere publico. Dicant magistratus sententiam suam!" Tum *unus eorum:* „Haec scias: Usque ad hoc tempus contenti fuimus usu aquarum, quas e puteis[3] vel e fontibus hauriebamus[4]. Sed numero incolarum[5] coloniae in dies crescente nobis opus est ingenti copia aquae. Singulas res architectus dicat, qui peritus est artis aedificandi." *Architectus:* „Aqua non solum in opera publica, sed etiam in thermas et villas divitum distribuenda est. Quam ob rem aquaeductum exstruamus. Is aquaeductus multas aquas de montibus adducet. Apertus non erit, sed lapidibus opertus[6], ut aquam puram habeamus. Utinam statim hoc opus instituere possim!"

Iterum *magistratus:* „Noli credere id sine mora fieri posse. Res enim multae operae erit. Montes et valles iter aquarum impedient. Praeterea ne omiseris tantos sumptus." Sumptibus memoratis magistratus solliciti ingemiscunt[7]. *Curator*[1] eos aspicit. „Audiatur", inquit, „et altera pars. Quid timetis?" *Illi:* „Nescimus, an princeps opibus suis nos adiuvet. Itaque timemus, ne nostris solum pecuniis illud ingens opus ad gloriam eius exstruamus. Utinam colonia ne crevisset!" *Curator*[1]: „Nolite vereri tantam molem! Ne arbitrati sitis principem vos neglegere." Tum *architectus* quaerit: „Quid faciam? Utrum exstruam an omittam aquaeductum?" *Curator*[1] hortatur: „Magistratus videant, ut opus incipiatur!" *Magistratus:* „Omnia di[8] bene vertant!"

1 curator (aquarum), -oris m. *Leiter, Verwalter der Wasserversorgung*
2 deliberare de (beim Abl.) *beraten über*
3 puteus, -i m. *Brunnen, Zisterne*
4 haurire *schöpfen*
5 incola, -ae m. *Bewohner, Einwohner*
6 opertus, -a, -um *bedeckt, abgedeckt*
7 ingemiscere *seufzen, stöhnen*
8 di = dei

1
a In Text 1 äußern sich mehrere Personen. Sprecht den Text mit *verteilten Rollen.*
b *Charakterisiere* die Personen auf Grund ihrer Aussagen. Beachte den Konjunktiv.

2
Suche aus Text 1 alle *Konjunktive* im Hauptsatz heraus und ordne sie dem *Hortativ, Jussiv, Optativ* und *Deliberativ* zu.

Wasserbedarf und römische Baukunst

Die Römer waren Meister der Technik. Vieles lernten sie von Griechen und Etruskern und brachten es mit großem organisatorischen Geschick zur Anwendung. Außer den gewaltigen Bauten der Tempel, Basiliken und Thermen schufen sie z. B. auch ein weit verzweigtes Straßennetz. Heute noch hält es an vielen Orten dem modernen Straßenverkehr stand.

Zu den außerordentlichen Leistungen römischer Architekten gehört ebenfalls die Versorgung der Städte mit Wasser. Von Frontinus (ca. 40–105 n. Chr.), dem Leiter der Wasserversorgung in Rom (*Curator aquarum*), sind wir genau über deren System informiert. Mit sehr geringem Gefälle wurde das Wasser über viele Kilometer in die Städte geleitet. Dort wurde es am höchsten Punkt in einem Sammelbehälter aufgefangen.

Von dort aus leiteten drei große Leitungen das Wasser zu den wichtigsten Versorgungsbereichen: Vorrangig zu den öffentlichen Brunnen, außerdem zu den staatlichen Bauten (Thermen, Theater, Nymphäen), schließlich zu den Privathäusern reicher Römer.

Bei Wassermangel wurde zunächst der Wasserhahn für den dritten Bereich zugedreht, danach der für den zweiten, sodass wenigstens die Grundversorgung der Bürger möglichst lange gesichert war. Das so genannte *castellum* in Nîmes (s. Abb. 2) zeigt uns deutlich, wie solch ein Verteiler funktionierte.

3 Bilde zu den folgenden Imperativen jeweils zwei *verneinte Imperative*:
tace! • dicite! • manete! • incipe!

4 Übersetze und unterscheide zwischen *erfüllbaren* und *unerfüllbaren Wünschen*.

Utinam princeps adsit! Utinam nobis adfuisset!
Utinam ne curatori[1] paruissemus! Utinam ne timeretis!

VON WORT ZU WORT

5 Die Grundbedeutung von facere lautet *tun, machen*. Eine gute Übersetzung beschränkt sich aber nicht auf diese zwei Bedeutungen, sondern richtet sich nach der Bedeutung des Objekts, das jeweils von dem Verb abhängig ist. Übersetze unter Vermeidung von *tun, machen* die folgenden Wortverbindungen:
scelus • iter • aquaeductum • castra • stipendia • arma • litteras • iniuriam • monumentum facere.

6 Drei Vokabeln in Text 1, die man verwechseln kann: *opus, opera, opes.* Kannst du sie auseinanderhalten? Überprüfe deine *Übersetzung.*

7 *Res* ist ein Wort, mit dem man vieles ausdrücken kann. Gib dem Wort in Text 1 jeweils eine *angemessene Bedeutung.*

TEXT 2 *Auftrag zur Reparatur der Aquädukte*

Im Jahre 97 n. Chr. verfasste S. Iulius Frontinus als curator aquarum (Direktor der Wasserversorgung) einen Kommentar über die Wasserleitungen der Stadt Rom. Daraus stammt der folgende Abschnitt.

Ser. Sulpicio Galba L. Aurelio Cotta consulibus cum Appiae Anionisque ductus[9] vetustate[10] quassati[11] privatorum etiam fraudibus interciperentur[12], datum est a senatu negotium Marcio, qui tum praetor inter cives ius dicebat, eorum ductuum[9] reficiendorum ac vindicandorum. Et quoniam incrementum[13] urbis exigere videbatur ampliorem[14] modum aquae, eidem mandatum a senatu est, ut curaret, quatinus[15] alias aquas in urbem perduceret. Marcius priores ductus[9] restituit et tertiam illis uberiorem[16] aquam perduxit, cui ab auctore Marciae nomen est.

9 ductus, -us m. *(Wasser)leitung der Aqua Appia und des Anioflusses*
10 vetustas, -atis f. *das hohe Alter*
11 quassare *zerquetschen, schwer beschädigen*
12 intercipere *unterbrechen (durch unerlaubtes Anzapfen)*
13 incrementum, -i n. *Wachstum*
14 amplior *größer*
15 quatinus (Adv.) *inwiefern, in welcher Weise*
16 illis uberior *ergiebiger als jene*

8 Suche aus beiden Texten alle lateinischen Wörter heraus, die etwas mit den *Wasserleitungen* und *Wasserversorgung* zu tun haben.

9 Jemand bekommt in Text 2 einen Auftrag. Stelle fest,
- **a** wer es ist,
- **b** wie dieser Auftrag lautet,
- **c** welche Überlegungen zur Erteilung des Auftrags geführt haben.

WASSERVERSORGUNG GESTERN UND HEUTE

10 Informiert euch, wo man heute noch Reste *römischer Wasserleitungen* sehen kann. Welche Fundstätte liegt dem Ort, an dem sich eure Schule befindet, am nächsten?

11 Stellt fest, woher das Trinkwasser für euren Wohnort kommt, und wie viele Kubikmeter pro Einwohner verbraucht werden. Sucht Angaben über das ungefähre *Pro-Kopf-Wasserangebot* im antiken Rom.

42 GRENZENLOSE ANSPRÜCHE?

Tiere – nur zum Vergnügen?

500 v. Chr. | *1. Jh. v. – 1. Jh. n. Chr.* | 500 | 1000 | 1500 | 2000

GUT ZU WISSEN

1 robustus, -a, -um *stark*
2 albus, -a, -um *weiß*
3 ater, atra, atrum *schwarz*

TEXT 1 *Der Preis des Ochsen*

Tiere spielten im Alltag römischer Bauern eine wichtige Rolle. Der Einsatz von Zugtieren war aber nicht immer einfach, wie folgende Begegnung eines Bauern in der Provinz mit einem Fremden zeigt.

Aliquando agricola[4], cum agrum coluisset, in muro sedit. Agricolae[4] enim muris parvis utebantur, ut eo modo agros inter se partirentur. Dum vir ibi otio fruens campos iumentaque[5] spectat, *peregrinus*[6] appropinquavit et eum allocutus[7] est. „Prima luce profectus sum, sed paulo post ab itinere aberravi[8]."
Cum agricola[4] se peritissimum locorum esse respondisset, *peregrinus*[6] interrogavit: „Tibine agri lati sunt?" „Recte dicis! Agros possideo, qui latiores agris ceteris sunt." *Peregrinus*[6]: „In agris autem ceterorum agricolarum[4] culmi[9] altiores sunt quam culmi[9] in agro tuo."
Agricola[4] invidia commotus respondit: „Brevi tempore hic culmi[9] orientur, qui erunt altissimi totius regionis!"
„Iste vir superbissimus fortasse mihi proderit", *peregrinus*[6] callide secum cogitavit et dixit: „Divitior clariorque ceteris agricolis[4] eris, potentissimus eris, in ore omnium eris. Sequere modo consilium meum! Campi tui asperrimi esse videntur. Itaque laborem in agris tuis difficillimum esse apparet. Qui multo facilior esset, si iumenta[5] robustiora[1] tuis iumentis[5] possideres. Casu iumentum[5] robustissimum[1] atque aptissimum ad divitias adipiscendas tibi offerre possum."
Talibus verbis peregrinus[6] agricolae[4] persuasit, ut iumentum[5] magno emeret. Paucis post diebus quinque servi omnibus viribus contenderunt, ut iumentum[5] emptum adducerent. Agricola[4] animal ingentius omnibus animalibus, quae umquam spectaverat, animadvertit et fuga salutem petivit. Et profecto: Qua re agricola[4] in ore omnium fuit!

4 agricola, -ae m. *Bauer*
5 iumentum, -i n. *Zugtier*
6 peregrinus, -i m. *Fremder*
7 alloqui, alloquor, allocutus sum *ansprechen*
8 aberrare *abkommen*
9 culmus, -i m. *Halm*

1 Erkläre die *Überschrift*. Verweise dabei auf geeignete Stellen des lateinischen Textes.

2 Wie wird der Bauer *charakterisiert*?

3
a Lege eine Tabelle an und trage alle *Komparative* und *Superlative* des Textes ein.
b Ergänze die fehlenden Formen. Achtung: Kasus, Numerus und Genus bleiben erhalten!

4 *Passiv* oder nicht? Stelle sinnvolle Sätze zusammen und übersetze sie.

1 Clamor magnus	A portata erant.
2 Arma a gladiatoribus	B locuti sunt.
3 Multi Romani magna voce	C oritur.

Tierhaltung in der römischen Welt

Tiere hatten für die Römer große Bedeutung. In der Landwirtschaft wurden neben Ochsen auch andere Nutztiere wie Esel und Pferde eingesetzt. Sie waren vor allem als Lasttiere sowie beim Dreschen des Getreides hilfreich. Auch war es üblich, Produkte des täglichen Bedarfs wie z. B. Milch, Käse und Felle von Ziegen und Schafen zu gewinnen. Ausgefeilte Zuchtmethoden sorgten dabei regelmäßig für die Entstehung neuer Rassen.

Abb. 1 *Ochsenkarren bei der Weinlese. Römisches Mosaik (4. Jh. n. Chr.)*

Abb. 2 *Römische Darstellung eines Kriegselefanten. Terrakotta*

Abb. 3 *Kampf zwischen Gladiatoren und Tieren in der Arena. Römisches Mosaik (4. Jh. n. Chr.)*

Doch Tiere dienten nicht nur zur Sicherung des Lebensunterhaltes, sondern auch zur Unterhaltung. Die Römer nutzten nahezu die gesamte damals bekannte Welt für den Import von exotischen Tieren. Die Tiere waren vor allem für Tierhetzen (*venationes*) in den Arenen bestimmt. Dabei kämpften sie in der Regel untereinander oder gegen Gladiatoren. Auf diese Weise kamen in Rom im Colosseum und im Circus Maximus bis ins 6. Jh. n. Chr. hinein Zehntausende Tiere qualvoll um. Kaiser Augustus beispielsweise ließ ca. 3500 Tiere für afrikanische Tierhetzen nach Rom liefern, Kaiser Trajan sogar 11 000. Die Tiere wurden über weite Strecken zu Wasser und zu Land in die Arenen des Imperiums gebracht, wobei bereits beim Transport unzählige von ihnen zugrunde gingen. Aus Asien und Afrika brachte man beispielsweise Elefanten, Löwen, Tiger, Nilpferde, Nashörner, Giraffen, Krokodile und Affen heran. Bären, Steinböcke und sogar Seehunde wurden aus nördlichen Gebieten herbeigeschafft.

TEXT 2 *Elefanten in der Arena*

In der Antike suchten die Menschen – wie auch heute – oft das besondere Vergnügen. Ein beliebter Zeitvertreib waren Tierhetzen. Politiker organisierten Spiele mit exotischen Tieren, um ihre eigene Popularität zu steigern. So wurden in Rom Elefanten eingeführt, die bei den Spielen des Pompeius in der Arena kämpfen sollten. Durch unerwartete Aktionen stürzten sie die Zuschauer in ein Wechselbad der Gefühle ...

Elephanti viginti aut, ut quidam tradunt, duodeviginti in circo pugnaverunt. Subito universi elephanti claustra[10] perrumpere[11] temptaverunt. Populus hoc tumultu valde territus est. Elephanti autem spe fugae amissa misericordiam hominum quaesiverunt. Nemo spectatorum[12] motus sonosque elephantorum verbis exprimere potuit, sed animi hominum suppliciis eorum permoti sunt. Populus imperatoris ac munificentiae[13] eius oblitus tanto dolore commotus est, ut Pompeio diras imprecaretur[14].

Cicero, der auch im Publikum saß, äußerte sich etwa folgendermaßen.

Populus elephantos valde admiratus est; quin etiam misericordia quaedam consecuta est atque opinio illis esse quandam societatem cum genere humano.

10 claustra, -orum n. *Schloss, Riegel*
11 perrumpere *durchbrechen*
12 spectator, -oris m. *Zuschauer*
13 munificentia, -ae f. *Großzügigkeit*
14 diras imprecari (beim Dat.) *jemanden verfluchen*

5 **a** Was tun die Elefanten, wie reagieren die Zuschauer? Suche aus Text 2 Verben heraus, die die *Handlung* verdeutlichen.
b Übersetze den Text.

6 Nenne jeweils die angegebenen Buchstaben, die an die verdeckte Stelle passen.
uta ▪ s, or ▪ r, partitae e ▪ t, emi ▪ r, sequ ▪ re, prof ▪ i simus, vocan ▪ r, fr ▪ mur, u ▪ i

-ect- • - ua- • tu- • -io- • -tu- • -e- • -ran- • -t- • -ri-

5, 6 **7** Suche im Text je ein Beispiel für ein *Participium Coniunctum* und einen *Ablativus absolutus*. Stelle geeignete *Übersetzungsmöglichkeiten* zusammen.

8 Welche *Motive* können einen Mann wie Pompeius dazu bewegen, Spiele zu veranstalten? Nutze dazu auch die Informationen, die du in Lektion 40 über Pompeius bekommen hast.

9 Cicero schrieb: opinio illis esse quandam societatem cum genere humano (Z. 11) Siehst du in der *heutigen Zeit* Beispiele der Verwendung und *Haltung* von *Tieren*, die mit der im Zitat wiedergegebenen Auffassung übereinstimmen oder ihr widersprechen? Nenne sie und beurteile sie kritisch.

GRENZENLOSE ANSPRÜCHE?

43 Die Eroberung der Neuen Welt

500 v. Chr. | 500 | 1000 | 15.–16. Jh. | 2000

GUT ZU WISSEN

Medio aevo exeunte maxima pars hominum ultra mare Atlanticum non esse continentem putabat. Constat maiorem orbis terrarum partem fuisse terram incognitam[1]. Sed aliqui viri doctiores vel audaciores ad regiones novas inveniendas navibus profecti sunt.

1 incognitus, -a, -um *unbekannt*

Abb. 1 *Weltkarte nach Hekataios von Milet (5. Jh. v. Chr.)*

TEXT 1 *Erste Begegnungen*

Einer von diesen Männern war Amerigo Vespucci aus Florenz. Im Auftrage des spanischen und des portugiesischen Königs nahm er zwischen 1497 und 1504 an vier Entdeckungsreisen nach Mittel- und Südamerika teil. Von seiner dritten Reise ist ein Brief überliefert, in dem er über die ersten Begegnungen mit Einheimischen berichtet:

„Omnes utriusque sexus[2] incedunt nudi[3]. Corpora habent magna, bene disposita et colore declinantia[4] ad rubedinem[5]. Habent et comam[6] amplam et nigram. Sunt in incessu[7] et ludis agiles[8] et liberali atque venusta[9] facie. Quam tamen ipsi sibi destruunt.

Perforant[10] enim sibi genas[11] et labra[12] et nares[13] et aures. Neque credas foramina[14] illa esse minima aut eos unum tantum habere. Vidi enim aliquos viros habentes in sola facie septem foramina[14]. Obturant[15] sibi haec foramina[14] cum petris[16] pulcherrimis. Si quis videret rem tam insolitam[17] et monstro[18] similem, non sine admiratione[19] esset.

Nec habent bona propria, sed omnia communia sunt. Vivunt simul sine rege, sine imperio. Sibi quisque ipsi dominus est. Tot uxores ducunt, quot volunt. Praeterea nullum habent templum et nullam tenent legem. Dixerit aliquis: Vivunt secundum naturam.

Populi inter se bella gerunt sine arte, sine ordine. Natu maiores contionibus aliquibus natu minores flectunt ad id, quod volunt, et ad bella incendunt, in quibus crudeliter se mutuo[20] interficiunt. Si quos ex bello captivos ducunt, non eorum vitae, sed sui victus causa eos servant. Nam victores victos comedunt[21]; et inter carnes[22] humana est eis communis in cibis. Huius autem rei certior sis, quia iam visum est patrem comedisse[21] filios et uxorem.

Plura dico: Ipsi admirantur, cur nos non comedamus[21] inimicos nostros et eorum carne[22] non utamur in cibis, quam dicunt esse saporosissimam[23].“

Abb. 2 *Kolumbus wird 1492 auf Hispaniola von Indianern begrüßt.*

2 sexus, -us m. *Geschlecht*
3 nudus, -a, -um *nackt*
4 declinare ad *neigen zu, übergehen zu*
5 rubedo, -inis f. *Röte, Rotton*
6 coma, -ae f. *Haar*
7 incessus, -us m. *Gangart, Gang*
8 agilis, -e *behände, beweglich*
9 venustus, -a, -um *schön*
10 perforare *durchbohren*
11 gena, -ae f. *Wange*
12 labrum, -i n. *Lippe*
13 naris, -is f. *Nasenloch, Nase*
14 foramen, foraminis n. *Loch, Öffnung*
15 obturare *verstopfen*
16 petra, -ae f. *Stein*
17 insolitus, -a, -um *ungewöhnlich*
18 monstrum, -i n. *Ungeheuer*
19 admiratio, -onis f. *Bewunderung*
20 mutuo (Adv.) *gegenseitig*
21 comedere *(auf)essen*
22 caro, carnis f. *Fleisch*
23 saporosus, -a, -um *geschmackvoll*

1 Fasse jeden *Textabschnitt* durch eine *Überschrift* zusammen.

2 Zeige am Text, welche *Meinung* Vespucci sich über die Einheimischen bildet.

3 Überlege, welche *Auswirkungen* Vespuccis erste Eindrücke von den Indianern auf das *Handeln* seiner Nachfolger gehabt haben könnten.

4 *Beschreibe* in Latein Aussehen und Sitten der weißen Ankömmlinge.

Entdecker, Eroberer, Missionare

Auf der Suche nach dem Seeweg nach Indien traten Ende des 15. Jh.s Spanien und Portugal in Konkurrenz. Technische Verbesserungen ermöglichten Schifffahrt fern von Küsten: Kolumbus entdeckt 1492 die Bahamas und Kuba, später die Küste Venezuelas, war aber der Überzeugung, Indien erreicht zu haben. Amerigo Vespucci erforscht um 1500 die Küste Brasiliens. Aufgrund seines lateinischen Berichtes, der sich durch den Buchdruck schnell in Europa verbreitet, erhält der neue Kontinent seinen Namen: Amerika. Fernando Magellan beweist um 1520 durch die erste Weltumsegelung die Kugelgestalt der Erde.

Der neue Kontinent besaß Rohstoffe in unvorstellbarem Ausmaß. Es begann eine Phase der Eroberung von Gebieten für Spanien und Portugal: Hernando Cortez eroberte 1521 das Aztekenreich in Mexiko, die Gebrüder Pizarro unterwarfen 1534 das Inkareich in Peru. Die Indianer unterlagen nicht nur überlegener Waffentechnik, sondern fielen auch eingeschleppten Krankheiten zum Opfer. Siedler plünderten, versklavten oder ermordeten Indianer. Die katholische Kirche, die durch die Reformation Gläubige verlor, suchte die Indianer für das Christentum zu gewinnen: Deshalb strömten Priester in die neuen Kolonien.

Abb. 2 *1507 fertigte Martin Waldseemüller eine Karte an, auf der Amerika nach Amerigo Vespucci benannt ist. Der entsprechende Ausschnitt ist hier wiedergegeben.*

5 In lateinischen Sprichwörtern und Wahlsprüchen finden sich Komparationsformen, aber auch Formen von quisque oder (ali)quis. Ergänze die passenden Formen, übersetze und erkläre:

- E ■■■ unum. (Wahlspruch der USA)
- Iustitita suum ■■■ tribuit. (Cicero, Anwalt und Philosoph)
- ■■■ tempora plurimae leges. (anonym)
- Bonum commune ■■■ est quam bonum unius. (Thomas von Aquin, Theologe)
- Natura in ■■■ maxima. (Carl Linné, Botaniker)
- Suae ■■■ fortunae faber est. (Sallust, Geschichtsschreiber)
- Homines, quo ■■■ habent, eo cupiunt ampliora. (Justinius, Rechtsgelehrter)

cuique • minimis • melius • quisque • pessima • plura • pluribus

TEXT 2 *Zivilisation in der Neuen Welt*

Bartolomé de las Casas,christlicher Missionar, Berater am Hof Kaiser Karls V. und Geschichtsschreiber, war offenbar zunächst selbst aktiv an der Ausbeutung der Indianer beteiligt. Später trat er bei Kaiser Karl V. und mit seinen Schriften für die Indianer ein. Von Las Casas sind spanische und lateinische Schriften erhalten.

De las antiguas gentes del Perú

CAPÍTULO I
De las poblaciones y edificios notables del antiguo Perú

CAPÍTULO VIII
De otros templos famosos que habia en el Perú, su forma y edificio

CAPÍTULO X
Del sacerdocio y de los ministros de los templos y dioses

CAPÍTULO XII
De los sacrificios, ritos, adoraciones y fiestas religiosas

CAPÍTULO XIV
Del nombre Perú y de cómo se gobernaban las gentes de él en los tiempos primeros de su gentilidad

Abb. 3 *Die Inka-Siedlung Machu Picchu in Peru*

SPANISCHE KURZTEXTE VERSTEHEN

6 Erkläre anhand deiner *Lateinkenntnisse* den *spanischen Titel* der Schrift von Las Casas.

7 Erschließe mithilfe deiner Lateinkenntnisse aus den kurzen spanischen *Inhaltsangaben*, worum es in den genannten Kapiteln des Buches geht.

STEIGERUNG: DEUTSCH, ENGLISCH, LATEIN

alt	■■■	■■■
■■■	older	■■■
■■■	■■■	antiquissimus, -a, -um

8 Ergänze die Tabelle in deinem Heft.

9 Vergleiche die *Steigerungsformen* in den drei Sprachen. Welche Parallelen und Unterschiede entdeckst du?

10 Lege eine entsprechende Tabelle für das Adjektiv *gut* an. Was fällt dir auf?

44 DER MENSCH UND DIE GÖTTER

Altäre, Zeremonien

GUT ZU WISSEN

Abb. 1

Im Zentrum der Stadt und im Mittelpunkt des öffentlichen Lebens stand in Rom auf dem Kapitol der Tempel des Iuppiter Optimus Maximus (Ein Modell dieses Tempels ist in Abb. 2 zu sehen). In ihm wurden nicht nur Jupiter, sondern auch seine Frau Juno und seine Tochter Minerva verehrt (Diese göttliche Dreier-Gruppe zeigt das römische Relief in Abb. 1). Die Römer glaubten, solange der Tempel bestehe, solange dauere die Herrschaft Roms. Die Römer fühlten sich mit ihren Göttern untrennbar verbunden.

Abb. 2

TEXT 1 *Ein Opfer für die Götter*

Wenn man heute das Forum Romanum besucht, findet man in der Nähe der Basilica Iulia die Reste einer Brunneneinfassung. Diesen Brunnen nannten die Römer Lacus Curtius. Wie es zu diesem Namen kam, darüber erzählten sich die Römer folgende Geschichte:

Quondam, seu motu terrae seu qua alia vi, medio in foro terra dehiscere[1] coepit; quae vorago[2] tam alta fuit, ut coniectu[3] terrae expleri non posset. Magis magisque timor animos civium occupavit, cum Romani illam voraginem[2] vi divina creatam esse cognoscerent.
Haec res senatui nuntiata est. Senatus, quod in rebus divinis solebat, decrevit, ut vates[4] consulerentur. Hi cecinerunt id, quo populus Romanus plurimum posset, illo loco immolandum esse, si Romani rem publicam perpetuam esse vellent. Romani diutius de his verbis deliberabant[5], sed, quid immolandum esset, non inveniebant.
Denique M. Curtius, iuvenis virtute egregia, intellexit vates[4] arma et virtutem designavisse[6]. Virtute sua confisus se ipsum immolare ausus est, ut pax deorum reverteretur: Armatus et in equo ornato sedens in voraginem[2] se immisit[7]. Brevissime terra coniuncta est lacu parvo remanente.
Qui ex eo tempore lacus Curtius appellatus est. Romani autem gavisi sunt, quod pax deorum optime restituta erat.

1 dehiscere, dehisco *sich spalten, sich öffnen*
2 vorago, -inis f. *Abgrund*
3 coniectus, -us m. *Hineinwerfen*
4 vates, vatis m. / f. *Seher(in), Wahrsager(in)*
5 deliberare *nachdenken, beraten*
6 designare *bezeichnen, meinen*
7 se immittere *sich hineinstürzen*

1 Auf S. 222 ist die *Kommunikation* zwischen Menschen und Göttern beschrieben.
a Unterscheide dabei verschiedene *Phasen*.
b Ordne diesen *Phasen* die *Ereignisse* der Geschichte über Marcus Curtius zu.

2 *Cum, ut, quod* sind Subjunktionen, die im Satz unterschiedliche Aufgaben und Sinnrichtungen haben können. In welcher *Funktion* werden sie in diesem Text gebraucht? Begründe deine Entscheidung jeweils.

3 **a** Ganz schön *steigerungsfähig*, die Adverbien! Vervollständige die Tabelle im Heft.

magis	diutius	■■■
■■■	■■■	brevissime

b Welche weiteren *Adverbien* im *Komparativ* oder *Superlativ* erkennst du in Text 1?

4 Füge die Wortbausteine so zusammen, dass sinnvolle Formen von *Semideponentien* entstehen.
- aude • confid • gaude • revert • sole
- amus • ebant • itur • o • te

Römische Religion

Die Römer glaubten, alle Lebensbereiche seien von göttlichen Kräften beeinflusst, insbesondere Sturm, Blitz, Donner oder Erdbeben, denen gegenüber der Mensch machtlos war. Religion hatte die Aufgabe, die Beziehung zu den Göttern herzustellen und sie zu veranlassen, die Menschen im täglichen Leben zu unterstützen.

Es gab drei Kommunikationswege zwischen Menschen und Göttern: Das Gebet, um der zuständigen Gottheit eine Bitte oder Danksagung zu Gehör zu bringen, das Opfer, um die Götter zur Erfüllung der Bitte oder zur Annahme des Dankes zu bewegen, und die Weissagung, um den Götterwillen zu erkunden. Im Verhalten gegenüber Göttern mussten Regeln genauestens eingehalten werden. Der Wortlaut der Gebete, die Art des Opfers für jede Gottheit, der Ablauf der Zeremonien war bis in die letzte Einzelheit festgelegt. Jeder kleinste Verstoß machte alle Bemühungen um Kontaktaufnahme zunichte. Fachleute regelten den Kontakt zwischen Göttern und Menschen: Priester und Männer, die nach dem Vogelflug den Götterwillen deuteten (*augures*) oder ihn mithilfe von Eingeweiden der Opfertiere ermittelten (*haruspices*). Es kam darauf an, ein rechtes Verhältnis zu den Göttern aufzubauen: die *pax deorum*.

Was Römer über Götter dachten, war ihnen freigestellt. Es herrschte Toleranz gegenüber fremden Göttern; viele wurden in Rom heimisch. Die Römer verehrten Kaiser wie Götter. Ihrem Schutzgeist (*genius*) opferte man, Gebete wurden für sie gesprochen. Der Kult war ein Mittel, die Macht der Kaiser zu festigen. Als Christen, deren Gott ausschließliche Verehrung fordert, diesen Kult verweigerten, wurden sie verfolgt – auch aus politischen Gründen.

Abb. 3 *Mars (links neben dem Altar stehend) nimmt das Opfer einer Stieres, eines Schafs und eines Schweins (so genannte suovetaurilia) entgegen. Römisches Relief*

TEXT 2 *Die Herrschaft dieser Welt erkenne ich nicht an!*

Am 17. Juli 180 n. Chr. verhörte der Prokonsul P. Vigellius Saturninus in Karthago sieben Männer und fünf Frauen, deren Wortführer Speratus hieß. Sie waren wegen ihres christlichen Glaubens angeklagt. Das Protokoll des Verhörs ist erhalten:

Saturninus dixit: Potestis indulgentiam[8] domini nostri imperatoris mereri, si ad bonam mentem redeatis!
Speratus: Numquam malefecimus[9], numquam maledeximus[10].
Saturninus: Et nos religiosi[11] sumus, et simplex est religio nostra: et iuramus per genium[12] domini nostri imperatoris et pro salutate eius supplicamus[13], quod et vos facere debetis!
Speratus dixit: Ego imperium huius saeculi non cognosco, sed magis illi Deo servio, quia cognosco dominum meum, regem regum et imperatorem omnium gentium.
Saturninus Sperato dixit: Perseveras[14] Christianus?
Speratus: Christianus sum!
Saturninus: Numquid[15] ad deliberandum[5] spatium[16] vultis?
Speratus dixit: In re tam iusta nulla est deliberatio[17]!
Saturninus decretum recitavit[18]: Sperato et ceteris, qui ritu Christiano se vivere confitebantur, facultas ad Romanorum morem redeundi oblata est. Nolentes gladio animadvertuntur.
Speratus: Hodie martyres[19] in caelis sumus: Deo gratias!

(Passio Sanctorum Scilitanorum 1–3, 6; 10–11; 14–15)

8 indulgentia, -ae f. *Gnade, Nachsicht*
9 malefacere *Böses tun*
10 maledicere *Böses nachsagen, lästern*
11 religiosus, -a, -um *fromm*
12 genius, -i m. *Genius, Schutzgeist*
13 supplicare *beten, bitten*
14 perserverare *weiterhin bleiben*
15 numquid? *denn? etwa?*
16 spatium, -i n. *Zeit*
17 deliberatio, -onis f. *Bedenken, Überlegen*
18 decretum recitare *eine Verordnung vorlesen*
19 martyr, martyris m. / f. *Märtyrer(in)*

5 Was wirft Saturninus den Christen vor? Wie verteidigen sie sich?

6 Das Dekret des Saturninus fasst den ganzen „Fall“ zusammen. Wie sind im lateinischen Text „die Angeklagten“, „ihr Geständnis“, „ihre Strafe“ und „die Begründung für die Strafe“ ausgedrückt?

VON WORT ZU WORT

7 In lateinischen *Wörterbüchern* sind die Substantive im Nominativ Singular, die Verben in der 1. Person Singular Indikativ Präsens Aktiv (bzw. Passiv bei Deponentien) verzeichnet. Stell dir vor, du hättest die Bedeutung folgender Wörter vergessen. Unter welcher *Form* müsstest du nachschlagen?
imperatoris • mentem • salute • debetis • gentium • vultis • oblata • facultate • redeundi • gratias

Opfer und Weisssagungen

Abb. 4 *Altar vor dem Vespasiantempel in Pompeji. Die eigentliche Kulthandlung, das Opfer, fand vor dem Tempel statt. Im Tempel selbst stand im Halbdunkel die überlebensgroße Statue des Gottes, über und über bedeckt mit Gold und Edelsteinen. Viele Kaiser wurden nach ihrem Tod in einem Tempel wie ein Gott verehrt. Hier seht ihr die Reste des Tempels, der dem Kaiser Vespasian geweiht war.*

Abb. 5 *Das Opfertier musste nicht nur äußerlich makellos sein, auch die inneren Organe hatten einwandfrei zu sein. Das beurteilten die haruspices (Plural; Singular: haruspex). Sie verfügten außerdem über die Fähigkeit, aus der Beschaffenheit der Eingeweide des Opfertieres den Götterwillen zu erkunden. Besonders wichtig war dabei die Leber, die als der Sitz des Lebens galt.*

Abb. 6 *So genannte Bronzeleber von Piacenza. Auf diesem römischen Fundstück sind bestimmte Bereiche der Leber eines Opfertieres und die Bedeutung gekennzeichnet, die sie für den haruspex haben.*

Abb. 7 *Das Relief an dem in Abb. 4 dargestellten Altar stellt ein Opfer dar. Der opfernde Priester hat sich vorschriftsmäßig die Toga über den Kopf gezogen. Rechts seht ihr das Opfertier, einen Stier, der von einem Opferdiener zum Altar geführt wird. Das Opfertier musste makellos sein und sich willig zum Altar führen lassen. Andernfalls war das Opfer vergeblich. Mit dem Hammer betäubte der Opferdiener das Tier durch einen Schlag gegen die Stirn. Ein anderer Opferdiener schnitt dem Tier die Kehle durch und ließ es ausbluten. Die Innereien wurden auf dem Altar verbrannt, das restliche Fleisch von der Opfergesellschaft verspeist. In der Mitte seht ihr einen Mann mit einer Doppelflöte, der das Opfer mit Musik begleitet.*

Abb. 8 *In jedem römischen Haus gab es einen Platz, wo dem Schutzgeist des Hausherren, dem Genius, und den Schutzgöttern des Hauses, den Laren, geopfert wurde. Der Genius ist der Mann in der Mitte. Neben ihm stehen zwei Laren. Den Hausgöttern wurden Speisen geopfert: Sie bekamen ihren Anteil am Essen der Familie.*

Abb. 10 *Christogramm, Zeichen früher Ausbreitung des Christentums in römischen Provinzen. Für die Colonia Claudia Ara Agrippinensium (Köln) ist kurz nach 310 n. Chr. ein Bischofssitz genannt. Aus Köln stammt dieses Christogramm (vergleiche S. 156) auf einem Grabstein des 4./5. Jh.s n. Chr.*

Abb. 9 *Mithras tötet den Stier. Marmorrelief aus Aquileia (2. Jh. n. Chr.). Die Mithras-Stier-Darstellungen sind typisch für diese Mysterienreligion und in zahlreichen Varianten erhalten. Der tiefere Sinn der Darstellung blieb Außenstehenden allerdings verschlossen.*

45 DER MENSCH UND DIE GÖTTER

Mysterienkult und Magie

500 v. Chr. | um 150 n. Chr. | 500 | 1000 | 1500 | 2000

GUT ZU WISSEN

Abb. 1 *Dieses in Herculaneum bei Neapel gefundene Fresco zeigt eine Szene aus dem täglichen Gottesdienst für die ägyptische Göttin Isis. Auf dem Tempelpodium tanzt ein dunkelhäutiger Mann, der wohl den ägyptischen Gott des Tanzes Bes verkörpert. Er ist umringt von Musikantinnen. Auf der linken Seite hält ein dunkelhäutiger Priester dem Tanzenden ein sistrum, die Isisklapper, entgegen. Zwischen ihnen steht ein Kind, das in die Hände klatscht. Um einen rauchenden Altar mit zwei Ibissen schlagen weitere Priesterinnen und Priester das sistrum.*

TEXT 1 *Nur für Eingeweihte*

In Mogontiacum gab es ein Heiligtum für die Göttinnen Isis und Mater Magna. Die Römerin Atilia hat sich in den Mysterienkult der Isis einweihen lassen. Ihre Freundin Priscilla drängt Atilia, von ihren Erlebnissen zu erzählen:

„Sine dubio quaeris, quid dictum, quid factum sit. Dicerem, si dicere liceret; cognosceres, si liceret audire. Initiatis[1] autem arcana[2] occulta prodenda non sunt. Nec te tamen diutius cruciatura[3] sum. Relatura sum, quae profanis[4] referre licet. Audi igitur et crede, quae vera sunt. Tibi promitto te quoque contentam fore. Spero te mox meum exemplum secuturam esse.
Olim multa nocte somnus me opprimebat, cum apparuit divina facies me allocutura[5]: ‚Ecce adsum, rerum naturae parens, elementorum omnium domina, regina manium[6]. Aegyptii me appellant vero nomine reginam Isidem. Iam tibi salutem feram, nec quicquam timeas. Tibi favebo et adero, si strenuis obsequiis[7] et tenacibus[8] castimoniis[9] gratiam meam merueris. Vives autem beata, vives in mea tutela[10], si cultu sacrisque tuis contenta fuero. Mihi denique licebit tibi vitam prorogare[11], si id beneficium tua vita meritum erit.‘
His verbis commota ad sacerdotem Isidis accessi, qui me docuit, quae ad usum teletae[12] praeparanda[13] essent. His rebus factis sacerdos me ad balneas[14] deduxit et purgavit[15]. Deinde mihi decem dies et ulla carne[16] et ullo vino abstinendum erat.
Iam dies adest, iam conveniunt undique et initiati[1] et profani[4] me muneribus honoraturi[17]. Tum sacerdos me veste lintea[18] indutam[19] in sacrum Isidis internum[20] deducit nec quemquam profanorum[4] admittit. Et crede mihi: Accessi profecto confinium[21] mortis et per omnia elementa ii et remeavi[22], nocte media vidi solem, deos inferos et deos superos accessi et adoravi[23] de proximo.“

1 initiare *einweihen*
2 arcanum, -i n. *Geheimnis*
3 cruciare *quälen*
4 profanus, -a, -um *nicht eingeweiht*
5 alloqui, alloquor, allocutus sum *ansprechen*
6 manes, -ium m. *Manen (Seelen der Toten)*
7 obsequium, -i n. *Gehorsam*
8 tenax, Gen.: tenacis *beharrlich*
9 castimonia, -ae f. *Enthaltsamkeit*
10 tutela, -ae f. *Schutz*
11 prorogare *verlängern*
12 teleta, -ae f. *Einweihung(sfeier)*
13 praeparare *vorbereiten*
14 balneae, -arum f. *Bad*
15 purgare *reinigen*
16 caro, carnis f. *Fleisch*
17 honorare *ehren*
18 linteus, -a, -um *aus Leinen*
19 induere, induo, indui, indutum *(an)kleiden*
20 internus, -a, -um *innen*
21 confinium, -i n. *Grenze*
22 remeare *zurückkehren*
23 adorare *anbeten*

1 Was erfährst du aus Abb. 1 über den *Isiskult*? Vergleiche christliche Gottesdienste.

2 **a** Wie stellt Isis sich in Atilias Traum vor? Mit welchen *Aussagen* versucht sie, Atilia als Anhängerin zu gewinnen? Welche *Gegenleistungen* müsste Atilia erbringen?
b Was verrät Atilia über die Vorbereitungen und die Vorgänge bei der *Einweihung*?

3 Quis-Quiz: Setze aus diesen Silben vier *Indefinitpronomen* zusammen und übersetze sie. quis • ali • que • quis • quis • quam • quis • quis

Mysterienkulte

In der römischen Kaiserzeit genügte vielen Menschen der traditionelle Glaube an die römischen Staatsgötter nicht mehr, das Imperium war ein offener Vielvölkerstaat geworden. Die Menschen jedoch sehnten sich nach einer direkten Beziehung zu einem Gott, der ihnen persönlich Schutz und Hilfe auch über ihr Leben hinaus versprach. Dies boten die so genannten Mysterienkulte. Ihre zahlreichen Anhänger mussten sich unter Schweigepflicht in einer feierlichen Prozedur in die geheimen Riten einweihen lassen (Initiation), dafür waren sie zu festen Kulthandlungen verpflichtet. Neben den in Griechenland heimischen Mysterien der Demeter und des Dionysos waren nun Götter aus dem Osten besonders beliebt: die in Roma als Magna Mater verehrte Kybele aus Phrygien (Kleinasien), der aus Persien stammende Mithras sowie die ägyptische Isis. Isis war in Ägypten schon seit dem 3. Jahrtausend v. Chr. mit ihrem Mann Osiris, den sie nach der Zerstückelung durch seinen Bruder Seth wieder zusammensetzte und belebte, und dem Sohn Horus als „heilige Familie" verehrt worden. Da Isis sich als die All-Eine bezeichnete, also den Anspruch erhob, alle bekannten Gottheiten in sich zu vereinen, war der Isiskult in gewisser Weise ein Eingottglauben.

Die Fluchtäfelchen von Mogontiacum (Mainz)

Im Jahre 1999 entdeckten Archäologen einen riesigen Kultbezirk in Mogontiacum, seit 84 n. Chr. Hauptstadt der Provinz Germania Superior. Inschriften verraten, dass hier die beiden Muttergottheiten Isis und Mater Magna als Spenderinnen des Lebens und der Fruchtbarkeit verehrt wurden.

Da ihnen Zauberkräfte zugesprochen wurden, ist es kein Zufall, dass sich in ihrem Mainzer Heiligtum 34 Fluchtäfelchen fanden, mit denen Menschen ihren Feinden Böses anhexen wollten. Weil dieser Schadenzauber verboten war und als schweres Verbrechen bestraft wurde, legte man die Bleitäfelchen heimlich – zusammengefaltet oder um einen Vogelknochen gewickelt – im Opferschutt ab. Um den Zauber bei rechtlichen Auseinandersetzungen, Diebstahl oder Problemen in der Liebe zu verstärken, rief man Mater Magna oder ihren göttlichen Begleiter Attis zu Hilfe, schrieb die Texte in magischer Anordnung und legte manchmal auch Zauberpüppchen (aus Wachs, Wolle oder Ton) dazu, die mit Nadeln durchbohrt, zerbrochen und dann verkehrt herum niedergelegt wurden.

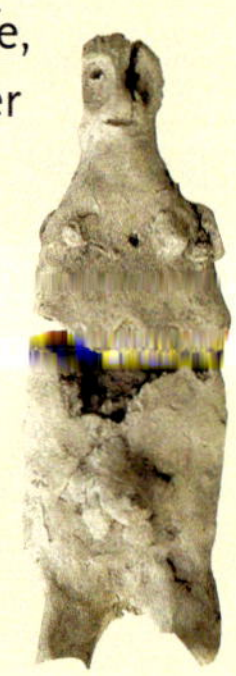

Abb. 2 *Männliche Voodoopuppe aus Mogontiacum (Mainz)*

4 Jetzt oder später? Füge die folgenden Ausdrücke in die Lücken ein und übersetze.
munera daturi • gratiam Isidi habitura • promittentem vitam aeternam • arcana[2] auditura

- Priscilla ▪▪▪ Atiliam amicam accessit.
- Amici ▪▪▪ convenerunt.
- Atilia somno Isidem ▪▪▪ audivit.
- Atilia ▪▪▪ plurima sacra fecit.

5 Entwerft eine Mindmap mit lateinischen Begriffen zum Thema Religion.

TEXT 2 *Wer verflucht Prima Aemilia?*

Auf einem der Mainzer Bleitäfelchen wird eine gewisse Prima Aemilia – wahrscheinlich die Geliebte eines Narcissus – verflucht. Der oder die Schreiberin hat weder den eigenen Namen noch den Grund der Verfluchung verraten. Nur die bösen Wünsche wurden niedergeschrieben. Um den Schadenzauber zu verstärken, ist der erste Teil des „Briefes“ an die Götter als Rahmen um den weiteren Text gesetzt. Es war nicht nötig, die Adressaten zu nennen, weil die Tafel in ihrem Heiligtum an einer Brandopferstelle abgelegt wurde. Der Schreiber oder die Schreiberin ging davon aus, dass kein Mensch den Brief je lesen würde.

Prima Aemilia Narcissi agat: quidquid conabitur, quidquid aget, omnia illi inversum[24] sit.

Amentita[25] surgat[26], amentita[25] suas res agat. Quidquid surget[26], omnia interversum[24] surgat[26]. Prima Narcissi aga(t): como[27] haec charta nuncquam[28] florescet[29], sic illa nuncquam[28] quicquam florescat[29].

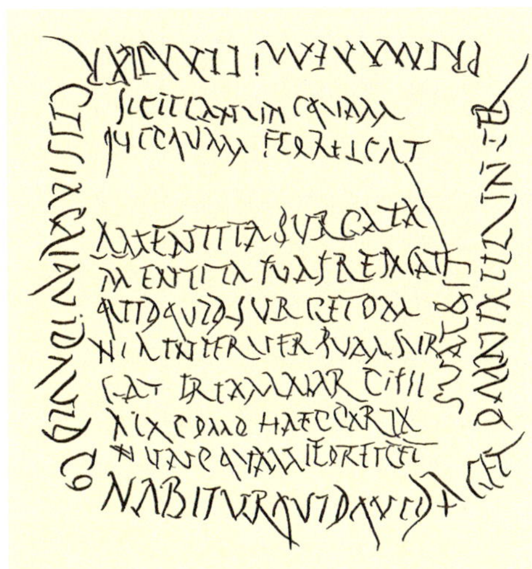

Abb. 3 *Umschrift der Fluchtafel gegen Prima Aemilia*

24 inversum/interversum *verkehrt*
25 amentitus, -a, -um *von Sinnen*
26 surgere *aufstehen, unternehmen*
27 como: quomodo
28 nuncquam: numquam
29 florescere *erblühen*

6 Finde auf der Abbildung den *Textanfang* und erkläre die *magische Anordnung*.

7 Überlege, *wer* die Fluchtafel geschrieben haben könnte und aus welchem *Grund*. Denk dir zu deiner *Übersetzung* eine *Geschichte* aus, schreibe sie auf oder erzähle sie.

8 Stelle Bedingungen an deine Mitschüler (im Futur II): Laudaberis/Laudabimini, si ... (fabulam bonam narrare, diligentiam adhibere, canere, ...)
Reprehenderis/Reprehendemini, nisi ... (tacere, scribere, laborare ...)

INFORMIEREN ÜBER DEN MITHRAS-KULT

9 In Mainz wurde auch der persische *Gott Mithras* verehrt, der im römischen Reich bei den Soldaten sehr beliebt war. Informiere dich anhand von Nachschlagewerken und Internet über diesen Kult und stelle ihn der Klasse vor.

Übersetzungstraining 9

Planmäßig Vokabeln nachschlagen

Vergessen ist menschlich ...
Zum Glück kann ich im Wörterverzeichnis nachsehen. Aber unter *virtutis* finde ich keinen Eintrag. Was tun?

Nun gibt es ja Wörter, die verschiedene Bedeutungen haben, wie z. B. *trado*. Welche Bedeutung nehme ich?

Marcum Curtium exemplum
virtutis Romanae fuisse sciptores tradunt.

TIPPS ZUM NACHSCHLAGEN VON VOKABELN

- Nomen und Verben sind in ihrer Grundform angegeben: Nomen im Nominativ, Verben in der 1. Pers. Sing. (im Salvete-Vokabelverzeichnis ist der Infinitiv angegeben). Formenkenntnis ist gefragt! Du musst Wortarten unterscheiden, Deklinationen und Konjugationen beherrschen. Hier zahlt es sich aus, wenn du beim Vokabellernen alle Informationen mitgelernt hast (vgl. Übersetzungstraining 1).

  Beispiel: Brevissime terra coniuncta est lacu parvo remanente.

  Angenommen, du weißt die Bedeutungen von *remanente* und *terra* nicht – unter welchen Formen müsstest du nachsehen? Kläre zuerst, um welche Wortarten es sich handelt, bestimme die Konjugation bzw. Deklination und bilde die entsprechende Form – dann sieh nach! Halt ... !

- Warte! Erschließe dir das Textthema (vergleiche Übersetzungstraining 3), kläre den bisherigen Inhalt des Textes. Es nützt auch, sich die bekannten Vokabeln anzuschauen – auch hier erschließt sich das Textthema. Dann kannst du dich bei mehrdeutigen Wörtern für die passende Bedeutung entscheiden!

  Remanente kommt von *remanere*, ich muss unter *remaneo* nachsehen. *Terra* finde ich unter *terra*. Nun die Geschichte bis zu diesem Satz. Auf dem Forum klafft ein tiefes Loch – ein Zeichen für die Menschen, dass ihr Verhältnis zu den Göttern gestört ist. Die Römer sollten das kostbarste Gut opfern. Marcus verstand, dass das Waffen und Mut im Krieg seien, und stürzte sich in den Abgrund. So weit die Vorgeschichte: Folgerichtig wäre, dass sich der Spalt schließt. Gibt der Satz diesen Sachverhalt wieder? ...

- Warte! Vergewissere dich, ob dir die Vokabel wirklich unbekannt ist: Nutze Kenntnisse moderner Fremdsprachen oder von Fremdwörtern, um das lateinische Wort zu erschließen. Sieh dann zur Bestätigung nach!

  Terra – *Terrarium* ist im Gegensatz zum Aquarium trocken, dort wohnen „Landtiere“! Vielleicht kennst du das Fremdwort *Territorium*. Die Bedeutung *Land, Erde* würde auch zur Geschichte passen. Jetzt ist ein Blick ins Lexikon wirklich angebracht!

- Bisweilen ist das unbekannte Wort aus dir bekannten Bestandteilen zusammengesetzt. Erschließe die Bedeutung und schlage zur Bestätigung nach!

  Remaneo besteht aus *maneo ich bleibe* und der Vorsilbe *re* zurück. Heißt also *re-manere zurückbleiben*? Zum Kontext würde es passen – Zeit für den Blick ins Lexikon!

- Ist nur ein Wort im Satz unbekannt, setze – wie in der Mathematik – ein „x" dafür ein. In den meisten Fällen ergibt sich die Bedeutung jetzt aus dem Zusammenhang. Das funktioniert besonders gut, wenn „die Unbekannte" ein Verb ist. Sieh dann nach!

  Beispiel: Brevissime terra coniuncta est lacu parvo remanente.
  Nimm mal an, dir sind alle Wörter bekannt außer *coniuncta est*. Setze dafür x ein: Blitzschnell wurde die Erde (ge/ver)-x(t), wobei ein kleiner See zurückblieb. Ist jetzt nicht im bisher bekannten Kontext klar, was *coniuncta est* bedeuten muss? Jetzt schau im Lexikon nach!

- Wenn du mehrere Wörter nicht weißt:
  Schlage zuerst das Verb nach! Meist sind Verben die Bedeutungsträger, die uns den Inhalt des Textes verraten. Wenn das Lexikon allerdings für das gesuchte Verb zu viele Bedeutungen angibt, schlage alles bis auf das Verb nach. Jetzt hilft das x-en!

Marcum Curtium exemplum virtutis Romanae fuisse sciptores tradunt.

Die Schriftsteller überliefern, dass Marcus Curtius ein Beispiel für römische Tatkraft war.

ALLES GEKLÄRT? ALLES KLAR?

Romani nummos in lacum Curtium immiserunt, ut Augustum die natali honorarent.

Welche Behauptung ist falsch? Lösungen findest du S. 235.

a Wenn mir *nummos* unbekannt ist, hilft es, für dieses Wort ein x einzusetzen.
b *Lacus* kenne ich nicht; mir kommt aber das englische *lake* in den Sinn. Mit der Vermutung, dass *lacus See* heißt, schlage ich im Lexikon nach.
c *Honor* heißt Ehre; *honorare* könnte also *ehren* heißen.
d *Deus* heißt *Gott*; *die* muss etwas damit zu tun haben. Das Lexikon brauche ich nicht!

CLARO

5 Bildung durch Tradition?

Was sollen wir in der Schule lernen? Seit der Antike suchte man eine Antwort. Alkuin, ein angelsächsischer Mönch und Gelehrter, wurde von Kaiser Karl d. Gr. (s. Lekt. 32) um 793 zum Hoflehrer berufen und prägte entscheidend die Bildungsreform im Frankenreich. Dabei griff er auf die Antike zurück und machte die septem artes liberales, die sieben freien Künste, in den Klosterschulen zum Lehrstoff. Im Gespräch mit Schülern lässt Alkuin einen Lehrer den Unterricht des Frühmittelalters darstellen:

A *Discipuli:* Da dexteram, magister, et nos ab humo[1] imperitiae[2] eleva[3], et in gradus[4] sophiae[5] nos tecum constitue. Precamur[6] primos sapientiae gradus[4] nobis ostendi, ut Deo donante et te edocente[7] ab inferioribus[8] ad superiora[9] pervenire valeamus. – *Magister:* Legimus, Salomone dicente, per quem ipsa se cecinit sapientia: „Sapientia aedificavit sibi domum, excidit[10] columnas[11] septem". Sapientia liberalium litterarum septem columnis[11] confirmatur; nec aliter[12] sapientia ad perfectam[13] scientiam quemlibet[14] deducit, nisi his septem columnis[11] vel etiam gradibus[4] exaltetur[15].

Abb. 1 *Darstellung der Arithmetik in der Illustration einer mittelalterlichen Handschrift*

Discipuli: Duc etiam, duc nos et tandem aliquando de nidulo[16] ignaviae[17] in ramos[18] sapientiae tibi a Deo datae compone; unde[19] aliquod veritatis lumen cernere valeamus.

Magister: Sunt igitur gradus, quos quaeritis, et utinam tam ardentes sitis semper ad ascendendum[20], quam curiosi modo estis ad videndum: grammatica, rhetorica, dialectica, arithmetica, geometria, musica et astrologia. Per hos enim philosophi sua contriverunt[21] otia atque negotia.

1 humus, -i m. *Boden*
2 imperitia, -ae f. *Unerfahrenheit*
3 elevare *emporheben, hochheben*
4 gradus, -us m. *Schritt, Stufe*
5 sophia, -ae f. (griech.) *Weisheit*
6 precari *bitten*
7 edocere *gründlich lehren*
8 inferior, -ius *tiefer*
9 superior, -ius *höher*
10 excidere *aushauen, abschneiden*
11 columna, -ae f. *Säule*
12 aliter (Adv.) *anders*
13 perfectus, -a, -um *vollkommen*
14 quilibet *jeder beliebige*
15 exaltare *erhöhen*
16 nidulus, -i m. *Nestchen*
17 ignavia, -ae f. *Unwissenheit*
18 ramus, -i m. *Zweig*
19 unde *woher; daher*
20 ascendere *hinaufsteigen*
21 conterere, contero, contrivi, contritum *verbringen*

1 In Text A findest du Steigerungsformen. Suche sie heraus und bestimme sie.

2 In Z. 5 und 15 steht das Verb im Konjunktiv. Bestimme die Formen und beschreibe die Funktion des Konjunktivs.

3 Erkläre die Formen ad ascendendum und ad videndum in Zeile 17.

4 Untersuche die Modi in den einzelnen Redeabschnitten. Wodurch ist die Rede der Schüler, wodurch die des Lehrers gekennzeichnet? Was ist das Anliegen der zwei unterschiedlichen Gruppen. Welches Verhältnis besteht zwischen Lehrer und Schülern?

5 Was versteht man unter Trivium und Quadrivium? Nimm Lexika und das Internet zu Hilfe. Welche Bildungstradition kannst du feststellen?

6 Die Abbildung zeigt Pythagoras, dem eine Frau, Arithmetica, eine Zahlentafel übergibt. Welche Art von Zahlen wird benutzt? Woher kommt also das Wissen im Bereich des Trivium?

7 In welchen Fächern wurden Schüler im Mittelalter unterrichtet?

8 Wie lernten Schüler im Mittelalter? Welche Rückschlüsse kannst du aus dem Gespräch ziehen? Vergleiche es mit dem Unterricht heute.

B Alkuin verfasste selbst auch ein Lehrbuch zur Mathematik. Hier eine der Aufgaben, die Schüler im frühen Mittelalter lösen sollten.

Bos[22], qui tota die arat[23], quot vestigia[24] faciat in ultima riga[25]?

Solutio[26]

Nullum omnino vestigium[24] bos[22] in ultima riga[25] facit, eo quod ipse praecedit[27] aratrum[28] et hunc aratrum[28] sequitur. Quotquot[29] enim hic praecedendo[27] inexculta[30] terra vestigia[24] figit[31], tot illud subsequens[32] excolendo[33] resolvit[34]. Propterea illius omnino nullum reperitur in ultima riga[25] vestigium[24].

22 bos, bovis m. *Ochse*
23 arare *ackern*
24 vestigium, -i n. *Spur*
25 ultima riga *letzte Furche*
26 solutio, -onis f. *Lösung*
27 praecedere (beim Akk.) *vorangehen vor*
28 aratrum, -i n. *Pflug*
29 quotquot: quot
30 inexcultus, -a, -um *unbearbeitet*
31 figere *eindrücken*
32 subsequi *nachfolgen*
33 excolere *bearbeiten*
34 resolvere *aufheben, zerstören*

9 Übersetze Text B.

10 Vergleiche die Aufgabenstellung mit Aufgabenstellungen im heutigen Unterricht.

▶ Was steht eigentlich alles im Vokabelverzeichnis?

Im Vokabelverzeichnis stehen links lateinische Wörter, dabei viele Zusatzinformationen, in der Mitte deutsche Bedeutungen und rechts verwandte Wörter moderner Sprachen.

hora, -ae *f.* Stunde (*engl.* hour; *fr.* heure; *sp.* hora; *it.* ora)

Dem lateinischen Wort sind oft grammatische Informationen hinzugefügt (hier Genitivendung **-ae** und *f.*; das Wort **hora** gehört also zur a-Deklination und hat das Genus femininum).

Diese Informationen sind wichtig, um Formen der Wörter im Text richtig bestimmen zu können. Das ist für die Übersetzung entscheidend. Weiteres dazu in Übersetzungstraining 1.

In der Spalte rechts von den deutschen Bedeutungen findest du als Lernhilfe zusätzliche Informationen zum Fortleben des lateinischen Wortes in modernen Sprachen: Wenn du die Bedeutung des Wortes aus einer anderen Sprache schon kennst, nützt dir das beim Lernen.

▶ Wie sollte man Vokabeln lernen?

Mäßig, aber regelmäßig! Mäßig: Nicht mehr als ungefähr 7 Vokabeln in einem Lerndurchgang. Sonst besteht die Gefahr, dass du vieles in deinem Kopf durcheinander wirfst. Regelmäßig: Nach nur einem Tag hast du ungefähr die Hälfte des Gelernten wieder vergessen, wenn du es nicht wiederholst! Du solltest also regelmäßig, möglichst täglich, Vokabeln wiederholen.

▶ Welche Lerntechniken gibt es?

Abdecken der Bedeutungen

Halte die mittlere Spalte mit den deutschen Bedeutungen zu und überlege, welche Bedeutung zu dem lateinischen Wort passt. Überprüfe das, indem du die mittlere Spalte aufdeckst. Wiederhole später, was du noch nicht wusstest. Das machst du solange, bis du alle Bedeutungen weißt.

Lernen mit dem Ampelkasten

Lege für jedes lateinische Wort eine Karteikarte an.
Lege sie in das rote Fach *Lernen*.
Prüfe nun dein Wissen: Lege die Vokabelkarten, die du auf Anhieb konntest, in das gelbe Fach *Wiederholen*. Was du nicht oder nicht sicher konntest, bleibt im Fach *Lernen*.
Nimm dir die Karteikarten nach nicht allzu langer Zeit erneut vor: Lege die Karten des gelben Faches, wenn du sie konntest, in das grüne Fach *Wissen*, die Karten des roten Faches, wenn du sie konntest, in das gelbe Fach. Lege die Karten des gelben Faches, die du nicht konntest, zurück in das rote Fach. Auch die Karten des roten Faches müssen da bleiben, wenn du sie noch nicht konntest.
Übe solange, bis alle Karten im grünen Fach gelandet sind.

Vokabelheft
Manche Menschen können sich Dinge gut merken, wenn sie sie (öfter) aufschreiben. Im Vokabelheft kannst du auch zusätzliche Lernhilfen notieren, z. B. verwandte Wörter, Wörter, die das Gegenteil bedeuten oder Eselsbrücken.

Vokabeln hören
Manche Menschen können sich Dinge gut merken, die sie (oft) hören. Wenn du zu diesem Typ gehörst, kannst du die Vokabeln (lateinisches Wort-Zusatzinformationen- deutsche Bedeutungen) aufnehmen und sie dir auch mehrmals vorspielen.

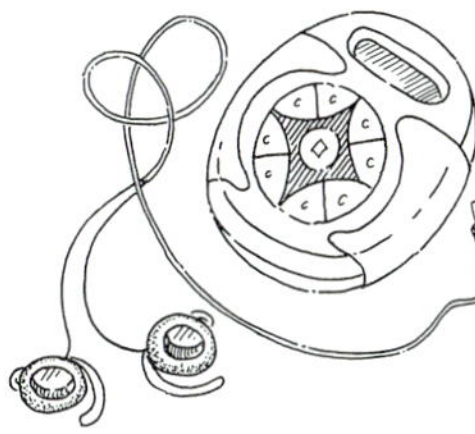

Lernen mit anderen
Manche Menschen können sich Dinge gut merken, wenn sie mit anderen zusammen lernen. Es macht Spaß und ist nützlich, wenn ihr euch gegenseitig Vokabeln abfragt – in beliebiger Reihenfolge.

Computer-Lernprogramme
Ein Computer hat immer Zeit, verliert nie die Geduld und ist unbestechlich. Er gibt dir eine sofortige Rückmeldung, ob du die Vokabeln beherrschst. Ein gutes Lernprogramm wie *disco* ermöglicht dir, die Vokabeln auf verschiedene Weisen zu üben.

▶ **Welche Lerntechnik ist die beste für dich?** Das musst du selbst ausprobieren. Die Menschen lernen verschieden, gehören unterschiedlichen Lerntypen an. Wenn du also merkst, dass du mit einer bestimmten Lerntechnik die Vokabeln besonders leicht lernst und behalten kannst, dann ist sie die richtige für dich!

ALLES GEKLÄRT? ALLES KLAR? – LÖSUNGEN

Übersetzungstraining 1 (S. 39):
1 a Wir sehen die Römischen Spiele an.
1 b Lehrer und Schüler gehen in die Schule.
2 a Der Wohnblock liegt nahe dem Forum.
2 b Die Insel Sizilien ist groß.
3 a Livia schreibt alle lateinischen Buchstaben.
3 b Der Herr gibt dem Sklaven einen/den Brief.
4 a Er schuldet dem neuen Freund Geld.
4 b Die Schüler müssen in der Nähe / nahe der Straße sitzen.

Übersetzungstraining 2 (S. 63)
1 *Wortblock: ex incendio Troiae; zweite Stelle: Aeneas <u>konnte</u> ...*
2 *Wortblock: fatis deorum; zweite Stelle: Aeneas <u>gehorchte</u> ...*
3 *Wortblock 1: cum paucis Troianis; Wortblock 2: per altum; zweite Stelle: Aeneas <u>irrte</u> ...*
4 *Wortblock 1: in patria nova; Wortblock 2: novum oppidum; zweite Stelle: Aeneas und die Gefährten <u>bauten / haben</u> ... gebaut.*

Übersetzungstraining 3 (S. 85)
Thema des Textes ist eine Arbeit des Herkules: das Reinigen des Augiasstalls.

Übersetzungstraining 4 (S. 109)
Falsch sind die Behauptungen von c, d und f.

Übersetzungstraining 5 (S. 131)
Falsch ist die Behauptung von b und e.

Übersetzungstraining 6 (S. 155)
Falsch sind die Behauptungen zu b und e.

Übersetzungstraining 7 (S. 179)
Falsch ist die Behauptung zu d.

Übersetzungstraining 8 (S. 207)
Falsch sind die Behauptungen zu a und b.

Übersetzungstraining 9 (S. 231)
Falsch sind die Behauptungen zu a und d.

1 LECTIO PRIMA

TEXT 1

ecce!	schau! siehe da!	
forum *n.*	„Forum“, Marktplatz	
amplus, -a, -um	weit, groß, geräumig	
est	(er/sie/es) „ist“	*engl.* is; *fr.* est; *sp.* es; *it.* è
monumentum *n.*	Denkmal	*dt.* Monument; *engl./fr.* monument
et	und; auch	*fr.* et; *sp.* e/y; *it.* e
et … et	sowohl … als auch; *(erstes „et“ bleibt unübersetzt)* … und …	
altus, -a, -um	hoch; tief	
hīc *(Adv.)*	hier	
sedet	(er/sie/es) sitzt	
attentus, -a, -um	aufmerksam	
etiam	auch; sogar	
hūc *(Adv.)*	hierhin	
spectat	(er/sie/es) schaut, sieht (an)	*dt.* Spektakel; *engl.* spectacular
adest	(er/sie/es) ist da; hilft	
servus *m.*	Sklave	
serva *f.*	Sklavin	
nunc *(Adv.)*	jetzt	*engl.* now
fessus, -a, -um	müde, erschöpft	
nam	denn	
diū *(Adv.)*	lange (Zeit)	
exspectat	(er/sie/es) erwartet, wartet	*engl.* expects
ubī?	wo?	*fr.* où?

TEXT 2

stat	(er/sie/es) steht	*engl.* stands *steht, stellt sich (hin)*; stays *bleibt*, station *Bahnhof*
dominus *m.*	Herr, Hausherr	
domina *f.*	Herrin, Hausherrin	
clāmat	(er/sie/es) ruft laut, schreit	
labōrat	(er/sie/es) strengt sich an, arbeitet; leidet	*dt.* Labor *naturwissenschaftliche Arbeitsstätte*; *engl.* Labour Party
sed	aber; *(nach Verneinung)* sondern	
amīcus m.	Freund	*fr.* ami; *sp.* amigo; *it.* amico
amīca f.	Freundin	*fr.* amie; *sp.* amiga; *it.* amica
subitō *(Adv.)*	plötzlich	
appropinquat	(er/sie/es) kommt näher, nähert sich	
quis?	wer?	*fr.* qui?

quam *(Adv.)*	wie *(beim Ausruf)*	
māgnus, -a, -um	groß	
gaudium *n.*	Freude, Vergnügen	
rīdet	(er/sie/es) lacht	*fr.* rit
gaudet	(er/sie/es) freut sich	
nōn	nicht	*engl.* no; *fr.* non; *sp./it.* no *nein*
semper *(Adv.)*	immer	
tardus, -a, -um	(zu) spät, langsam	

2 LECTIO SECUNDA

TEXT 1

ubīque *(Adv.)*	überall	
aedificium *n.*	Gebäude	*fr.* édifice
puer *m.*	Junge	
puerī *m.*	Jungen; Kinder	
puella *f.*	Mädchen	
ecce!	schau! siehe da!	
taberna *f.*	„Taverne“, Schenke; Laden	
porta *f.*	„Pforte“, Tor	*fr.* porte
apertus, -a, -um	offen	*fr.* ouvert, -e; *sp.* abierto, -a
intus *(Adv.)*	innen, drinnen	
nōnnūllī, -ae, -a	einige, manche	
multus, -a, -um	viel	
vir *m.*	Mann	
alius, alia, aliud	ein anderer	*dt.* alias
aliī … aliī	die einen … die anderen	
barbarus *m.*	„Barbar“, Ausländer, Fremder	
disputat	(er/sie/es) diskutiert (über)	
fēmina *f.*	Frau	*fr.* femme
tandem *(Adv.)*	endlich	
tum *(Adv.)*	da; dann; darauf; damals	
pulcher, pulchra, pulchrum	schön	
cibus *m.*	Speise	
bonus, -a, -um	gut	*fr.* bon, bonne; *sp.* bueno, -a; *it.* buono, -a
vīnum *n.*	„Wein“	*engl.* wine; *fr.* vin; *sp./it:* vino
contentus, -a, -um	zufrieden	*fr.* content, -e; *sp.* contento, -a
autem *(nachgestellt)*	aber	
pecūnia *f.*	Geld	
sollicitus, -a, -um	unruhig, besorgt, ängstlich	

timet	(er/sie/es) fürchtet, hat Angst (vor)	
dēest	(er/sie/es) ist nicht da, fehlt	
iam *(Adv.)*	schon	
nōn iam	nicht mehr	

TEXT 2

incendium *n.*	Brand, Feuer	*fr.* incendie
perīculum *n.*	Gefahr	
cūnctī, -ae, -a	alle	
turba *f.*	Menschenmenge, Masse	
forīs *(Adv.)*	draußen	
ārdet	(er/sie/es) brennt	
flamma *f.*	„Flamme", Feuer	
pūblicus, -a, -um	öffentlich, staatlich	*dt.* Publikum; *engl.* public; *fr.* public, publique
aqua *f.*	Wasser	*fr.* eau; *sp.* agua; *it.* acqua
laetus, -a, -um	fröhlich	
grātuītus, -a, -um	„gratis", kostenlos	

3 LECTIO TERTIA

TEXT 1

saccus *m.*	„Sack"	
frūmentum *n.*	Getreide	
apportat	(er/sie/es) bringt, schafft herbei	
complet	(er/sie/es) füllt (an)	
līberī *m. (Pluralwort)*	Kinder	
videt	(er/sie/es) sieht	*dt.* Video; *fr.* voit; *sp.* ve
negōtium *n.*	Tätigkeit, Aufgabe	
exercet	(er/sie/es) übt (aus)	*engl.* exercise *Übung*; *fr.* exerce
cibus *m.*	Speise	
parat	(er/sie/es) bereitet (zu)	
asinus *m.*	Esel	
īnstrūmentum *n.*	Werkzeug, Gerät	
portat	(er/sie/es) trägt, bringt	*fr.* porte
agitat	(er/sie/es) treibt (an)	
ecce!	schau! siehe da!	
habet	(er/sie/es) hat	*engl.* has; *fr.* a
inter *(beim Akk.)*	zwischen; unter	*dt./engl.* Internet; *fr.* entre
per *(beim Akk.)*	durch	*engl.* mph (miles per hour); *fr.* par

via *f.*	Straße, Weg	*dt./engl.* via *bei Wegangaben;* *fr.* voie; *sp.* vía; *it.* via
festīnat	(er/sie/es) geht schnell, beeilt sich	
prope *(beim Akk.)*	nahe bei	
urget	(er/sie/es) (be)drängt	
īnsula *f.*	„Insel“, Wohnblock	
obscūrus, -a, -um	dunkel	
intrat	(er/sie/es) betritt	*engl.* enters; *fr.* entre; *sp.* entra
sollicitus, -a, -um	unruhig, besorgt, ängstlich	
apud *(beim Akk.)*	bei	
monet	(er/sie/es) (er)mahnt	
nōn sōlum … sed etiam	nicht nur … sondern auch	
lībertus *m.*	Freigelassener	

De rebus Romanis (Lekt. 1–3)

Römische Lagerhalle in der Hafenstadt Ostia bei Rom

Tour Magne („großer Turm“), römisches Bauwerk in Nîmes/Südfrankreich

Römische Imbissstube in Pompeji, in der warme Getränke ausgeschenkt wurden – so genanntes thermopolium

pecūnia
Römische Münze, so genannter Denar, der Caesars Sieg über die Gallier darstellt

Standbild eines Römers in der Toga

Teilstück der Via Appia, einer antiken Straße südlich von Rom

TEXT 2

salūtat	(er/sie/es) (be)grüßt	
explicat	(er/sie/es) erklärt	
īgnōtus, -a, -um	unbekannt	
novus, -a, -um	„neu“	*engl.* new; *fr.* neuf, neuve; *sp.* nuevo, -a; *it.* nuovo, -a
narrat	(er/sie/es) erzählt	
mōnstrat	(er/sie/es) zeigt	
hortus *m.*	Garten	
statua *f.*	„Statue“, Standbild	
familia *f.*	„Familie“	*engl.* family; *fr.* famille; *sp.* familia; *it.* famiglia
libenter *(Adv.)*	gern	
habitat	(er/sie/es) (be)wohnt	*fr.* habite
in *(beim Akk.)*	„in“, nach; gegen *(gibt eine Richtung an)*	
ātrium *n.*	„Atrium“, Halle	
ad *(beim Akk.)*	zu, nach; bei	
fortasse *(Adv.)*	vielleicht	

4 LECTIO QUARTA

TEXT 1

magister *m.*	Lehrer	*dt.* Meister; *engl.* master
magistra *f.*	Lehrerin	*dt.* Meisterin
tū	„du“	*fr.* tu; *sp.* tú; *it.* tu
parātus, -a, -um	bereit	*dt.* parat
lūdus *m.*	Spiel; Schauspiel; Schule	
egō	ich	*sp.* yo; *it.* io
adhūc *(Adv.)*	bis jetzt, noch immer	
numquam *(Adv.)*	nie(mals)	
itaque	deshalb, daher	
dēbēre	müssen; schulden; verdanken	*fr.* devoir
īrātus, -a, -um	zornig	
attentus, -a, -um	aufmerksam	
littera *f.*	Buchstabe	
litterae *(Pluralwort)*	Brief; „Literatur“; Wissenschaften	*engl.* letter *Buchstabe; Brief*
docēre	unterrichten; zeigen	
posse	können	*engl.* possible *möglich*
toga *f.*	„Toga“ *(Oberbekleidung des römischen Bürgers)*	
laudāre	loben	

15	**iuvat**	es macht Spaß, es freut	
	cōgitāre	(nach)denken, beabsichtigen	
	nōs	*Nom.:* wir; *Akk.:* uns	*fr.* nous; *it.* noi
	dēlectāre	Freude bereiten, Spaß machen	
	vōs	*Nom.:* ihr; *Akk.:* euch	*fr.* vous; *it.* voi
	discipulus *m.*	Schüler	
	nomināre	(be)nennen	
20	**cūr?**	warum?	
	tacēre	schweigen	

TEXT 2

	enim	denn, nämlich	
	salūtāre	(be)grüßen	
	turba *f.*	Menschenmenge, Masse	
	discipula *f.*	Schülerin	
	dūrus, -a, -um	hart; streng	*dt.* Dur *harte Tonart; fr.* dur, -e
	nōnnumquam *(Adv.)*	manchmal	
25	**fābula** *f.*	Erzählung, Geschichte, Sage	*dt.* Fabel
	licet	es ist erlaubt; es ist möglich	
	iūcundus, -a, -um	angenehm, erfreulich	
	ātrium *n.*	„Atrium" *(Hauptraum des römischen Hauses)*	

5 LECTIO QUINTA

TEXT 1

	ātrium *n.*	„Atrium" *(Hauptraum des römischen Hauses)*	
	properāre	eilen, sich beeilen	
	praebēre	hinhalten, (dar)reichen	
	mōnstrāre	zeigen	
	dare	geben	*dt.* Dativ; *sp.* dar
	tunica *f.*	„Tunika" *(ärmellose, kurze Unterbekleidung)*	
	attentus, -a, -um	aufmerksam	
	vestīmentum *n.*	Kleid(ungsstück)	
	ante *(beim Akk.)*	vor	*engl.* a.m. = ante meridiem *(bei Zeitangaben)*
	interrogāre	fragen	*dt.* Interrogativpronomen
	ōrnāmentum *n.*	Schmuck(stück)	
	fībula *f.*	Spange, Schnalle	
5	**dubitāre**	zweifeln; unschlüssig sein; zögern	*engl.* (to) doubt; *fr.* douter
	dum *(beim Ind. Präs.)*	während	

certē *(Adv.)*	sicherlich	*engl.* certainly
quod	weil	
pūrus, -a, -um	rein, sauber	*dt.* pur; *fr.* pur, -e; *sp./it.* puro, -a
grātia *f.*	Dank; Beliebtheit; Gefälligkeit	*sp.* gracias, *it.* grazie *danke*
grātiam habēre	Dank wissen, dankbar sein	
valdē *(Adv.)*	sehr	
placēre	gefallen	*fr.* s´il vous plaît *bitte; wörtlich: wenn es Ihnen gefällt*

TEXT 2

sacer, sacra, sacrum	heilig, geweiht	
explicāre	erklären, erörtern	
templum *n.*	„Tempel“, Heiligtum	
clārus, -a, -um	„klar“, glänzend, berühmt	*engl.* clear; *fr.* clair, -e; *sp.* claro, -a
velut	wie (zum Beispiel)	
aut	oder	
aut … aut	entweder … oder	
lātus, -a, -um	breit, weit (ausgedehnt)	
campus *m.*	Feld	*dt.* Campingplatz; *sp./it.* campo
frequentāre	besuchen	
māgnificus, -a, -um	großartig, prächtig	*fr.* magnifique; *sp.* magnífico, -a
turba *f.*	Menschenmenge, Masse	
populus *m.*	Volk, Menge	*dt.* Pop-Musik; *engl.* people; *fr.* peuple; *sp.* pueblo; *it.* popolo
deus *m.*	Gott	*fr.* dieu; *sp.* dios
dea *f.*	Göttin	
immolāre	opfern	
dōnum *n.*	Geschenk	
parvus, -a, -um	klein	
grātus, -a, -um	dankbar; willkommen; nett	
postulāre	fordern, verlangen	

6 LECTIO SEXTA

TEXT 1

lībertus, -ī *m.*	Freigelassener	
pūgnāre	kämpfen	
necesse est	es ist nötig/notwendig	
patria, -ae *f.*	Heimat, Vaterland	*fr.* patrie; *it.* patria
meus, -a, -um	„mein“	*engl.* my; *fr.* mon, ma; *sp.* mío, -a; *it.* mio, mia

dēsīderāre	sich sehnen nach, begehren, wünschen	
tuus, -a, -um	dein	*fr.* ton, ta; *sp.* tuyo, -a; *it.* tuo, tua
ibī *(Adv.)*	dort	
procul *(Adv.)*	in der Ferne, fern	
amphitheātrum, -ī *n.*	„Amphitheater“	
locus, -ī *m.*	Ort, Stelle	*dt.* Lokal *Gaststätte; fr.* lieu
vīta, -ae *f.*	Leben	*fr.* vie; *sp.* vida; *it.* vita
noster, nostra, nostrum	unser	*fr.* notre; *sp.* nuestro, -a; *it.* nostro, -a

De rebus Romanis (Lekt. 4–6)

Statue des Kriegsgottes Mars in der Villa des Kaisers Hadrian bei Rom

Der am besten erhaltene römische Tempel, genannt Maison Carrée („Viereckiges Haus“) in Nîmes, Südfrankreich

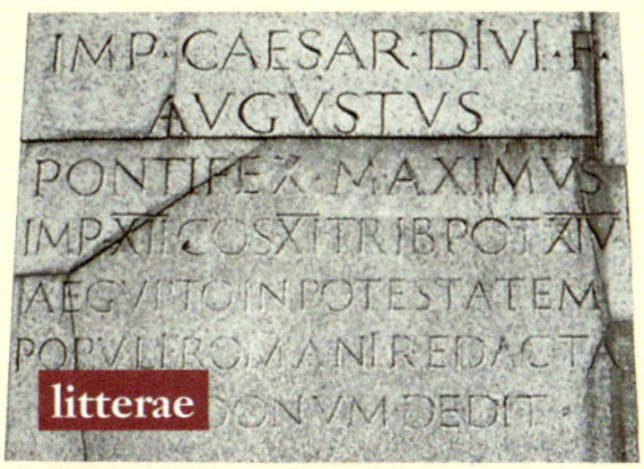

Lateinische Inschrift des Kaisers Augustus: Die ersten beiden Zeilen lauten: IMP(ERATOR) CAESAR DIVI F(ILIVS) AVGVSTVS.

Kinder beim römischen Orca-Spiel im Archäologischen Park Xanten

Schulszene. Relief eines römischen Grabmals aus Neumagen

adversārius, -ī *m.*	Gegner, Feind	
audācia, -ae *f.*	Kühnheit	
vester, vestra, vestrum	euer	*fr.* votre; *sp.* vuestro, -a; *it.* vostro, -a
———		
foedus, -a, -um	hässlich, scheußlich, widerlich	
neque/nec	und nicht, auch nicht	
neque … neque / nec … nec	weder… noch	
bēstia, -ae *f.*	(wildes) Tier	
gladius, -ī *m.*	Schwert	*dt.* Gladiator
amāre	lieben	*fr.* aimer; *sp.* amar; *it.* amare
plēnus, -a, -um *(beim Gen.)*	voll von/mit	*fr.* plein, -e
Rōmam *(Adv.)*	nach Rom	
īre	gehen; reisen	*sp.* ir
glōria, -ae *f.*	Ruhm	*engl.* glory; *sp./it.* gloria
domum *(Adv.)*	nach Hause	
perīre	zu Grunde gehen, umkommen	
socius, -ī *m.*	Gefährte, Begleiter; Verbündeter	
necāre	töten	
redīre	zurückgehen, zurückkehren, zurückkommen	

TEXT 2

quid?	was?	
poena, -ae *f.*	Strafe	
iūstus, -a, -um	gerecht; gebührend	*fr.* juste; *sp.* justo, -a; *it.* giusto, -a
subīre	auf sich nehmen	
supplicium, -ī *n.*	Hinrichtung, Todesstrafe	
misericordia, -ae *f.*	Mitleid, Barmherzigkeit	
officium, -ī *n.*	Pflicht, Aufgabe, Dienst	*engl.* office *Büro, Amt; fr.* office *Amt; sp.* oficio *Beruf, Amt*

7 LECTIO SEPTIMA

TEXT 1

hōra, -ae *f.*	Stunde	*engl.* hour; *fr.* heure; *sp.* hora; *it.* ora
amphitheātrum, -i *n.*	„Amphitheater“	
cūra, -ae *f.*	Sorge; Sorgfalt	*dt.* Kur *Heilverfahren; it.* cura
liber, libera, liberum	frei	*fr./sp.* libre; *it.* libero, -a
captīvus, -i *m.*	Gefangener, Kriegsgefangener	

	imperium, -ī *n.*	Befehl; Herrschaft; Reich	*engl./fr.* empire
5	**dēlēre**	zerstören, vernichten	
	dēsīderāre	sich sehnen nach, begehren, wünschen	
	turba, -ae *f.*	Menschenmenge, Masse	
	armāre	bewaffnen	
	terrēre	erschrecken	*dt.* terrorisieren
	mūnicipium, -ī *n.*	Landstadt *(mit eigenen Beamten)*	
	expūgnāre *(↗ pūgna)*	erobern	
	spoliāre *(beim Abl.)*	berauben, plündern	
10	**proelium, -ī** *n.*	Kampf, Schlacht	
	superāre	besiegen; übertreffen	
	arma, -ōrum *n. (Pluralwort)*	Waffen	*dt.* Armee; *engl.* army *Heer*
	sē *(Akk.)*	sich	
	līberāre	befreien	
	cibus, -ī *m.*	Speise, Nahrung	
	hortus, -ī *m.*	Garten	
	dīligentia, -ae *f.*	Sorgfalt; Aufmerksamkeit	
15	**cūrāre**	sorgen für, versorgen; besorgen	*dt.* kurieren *heilen*
	miser, misera, miserum	unglücklich, elend	
	aequus, -a, -um	eben, (gleich)mäßig; gerecht; ruhig	*engl.* equal
	animus, -ī *m.*	Geist; Gemüt; Charakter	
	aequō animō	mit Gleichmut	
	tolerāre	aushalten, ertragen	*dt.* tolerieren
20	**annus, -ī** *m.*	Jahr	*fr.* année; *sp.* año; *it.* anno
	proximus, -a, -um	nächster, nächstgelegen	*sp.* próximo, -a
	———		
	mortuus, -a, -um	tot	*fr.* mort, -e; *sp.* muerto, -a; *it.* morto, -a
	spērāre	hoffen, erhoffen	*sp.* esperar
	imprīmīs *(Adv.)*	besonders	

TEXT 2

25	**pūgna, -ae** *f.*	Kampf	
	tēlum, -ī *n.*	Wurfgeschoss; Waffe	
	-que	und	
	subīre	auf sich nehmen	
	vexāre	quälen	
	cōnsilium, -ī *n.*	Absicht, Wille, Plan; Vorschlag	
	probāre	untersuchen, prüfen; billigen, gutheißen	*dt.* probieren; *engl.* (to) prove; *fr.* éprouver; *sp.* probar

8 LECTIO OCTAVA

TEXT 1

propter *(beim Akk.)*	wegen	
certāre	kämpfen, streiten, Wettkämpfe austragen	
oppidum, -ī *n.*	befestigte Siedlung; (kleine) Stadt	
strēnuus, -a, -um	tatkräftig, tüchtig, entschlossen	
postrēmō *(Adv.)*	schließlich, endlich, zuletzt	
callidus, -a, -um	gewandt; erfahren, schlau	
5 **equus, -ī** *m.*	Pferd	
aedificāre *(↗ aedificium L 2)*	(er)bauen, errichten	
occultāre	verbergen, verstecken	
ceterī, -ae, -a	die Übrigen	*dt.* etc. (= et cetera)
ōrā, -ae *f.*	Küste	
īnsula, -ae *f.*	Insel; Häuserblock	
nāvigāre	segeln	*dt.* Navigationssystem
statim *(Adv.)*	sofort	
ecce!	siehe da!	
10 **tamen**	dennoch, trotzdem	
noctū *(Adv.)*	nachts	
exīre, exeō, exiī *(↗ īre L 6)*	herausgehen	*engl.* exit *Ausgang*
reliquus, -a, -um	übrig	
ita *(Adv.)*	so	
15 **ferē** *(Adv.)*	ungefähr, fast	

TEXT 2

somnium, -ī n.	Traum, Traumbild	
nūntiāre	verkünden, melden, sagen lassen	*dt.* Annonce; *engl.* (to) announce
servāre	retten, bewahren	
prōdigium, -ī *n.*	Vorzeichen	
fātum, -ī *n.*	Götterspruch, Schicksal	
parēre	gehorchen	
20 **paucī, -ae, -a**	wenige, nur wenige	
ubīque *(Adv.)*	überall	
īnsidiae, -ārum *f.* *(Pluralwort)*	Anschlag, Hinterhalt, Attentat	
errāre	umher „irren“, sich „irren“	
iterum *(Adv.)*	wiederum, zum zweiten Mal	
atque/ac	und	

iterum atque iterum	immer wieder	
vocāre	rufen; nennen	
umbra, -ae *f.*	Schatten	
fīlius, -ī *m.*	Sohn	*fr.* fils; *sp.* hijo; *it.* figlio
fīlia, -ae *f.*	Tochter	*fr.* fille; *sp.* hija; *it.* figlia
dēnique *(Adv.)*	endlich, schließlich, überhaupt	

STAMMFORMEN

v-Perfekt

dēlēre, dēleō, dēlēvī	zerstören, vernichten	

u-Perfekt

parēre, pareō, paruī	gehorchen	

Komposita von esse

adesse, adsum, adfuī (affuī)	da sein; helfen	
dēesse, dēsum, dēfuī	nicht da sein; fehlen	

ire und Komposita

īre, eō, iī	gehen, reisen	
exīre, exeō, exiī	herausgehen	
perīre, pereō, periī	zugrunde gehen, umkommen	
redīre, redeō, rediī	zurückgehen, zurückkehren	

9 LECTIO NONA

TEXT 1

ā/ab *(beim Abl.)*	von	
prō *(beim Abl.)*	vor; für, an Stelle von	*dt.* Pro und Kontra
adversārius, -ī *m.*	Gegner, Feind	
arcēre, arceō, arcuī	fern halten, abwehren	
posteā *(Adv.)*	nachher, später	
cum *(beim Abl.)*	mit	
mēcum	mit mir	
tēcum	mit dir	
nōbīscum	mit uns	
vōbīscum	mit euch	
sēcum	mit sich, bei sich	
perīcula subīre	Gefahren bestehen	
ventus, -ī *m.*	Wind	
nāvigium, -ī *n.*	Schiff	
īgnāvus, -a, -um	feige; träge, untätig; kraftlos	
contrā *(beim Akk.)*	gegen	*dt.* Pro und Kontra
strēnuus, -a, -um	tatkräftig, tüchtig	
ē/ex *(beim Abl.)*	aus	

exīre, exeō, exiī	herausgehen, ausgehen, enden	
————		
postquam *(beim Perf.)*	nachdem	
prīmō *(Adv.)*	zuerst	
studēre, studeō, studuī	sich bemühen	*dt.* studieren; *engl.* (to) study
frūstrā *(Adv.)*	grundlos; vergeblich, umsonst	
vārius, -a, -um	verschieden	*engl.* various
prōdigium, -ī *n.*	Vorzeichen	
malus, -a, -um	schlecht; schädlich	*sp.* malo, -a
sine *(beim Abl.)*	ohne	*fr.* sans; *sp.* sin; *it.* senza
nāvigāre	segeln	
dē *(beim Abl.)*	über, von	
abīre, abeō, abiī *(↗ īre L 6)*	weggehen	*dt.* Abitur
regīna, -ae *f.*	Königin	
manēre, maneō	bleiben	
ōrā, -ae *f.*	Küste	
in *(beim Abl.)*	„in“, auf, bei *(gibt einen Ort an)*	
aliēnus, -a, -um	fremd; unpassend, widersprechend	
ecce!	siehe da	
mōnstrāre	zeigen	
posterus, -a, -um	nachfolgend; als Nachfolger	

TEXT 2

mūrus, -ī *m.*	Mauer	
trānsīre, trānseō, trānsiī *(↗ īre L 6)*	hinübergehen, überschreiten; überspringen	*dt.* Transit *Durchgang, Durchfahrt*
iratus, -a, -um	zornig	
violare	verletzen, verwüsten	*engl.* (to) violate
caelum, -ī *n.*	Himmel; Wetter, Klima	*fr.* ciel; *sp.* cielo
secundus, -a, -um	günstig	

CLARO I

tunica, -ae *f.*	„Tunika“ *(ärmellose, kurze Unterbekleidung)*	
procul *(Adv.)*	in der Ferne, fern	
casa, -ae *f.*	Hütte	
sēdulus, -a, -um	fleißig	
cibus, -ī *m.*	Speise	
somnium, -ī *n.*	Traum	
angelus, -ī *m.*	„Engel“	
mōnstrāre	zeigen	

10 LECTIO DECIMA

TEXT 1

asinus, -ī *m.*	Esel	
possidere, possideō, possēdī	besitzen	*dt.* Possessivpronomen
saepe *(Adv.)*	oft	
vīlla, -ae *f.*	Landhaus, Landgut	
verbum, -ī *n.*	Wort	*dt.* Verb; *engl.* verb
cottīdiē *(Adv.)*	täglich	
maestus, -a, -um	traurig	
putāre	glauben, meinen; halten für	
irrīdēre, irrīdeō, irrīsī *(↗ rīdēre L 1)*	verspotten, auslachen	
dolēre, doleō, doluī	Schmerz empfinden	
existimāre	glauben, meinen; schätzen	
īgnōrāre	nicht wissen, nicht kennen	*dt.* ignorieren
nōn īgnōrāre	genau wissen	
fidus, -a, -um	treu	
ut *(beim Ind.)*	wie	
invidia, -ae *f.*	Neid	
aliquandō *(Adv.)*	einst, irgendeinmal	

De rebus Romanis (Lekt. 7–9)

Das römische Amphitheater in Nîmes/Südfrankreich:

Blick auf die Zuschauerränge und den ovalen Innenraum, der in der Antike Kampfplatz war. Dort sind Anlagen für ein modernes Konzert aufgebaut.

Gänge unter den Zuschauerrängen

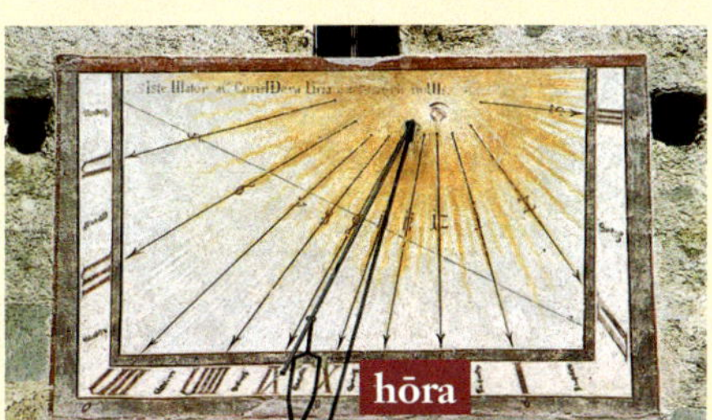

Sonnenuhr an der Wand der Kirche von Müstair im Engadin/Schweiz

ein Amtsgebäude in Nîmes, Südfrankreich

eō *(Adv.)*	dorthin	
super *(beim Akk.)*	über	*dt./engl.* super *fantastisch, toll*
levāre	erheben; erleichtern	
lingua, -ae *f.*	Zunge; Sprache	*engl.* language; *fr.* langue
īrātus, -a, -um	zornig	
īra, -ae *f.*	Zorn	
convocāre	zusammenrufen	
stultus, -a, -um	dumm	

STAMMFORMEN

s-Perfekt

ārdēre, ārdeō, ārsī	brennen	
manēre, maneō, mānsī	bleiben	

11 LECTIO UNDECIMA

TEXT 1

ōlim *(Adv.)*	einst, dereinst	
rīpa, -ae *f.*	Ufer	
vestīmenta, -ōrum *n.* *(Pluralwort)*	Kleidung	
remanēre (↗ *manēre L 9)*	zurückbleiben	*engl.* (to) remain
alter, altera, alterum	der eine, der andere (von beiden)	
nōtus, -a, -um	bekannt	
cōpia, -ae *f.*	Menge, Masse	
cōpiae, -ārum *f.*	Truppen	
quidem *(Adv.)*	wenigstens, freilich, zwar, gewiss	
paulātim *(Adv.)*	allmählich	
appāret, appāruit	es ist offenkundig	
nūntius, -ī *m.*	Bote; Botschaft, Meldung, Nachricht	
inquit	sagt(e) (er/sie/es)	
beātus, -a, -um	glücklich	
fāma, -ae *f.*	Gerücht, Gerede; Sage	*dt.* famos *großartig, sagenhaft; engl.* famous *berühmt*
fāma est	es geht die Sage, es geht das Gerücht	

TEXT 2

capra, -ae *f.*	Ziege	
silva, -ae *f.*	Wald	
casa, -ae *f.*	Hütte, Häuschen	

exīre, exeō, exiī	herausgehen, ausgehen, enden	
cibus, -ī *m.*	Speise, Nahrung	
opus est	es ist notwendig	
diabolus, -ī *m.*	Teufel	
inimīcus, -ī *m.*	Feind	
simulāre	vorgeben; so tun, als ob	
intereā *(Adv.)*	inzwischen	
dictum, -ī *n.*	Wort, Äußerung	
memoria, -ae *f.*	Gedächtnis; Erinnerung	*engl.* memory
tenēre, teneō, tenuī	(fest)halten	*fr.* tenir; *sp.* tener; *it.* tenere
memoriā tenēre	sich daran erinnern, dass; sich dessen bewusst sein, dass	
callidus, -a, -um	gewandt; erfahren, schlau	
clam *(Adv.)*	heimlich	
fenestra, -ae *f.*	„Fenster“	*fr.* fenêtre
respondēre, respondeō, respondī	antworten	
procul *(Adv.)*	in der Ferne, fern	
summus, -a, -um	oberster, höchster	
īrātus, -a, -um	zornig	

12 LECTIO DUODECIMA

TEXT 1

timor, -ōris *m.* (*↗ timēre L 2)*	Furcht, Angst	
bellum, -ī *n.*	Krieg	
occupāre	einnehmen, besetzen	
salūs, -ūtis *f.*	Wohl, Rettung; Gruß	*dt.* Salut; *fr.* salut
cōnsul, cōnsulis *m.*	„Konsul“	
plērīque, plēraeque, plēraque	die meisten	
senātor, -ōris *m.*	„Senator“	
dēspērāre dē salūte	die Hoffnung verlieren; verzweifeln	
dictātor, -ōris *m.*	„Diktator“	
creāre	erschaffen, hervorbringen; wählen	
dux, ducis *m. und f.*	Führer(in); Feldherr	*engl.* duke *Herzog*
honor, -ōris *m.*	Ehre; Auszeichnung	
--------		
ager, agrī *m.*	„Acker“, Gebiet, Feld	

salvē!/salvētē!	hallo! guten Tag! herzlich willkommen!	
victor, -ōris *m.*	Sieger	
adiuvāre, adiuvō, adiūvī *(beim Akk.)*	jmdn. unterstützen, jmdm. helfen	
at	aber, dagegen	
imperātor, -ōris *m.*	Feldherr; Kaiser	
idōneus, -a, -um	geeignet	
persuādēre, persuādeō, persuāsī	überreden, überzeugen	
profectō *(Adv.)*	in der Tat, sicherlich	

TEXT 2

arx, arcis *f.*	Burg	
mulier, mulieris *f.*	Frau	*sp.* mujer; *it.* moglie
quandō?	wann?	*fr.* quand?; *sp.* ¿cuándo?
oppūgnāre	bestürmen, angreifen	
cōnstat, cōnstitit	es steht fest, es ist bekannt	
clamor, -ōris *m.*	Geschrei, Lärm	
somnus, -ī *m.*	Schlaf	
excitāre	erregen, aufschrecken, alarmieren	*engl.* exciting *aufregend*
sīc *(Adv.)*	so	

13 LECTIO TERTIA DECIMA

TEXT 1

is, ea, id	dieser, diese, dieses	
post *(b. Akk.)*	hinter, nach	*engl.* pm (= post meridiem)
victōria, -ae *f.* *(↗ victor L 12)*	Sieg	
perpetuus, -a, -um	ununterbrochen, fortdauernd	
homō, hominis *m.*	Mensch; Mann	*fr.* homme; *sp.* hombre; *it.* uomo
lībertās, -ātis *f.* *(↗ līber L 7)*	Freiheit	*engl.* liberty; *fr.* liberté; *sp.* libertad
cīvitās, -ātis *f.*	Bürgergemeinschaft; Stadt; Staat; Bürgerrecht	*engl.* city *Stadt, Großstadt;* *sp.* ciudad Stadt
perniciōsus, -a, -um	verderblich, schädlich	
modus, -ī *m.*	Art, Weise; Maß	*dt.* Mode
rēx, rēgis *m.*	König, Herrscher	*fr.* roi
administrāre	leiten, verwalten	
mīles, mīlitis *m.*	Soldat	*dt.* Militär
beneficium, -ī *n.*	Wohltat	

erga *(beim Akk.)*	gegen, gegenüber *(im freundlichen Sinn)*	
nimius, -a, -um	zu groß, zu gewaltig, übermäßig	
auctōritās, -ātis *f.*	Ansehen; Einfluss; „Autorität“	
cōnsīderāre	betrachten, bedenken, überlegen	
superbus, -a, -um	hochmütig, stolz	
praetereā *(Adv.)*	außerdem	
legiō, -ōnis *f.*	„Legion“	
suus, -a, -um	sein, ihr	
cupidus, -a, -um *(beim Gen.)*	gierig, begierig nach	
vitium, -ī *n.*	Fehler; Mangel	
mōs, mōris *m.*	Sitte, Brauch	
maiōrēs, -um *m.* *(Pluralwort)*	Vorfahren	
sustinēre, sustineō, sustinuī *(↗ tenēre L 11)*	aushalten, (er)tragen	
līberāre	befreien	
prīnceps, prīncipis *m.*	führender Mann, „Prinz“, Häuptling; Kaiser	*engl.* prince
coniūrātiō, -ōnis *f.*	Verschwörung	

TEXT 2

factum, -ī *n.*	Tat; Handlung	*dt.* Fakt
māgnitūdō, -inis *f.*	Größe	
celebrāre	besuchen; feiern, preisen	
pāx, pācis *f.*	Friede	*engl.* peace; *fr.* paix; *sp.* paz; *it.* pace
odium, -ī *n.*	Hass	

14 LECTIO QUARTA DECIMA

TEXT 1

īnsula, -ae *f.*	Insel	
-ne?	*(Fragepartikel; an ein Wort angehängt, wird nicht übersetzt)*	
cuius?/cui?/quem?	wessen? wem? wen?	
caput, capitis *n.*	Kopf, „Haupt“; Hauptstadt	*engl.* capital
nōnne?	nicht? *(legt eine zustimmende Antwort nahe)*	
bēstia, -ae *f.*	(wildes) Tier	
num?	etwa wirklich? *(legt eine ablehnende Antwort nahe)*	

tempus, -oris *n.*	Zeit	*dt.* Tempus; *fr.* temps; *sp.* tiempo
corpus, -oris *n.*	Körper	*fr.* corps
fōrma, -ae *f.*	„Form", Gestalt, Erscheinung; Schönheit	*engl.* form *Form; Klasse*
scientia, -ae *f.*	Wissen, Kenntnis	*engl./fr.* science
imperāre *(↗ imperātor L 2)*	befehlen	
labyrinthus, -ī *m.*	Labyrinth	
mīrus, -a, -um	seltsam, verwunderlich	
ōrnāre	schmücken	

TEXT 2

avis, -is *f.*	Vogel	
sibi *(Dat.)*	sich	
opus, operis *n.*	Werk	
movēre, moveō, mōvī	bewegen	*engl.* (to) move; *fr.* mouvoir; *sp.* mover; *it.* muovere
iter, itineris *n.*	Weg, Reise	
pater, patris *m.*	„Vater"	*engl.* father; *fr.* père; *sp./it.* padre
procul *(Adv.)*	fern, in der Ferne	

15 LECTIO QUINTA DECIMA

TEXT 1

cīvis, -is *m.* *(↗ cīvitās L 13)*	Bürger	*dt.* zivil
leō, leōnis *m.*	Löwe	
haud	nicht	
procul *(Adv.)*	weit, fern, in der Ferne	
quī, quae, quod	der, die, das	
vīs, *Akk.:* **vim,** *Abl.:* **vī** *f.*	Kraft, Gewalt, Stärke	
saxum, -ī *n.*	Stein, Fels	
mōns, montis *m.*	Berg, Gebirge	*engl.* mountain; *fr.* mont; *sp./it.* monte
bēstia, -ae *f.*	(wildes) Tier	
silva, -ae *f.*	Wald	
situs, -a, -um	gelegen	
latus, -eris *n.*	Seite	
cautus, -a, -um	vorsichtig	
sīgnum, -ī *n.*	Zeichen; Götterbild	*dt.* Signal; *engl.* sign

virtūs, -ūtis *f.* (*↗ vir L 2*)	Tatkraft, Mut; Wert; Tugend	

TEXT 2

obviam *(Adv.)* (*↗ via L 3*)	entgegen	
hortus, -ī *m.*	Garten	
terra, -ae *f.*	Land, Erde	*fr.* terre; *sp.* tierra; *it.* terra
mare, maris *n.*	Meer	*fr./sp.* mer; *it.* mare
nāvis, -is *f.*	Schiff	
dēfessus, -a, -um	müde, erschöpft	
dēsīderāre	wünschen, begehren	
mōnstrāre	zeigen	
anteā *(Adv.)* (*↗ ante L 5, is L 13*)	vorher, früher	
intereā *(Adv.)*	inzwischen	
ūsque ad *(beim Akk.)*	bis zu	
ūsque adhūc	immer noch, bis jetzt noch	

16 LECTIO SEXTA DECIMA

TEXT 1

senex, senis *m.*	alter Mann, Greis	*dt.* Senior
nūper *(Adv.)*	neulich, unlängst	
īnsula, -ae *f.*	„Insel"; Wohnblock	
situs, -a, -um	gelegen	
sollicitus, -a, -um	unruhig, besorgt, ängstlich	
hospes, hospitis *m.*	Gast; Fremder	
splendidus, -a, -um	stattlich; bedeutend; glänzend	
nōmen, nōminis *n.*	Name	*dt.* Nomen; *engl.* noun; *fr.* nom; *sp.* nombre; *it.* nome
subīre, subeō, subiī	auf sich nehmen	
īra, -ae *f.*	Zorn	

TEXT 2

spelunca, -ae *f.*	Höhle, Grotte	
caseus, -ī *m.*	„Käse"	
gustāre	kosten, probieren	
famēs, famis *f.*	Hunger	*fr.* faim; *sp.* hambre; *it.* fame
medius, -a, -um	der Mittlere, in der Mitte gelegen; mitten	
frōns, frontis *f.*	Stirn; Vorderseite	*engl.* in front of *vor*
oculus, -ī *m.*	Auge	*engl.* eye; *fr.* œil
sānus, -a, -um	gesund, wohlbehalten	

minimē *(Adv.)*	keineswegs; überhaupt nicht	
collocāre	(auf)stellen, errichten, ansiedeln	
captīvus, -ī *m.*	Gefangener	
bene *(Adv.)* *(↗ bonus L 2)*	gut	*fr.* bien; *it.* bene
adhibēre, adhibeō, adhibuī	hinzuziehen, anwenden	
nēmō, *Akk.:* **nēminem**	niemand	
somnus, -ī *m.*	Schlaf	
longus, -a, -um	„lang“, weit	*engl.* long; *fr.* long, longue; *it.* lungo, -a
acūtus, -a, -um	scharf, spitz	
vōx, vōcis *f.* *(↗ vocāre L 8)*	Stimme; Laut; Äußerung	*dt.* Vokal Selbstlaut; *engl.* voice; *fr.* voix; *sp.* voz; *it.* voce
īnsānus, -a, -um	wahnsinnig, verrückt	

17 LECTIO SEPTIMA DECIMA

TEXT 1

litus, -oris *n.*	Küste, Strand	*it.* lido *Strand*
iacēre, iaceō, iacuī	liegen	
animal, animalis *n.*	Lebewesen, Tier	*engl./fr./sp.* animal; *it.* animale
vērō *(Adv.)*	in der Tat; aber	
flōs, flōris *m.*	Blume, Blüte	
sōlus, -a, -um	allein; einsam, verlassen	*fr.* seul, -e; *sp./it.* solo, -a
adīre, adeō, adiī *(↗ ad L 3, īre L 6)*	herangehen, hingehen	
cēdere, cēdō, cessī	gehen, weichen	
accēdere, accēdō, accessī	herantreten	*engl.* access; *fr.* accès *Zugang*
ferus, -a, -um	wild	
premere, premō, pressī	drücken, bedrängen	*dt.* pressen; *engl.* (to) press
dīcere, dīcō, dīxī	sagen, sprechen	*dt.* Diktat; *fr./it.* dire
tergum, -ī *n.*	Rücken	
cōnsīdere, cōnsīdō, cōnsēdī *(↗ sedēre L 1)*	sich setzen, sich niederlassen	
pēs, pedis *m.*	Fuß	*fr.* pied; *sp.* pie; *it.* piede
petere, petō, petīvi	zu erreichen suchen, erstreben; angreifen	*dt.* Appetit
relinquere, relinquō, relīquī	verlassen, zurücklassen	

unda, -ae *f.*	Welle	
tangere, tangō, tetigī	berühren	*dt.* Tangente
cernere, cernō, crēvī	sehen, wahrnehmen	
quaerere, quaerō, quaesīvī	suchen, fragen	*engl.* question *Frage* *it.* chiedere
umquam *(Adv.)*	jemals	
mīrus, -a, -um	sonderbar, wunderbar	
quō? *(Adv.)*	wohin?	
dūcere, dūcō, dūxī (↗ *dūx L 12)*	ziehen, führen; glauben	

TEXT 2

īnsula, -ae *f.*	„Insel"; Wohnblock	
sollicitus, -a, -um	unruhig, besorgt, ängstlich	
dēscendere, dēscendō, dēscendī	hinabsteigen	*fr.* descendre
mūtāre	ändern, wechseln; austauschen, entfernen	
cōnfirmāre	stärken, ermutigen; bestätigen	
potestās, -ātis *f.* (↗ *posse L 4)*	(Amts-)Gewalt, Macht; Möglichkeit	
cognōscere, cognōscō, cognōvī	erkennen, kennen lernen; untersuchen	
dēdūcere, dēdūcō, dēdūxī (↗ *dē L 9)*	herabführen, wegführen	
excellere, excellō	hervorragen, sich auszeichnen	
amor, -ōris *m.* (↗ *amāre L 6)*	Liebe	*fr.* amour; *sp.* amor; *it.* amore
modo *(Adv.)*	eben erst; nur	
modo … modo	bald … bald	
convertere, convertō, convertī	umdrehen, wenden; sich umdrehen	

18 LECTIO DUODEVICESIMA

TEXT 1

ille, illa, illud	jener, jene, jenes	*fr.* le, la *der, die*
coniu(n)x, coniugis *f.*	Ehefrau, Gattin	
hic, haec, hoc	dieser, diese, dieses	
beatus, -a, -um	glücklich	
ūnā cum *(beim Abl.)*	zusammen mit, gemeinsam mit	
virgō, virginis *f.*	Mädchen, junge Frau	
colere, colō, coluī	pflegen, bebauen, ehren	

igitur *(Adv.)*	also	
salūtāre	grüßen	
āvertere, āvertō, āvertī	abwenden	
fuga, -ae *f.*	Flucht	
fugā salūtem petere	seine Rettung in der Flucht suchen	
quamquam	obgleich, obwohl	
prohibēre, prohibeō, prohibuī	abhalten, (ver)hindern	
custōs, custōdis *m.*	Wächter	
quōmodo? *(Adv.)*	wie?	*fr.* comme? *it.* come?
auxilium, -ī *n.*	Hilfe	
auxilia, -ōrum *n.*	Hilfstruppen	
hūmānus, -a, -um *(↗ homō L 13)*	menschlich	*dt.* human
cum *(beim Ind.)*	jedes Mal, wenn; dann, wenn	
ōs, ōris *n.*	Mund, Gesicht	
cōnsulere, cōnsulō, cōnsuluī	um Rat fragen	
soror, -ōris *f.*	Schwester	
cibus, -ī *m.*	Speise	
iubēre, iubeō, iussī	befehlen	
orbis, -is *m.*	Kreis	
orbis terrārum	Erdkreis	
flūmen, flūminis *n.*	Fluss	*it.* fiume
fīnis, -is *m.*	Ende, Grenze	*fr./sp.* fin; *it.* fine
fīnēs, -ium *m.*	Gebiet	
malum, -ī *n.* *(↗ malus L 9)*	Übel, Leid	*fr.* mal
lacrima, -ae *f.*	Träne	
dēsīderāre	wünschen, sich sehnen nach	
commovēre, commoveō, commōvī	bewegen, erregen	
reddere, reddō, reddidī *(↗ dare L 5)*	zurückgeben, etwas zu etwas machen	

TEXT 2

iuvenis, -is *m.*	junger Mann	*dt.* Iuventus Turin
dēpellere, dēpellō, dēpulī	wegstoßen, vertreiben	
paulātim *(Adv.)*	allmählich	
sonus, -ī *m.*	Ton, Klang, Stimme	*engl.* sound

De rebus Romanis (Lekt. 10–18)

Darstellung eines Löwen an einer Prachtstraße von Babylon in Mesopotamien (heute Irak). Unter Kaiser Trajan gehörte auch diese Stadt 115–117 n. Chr. zum römischen Reich. (Pergamonmuseum Berlin)

Römischer Legionär, bewaffnet mit Lanze, Schwert und Schild. Römisches Relief (2. Jh. n. Chr.; Antikensammlung Berlin)

„Mund" eines Wasserspeiers an einem Brunnen in der ausgegrabenen antiken Stadt Pompeji (Süditalien).

Der Fuß einer riesigen römischen Statue des Kaisers Konstantin.

Porträtstatue des Kaisers Trajan (Glyptothek München)

CLARO 2

flamma, -ae *f.*	„Flamme“, Feuer	
Vestālis, -is *f.*	Vestalin, Vestapriesterin	
situs, -a, -um	gelegen	
soror, -ōris *f.*	Schwester	
nūper *(Adv.)*	neulich, unlängst	
pontifex maximus *m.*	Oberpriester	

19 LECTIO UNDEVICESIMA

TEXT 1

fugere, fugiō, fūgī	fliehen, flüchten	
hostis, -is *m.*	Feind, Landesfeind	
dēspicere, dēspiciō, dēspexī, dēspectum	verachten	
iniūria, -ae *f.*	Unrecht, Ungerechtigkeit; Kränkung	
facere, faciō, fēcī, factum	tun, machen	*fr.* faire; *it.* fare
opprimere, opprimō, oppressī, oppressum	bedrücken, unterdrücken; plötzlich überfallen	
vincere, vincō, vīcī, victum	(be)siegen	
sapientia,-ae *f.*	Klugheit, Weisheit	
vīvere, vīvō, vīxī *(↗ vīta L 6)*	leben	*fr.* vivre; *sp.* vivir; *it.* vivere
capere, capiō, cēpī, captum	fassen, ergreifen, fangen	*dt.* kapieren
ēripere, ēripiō, ēripuī, ēreptum	rauben, entreißen	
vectīgal, -ālis *n.*	Steuer, Abgabe	
impōnere, impōnō, imposuī, impositum	auf etwas setzen, auferlegen	
accipere, accipiō, accēpī, acceptum	annehmen, empfangen; aufnehmen	*engl.* (to) accept
agere, agō, ēgī, āctum	treiben; tun; führen; (ver)handeln	
appārēre, appāreō, appāruī	erscheinen, sich zeigen	*engl.* (to) appear
extrā *(beim Akk.)*	außerhalb	*dt.* extra
moenia, -ium *n.* *(Pluralwort)*	Mauern, Stadtmauern	

admonēre, admoneō, admonuī, admonitum *(↗ ad L 3, monēre L 3)*	ermahnen, erinnern	
amīcitia, -ae *f.* *(↗ amīcus, amīca L 1)*	Freundschaft	*fr.* amitié; *sp.* amistad; *it.* amicizia

TEXT 2

trādere, trādō, trādidī, trāditum	übergeben, überliefern	*dt.* Tradition
metuere, metuō, metuī	sich fürchten; fürchten	
venēnum, -ī *n.*	Gift	
crēdere, crēdō, crēdidī, crēditum	glauben	
falsus, -a, -um	„falsch“, unwahr	*engl.* false; *fr.* faux, fausse
praeesse, praesum, praefuī	kommandieren, leiten	
cōnstituere, cōnstituō, cōnstituī, cōnstitūtum	festsetzen, beschließen	

STAMMFORMEN

a-Konjugation

Dehnungsperfekt

adiuvāre, adiuvō, adiūvī, adiūtum	jmdn. unterstützen, jmdm. helfen	

Reduplikationsperfekt

dare, dō, dedī, datum	geben	
stāre, stō, stetī, statum	stehen	

e-Konjugation

Dehnungsperfekt

commovēre, commoveō, commōvī, commōtum	bewegen, erregen	
movēre, moveō, mōvī, mōtum	bewegen	
possidēre, possideō, possēdī, possessum	besitzen	
vidēre, videō, vīdī, vīsum	sehen	

Reduplikationsperfekt		
respondēre, respondeō, respondī, respōnsum	antworten	
s-Perfekt		
irrīdēre, irrīdeō, irrīsī, irrīsum	verspotten, auslachen	
iubēre, iubeō, iussī, iussum	befehlen	
persuādēre, persuādeō, persuāsī, persuāsum	überreden, überzeugen	
rīdēre, rīdeō, rīsī, rīsum	lachen	
u-Perfekt		
adhibēre, adhibeō, adhibuī, adhibitum	hinzuziehen, anwenden	
dēbēre, dēbeō, dēbuī, dēbitum	müssen; schulden; verdanken	
docēre, doceō, docuī, doctum	unterrichten; zeigen	
monēre, moneō, monuī, monitum	(er)mahnen	
praebēre, praebeō, praebuī, praebitum	hinhalten, (dar)reichen	
prohibēre, prohibeō, prohibuī, prohibitum	abhalten, (ver)hindern	
sustinēre, sustineō, sustinuī, sustentum	aushalten, (er)tragen	
terrēre, terreō, terruī, territum	erschrecken	
v-Perfekt		
dēlēre, dēleō, dēlēvī, dēlētum	zerstören, vernichten	
Konsonantische Konjugation		
Dehnungsperfekt		
cōnsīdere, cōnsīdō, cōnsēdī, cōnsessum	sich setzen, sich niederlassen	
relinquere, relinquō, relīquī, relictum	verlassen, zurücklassen	
Reduplikationsperfekt		
dēpellere, dēpellō, dēpulī, dēpulsum	wegstoßen, vertreiben	

reddere, reddō, reddidī, redditum	zurückgeben	
tangere, tangō, tetigī, tāctum	berühren	

s-Perfekt

accēdere, accēdō, accessī, accessum	herantreten	
cēdere, cēdō, cessī, cessum	gehen, weichen	
dīcere, dīcō, dīxī, dictum	sagen, sprechen	
dēdūcere, dēdūcō, dēdūxī, dēductum	herabführen, wegführen	
dūcere, dūcō, dūxī, ductum	ziehen, führen; glauben	
premere, premō, pressī, pressum	drücken, bedrängen	

u-Perfekt

colere, colō, coluī, cultum	pflegen, bebauen, ehren	
cōnsulere, cōnsulō, cōnsuluī, cōnsultum	um Rat fragen	

v-Perfekt

cernere, cernō, crēvī, crētum	sehen, wahrnehmen	
cognōscere, cognōscō, cognōvī, cognitum	erkennen, kennen lernen; untersuchen	
petere, petō, petīvī, petītum	zu erreichen suchen, erstreben; angreifen	
quaerere, quaerō, quaesivī, quaesītum	suchen, fragen	

Perfekt ohne erkennbare Stammveränderung

āvertere, āvertō, āvertī, āversum	abwenden	
convertere, convertō, convertī, conversum	umdrehen, wenden; sich umdrehen	
dēscendere, dēscendō, dēscendī, dēscēnsum	hinabsteigen	

20 LECTIO VICESIMA

TEXT 1

sollicitus, -a, -um	unruhig, besorgt, ängstlich	
valēre, valeō, valuī	stark/ kräftig/ gesund sein; gelten; Einfluss haben	
valē! valēte!	sei/ seid gesund! Auf Wiedersehen!	
(utrum) … an	(ob) … oder?	
morbus, -ī *m.*	Krankheit	
mors, mortis *f.*	Tod	*dt.* Mord; *fr.* mort; *sp.* muerte; *it.* morte
5 **terrā marīque**	zu Lande und zu Wasser	
mittere, mittō, mīsī, missum	schicken, senden; entlassen; werfen	
stipendia facere	Kriegsdienst leisten	
inopia, -ae *f.*	Mangel, Not	
gerere, gerō, gessī, gestum	tragen, ausführen	
līmes, limitis *m.*	Grenze, Grenzwall, Grenzbefestigung	*dt.* Limes
10 **vix** *(Adv.)*	kaum, mit Mühe	
nē … quidem	nicht einmal	
castra, -ōrum *n.* *(Pluralwort)*	Lager	*engl.* castle
tūtus, -a, -um	sicher, geschützt	
citō *(Adv.)*	schnell	
quaesō	bitte	

TEXT 2

recipere, recipiō, recēpī, receptum	zurücknehmen, zurückhalten; zurückziehen; aufnehmen	*engl.* (to) receive *erhalten; empfangen*
15 **sententia, -ae** *f.*	Meinung; Ausspruch; Satz	*engl.* sentence
prōvincia, -ae *f.*	Amtsbereich, „Provinz“	
situs, -a, -um	gelegen	
tegere, tegō, tēxī, tēctum	„bedecken“, schützen	
asper, aspera, asperum	hart, rau	
abesse, absum, āfuī *(↗ ā /ab L 9, esse L 1)*	fehlen, fern sein	*engl.* absent *abwesend*
mercātor, -ōris *m.*	Händler, Kaufmann	

ratiō, -ōnis *f.*	Vernunft; Verstand; Art und Weise, Rechnung, Berechnung	
repetere, repetō, repetīvī, repetītum *(↗ petere L 17)*	wieder aufsuchen; wiederholen	*engl.* (to) repeat; *fr.* répéter
pendere, pendō, pependī, pēnsum	abwägen; zahlen	
lēx, lēgis *f.*	Gesetz; Bedingung	*dt.* legal *den Gesetzen entsprechend; fr.* loi; *sp.* ley; *it.* legge
interdum *(Adv.)*	manchmal, bisweilen	
corrumpere, corrumpō, corrūpī, corruptum	verderben; bestechen	*dt.* korrupt *bestechlich*
vinculum, -ī *n.*	Band, Fessel	
vincula, -ōrum *n.*	Gefängnis	
satis *(Adv.)*	genug, ausreichend	
māter, mātris *f.*	„Mutter“	*engl.* mother; *fr.* mère; *sp./it.* madre
līberāre	befreien	

21 LECTIO VICESIMA PRIMA

TEXT 1

revocāre	zurückrufen	
committere, committō, commīsī, commissum	zusammenführen; beginnen; begehen; anvertrauen	*engl.* (to) commit a crime *ein Verbrechen begehen*
proelium committere	eine Schlacht beginnen, kämpfen	
trāicere, trāiciō, trāiēcī, trāiectum	hinüberfahren, übersetzen	
asinus, -ī *m.*	Esel	
nāvigium, -ī *n.*	Schiff	
mox *(Adv.)*	bald	
ōrā, -ae *f.*	Küste	
nōndum *(Adv.)*	noch nicht	
ēdūcere, ēdūcō, ēdūxī, ēductum *(↗ ē, ex L 9, dūcere L 17)*	herausführen, ausrücken lassen	
quia	weil	

nātiō, -ōnis *f.*	Volksstamm; Abstammung, Geburt	*dt.* Nation; *engl./fr.* nation
strēnuus, -a, -um	kräftig, fleißig	
imminēre, immineō, imminuī	bevorstehen, drohen	
tempestās, -ātis *f.*	Sturm, Unwetter	
obses, obsidis *m.* und *f.*	Geisel	
īnsula, -ae *f.*	„Insel", Wohnblock	

TEXT 2

grex, gregis *m.*	Herde	
lac, lactis *n.*	Milch	
merx, mercis *f.*	Ware	
trahere, trahō, trāxī, tractum	ziehen, schleppen	*dt.* Traktor
vērus, -a, -um	„wahr", echt, wirklich	
sermō, -ōnis *m.*	Gespräch, Unterredung	
pergere, pergō, perrēxī, perrēctum	fortsetzen	
cibus, -ī *m.*	Speise	
plērumque *(Adv.)*	meistens	
torquēre, torqueō, torsī, tortum	drehen, werfen, foltern	
orīgō, -inis *f.*	Ursprung, Abstammung, Geburt	
vexāre	quälen	

22 LECTIO VICESIMA ALTERA

TEXT 1

clādēs, -is *f.*	Niederlage, Unheil, Verlust	
numerus, -ī *m.*	Zahl, Anzahl	*dt.* Nummer; *engl.* number; *fr.* nombre/numéro; *sp.* número; *it.* numero
augēre, augeō, auxī, auctum	vergrößern, vermehren, fördern	
temeritās, -ātis *f.*	Leichtsinn; Planlosigkeit	
causa, -ae *f.*	Grund, Ursache; Rechtssache, Prozess	*engl.* because *weil*
nocēre, noceō, nocuī	schaden	
dīgnus, -a, -um *(beim Abl.)*	würdig, angemessen, wert	
socordia, -ae *f.*	Leichtsinn, Sorglosigkeit	

indūcere, indūcō, indūxī, inductum *(in L 3, dūcere L 17)*	hineinführen, verleiten	
fallere, fallō, fefellī	täuschen	
prīmum *(Adv.)*	zum ersten Mal; erstens; zuerst	
rārō *(Adv.)*	selten	
tantus, -a, -um	so groß, so viel	*fr.* tant; *sp./it.* tanto, -a
vovēre, voveō, vōvī, vōtum	versprechen, weihen	
tumultus, -ūs *m.*	Aufruhr, Aufstand	

TEXT 2

gēns, gentis *f.*	Stamm, Sippe, Geschlecht	*fr.* les gens *die Leute*
obses, obsidis *m.* und *f.*	Geisel	
donāre *(↗ dōnum L 5)*	(be)schenken	
rēgnum, -ī *n.* *(↗ rēx L 13)*	Königsherrschaft, Königreich	
appetere, appetō, appetīvī, appetītum	begehren, verlangen; angreifen	*dt.* Appetit
propinquus, -a, -um	nahe; nahestehend, verwandt	
appellāre	anrufen; nennen	

23 LECTIO VICESIMA TERTIA

TEXT 1

firmāre	befestigen; sichern, stärken	
urbs, urbis *f.*	Stadt, Hauptstadt	
ōrnāre	schmücken	
vetus, Gen.: **veteris**	alt	
īnsula, -ae *f.*	„Insel"; Wohnblock	
pauper, Gen.: **pauperis**	arm	*engl.* poor; *fr.* pauvre
thermae, -ārum *f.* *(Pluralwort)*	„Thermen"	
ingēns, Gen.: **ingentis**	gewaltig, riesengroß	
ingenium, -ī *n.*	Charakter, Talent, Begabung	*dt.* Ingenieur
succēdere, succēdō, successī, successum	nachfolgen; gelingen	
adulēscēns, adulēscentis *m.*	Jugendlicher, junger Mann	

singulāris, -e	einzigartig	*dt.* Singular
commūnis, -e	gemeinsam; allgemein	
mīlitāris, -e	Kriegs-, „Militär"-	
cīvīlis, -e	bürgerlich, öffentlich	*dt.* zivil
sīcut	wie	
nōbilis, -e	bekannt, berühmt, vornehm, adelig	
frāter, frātris *m.*	Bruder	*fr.* frère; *it.* fratello
omnis, -e	jeder, *Pl.:* alle	
doctrīna, -ae *f.*	Bildung, Gelehrsamkeit; Wissenschaft	
illūstris, -e	glänzend, berühmt; hell, klar	
tālis … quālis	so beschaffen … wie	
cibus, -ī *m.*	Speise	
terribilis, -e	schrecklich	
similis, -e	ähnlich, gleich	
contumēlia, -ae *f.*	Kränkung, Beleidigung, Schande	

TEXT 2

tyrannus, -ī *m.*	Tyrann, Gewaltherrscher	
incrēdibilis, -e	unglaublich	
crūdēlitās, -ātis *f.*	Grausamkeit	
fortis, -e	stark, mutig, tapfer	*fr.* fort, -e; *sp.* fuerte; *it.* forte
vexāre	quälen	
amphitheātrum, -ī *n.*	Amphitheater	
tribūnus, -ī *m.*	„Tribun" *(Beamter oder Offizier)*	
uxor, -ōris *f.*	Ehefrau	
offendere, offendō, offendī, offēnsum	anstoßen; beleidigen, verletzen	
interficere, interficiō, interfēcī, interfectum	töten, ermorden	
obscūrus, -a, -um	dunkel	
īnflammāre	entflammen, entzünden	
temptāre	angreifen; versuchen; auf die Probe stellen	

24 LECTIO VICESIMA QUARTA

TEXT 1

	providēre, prōvideō, prōvīdī, prōvīsum	sorgen für *(beim Dat.)* vorhersehen *(beim Akk.)*	*dt.* Provider
	nūbere, nūbō, nūpsī, nuptum *(beim Dat.)*	(einen Mann) heiraten	
	neglegere, neglegō, neglēxī, neglēctum	vernachlässigen, nicht beachten	
	comparāre	vergleichen, verschaffen	
	genus, generis *n.*	Geschlecht, Gattung, Art	*dt.* Genus
	nātus, -a, -um	geboren	
5	**causā** *(nachgestellt, beim Gen.)*	wegen	
	dīmittere, dīmittō, dīmīsī, dīmissum	wegschicken, entlassen	
	aspicere, aspiciō, aspexī, aspectum	erblicken, anschauen, betrachten	*dt.* Aspekt
	contemnere, contemnō, contempsī, contemptum	geringschätzen, verachten	
	tollere, tollō, sustulī, sublatum	hochheben; verherrlichen; wegnehmen, beseitigen	
10	**dēcernere, dēcernō, dēcrēvī, dēcrētum**	entscheiden, beschließen	
	lībertus, -ī *m.*	Freigelassener	
	salvus, -a, -um *(↗ salvē/salvēte L 12)*	wohlbehalten, unversehrt	
	occīdere, occīdō, occīdī, occīsum	töten, umbringen	

TEXT 2

	omnīnō *(Adv.)* *(↗ omnis L 23)*	ganz und gar, völlig	
	cēnsēre, cēnseō, cēnsuī	schätzen; meinen; beschließen	*dt.* Zensur
15	**ergō** *(Adv.)*	also	
	repudiāre	zurückweisen, ablehnen	
	exsilium, -ī *n.*	Verbannung	
	scelus, sceleris *n.*	Verbrechen	
	incipere, incipiō, coepī, inceptum	anfangen, beginnen	

minuere, minuō, minuī, minūtum	vermindern, verringern	
dēserere, dēserō, dēseruī, dēsertum	im Stich lassen, verlassen	

25 LECTIO VICESIMA QUINTA

TEXT 1

rēs, reī *f.*	Sache, Ding	
rēs secundae *f.* *(Pluralwort)*	Glück	
difficilis, -e	schwer, schwierig	*engl.* difficult; *fr.* difficile; *sp.* difícil; *it.* difficile
fidēs, fideī *f.* *(↗ fidus, -a, -um L 10)*	Verantwortung, Treue, Vertrauen	
urgere, urgeō, ursī	drängen, bedrängen	
sī	wenn, falls	
lūx, lūcis *f.*	Licht, Tageslicht	
nisī	wenn nicht	
domus, -ūs *f.* *(↗ dominus, domina L 1)*	Haus	*dt.* Dom
rēgius, -a, -um *(↗ rēx L 13)*	königlich	
obtinēre, obtineō, obtinuī, obtentum *(↗ tenēre L 11)*	festhalten, im Besitz haben; einnehmen	
ubīque *(Adv.)*	überall	
coniungere, coniungō, coniūnxī, coniūnctum	verbinden, vereinigen	*dt.* Konjunktion
solvere, solvō, solvī, solūtum	lösen, auflösen; bezahlen	
metus, -ūs *m.* *(↗ metuere L 19)*	Furcht, Angst	
explicāre	erklären, erörtern	
adventus, -ūs *m.*	Ankunft	
permovēre, permoveō, permōvī, permōtum	bewegen, veranlassen; erschüttern	
speciēs, speciēī *f.*	Aussehen, Äußeres; Schönheit; Schein	
resistere, resistō, restitī	sich widersetzen, Widerstand leisten	*engl.* (to) resist
incendere, incendō, incendī, incēnsum	anzünden, entflammen	

placāre	besänftigen, beruhigen; versöhnen	
dīgnitās, -ātis *f.* (*↗ dīgnus, -a, -um L 22)*	Würde	
restituere, restituō, restituī, restitūtum	wiederherstellen	
scrīptor, -ōris *m.*	Schriftsteller	
rērum scrīptor *m.*	Geschichtsschreiber	

TEXT 2

sepulcrum, -ī *n.*	Grab	
lacrima, -ae *f.*	Träne	
fundere, fundō, fūdī, fūsum	vergießen	
nūper *(Adv.)*	neulich, unlängst	
quoniam	da ja, weil ja	
spēs, speī *f.* *(↗ spērāre L 7)*	Hoffnung, Erwartung	*fr.* espoir; *sp.* esperanza; *it.* speranza
dēpōnere, dēpōnō, dēposuī, dēpositum	niederlegen, ablegen	
exercitus, -ūs *m.*	Heer	
paulum *(Adv.)*	ein wenig	
paulō post	wenig später, kurz danach	
iussū *(↗ iubēre L 18)*	auf Befehl	
frūctus, -ūs *m.*	„Frucht"; Nutzen; Genuss	*engl./fr.* fruit; *sp.* fruto; *it.* frutto
mōnstrāre	zeigen	
manus, -ūs *f.*	Hand; Schar	*fr.* main; *sp./it.* mano
occultus, -a, -um	verborgen, unbemerkt	
dēcēdere, dēcēdō, dēcessī, dēcessum *(↗ dē L 9, cēdere L 17)*	weggehen, abweichen	
dē vītā dēcēdere	sterben	
tribuere, tribuō, tribuī, tribūtum	zuteilen	

26 LECTIO VICESIMA SEXTA

TEXT 1

utinam (nē) *(beim Konj.)*	wenn doch (nicht)! Hoffentlich (nicht)!	
mercātor, -ōris *m.*	Händler, Kaufmann	
dīves, Gen.: **dīvitis** *(↗ dīvitiae)*	reich	

	ācer, ācris, ācre	scharf; scharfsinnig; tatkräftig, leidenschaftlich	
	callidus, -a, -um	gewandt; erfahren, schlau	
	avārus, -a, -um	habgierig, geizig	
	adiungere, adiungō, adiūnxī, adiūnctum	anfügen, verbinden	
5	**circum** *(beim Akk.)*	um - herum	
	ambulāre	spazierengehen	
	sollicitus, -a, -um	unruhig, besorgt, ängstlich	
	īra, -ae *f.*	Zorn	
	īnflammāre	entflammen, entzünden	
	mōnstrāre	zeigen	
	tam *(Adv.)*	so	
	vestīmentum, -ī *n.*	Kleid	
	animadvertere, animadvertō, animadvertī, animadversum *(↗ animus L 7)*	bemerken; einschreiten; bestrafen	
	dīvitiae, -ārum *(Pluralwort) f. (↗ dīves)*	Reichtum	
	nox, noctis *f.*	„Nacht“	*engl.* night; *fr.* nuit; *sp.* noche; *it.* notte

TEXT 2

10	**negāre**	verneinen, abschlagen; sagen, dass nicht	*dt.* Negation
	hinc *(Adv.)*	von hier	
	addūcere, addūcō, addūxī, adductum *(↗ ad L 3, dūcere L 17)*	heranführen, zuführen; veranlassen	
	dexter, dext(e)ra, dext(e)rum	rechts, günstig	*it.* destro, -a
	occultāre	verbergen, verstecken	
	simul *(Adv.)*	zugleich	*dt.* simultan *gleichzeitig*
15	**faciēs, faciēī** *f.*	Gesicht; Gestalt, Aussehen	*engl./fr.* face; *it.* faccia
	undique *(Adv.)*	von allen Seiten, überall	
	diēs, diēī *m.*	„Tag“	*engl.* day; *sp.* día
	pars, partis *f.*	Teil; Richtung, Seite	*engl./fr.* part; *sp./it.* parte
	partēs, partium *f.*	„Partei“,	*engl.* party
	fortūna, -ae *f.*	Schicksal, Glück; *Pl.:* Vermögen	*engl./fr.* fortune; *it.* fortuna
20	**perdere, perdō, perdidī, perditum**	zugrunde richten, ruinieren; verlieren, einbüßen	*fr.* perdre; *sp.* perder; *it.* perdere

27 LECTIO VICESIMA SEPTIMA

TEXT 1

ūsus, -ūs *m.*	Gebrauch, Benutzung; Nutzen, Vorteil	*engl.* use; *fr.* usage
audīre, audiō, audīvī, audītum	hören; anhören, erhören	
dēditiō, -ōnis *f.*	Unterwerfung, Kapitulation	
praecipere, praecipiō, praecēpī, praeceptum	vorschreiben	
potius *(Adv.)*	eher, lieber	
meā sponte, tuā sponte usw.	freiwillig, aus eigenem Antrieb	*dt.* spontan
cōnsentīre, cōnsentiō, cōnsēnsī, cōnsēnsum	übereinstimmen, zustimmen, sich einig sein	
collocāre	aufstellen, errichten, ansiedeln	
aurum, -ī *n.*	Gold	*fr.* or; *sp./it.* oro
argentum, -ī *n.*	Silber	*fr.* argent *Geld*
iūs, iūris *n.*	Recht	*dt.* Jura *Recht(swissenschaft)*
praeter *(beim Akk.)*	außer; an … vorbei	
latrō, -ōnis *m.*	Räuber	
nescīre, nesciō, nesciī *(↗ scīre)*	nicht wissen	
indīgnus, -a, -um	unwürdig	
subvenīre, subveniō, subvēnī, subventum *(beim Dat.)*	jmdm. zur Hilfe kommen	
studium, -ī *n.* *(↗ studēre L 9)*	Eifer, Bemühung	*dt.* Studium
inicere, iniciō, iniēcī, iniectum	einflößen, bewirken, machen	
venīre, veniō, vēnī, ventum	kommen	*fr./sp.* venir; *it.* venire
fīnīre, fīniō, fīnīvī, fīnītum *(↗ fīnis L 18)*	beenden, begrenzen	*engl.* (to) finish; *fr.* finir; *it.* finire
īra, -ae *f.*	Zorn	
obsidēre, obsideō, obsēdī, obsessum *(↗ sedēre L 1)*	belagern, blockieren	
comparāre	vergleichen, verschaffen	
potēns, -entis *(↗ posse L 4)*	mächtig	

eques, equitis *m.* *(↗ equus L 8)*	Reiter, Ritter	

TEXT 2

patrēs cōnscrīptī *(↗ pater L 14)*	Senatoren! *(übliche Anrede im röm. Senat)*	
obicere, obiciō, obiēcī, obiectum	entgegenwerfen, vorwerfen	
20 **mūnus, -eris** *n.*	Aufgabe; Amt; Geschenk; Festspiel, öffentliches Schauspiel	
reprehendere, reprehendō, reprehendī, reprehēnsum	tadeln	
scīre, sciō, scīvī, scītum *(↗ nēscīre)*	wissen; kennen, verstehen	
prūdēns, Gen.: **prūdentis** *(↗ prōvidēre L 24)*	klug, erfahren, vorausschauend	*fr.* prudent, -e; *sp./it.* prudente
cōnstāns, Gen.: cōnstantis	standhaft	
ergā *(beim Akk.)*	gegen, gegenüber *(im freundlichen Sinn)*	
gravis, -e	schwer; bedeutend; streng	*fr./sp./it.* grave
necessitās, -ātis *f.*	Notwendigkeit	
cōnservāre	bewahren	
prōdesse, prōsum, prōfuī *(↗ prō L 9, esse L 1)*	nützlich sein, nützen	*dt.* Prosit

CLARO 3

vastāre	verwüsten	
silva, -ae *f.*	Wald	
situs, -a, -um	gelegen	
incitāre	antreiben, anfeuern, reizen	
cōnsīderāre	betrachten, bedenken, überlegen	

De rebus Romanis (Lekt. 19–27)

Reste eines römischen Lagers vor der Bergfestung Masada am Toten Meer in Israel. 66 n. Chr. besetzten jüdische Aufständische Masada und verteidigten die Festung mehrere Jahre lang gegen die römischen Belagerungstruppen.

Ein römisches Haus in der antiken Hafenstadt Ostia.

Auf den antiken Fundamenten wurden im Archäologischen Park Xanten die Mauern der Colonia Ulpia Traiana rekonstruiert.

Reste der Kaiserthermen in Trier, die zum Palast von Konstantin (Kaiser 306–337 n. Chr.) gehörten. Der Bau war ungefähr 250 m lang. Im Bild ist das erhaltene Mauerwerk des Warmwasserbades (caldarium) zu sehen.

Ehefrau (uxor) und Ehemann (marītus) sind auf dieser römischen Skulptur (1. Jh. n. Chr.) dargestellt.

Nach einen römischen Sieg wurde dieser riesige Bogen bei Orange (lat. Arausio) in Südfrankreich errichtet. Reliefs zeigen Kämpfe von Römern und Galliern. Ähnliche Monumente zur Verherrlichung römischer Siege ließen die Kaiser Titus und Konstantin in Rom errichten.

28 LECTIO DUODETRICESIMA

TEXT 1

mercātor, -ōris *m.*	Händler, Kaufmann	
pervenīre, perveniō, pervēnī, perventum *(↗ per L 3, venīre L 27)*	(hin)kommen, gelangen	
cōnsistere, cōnsistō, cōnstitī	Halt machen, stehen bleiben	
ecce!	schau! siehe da!	
multitūdō, -inis *f.* *(↗ multus L 2)*	Menge	
voluptās, -ātis *f.*	Vergnügen, Lust	
equidem	allerdings, freilich, ich jedenfalls	
valētūdō, -inis *f.*	Gesundheit	
uterque, utraque, utrumque	jeder von beiden, beide	
vestis, -is *f.*	Kleid	
pōnere, pōnō, posuī, positum	setzen, stellen, legen	*dt.* Position; *engl.* position
līberālitās, -ātis *f.*	Freigebigkeit, Großzügigkeit; edle Gesinnung	
reprehendere, reprehendō, reprehendī, reprehēnsum	tadeln	
plēbs, plēbis *f.*	„Plebs“ *(alle Nichtpatrizier)*, gemeines Volk, Menge	*dt.* Plebejer
aetās, -ātis *f.*	Zeitalter; Lebensalter	
rūrsus *(Adv.)*	rückwärts, zurück; wiederum	
audēre, audeō	wagen	
discēdere, discēdō, discessī, discessum *(↗ cēdere L 17)*	weggehen, auseinandergehen	

TEXT 2

rēs gestae, *Gen.:* **rērum gestārum** *f.* *(Pluralwort)*	Taten, Leistungen	
auctor, -ōris *m./f.*	Urheber(in), Erfinder(in)	*dt.* Autor; *engl.* author; *fr.* auteur
legere, legō, lēgī, lēctum	lesen	*dt.* Lektion; *engl.* lesson; *fr.* lire; *sp.* leer
tōtus, -a, -um	ganz	
aegrōtus, -a, -um	krank	

dolor, -ōris *m.*	Schmerz	*fr.* douleur; *sp.* dolor
vel	oder; oder vielmehr, oder auch	
vel … vel	entweder … oder	
vulnus, vulneris *n.*	Wunde, Verwundung	
convenīre, conveniō, convēnī, conventum (*↗ venīre L 27*)	zusammenkommen, zustande kommen; sich einigen	
cōnficere, cōnficiō, cōnfēcī, cōnfectum (*↗ facere L 19*)	zu Ende bringen, ausführen; erschöpfen	
sacra cōnficere	Opferhandlungen ausführen	
sacerdōs, -ōtis *m.* u. *f.*	Priester, Priesterin	
dormīre, dormiō, dormīvī, dormītum	schlafen	
silentium, -ī *n.*	Stille, Schweigen	*engl./fr.* silence
somnium, -ī *n.*	Traum, Traumbild	
mīrus, -a, -um	seltsam, verwunderlich	
līberāre	befreien	
compōnere, compōnō, composuī, compositum (*↗ pōnere*)	zusammenstellen, -fügen; ordnen	*dt.* komponieren; *engl.* (to) compose; *fr.* composer

29 LECTIO UNDETRICESIMA

TEXT 1

invītus, -a, -um	unwillig, gegen den eigenen Willen	
aeger, aegra, aegrum	krank	
cadere, cadō, cecidī	fallen	*dt.* Kasus; *engl.* case
iacēre, iaceō, iacuī	liegen	
turba, -ae *f.*	Menschenmenge, Masse	
crēscere, crēscō, crēvī, crētum	wachsen; sich steigern, größer/stärker werden	*engl.* (to) increase; *fr.* croître
sollicitus, -a, -um	unruhig, besorgt, ängstlich	
poscere, poscō, poposcī	fordern, verlangen	
medicīna, -ae *f.* (*↗ medicus*)	„Medizin“, Heilmittel; Heilkunst	*engl.* medicine; *fr.* médecine; *sp./it.* medicina
aptus, -a, -um	geeignet, passend	
rapere, rapiō, rapuī, raptum	rauben, entführen	
omittere, omittō, omīsī, omissum	aufgeben, fallenlassen; übergeben	*engl.* (to) omit

īdem, eadem, idem	derselbe, dieselbe, dasselbe	*dt.* identisch; identifizieren; *engl.* identity
medicus, -ī *m.* (*↗ medicīna*)	Arzt	*fr.* médecin; *sp.* médico; *it.* medico
indicium, -ī *n.*	Anzeichen	
invenīre, inveniō, invēnī, inventum	(er)finden, ermitteln	*engl.* (to) invent
certus, -a, -um	sicher, bestimmt, zuverlässig	*engl./fr.* certain
afficere, afficiō, affēcī, affectum (*beim Abl.*) (*↗ facere L 19*)	versehen mit, leiden an	*dt.* Affekt
tunc (*Adv.*)	dann, damals	
sentīre, sentiō, sēnsī, sēnsum	fühlen, meinen	*fr.* sentir; *it.* sentire
valētūdō, -inis *f.*	Gesundheit	
prōdere, prōdō, prōdidī, prōditum	übergeben, verraten	

TEXT 2

interim (*Adv.*)	inzwischen	
dissentīre, dissentiō, dissēnsī, dissēnsum	anderer Meinung sein, uneins sein	
mora, -ae *f.*	Verzögerung, Aufschub	
ars, artis *f.*	Kunst, Geschicklichkeit	*engl./fr.* art; *sp./it.* arte
vultus, -ūs *m.*	Gesicht; Miene, Aussehen	
color, -ōris *m.*	Farbe	*engl.* colo(u)r; *fr.* couleur; *sp.* color; *it.* colore
vehemens, *Gen.:* **vehementis**	heftig	
dēfendere, dēfendō, dēfendī, dēfēnsum	verteidigen	*engl.* (to) defend; *fr.* défendre
tumultus, -ūs *m.*	Aufruhr, Verwirrung	
celer, celeris, celere	schnell	
tot (*Adv.*)	so viele	
īra, -ae *f.*	Zorn	

30 LECTIO TRICESIMA

TEXT 1

rēs pūblica, *Gen.:* **reī pūblicae** *f.* (*↗ rēs L 25, pūblicus L 2*)	Staat	*dt.* Republik; *engl.* republic; *fr.* republique
deinde (*Adv.*)	dann, darauf	
ipse, ipsa, ipsum	selbst	

cupere, cupiō, cupīvī, cupītum	wünschen, begehren	
cōnsulātus, -ūs *m.* (*↗ cōnsul L 12*)	„Konsulat“ (*Amt des Konsuls*)	
repellere, repellō, reppulī, repulsum	zurückstoßen, abweisen	
levis, -e	leicht; leichtsinnig; unbedeutend	
crūdēlis, -e	grausam	
abicere, abiciō, abiēcī, abiectum (*↗ ā/ab L 9*)	weg-, herabwerfen; aufgeben	
incendere, incendō, incendī, incēnsum	anzünden, in Brand setzen	
comparāre	vergleichen, verschaffen	
senātus, -ūs *m.* (*↗ senātor L 12*)	„Senat“, Senatsversammlung	*engl.* senate; *fr.* sénat
convocāre	zusammenrufen	
accusāre	anklagen	*engl.* (to) accuse; *fr.* accuser
iste, ista, istud	dieser (da)	
perniciēs, -ēī *f.*	Verderben, Untergang	
perspicere, perspiciō, perspexī, perspectum	durchschauen	
priusquam (*beim Ind. Perf.*)	bevor	
comperīre, comperiō, comperī, compertum	erfahren; ertappen; überführen	

TEXT 2

complūrēs, -a *Gen.:* complūrium	einige, mehrere	
distribuere, distribuō, distribuī, distribūtum	ein-, verteilen	
reperīre, reperiō, repperī, repertum	finden, wiederfinden	
līberāre	befreien	

31 LECTIO TRICESIMA PRIMA

TEXT 1

Rōmae (*Adv.*) (*↗ Rōmam L 6*)	in Rom	
continēre, contineō, continuī, contentum (*↗ tenēre L 11*)	zusammenhalten; erhalten	*dt.* Kontinent

sē continēre	sich aufhalten	
pōns, pontis *m.*	Brücke	*fr.* ponte; *sp.* puente; *it.* ponte
occāsiō, -ōnis *f.*	Gelegenheit	
merīdiēs, -ēī *m.*	Mittag, Süden	
sōl, sōlis *m.*	Sonne	*dt.* solar; *fr.* soleil; *sp.* sol; *it.* sole
caelestis, -e (*↗ caelum L 9*)	himmlisch	
crux, crucis *f.*	Kreuz	*fr.* croix; *sp.* cruz, *it.* croce
mīrus, -a, -um	seltsam, verwunderlich	
liber, librī *m.*	Buch	*engl.* library *Bibliothek*; *fr.* livre; *sp.* libro
scrībere, scrībō, **scrīpsī, scrīptum** (*↗ scrīptor L 25*)	schreiben	*fr.* écrice

TEXT 2

avunculus, -ī *m.*	„Onkel“	*engl.* uncle; *fr.* oncle
hodiē (*Adv.*)	heute	*fr.* aujourd’hui; *sp.* hoy; *it.* oggi
suscipere, suscipiō, **suscēpī, susceptum**	auf sich nehmen, übernehmen	
dominicus, -a, -um (*↗ dominus L 1*)	des Herrn	
diēs dominicus *m.*	Sonntag	*fr.* dimanche; *sp.* domingo; *it.* domenica
dēsistere, dēsistō, **dēstitī, dēstitutum** (*beim Abl.*)	etwas nicht mehr tun, etwas ruhen lassen, mit etwas aufhören	
grātiās agere (*beim Dat.*)	jemandem Dank sagen, jemandem danken	*sp.* gracias; *it.* grazie

32 LECTIO TRICESIMA ALTERA

TEXT 1

hiems, hiemis *f.*	Winter	*fr.* hiver
exter, extera, exterum	auswärtig, äußerer	
subigere, subigō, subēgī, subāctum	unterwerfen, zwingen	
complūrēs, -a; *Gen.:* complūrium	einige, mehrere	
pontifex, pontificis *m.*	Priester; Papst	
līberāre	befreien	
incommodum, -ī *n.*	Unbequemlichkeit, Nachteil	
onus, oneris *n.*	Last, Gewicht, Mühe	

cum *(beim Konj.)*	als; nachdem; da, weil; obwohl	
iugum, -ī *n.*	Berg, Bergkamm	
loca, -ōrum *n. (Pluralwort) (↗ locus L 6)*	Gegend	*engl.* location
plānus, -a, -um	flach, eben	*engl.* plain
laetitia, -ae *f.* *(↗ laetus L 1)*	Freude	
salūtāre	begrüßen	
addere, addō, addidī, additum *(↗ ad L 3)*	beifügen, hinzufügen	*engl.* (to) add
comprehendere, comprehendō, cemprehendī, comprehēnsum	erfassen; umfassen; begreifen	*engl.* comprehension; *fr.* comprendre; *it.* comprendere
damnāre	verurteilen	
concordia, -ae *f.*	Eintracht	

TEXT 2

ōrātiō, -ōnis *f.* *(↗ ōs L 18)*	Rede; Gebet	
corōna, -ae *f.*	„Krone“, Kranz	*engl.* crown; *fr.* couronne
laus, laudis *f.* *(↗ laudāre L 4)*	Lob, Ruhm	
antīquus, -a, -um	alt; ehemalig	*dt.* Antike; Antiquität; *engl.* antiquity *Altertum*
sīn	wenn aber	

33 LECTIO TRICESIMA TERTIA

TEXT 1

statuere, statuō, statuī, statūtum	hin-/aufstellen; bestimmen, beschließen	
cōnferre, cōnferō, contulī, collātum *(↗ ferre)*	zusammentragen, vergleichen	*engl.* cf (= confer)
sē cōnferre	sich begeben	
philosophia, -ae *f.* *(↗ philosophus)*	„Philosophie“	*engl.* philosophy; *fr.* philosophie
discere, discō, didicī	lernen, erfahren	
sapiēns, *Gen.:* **sapientis**	verständig, einsichtsvoll; weise	
offerre, offerō, obtulī, oblātum *(↗ ferre)*	entgegentragen; anbieten	*engl.* (to) offer

quoque *(nachgestellt)*	auch, sogar	
magistrātus, -ūs *m.*	Amt; Beamter	
explēre, expleō, explēvī, explētum	ausfüllen, vollenden	
cāsus, -ūs *m.* *(↗ cadere L 29)*	Fall, Zufall	
perferre, perferō, pertulī, perlātum *(↗ per L 3; ferre)*	ans Ziel bringen; durchführen; erdulden	*dt.* Kasus; *engl.* case
īnferre, infero, intuli, illatum	hineintragen; zufügen	
poēta, -ae *m.*	Dichter	*engl.* poet; *fr.* poète
referre, referō, rettulī, relātum *(↗ ferre)*	zurücktragen; melden, berichten	*engl.* (to) refer to *beziehen auf*
oportet, oportuit	es ist nötig, es gehört sich, man muss	
philosophus, -ī *m.* *(↗ philosophia)*	„Philosoph“, Gelehrter	*engl.* philosopher; *fr.* philosophe
contendere, contendō, contendī	sich bemühen; eilen; kämpfen; behaupten	
cēterum *(Adv.)* *(↗ cēterī L 8)*	übrigens, außerdem	*engl.* etc (= et cetera)
praestāre, praestō, praestitī *(↗ stāre L 1)*	jmdm. voranstehen, jmdn. übertreffen *(beim Dativ)*, etwas leisten *(beim Akk.)*	
sē praestāre	sich erweisen	
schola, -ae *f.*	„Schule“	

TEXT 2

efficere, efficiō, effēcī, effectum *(↗ facere L 19)*	bewirken	*dt.* Effekt; *engl.* (to) effect
beātus, -a, -um	glücklich	
ostendere, ostendō, ostendī, ostentum	zeigen, vor Augen stellen, darlegen	
trānsferre, trānsferō, trānstulī, trānslātum *(↗ ferre)*	hinübertragen, übertragen, überbringen	*engl.* translation *Übersetzung*
afferre, afferō, attulī, allātum *(↗ ad L 3; ferre)*	herbeitragen; mit sich bringen; bereiten	
inānis, -e	leer, nichtig, grundlos	
dētrahere, dētrahō, dētrāxī, dētractum	schmälern, herabziehen, herabsetzen	

cupiditās, -ātis *f.* *(↗ cupere L 30)*	Verlangen, Begierde, Leidenschaft	
līberāre	befreien	
pellere, pellō, pepulī, pulsum	stoßen, schlagen, vertreiben	
facilis, -e *(↗ facere L 19)*	leicht, bequem	*fr.* facile; *sp.* fácil; *it.* facile
facile *(Adv.)*	leicht, mühelos	
ferre, ferō, tulī, lātum	bringen, tragen; berichten, erzählen	
disciplīna, -ae *f.*	„Disziplin“, Strenge; Erziehung, Lehre	
ēligere, ēligō, ēlēgī, ēlēctum	auswählen	
prōpōnere, prōpōnō, prōposuī, prōpositum	aufstellen, in Aussicht stellen, beschließen	
differre, differō, distulī, dīlātum *(↗ ferre)*	zerstreuen; aufschieben	
sē differre	sich unterscheiden	*engl.* difference *Unterschied*
ōtium, -ī, *n.*	freie Zeit, Ruhe	
dissentīre, dissentiō, dissēnsī, dissēnsum	mit jmdm. uneins sein, streiten	
nātūra, -ae *f.*	„Natur“, Wesen, Beschaffenheit	*engl./fr.* nature
uter? utra? utrum? *Gen.:* utrius?	welcher (von beiden)	
———		
dispōnere, dispōnō, disposuī, dispositum	verteilen, ordnen	
āctiō, -ōnis *f.*	Handlung, Tätigkeit	
regere, regō, rēxī, rēctum *(↗ rēx L 13)*	lenken, leiten, „regieren“	

34 LECTIO TRICESIMA QUARTA

TEXT 1

ūtilis, -e	brauchbar, nützlich	*engl.* utility
nihil, *Gen.:* **nūllīus reī**	nichts	
nūllus, -a, -um *(↗ ūllus)*	kein	*dt.* Null; *fr.* nul, nulle
egēre, egeō, eguī *(beim Abl.)*	(etw.) nötig haben, brauchen; Not leiden	

quīdam, quaedam, quiddam *(subst.)*	ein bestimmter, ein gewisser; *Pl.:* einige	
quīdam, quaedam, quoddam *(adjekt.)*		
āmittere, āmittō, āmīsī, āmissum *(↗ mittere L 20)*	wegschicken; verlieren	
ūllus, -a, -um *(↗ nūllus)*	irgend ein	
solēre, soleō	gewohnt sein (etw. zu tun)	
orīgō, -inis *f.*	Ursprung, Abstammung, Herkunft	
mīrābilis, -e	erstaunlich, bewundernswert	
mīrus, -a, -um	seltsam, verwunderlich	
vīsitāre	besuchen, besichtigen	*engl.* (to) visit; *fr.* visiter

TEXT 2

cōnsūmere, cōnsūmō, cōnsūmpsī, cōnsūmptum	verwenden, verbrauchen	*dt.* Konsum; *engl.* (to) consume; *fr.* consumer
turbāre	beunruhigen, verwirren; stören	
sensus, -us *m.* *(↗ sentīre L 29)*	Empfinden, Gefühl; Sinn, Verstand	*engl.* sense; nonsense *Unsinn*; *fr.* sens

35 LECTIO TRICESIMA QUINTA

TEXT 1

plēbēius, -ī *m.*	„Plebejer“	
rogāre *(↗ interrogāre L 5)*	fragen, bitten	
ut *(beim Konj.)*	(so) dass; dass, damit, um ... zu	
optāre	wünschen	
patricius, -iī *m.*	„Patrizier“ (*Adeliger*)	
status, -ūs *m.* *(↗ stāre L 1)*	Zustand; Lage; Stellung, Rang	*dt.* Status; *engl.* state; *fr.* état
disserere, disserō, disseruī, dissertum	auseinandersetzen, erörtern	
immō *(Adv.)*	allerdings; im Gegenteil	
rēctus, -a, -um	„richtig“	
brevis, -e	kurz	*engl.* brief; *fr.* bref, brève
brevī *(Adv.)*	in kurzer Zeit	
mercātor, -ōris *m.*	Händler, Kaufmann	
impetrāre	(durch Bitten) erreichen	
nocēre, noceō, nocuī	schaden	

10	**condere, condō, condidī, conditum**	gründen	
	revocāre	zurückrufen	
	ēloquentia, -ae *f.*	Redekunst; Fähigkeit als Redner	
	praeditus, -a, -um	ausgestattet, begabt	
	flectere, flectō, flexī, flexum	beugen, biegen	
	cārus, -a, -um	lieb	*fr.* cher, chère; *sp./it.* caro, -a
	ōrātor, -ōris *m.* *(↗ ōrātiō L 32)*	Redner	
	situs, -a, -um	gelegen	

TEXT 2

15	**membrum, -ī** *n.*	Teil, Glied	*engl.* member
	singulī, -ae, -a	die Einzelnen	*dt.* Singular; *engl.* single
	īrātus, -a, -um	zornig	
	venter, ventris *m.*	Magen, Bauch	
	cibus, -ī *m.*	Speise	
	dēns, dentis *m.*	Zahn	
	inde *(Adv.)*	von dort; von da an; daher	
	nē *(beim Konj.)*	dass nicht; damit nicht	
	intellegere, intellegō, intellēxī, intellectum	verstehen, einsehen	*dt./engl.* intelligent
	īra, -ae *f.*	Zorn	
20	**extrēmus, -a, -um** *(↗ extrā L 19)*	äußerster; letzter	*dt.* extrem; *engl.* extreme
	magis *(Adv.)*	eher; mehr	
	alere, alō, aluī, altum	(er)nähren	
	sanguis, sanguinis *m.*	Blut	*fr.* sang
	distribuere, distribuō, distribuī, distribūtum	einteilen, zuteilen	
	comparāre	zusammenstellen, vergleichen	
25	**mēns, mentis** *f.*	Verstand; Absicht, persönliche Einstellung	*engl.* mind

36 LECTIO TRICESIMA SEXTA

TEXT 1

vertere, vertō, vertī, versum	drehen, wenden; übersetzen	*dt.* konvertieren
saevus, -a, -um	wütend	
classis, -is *f.*	„Klasse“, Abteilung; Flotte	*engl.* class; *fr.* classe

cōnscrībere, cōnscrībō, cōnscrīpsī, cōnscrīptum *(↗ scrībere L 31)*	eintragen; (Soldaten) ausheben	
cōgere, cōgō, coēgī, coāctum *(↗ agere L 19)*	zusammentreiben, sammeln; zwingen	
conciliāre	zum Freund machen, gewinnen	
praeda, -ae *f.*	Beute	
aerārium, -ī *n.*	Schatzkammer; Schatz, Kasse	
ōrnāre	schmücken	
nimius, -a, -um	zu groß, zu gewaltig, übermäßig	
prōmittere, prōmittō, prōmīsī, prōmissum	versprechen	*engl.* (to) promise
potentia, -ae *f.* *(↗ posse L 4)*	Gewalt, Macht, politischer Einfluss	*dt.* Potenz

TEXT 2

prīvātus, -a, -um	persönlich, „privat“	*engl.* private; *fr.* privé, -e; *sp.* privado, -a; *it.* privato, -a
repente *(Adv.)*	plötzlich	
tenebrae, -ārum *f.* *(Pluralwort)*	Finsternis, Dunkelheit	
inermis, -e	unbewaffnet	
clāritās, -ātis *f.*	Helligkeit; Berühmtheit	
māiestās, -ātis *f.*	Würde, Größe, Hoheit	*dt.* Majestät; *engl.* majesty
permovēre, permoveō, permōvī, permōtum	bewegen, veranlassen, erschüttern	
incolumis, -e	unversehrt, unverletzt	

CLARO 4

furtum, -ī *n.*	Diebstahl	
immō *(Adv.)*	allerdings; im Gegenteil	
piscis, -is *m.*	Fisch	
adsentīre/assentīre, assentiō, assēnsī, assēnsum	zustimmen	
impudēns, *Gen.:* impudentis	unverschämt	
molestus, -a, -um	unangenehm, lästig, beschwerlich	

37 LECTIO TRICESIMA SEPTIMA

TEXT 1

	praeceptum, -ī *n.*	Vorschrift, Regel; Lehrsatz	
	labor, -ōris *m.* (*↗ labōrāre L 1*)	Arbeit, Mühe	*dt.* Labor; *engl.* labour; *it.* lavoro
	interesse, intersum, interfuī (*beim Dat.*) (*↗ esse L 1, inter L 3*)	dabei sein, teilnehmen	*dt.* sich interessieren; *engl.* (to) be interested in; *fr.* s'intéresser à
	dies festus *m.*	Festtag	
	meminisse, meminī (*beim Gen.*) (*↗ memoria L 11*)	sich erinnern an, denken an	
5	**certāmen, certāminis** *n.* (*↗ certāre L 8*)	Kampf, Wettkampf	
	initium, -ī *n.* (*↗ inīre*)	Anfang, Beginn	
	cursus, -ūs *m.* (*↗ currere*)	„Kurs", Verlauf, Lauf, Weg, Fahrt	*engl.* course; *fr.* cours; *sp.* curso; *it.* corso
	currere, currō, cucurrī, cursum (*↗ cursus*)	laufen	
	incitāre	antreiben, anfeuern, reizen	
	īra, -ae *f.*	Zorn	
	facinus, -oris *n.* (*↗ facere L 19*)	Tat, Untat	
10	**quantus, -a, -um?**	wie groß? wie viel?	*dt.* Quantum; *engl.* quantity; *fr.* quantité; *it.* quantità
	nōvisse, nōvi (*↗ nōtus L 11*)	kennen, wissen	
	praemium, -ī *n.*	Belohnung	*dt.* Prämie

De rebus Romanis (Lekt. 28–37)

Römische Brücke *(Pons Fabricius) über den Tiber in Rom.*

Fragment einer *römischen Inschrift auf dem Forum Romanum*

TEXT 2

inīre, ineō, iniī *(↗ in L 3, īre L 6)*	hineingehen, betreten	
ab ineunte aetāte	von Jugend an	
vituperāre	tadeln	
adversārius, -ī *m.*	Gegner, Feind	
ōdisse, ōdī *(↗ odium L 13)*	hassen	
ūniversus, -a, -um	gesamt; allgemein	*dt.* Universum, Universität; *engl.* university; *fr.* université; *sp.* universidad; *it.* università

38 LECTIO DUODEQUADRAGESIMA

emere, emō, ēmī, ēmptum	kaufen	
ēligere, ēligō, ēlēgī, ēlēctum	auswählen	

TEXT 1

dēspērāre	verzweifeln	
occāsiō, -ōnis *f.*	(günstige) Gelegenheit	
sūmere, sūmō, sūmpsī, sūmptum *(↗ cōnsūmere L 34)*	nehmen	
iacēre, iaceō, iacuī	liegen	
colligere, colligō, collēgī, collēctum	sammeln	*dt.* Kollektion
portus, -ūs *m.*	Hafen	*engl./fr.* port; *sp.* puerto; *it.* porto
mōtus, -ūs *m.* *(↗ movēre L 14)*	Beben	

TEXT 2

cibus, -ī *m.*	Speise	
ōrāre	bitten	
ōrnāmentum, -ī *n.*	Schmuck	
somnus, -ī *m.*	Schlaf	
miscēre, misceō, miscuī, mixtum	mischen	*engl.* (to) mix
crās *(Adv.)*	morgen	
mēnsis, -is *m.*	Monat	

39 LECTIO UNDEQUADRAGESIMA

TEXT 1

lēgātus, -ī *m.*	Gesandter; Feldherr; Statthalter	
praetor, -ōris *m.*	„Prätor“	
dīripere, dīripiō, dīripuī, dīreptum *(↗ rapere L 29)*	(aus)plündern, rauben	
quīcumque, quaecumque, quodcumque *(↗ quī L 15)*	wer auch immer; jeder, der	
artificium, -ī *n.* *(↗ ars L 29, facere L 19)*	Kunstwerk	
ōrnāmentum, -ī *n.*	Schmuck(stück)	
ēgregius, -a, -um	außergewöhnlich	
velle, volō, voluī	wollen	*fr.* vouloir
sānctus, -a, -um	heilig	*dt.* Sankt; *fr.* saint, -e; *sp./it.* santo, -a
nōlle, nōlō, nōluī	nicht wollen	
capitis damnāre	zum Tode verurteilen	
quaestor, -ōris *m.*	„Quästor“	
subsidium, -ī *n.*	Beistand	
vexāre	quälen	
(sē) abstinēre, abstineō, abstinuī *(beim Abl.)*	(sich) fernhalten von	
patrōnus, -ī *m.*	„Patron“; Anwalt; Beschützer	
occāsiō, -ōnis *f.*	(günstige) Gelegenheit	
mālle, mālō, māluī *(↗ magis L 35; velle)*	lieber wollen	
pecūniārum repetundārum accusāre	auf Schadenersatz verklagen	
iūdex, iūdicis *m./f.* *(↗ iūs L 27)*	Richter(in)	*engl.* judge
plērumque *(Adv.)*	meistens	
absolvere, absolvō, absolvī, absolutum	freisprechen	
superesse, supersum, superfuī *(↗ super L 10, esse L 1)*	übrig sein, bleiben	
testis, -is *m./*f.	Zeuge, Zeugin	

opēs, opum *f.*	Hilfsmittel; Macht	

TEXT 2

exemplum, -ī *n.*	Beispiel	*engl.* example; *fr.* exemple
īra, -ae *f.*	Zorn	
dīligere, dīligō, dīlēxī, dīlēctum	lieben, schätzen	
trādūcere, trādūcō, trādūxī, trāductum *(↗ dūcere L 17)*	hinüberführen	
innocēns, *Gen.:* **innocentis**	unschuldig, rechtschaffen	
terror, -ōris *m.* *(↗ terrēre L 7)*	Schrecken	*dt.* Terror
ultrā *(Adv.)*	(räuml.) weiter hinaus; jenseits; (zeitl.) länger	*dt.* ultra-
vīvus, -a, -um *(↗ vīvere L 19)*	lebend; zu Lebzeiten	

40 LECTIO QUADRAGESIMA

TEXT 1

memor, *Gen.:* **memoris** *(beim Gen.)* *(↗ memoria L 11)*	sich erinnernd; bewusst *(einer Sache)*	
memor sum tuī	ich denke an dich	
recordārī, recordor, recordātus sum *(beim Gen. u. Akk.)*	sich erinnern an	*dt.* Rekord; *engl.* (to) record
nāvālis, -e	Schiffs-, See-	
ōrā, -ae *f.*	Küste	
līberāre	befreien	
impetus, -ūs *m.* *(↗ petere L 17)*	Angriff	
contingit	es glückt, es gelingt	
tūtārī, tūtor, tūtātus sum *(↗ tūtus L 20)*	schützen, abwehren	
mercātor, -ōris *m.*	Händler, Kaufmann	
praedō, -ōnis *m.*	Räuber	
tuērī, tueor, tūtātus sum *(tūtus L 20)*	schützen, bewahren	
cōnārī, cōnor, cōnātus sum	versuchen; wagen	
ventus, -ī *m.*	„Wind“	

vidērī, videor, vīsus sum *(↗ vidēre L 3)*	scheinen	
cūnctārī, cūnctor, cūnctātus sum	zögern	
cōnfitērī, cōnfiteor, cōnfessus sum	gestehen, bekennen	*dt.* Konfession; *engl.* (to) confess
effugere, effugiō, effūgī *(↗ fugere L 19)*	fliehen, entkommen	
īgnōminia, -ae *f.*	Schande	
fierī, fīō, factus sum *(↗ facere L 19)*	(gemacht) werden; entstehen	
verērī, vereor, veritus sum	verehren	
(beim Infinitiv)	scheuen	
(bei nē + Konjunktiv)	fürchten, dass	
īgnārus, -a, -um *(beim Genitiv)*	unkundig in etw.	
(beim Dativ)	unbekannt, fremd für	
intuērī, intueor	aufmerksam anschauen, betrachten	
admīrārī, admīror, admīrātus sum	bewundern, sich wundern	*engl.* (to) admire
concēdere, concēdō, concessī, concessum	erlauben, gestatten, nachgeben	
callidus, -a, -um	gewandt; erfahren, schlau	
honestus, -a, -um *(↗ honor L 12)*	angesehen; ehrenhaft	*engl.* honest; *fr.* honnête
sine dubiō *(↗ sine L 9; dūbitāre L 5)*	ohne Zweifel, zweifellos	*engl.* no doubt
versārī, versor, versātus sum	(in) sich aufhalten (bei, in); sich beschäftigen (mit)	
quīn etiam	ja sogar	
parcere, parcō, pepercī *(beim Dat.)*	schonen, sparen	
miserērī, misereor, miseritus sum *(beim Gen.)*	sich erbarmen	
arbitrārī, arbitror, arbitrātus sum	beobachten; annehmen; meinen; halten für	
glōriārī, glōrior, glōriātus sum	sich rühmen	
merērī, mereor, meritus sum	sich verdient machen	

TEXT 2

stipendium, -ī *n.*	Sold	
complūrēs, -a, *Gen.:* complūrium	einige, mehrere	
partūm *(Adv.)* *(↗ pars L. 26)*	teils, zum Teil	

41 LECTIO QUADRAGESIMA PRIMA

TEXT 1

aquaeductus, -ūs *m.* *(↗ aqua L 2, dūcere L 17)*	Wasserleitung, „Aquädukt“	
fōns, fontis *m.*	Quelle	*dt.* Fontäne
colōnia, -ae *f.*	Siedlung, „Kolonie“	*engl.* colony
architectus, -ī *m.*	Baumeister, Ingenieur	
perītus, -a, -um *(beim Gen.)*	erfahren (in), sachkundig	
distribuere, distribuō, distribuī, distribūtum	einteilen, zuteilen	
ob *(beim Akk.)*	zu … hin; vor; wegen	
exstruere, exstruō, exstrūxī, exstrūctum	auftürmen, errichten	
lapis, lapidis *m.*	Stein	
īnstituere, īnstituō, īnstituī, īnstitūtum	einrichten, beginnen; unterrichten	
opera, -ae *f.*	Mühe, Arbeit	
vallis, -is *f.*	Tal	*engl.* valley, *fr.* vallée
impedīre, impediō, impedīvī, impedītum	hindern, zurückhalten	
sumptus, -ūs *m.*	Aufwand; Kosten	
memorāre *(↗ memoria L 11)*	erinnern; erwähnen, berichten	
sollicitus, -a, -um	unruhig, besorgt	
mōlēs, -is *f.*	Masse, Last, Wucht	*dt.* Mole
hortārī, hortor, hortātus sum	auffordern, ermahnen	

TEXT 2

fraus, fraudis *f.*	Betrug, Täuschung, Hinterlist	
reficere, reficiō, refēcī, refectum	wiederherstellen	
vindicāre	beanspruchen, schützen	

exigere, exigō, exēgī, exāctum *(↗ ex L 9, agere L 19)*	wegtreiben, eintreiben; (er)fordern	*fr.* exiger
mandāre	anvertrauen	*dt.* Mandat
perdūcere, perdūcō, perdūxī, perductum	hinführen; veranlassen	
prīor, prīus, *Gen.:* **priōris**	vorderer; früherer	

42 LECTIO QUADRAGESIMA ALTERA

TEXT 1

mūrus, -ī *m.*	„Mauer“	
ūtī, ūtor, ūsus sum *(beim Abl.)* *(↗ ūsus L 27)*	benützen, gebrauchen	
partīrī, partior, partītus sum	teilen	
fruī, fruor *(beim Abl.)*	etwas genießen	
proficīscī, proficīscor, profectus sum	aufbrechen, abreisen; ausgehen von	
rēctus, -a, -um	„richtig“	
orīrī, orior, ortus sum	entstehen	
regiō, -ōnis *f.*	Gebiet, Landschaft	*dt.* Region; *engl.* region; *fr.* région
superbus, -a, -um	hochmütig, stolz	
sequī, sequor, secūtus sum	folgen, nachfolgen	
adipīscī, adipīscor, adeptus sum	erlangen, erringen	

TEXT 2

elephantus, -ī *m.*	„Elefant“	
circus, -ī *m.*	„Zirkus“, Rennbahn	
tumultus, -ūs *m.*	Unruhe, Aufruhr	
exprimere, exprimō, expressī, expressum	ausdrücken	
permovēre, permoveō, permōvī, permōtum	bewegen, veranlassen	
oblīvīscī, oblīvīscor, oblītus sum *(beim Gen.)*	etwas vergessen	

consequī, consequor, consecūtus sum (↗ *sequī*)	nachfolgen; erlangen, erreichen	
opīniō, -ōnis *f.*	Meinung, Erwartung; Gerücht	*engl./fr.* opinion
societās, -ātis *f.* (↗ *socius L 6*)	Gemeinschaft; Bündnis	*engl.* society; *fr.* société

43 LECTIO QUADRAGESIMA TERTIA

TEXT 1

medium aevum *n.*	Mittelalter	
maximus, -a, -um (↗ *māgnus L1*)	größter	*dt.* Maximum
continēns, continentis *f.*	Erdteil, „Kontinent“	*engl./fr.* continent
maior, maius (↗ *māgnus L 1*)	größer	
maior nātū	älter	
aliqui, aliquae, aliquod *(adjekt.)*	irgendein	
aliquis, aliqua, aliquid *(subst.)*	jemand; irgendeine(r), irgendetwas	
doctus, -a, -um	gelehrt, gebildet; geübt	
audāx, *Gen.:* audācis	kühn, frech	
incēdere, incēdō, incessī, incessum (↗ *cēdere L 17*)	einherschreiten, daherstolzieren	
dispōnere, dispōnō, disposuī, dispositum	einteilen, verteilen	
niger, nigra, nigrum	schwarz, dunkel	*fr.* noir, -e; *sp.* negro, -a; *it.* nero, -a
līberālis, -e (↗ *līber L 7*)	freundlich, zuvorkommend; großzügig	*dt.* liberal
dēstruere, dēstruō, dēstrūxī, dēstructum	zerstören	
auris, -is *f.*	Ohr	*fr.* oreille
minimus, -a, -um (↗ *parvus L 5*)	kleinster	*dt.* Minimum
proprius, -a, -um	eigen, eigentümlich	*fr.* propre
quisque, quaeque, quidque *(subst.)*	jeder (einzelne)	
und **quodque** *(adjekt.)*		
quot	wie viele? wie viele	
secundum *(beim Akk.)*	unmittelbar nach; entlang; gemäß	

ōrdō, ōrdinis *m.*	Stand; Reihe; „Ordnung“	*dt.* Orden
mīnor, mīnus (↗ *parvus L 5*)	kleiner	
mīnor nātū	jünger	
contiō, -ōnis *f.*	Volksversammlung	
flectere, flectō, flexī, flexum	beugen, biegen	
incendere, incendō, incendī, incēnsum	anzünden, entflammen	
captīvus, -ī *m.*	Gefangener	
victus, -ūs *m.*	Lebensunterhalt	
cibus, -ī *m.*	Speise	
plūs, *Gen.:* **plūris** (↗ *multus L 2*)	mehr	*dt./engl./fr.* plus

44 LECTIO QUADRAGESIMA QUARTA

TEXT 1

quondam *(Adv.)*	einst	
sive … sive / seu … seu	sei es, dass … oder dass …; entweder … oder	
dīvīnus, -a, -um	göttlich, übermenschlich	
canere, canō, cecinī	(be)singen, ertönen lassen; weissagen	
plūrimum *(Adv.)* (↗ *plūs L 43*)	sehr viel; am meisten	
immolāre	opfern	
perpetuus, -a, -um	ununterbrochen, fortdauernd	
cōnfīdere, cōnfīdō, cōnfīsus sum	vertrauen, sich verlassen	
diūtius *(Adv.)* (↗ *diū L 1*)	länger	
revertī, revertor, revertī	zurückkehren, zurückkommen, umkehren	
ōrnāre	schmücken	
lacus, -ūs *m.*	See	*engl.* lake; *fr.* lac; *sp./it.* lago
optimus, -a, -um (↗ *bonus L 2*)	bester, beste, bestes	*dt.* Optimist
optimē *(Adv.)* (↗ *bene L 16*)	sehr gut; am besten	

TEXT 2

simplex, *Gen.:* **simplicis**	einfach	*engl./fr.* simple
religiō, -ōnis *f.*	Glaube, „Religion“	

iūrāre *(↗ iūs L 27)*	schwören	
saeculum, -ī *n.*	Jahrhundert	*fr.* siècle
servīre, serviō *(↗ servus L 1)*	dienen	
rītus, -ūs *m.*	heiliger Brauch; „Ritus“	
facultās, -ātis *f.*	Gelegenheit	

STAMMFORMEN

audēre, audeō, ausus sum	wagen	
gaudēre, gaudeō, gāvīsus sum	sich freuen	
solēre, soleō, solitus sum	gewohnt sein (etw. zu tun)	

45 LECTIO QUADRAGESIMA QUINTA

TEXT 1

ecce!	siehe da!	
parēns, parentis *m./f.*	Vater; Mutter	
parentēs, -ium *m.*	Eltern	*engl./fr.* parents
elementum, -ī *n.*	Grundstoff, „Element“	
regīna, -ae *f.*	Königin	
strēnuus, -a, -um	tatkräftig, tüchtig, entschlossen	
quisquam, quicquam	überhaupt jemand, überhaupt etwas	
favēre, faveō, fāvī, fautum *(beim Dat.)*	geneigt sein, begünstigen	*dt.* Favorit
merēre, mereō, meruī, meritum *(↗ merērī L 40)*	verdienen	
beātus, -a, -um	glücklich	
cultus, -ūs *m.* *(↗ colere L 18)*	Bebauung, Pflege; Verehrung; Lebensweise	*dt.* Kult
sacrum, -ī *n.*	heiliger Ort, Tempel, Opfer	
sacerdōs, sacerdōtis *m./f.*	Priester(in)	
(sē) abstinēre, abstineō, abstinuī, abstentum	sich fernhalten von	
admittere, admittō, admīsī, admissum *(↗ mittere L 20)*	in Bewegung setzen; zulassen, gestatten	
īnferus, -a, -um	unten befindlich, unterirdisch	
īnferī, -ōrum *m.*	die Unterwelt	

superus, -a, -um	oben befindlich, der obere	
superī, -ōrum	die überirdischen Götter	

TEXT 2

quisquis, quidquid	wer nur immer; jeder der	
charta, -ae *f.*	Brief	

CLARO 5

TEXT 1

discipulus, -ī *m.*	Schüler	
cōnfirmāre	stärken, ermutigen, bestätigen	
vēritās, -ātis *f.*	Wahrheit	
lūmen, lūminis *n.*	Licht	
curiōsus, -a, -um	wissbegierig, neugierig	
grammatica (ars) *f.*	Grammatik	
rhētorica (ars) *f.*	Redekunst	
dialectica (ars) *f.*	Dialektik	
arithmētica (ars) *f.*	Arithmetik	
geōmetria (ars) *f.*	Geometrie	
mūsica (ars) *f.*	Musik	
astrologia (ars) *f.*	Astrologie	

TEXT 2

propterea (*Adv.*)	deshalb, daher	

De rebus Romanis (Lekt. 38–45)

Unter einem Pflaster aus dunklem Marmor auf dem Forum Romanum, dem so genanntem Lapis Niger, wurden Reste eines Altars und ein mit Inschriften versehener steinerner Pfeiler gefunden.

Der römische Haften von Ostia mit Handelsschiffen und Leuchtturm. Mosaik in Ostia.

Modell der römischen Pferderennbahn von Constantinopel: Blick auf die Rennbahn und die Wendekurve.

Römische Zahlen, römische Namensgebung

		Grundzahlen	Ordnungszahlen
1	I	**ūnus, -a, -um** ein/einer/ein	**prīmus, -a, -um** der/die/das erste
2	II	**duo, duae, duo**	**secundus od. alter**
3	III	**trēs, trēs, tria**	**tertius**
4	IV	**quattuor**	**quārtus**
5	V	**quīnque**	**quīntus**
6	VI	**sex**	**sextus**
7	VII	**septem**	**septimus**
8	VIII	**octō**	**octāvus**
9	IX	**novem**	**nōnus**
10	X	**decem**	**decimus**
11	XI	**undecim**	**undecimus**
12	XII	**duodecim**	**duodecimus**
13	XIII	**trēdecim**	**tertius decimus**
14	XIV	**quattuordecim**	**quārtus decimus**
15	XV	**quīndecim**	**quīntus decimus**
16	XVI	**sēdecim**	**sextus decimus**
17	XVII	**septendecim**	**septimus decimus**
18	XVIII	**duodēvigintī**	**duodēvicēsimus**
19	XIX	**undēvīgintī**	**undēvicēsimus**
20	XX	**vīgintī**	**vīcēsimus**
30	XXX	**trīgintā**	**tricēsimus**
40	XL	**quadrāgintā**	**quadrāgēsimus**
50	L	**quīnquāgintā**	**quīnquāgēsimus**
60	LX	**sexāgintā**	**sexāgēsimus**
70	LXX	**septuāgintā**	**septuāgēsimus**
80	LXXX	**octōgintā**	**octōgēsimus**
90	XC	**nōnāgintā**	**nōnāgēsimus**
100	C	**centum**	**centēsimus**

Jeder männliche römische Bürger besaß seit der ausgehenden Republik einen

Vornamen	(praenomen; meistens abgekürzt, z. B. **C.** Iūlius Caesar, **M.** Tullius Cicerō),
Familiennamen	(nomen gentile; z. B. C. **Iūlius** Caesar),
Beinamen	(cognomen; z. B. M. Tullius **Cicerō**).

Mädchen hatten nur den Familiennamen in der weiblichen Form:
Iūlia, Cornēlia, Claudia.

Bei Sklaven gab man sich keine große Mühe.
Sie wurden bei dem Namen gerufen, den ihnen ihr Herr gegeben hatte. Häufige Namen waren **Fēlīx** (der Glückliche) oder einfach **Spartacus, Syrus, Dēlia, Lȳdia** (Bezeichnung nach ihrem Herkunftsland).

Abkürzungen der gebräuchlichsten römischen Vornamen

A.	Aulus	L.	Lūcius	Ser.	Servius
C.	Gāius	M.	Mārcus	Sex.	Sextus
Cn.	Gnaeus	P.	Pūblius	T.	Titus
D.	Decimus	Q.	Quīntus	Ti.	Tiberius

Achillēs, -is *m.* Achilles. Griechischer Held im Kampf um Troja. Er tötete Hektor, den stärksten Kämpfer der Trojaner. L 8

aedīlis, -is *m.* der Ädil. Beamter. Die Ädile hatten für die Erhaltung der Tempel (aedes, -is *f.* heißt „Tempel“) und öffentlichen Gebäude zu sorgen, besaßen Polizeigewalt vor allem bei der Marktaufsicht, sorgten für die Getreideverteilung an die Bevölkerung und waren für die Ausrichtung der öffentlichen Spiele zuständig. L 12

Aegyptus, -ī *f.* Ägypten. Schon die Griechen bewunderten die hohe Kultur der Ägypter. Ägypten wurde 30 v. Chr. römische Provinz und war als Hauptlieferant für Getreide sehr wichtig. L 11, 27, 44

Aequī, -ōrum *m.* Die Äquer waren ein Volksstamm, der östlich von Rom im Gebirge lebte. Von den Römern lange Zeit als mächtige Gegner gefürchtet. L 12, 13

Aenēās, -ae *m.* Aeneas. Der Sage nach Sohn der Göttin Venus, Schwiegersohn des Königs von Troja; er führte nach der Zerstörung Trojas die überlebenden Trojaner nach Italien. L 8, 9, 10

Aesculāpius, -ī *m.* Äskulap (griech.: *Asklepios*). Mythischer Sohn des Apollo, als Heilgott verehrt.
Sein heiliges Tier ist die Schlange. Zahlreiche Heiligtümer, die als Kurorte dienten, waren ihm geweiht. Als wichtigstes Heilmittel galt der Heilschlaf, in dem der Gott den Patienten im Traum erschien.
Häufig wird Äskulap mit einem Stab, um den sich eine Schlange windet, dargestellt. Dieses Symbol benutzen heute Ärzte als Zeichen ihres Berufs. L 28

Aesopus, -ī *m.* Äsop. Griechischer Fabeldichter, lebte um 550 v. Chr. Äsop soll ein Sklave gewesen sein. L 10

Āfrica, -ae *f.* Afrika. Der Erdteil Afrika, im engeren Sinne die römische Provinz Afrika, die seit 146 v. Chr. das Gebiet der Stadt Karthago umfasst. L 36

Agēnōr, -oris *m.* Agenor. Mythischer König von Sidon in Phönizien, Vater der Europa. L 17.

Agrippīna, -ae *f.* Julia Agrippina (15–59 n. Chr.). Mutter des Nero, Nichte und Ehefrau des Kaisers Claudius. Sie vergiftete ihren Mann, um ihren Sohn auf den Thron zu bringen, wurde später auf Veranlassung Neros ermordet. L 24

Alamannī, -ōrum *m.* Alamannen. Bund germanischer Stämme, die im 3. Jh. n. Chr. den Limes durchbrachen und sich zwischen Rhein, Main, Donau, Bodensee und Iller ansiedelten. L 20

Alba Longa, -ae *f.* Alba Longa. Stadt in Latium, heute Castelgandolfo; der Sage nach von Askanius gegründet. L 9

Albinius, -i *m.* Lucius Albinius. 494 v. Chr. einer der ersten Volkstribunen der römischen Republik. L 35

Alcmēna, -ae *f.* griech. *Alkmene.* Frau des Amphitryon, Mutter des Jupiter-Sohnes Herkules. L 15

Alcuin, -i *m.* Alkuin. Gelehrter aus England (ca. 730–804), wurde Ratgeber Karls des Großen in kirchlichen, literarischen und auch politischen Fragen. Brachte die Hof- und Klosterschule von Tours zu großer Berühmtheit. Verfasste zahlreiche Schriften. claro 5

Alexander, -rī *m.* Alexander d. Große, 356–323 v. Chr. Sohn Philipps II. und der Olympias, seit 336 v. Chr. König von Makedonien. Hochbegabter Feldherr, der die Länder des östlichen Mittelmeergebiets und des Vorderen und Mittleren Orients bis Indien eroberte. Er hinterließ nach seinem frühen Tod ein Weltreich, das seine Feldherren unter sich aufteilten. L 34

Alexandria, -ae *f.* Alexandria. Ägyptische Stadt am westlichen Nilarm, von Alexander d. Großen gegründet. Er ist auch hier bestattet worden. Weltberühmt war die Bibliothek von Alexandria. L 25

Ambiānēnsium, -ī *n.* Ambianensium. Siedlung im Norden Galliens, heute Amiens. claro 1

amphitheātrum, -ī *n.* Amphitheater, in dem Gladiatorenspiele und Tierkämpfe vorgeführt wurden. Um eine ovale Arena herum saßen die Zuschauer auf übereinandergestuften Sitzreihen. Über den offenen Zuschauerrängen konnten Segel vor der Sonne schützen. Die ersten Amphitheater waren aus Holz gebaut, später wurden sie aus Stein oder Ziegeln gemauert. Unter der Arena befanden sich Gänge und Räume für die Gladiatoren, die zum Tode Verurteilten und die wilden Tiere. Das größte Amphitheater war das Kolosseum in Rom, in dem auch Seeschlachten aufgeführt werden konnten. Dazu wurde die Arena mit Wasser gefüllt. Die ca. 70 000 Zuschauer erreichten über Treppen und Gänge ihre Plätze und konnten so auch innerhalb kurzer Zeit das Amphitheater wieder verlassen – wie heute noch in großen Fußballstadien. L 6, 23

Anchīsēs, -is *m.* Anchises. Vater des Aeneas. L 8

Anglia, -ae *f.* England. L 40

Anīcētus, -ī *m.* Anicetus. Freigelassener Neros. Auf Befehl des Nero versuchte Anicetus, dessen Mutter Agrippina durch einen vorgetäuschten Schiffsunfall zu töten. Da sie sich aber schwimmend retten konnte, ließ er sie durch Soldaten ermorden. L 24

Aniō, -ēnis *m.* Anio, heute: Anione, linker Nebenfluss des Tiber, ca. 110 km lang, entspringt in den Sabinerbergen und speiste in der Antike zwei Aquädukte, die nach Rom führten. L 41

Antōnius, -ī *m.* M. Antonius (ca. 83–30 v. Chr.). Anhänger Caesars, schloss sich nach Caesars Ermordung 44 v. Chr. mit Octavian und Lepidus zu einem politischen Bündnis, dem Triumvirat (Drei-Männer-Bund) von 43 v. Chr. zusammen; von Cicero in den *Philippischen Reden* angegriffen; später Ehemann der ägyptischen Königin Kleopatra und Gegner Octavians, wurde 31 v. Chr. in der Schlacht bei Actium von ihm besiegt und beging in Ägypten Selbstmord. L 13, 25, 40

Apollō, -inis *m.* Apollo (griech. *Apollon*), Gott der Heilkunst, der Musik, der Weissagung und der Jugend. Sohn des Jupiter und der Leto, Zwillingsbruder der Diana, Vater des Äskulap. Apollo wird jugendlich, im langen Gewand oder nackt, häufig mit seiner heiligen Pflanze, dem Lorbeer, dargestellt und trägt die Leier oder Pfeil und Bogen. Mit diesen Waffen tötete er die Schlange Pytho. L 28

Apollodōrus, -ī *m.* Apollodorus. Half Kleopatra, in einen Teppich eingewickelt, zu Caesar zu gelangen. L 25

Aquae Granī, -ārum Granī *f.* Aachen. Die Stadt war die Residenz und der Lieblingsaufenthalt Karls des Großen, der hier in der von ihm erbauten Pfalzkapelle, dem heutigen Dom, beigesetzt ist. Seit der Zeit Karls des Großen wurden in Aachen für mehr als 600 Jahre die deutschen Könige gekrönt. L 32

aquaeductus, -ūs *m.* Aquädukt, Wasserleitung. Die Römer bauten monumentale oberirdische Wasserleitungen, um den Wasserbedarf der Großstädte abzudecken, der vor allem durch die großen Thermenanlagen sehr hoch war. Häufig wurden Aqädukte nach ihrem Erbauer benannt, z. B. die *Aqua Appia* nach Appius Claudius Caecus oder die *Aqua Marcia* nach Q. Marcius Rex. Noch heute sind viele Teilstücke antiker Aquädukte zu bewundern. Am bekanntesten ist der sog. *Pont du Gard* in Südfrankreich. L 41

Arabēs, -um *m.* die Araber. L 27

Argenis, -idis *f.* Argenis. Figur aus dem gleichnamigen lateinischen Roman des John Barclay, 1621 erschienen. Tochter des Königs Meleander von Sizilien, um die sich verschiedene Männer bewerben. Ihre Entführung durch den sardischen König Radirobanes gelingt nicht. Er wird später vom gallischen König Poliarchus getötet, den Argenis liebt und schließlich heiratet. L 29

Argīlētum, -i *n.* Geschäftsstraße in Rom zum Forum Romanum, die zwischen der Curia und der Basilica Aemilia zur Subura führte. L 3

Argus, -ī *m.* Argus. Riese mit hundert Augen, die auch im Schlaf nie alle geschlossen waren. Deshalb wurde er von der eifersüchtigen Juno eingesetzt, um die in eine Kuh verwandelte Io zu bewachen. Merkur brachte Argus aber zum Einschlafen und tötete ihn auf Befehl des Jupiter. Die Augen des Argus setzte Juno auf die Schwanzfedern des Pfaus. L 18

arithmētica, -ae *f.* Arithmetik: Zahlentheorie, z. T. auch praktisches Rechnen. Die Arithmetik zählt zu den sog. sieben freien Künsten und unter ihnen zum *Quadrivium* („Vierweg“, in dem die vier mathematischen Fächer zusammengefasst waren), die zur Bildung eines „freien Mannes“ in Antike und Mittelalter gehörten und im Mittelalter auf ein wissenschaftliches Studium vorbereiteten. claro 5

Armēnī, -ōrum *m.* Die Armenier, lebten im Hochland südlich des Kaukasus. L 27

Arminius, -ī *m.* Arminius. Fürst der Cherusker, Schwiegersohn des Segestes. Er lernte die lateinische Sprache und die römische Kampftechnik in der römischen Armee, erwarb römisches Bürgerrecht und wurde römischer Ritter. Besiegte die römischen Truppen unter Varus 9 n. Chr. in der Schlacht im Teutoburger Wald. In der deutschen Geschichte wurde Arminius (oder Hermann) zeitweilig als „Befreier Deutschlands“ gefeiert. L 22

arx, arcis *f.* Burg, befestigte Anhöhe. Bezeichnet in Rom die nördliche Hügelkuppe des Kapitols. L 12

Ascanius, -ī *m.* Ascanius. Sohn des Aeneas und der Kreusa, mythischer Gründer der Stadt Alba Longa. L 8, 10

Asia, -ae *f.* Asien. Bezeichnet sowohl den Erdteil Asien als auch Kleinasien und die römische Provinz Asia, die einem Teil der westlichen Türkei entspricht. L 13

astrologia, -ae *f.* Astrologie. Lehre von den Himmelskörpern und Sphären. Die Astrologie zählt zu den sog. sieben freien Künsten und unter ihnen zum *Quadrivium* („Vierweg“, in dem die vier mathematischen Fächer zusammengefasst waren), die zur Bildung eines

„freien Mannes" in Antike und Mittelalter gehörten und im Mittelalter auf ein wissenschaftliches Studium vorbereiteten. claro 5

Athēnae, -ārum *f.* Athen. Hauptstadt von Attika, später der römischen Provinz Graecia. Im 5. Jh. v. Chr. demokratisch verwalteter Stadtstaat. Die kulturelle Überlegenheit der Griechen erkannten die Römer an, weshalb Athen auch als Studienort für reiche Römer sehr beliebt war. L 14, 33

Atilia, -ae *f.* Atilia. Eine Frau, die sich in Mainz in den Kult der Isis und der Magna Mater einweihen lässt. L 45

Atlās, -lantis *m.* Atlas. Name eines Titanen, der nach dem Mythos das Himmelsgewölbe trug. L 15

mare Atlanticum *n.* Atlantik. L 43

Augīās, -ae *m.* Augias. Mythischer griechischer König, dessen riesigen Stall Herkules als eine seiner zwölf Taten zu reinigen hatte. L 15

Augusta Treverōrum, -ae *f.* Augusta Treverorum, Augustusstadt der Treverer, heute: Trier. Die Gründung der ältesten römischen Stadt Deutschlands wird auf Augustus zurückgeführt. Das heutige Stadtbild wird entscheidend geprägt durch das römische rechtwinklige Straßennetz und vor allem durch die erhaltenen römischen Gebäude: das Stadttor Porta Nigra, die Palastaula („Basilika"), die Thermen (Kaiserthermen, Barbarathermen und Thermen am Viehmarkt), das Amphitheater, die Moselbrücke, der römische Kernbau des Doms und andere spätantike Kirchen. Trier war Hauptstadt der Provinz Gallia Belgica, seit dem Ende des 3. Jhs. n. Chr. kaiserliche Residenzstadt und Zentrale eines Verwaltungsbezirks, der von Britannien bis Afrika reichte. Ältester Bischofssitz Deutschlands. L 19

Augustus, -ī *m.* Augustus *(der Erhabene)*. Beiname des C. Octavius (43 v. Chr. – 14 n. Chr.), Sohn einer Nichte des Caesar, von diesem adoptiert. Erster römischer Kaiser 27 v. Chr. – 14 n. Chr. L 22, 23, 32

Aulus, -ī *m.* Aulus, männl. Vorname (Abk.: A.). In der Rahmenhandlung von *Salvete* Sklave in Rom. L 7. In L 20 Vorname des Vitalius, der an seinen Sohn Titus schreibt.

Aurēliānus, -ī *m.* Aurelian. Römischer Kaiser (270–275 n. Chr.). War von einfacher Herkunft, wurde von seinen Soldaten zum Kaiser ausgerufen. Erfolgreicher Feldherr. 275 n. Chr. von seinen Soldaten ermordet. L 27

Aventinus, -ī *m.* Aventin. Hügel im südlichen Stadtgebiet von Rom. L 9

barbarus, -ī *m.* Barbar. Schon von den Griechen als lautmalende Bezeichnung für Fremde, die unverständlich sprachen, benutzt. Bald auf alle Ausländer übertragen. L 2, 20

basilica, -ae *f.* Basilika („Königshalle"). Langgestreckte Halle, die auch Seitenschiffe haben kann. Dieser Bautypus ist in Rom erfunden worden. Basiliken dienten ursprünglich als Markthallen, auch als Gerichts- und Palastbasiliken. Die römischen Kaiser ließen große und prächtige Basiliken auf den von ihnen errichteten Foren bauen. Seit der Spätantike sind Basiliken auch Kirchengebäude. L 32

Bellīnus, -ī *m.* Bellinus. Einer der beiden Prätoren, die von Piraten auf der Via Appia zusammen mit ihren Liktoren entführt wurden. L 40

Boudicca, -ae *f.* Boudicca (wörtlich: *Sieg*). Keltische Königin in Britannien, die 60 n. Chr. einen Aufstand gegen die Römer anführte. claro 3

Britannia, -ae *f.* Britannien. Entspricht dem heutigen England und südlichen Schottland; seit der Eroberung durch Kaiser Claudius 43 n. Chr. römische Provinz. L 13, 20, 21, 28, claro 3

Bruttius, -ī *m.* C. Bruttius. L 21

Brūtus, -ī *m.* M. Iunius Brutus (85–42 v. Chr.). Einer der Mörder Caesars; von Antonius und Octavian bei Philippi 42 v. Chr. in Makedonien besiegt, beging Selbstmord. L 13

Caesar, -aris *m.* C. Iulius Caesar (100–44 v. Chr.). Römischer Politiker, Feldherr und Schriftsteller; schloss sich im Triumvirat von 60 v. Chr. mit Pompeius und Crassus zusammen, eroberte 58–51 v. Chr. Gallien und Teile Germaniens, löste 49 v. Chr. durch die Überschreitung des Rubicon und bewaffneten Einfall in Italien einen Bürgerkrieg aus. Durch seinen Sieg machte er sich zum Alleinherrscher in Rom; ab 45 v. Chr. war er Diktator auf Lebenszeit. An den Iden des März 44 v. Chr. wurde er im Senat durch eine Gruppe von Verschwörern ermordet. „Caesar" war später Beiname aller römischen Kaiser. Von Caesar leiten sich die Begriffe Kaiser und Zar ab. L 5, 13, 20, 21, 25, 30

Caesarēa, -ae *f.* Caesarea. Prächtige Hafenstadt in Palästina, die Herodes d. Gr. nach Julius Caesar benannte. Seit dem 2. Jh. n. Chr. Bischofssitz. Hier stand eine große Bibliothek, die von Bischof Eusebius für seine historischen Arbeiten genutzt wurde. Die Stadt wurde während der Kreuzzüge zerstört. L 31

Cāiēta, -ae *f.* Caieta, heute: Gaeta. Hafenstadt im südlichen Latium. L 40

Caligula, -ae *m.* Caligula (wörtl.: *Stiefelchen*). Beiname des C. Caesar, des jüngsten Sohnes des Germanicus und der Agrippina. Er erhielt den Namen als Spitznamen von Soldaten an der Rheinfront, wo er als kleiner Junge Soldatenstiefel (*caligae*), die ihm noch viel zu groß waren, angezogen hatte. Caligula war von 37–41 n. Chr. römischer Kaiser und führte bis zu seiner Ermordung eine grausame Herrschaft. L 23

Campānia, -ae *f.* Kampanien. Gegend um Neapel in Süditalien. L 9

campus Mārtius, -ī –tiī *m.* Marsfeld. Es umfasst das große Gebiet der Ebene zwischen Tiber und den anschließenden Hügeln des Kapitol, Quirinal und Pincio. Es war immer in öffentlichem Besitz. Militärischer Übungsplatz für die jungen Römer, benannt nach dem uralten Altar des Kriegsgottes Mars. Auf dem Marsfeld befanden sich auch die Saepta, der älteste politische Versammlungsort des römischen Volkes. Seit der ausgehenden Republik war das Marsfeld mit prächtigen Gebäuden und Denkmälern ausgestattet: Portiken (Säulenhallen), Thermen, Theatern (z. B. dem Marcellus-Theater), Tempeln (wie dem Pantheon) und der Ara Pacis (Friedensaltar des Augustus). Begräbnisstätten der kaiserlichen Familie wurden errichtet. Das Mausoleum des Augustus und die Säulen des Marc Aurel und des Antoninus Pius bestimmen noch heute das Stadtbild. Das Marsfeld bot mit seinen Einrichtungen den Römern ausgedehnte Möglichkeiten für Sport oder Wellness. L 6

Camulodūnum, -ī *n.* Camulodunum, heute Colchester. Bedeutende Stadt in Britannien. 43 n. Chr. von den Römern erobert, die dort ein Legionslager und einen Tempel für den vergöttlichten Kaiser Claudius errichteten. claro 3

Capitōlium, -ī *n.* Kapitol, einer der sieben Hügel Roms, an dessen Fuß das Forum Romanum lag. Auf ihm befand sich der große Tempel für Jupiter, Juno und Minerva. L 12

Capua, -ae *f.* Capua. Stadt in Kampanien. L 9

Caracalla, -ae *m.* Caracalla. Spitzname des römischen Kaisers Marcus Aurelius Antoninus (211–217 n. Chr.), den er nach dem keltischen Mantel caracalla, den er in Rom einführte, erhielt. Sohn des Septimius Severus und der Julia Domna, Bruder des Geta. Begleitete seinen Vater häufig auf Feldzügen. Nach dessen Tod 211 n. Chr. übernahm er zusammen mit seinem Bruder, den er im darauffolgenden Jahr töten ließ, die Herrschaft. Durch die Siege über die Alamannen und Carpen sicherte er die Donaugrenze und befand sich in einem Feldzug gegen die Parther, als er 217 n. Chr. von seinem Prätorianer-Präfekten Macrinus ermordet wurde. L 28

Carolus, -ī *m.* Karl der Große. Herrscher über das Frankenreich, das er durch zahlreiche Kämpfe vergrößerte. Weihnachten 800 wurde er durch Papst Leo III. in Rom zum Kaiser gekrönt. Aachen war seine Residenzstadt. Er ordnete tiefgreifende politische und kirchliche Reformen an, vereinheitlichte die Reichsverwaltung und förderte Bildung und Kultur. Mit seiner Politik hat er die Entwicklung Mittel- und Westeuropas sowie Italiens über viele Jahrhunderte geprägt. L 32

Carthāgō, -inis *f.* Karthago. Ehemals nahe dem heutigen Tunis (Afrika) gelegene Stadt der Phönizier, 146 v. Chr. von den Römern zerstört. L 9

Cassius, -ī *m.* C. Cassius. Einer der Caesarmörder; von Antonius und Octavian 42 v. Chr. bei Philippi in Makedonien besiegt, beging daraufhin Selbstmord. L 13

Castor, -oris *m.* Castor wurde mit seinem Bruder Pollux als einer der Dioskuren (*Söhne des Jupiter*) verehrt, die als Helfer in der Not, besonders in Seenot oder in Schlachten galten. L 11

Catilina, -ae *m.* L. Sergius Catilina (108–62 v. Chr.). Römischer Offizier und Politiker, der sich vergeblich um das Konsulat bewarb. War in verschiedene Skandale verwickelt, für die er allerdings vor Gericht nicht bestraft werden konnte. Seine Beteiligung an einer Verschwörung gegen den Staat konnte 63 v. Chr. durch den Konsul Cicero aufgedeckt werden, der die Führer der „Catilinarischen Verschwörung“ in Rom hinrichten ließ. Catilina, der sich zu dieser Zeit bei seinem Heer in Etrurien aufhielt, fiel in einer Schlacht 62 v. Chr. L 30

Celadus, -i *m.* Celadus. In der Rahmenhandlung von *Salvete* ein ehemaliger Sklave, der bis zu seiner Freilassung Gladiator (Schwertkämpfer) in Capua war. L 6

Cerberus, -ī *m.* Zerberus. Mythischer Hund mit drei Köpfen, der den Eingang zur Unterwelt bewachte; eine der

Arbeiten des Herkules bestand darin, den Zerberus aus der Unterwelt heraufzuholen. L 15

Cheruscī, -ōrum *m.* Cherusker. Germanischer Volksstamm, lebte im nördlichen Gebiet zwischen Weser und Elbe. L 22

chlamys, -mydis *f.* Chlamys. Griechischer Mantel vor allem für Soldaten und Jäger. Es handelt sich dabei um einen Umhang ohne Ärmel, der mit einer Spange (Fibel) zusammengehalten werden konnte. claro 1

Christus, -ī *m.* Name für Jesus (wörtlich.: der *Gesalbte*). claro 1

Cicerō, -ōnis *m.* Marcus Tullius Cicero (106–43 v. Chr.). Römischer Anwalt, Politiker, Schriftsteller und Philosoph. Auf Grund seiner außergewöhnlichen rhetorischen Begabung erreichte er in kurzer Zeit das höchste politische Amt, das Konsulat (63 v. Chr.), und konnte die Verschwörung des Catilina verhindern. In der Zeit der Bürgerkriege stand er auf der Seite des Pompeius, wurde aber von Caesar begnadigt. Nach dessen Ermordung setzte er sich für die Wiederherstellung der alten Republik ein und wurde schließlich 43 v. Chr. auf Veranlassung des Antonius ermordet. Cicero verfasste zahlreiche Schriften, die bis heute lateinische Schullektüre sind. L 30, 33, 38, 42

Cimber, -brī *m.* Kimber. Angehöriger eines aus dem Gebiet des heutigen nördlichen Jütland (Dänemark) kommenden Volkes, das 113 v. Chr. zusammen mit Teutonen und Ambronen nach Süden gegen Rom zog und Angst und Schrecken verbreitete, bis es 101 v. Chr. von Marius vernichtend geschlagen wurde. L 36

Cincinnātus, -ī *m.* L. Quinctius Cincinnatus soll der Sage nach 458 v. Chr. vom Pflug weg zum Diktator ernannt worden sein. Nach seinem Sieg über die Äquer soll er wieder an den Pflug zurückgekehrt sein. L 12, 13

classis, -is *f.* Klasse, Vermögensklasse. Das römische Volk war in fünf bzw. sechs Vermögensklassen eingeteilt. Unser heutiger Begriff klassisch leitet sich daher ab, dass schon Cicero das Wort *classici* für Angehörige der ersten Klasse auf erstrangige Autoren übertrug und der Begriff dann auch für andere Künstler angewandt wurde. L 36

Claudia, -ae *f.* Claudia. Römischer Familienname in weiblicher Form. In claro 2 Name einer jungen Vestalin. In L 31 die Freundin des Philippus, des Neffen des Bischofs Eusebius von Caesarea. In L 38 Ehefrau des Salvius, der eine Taberna in Pompeji führte.

Claudius, -ī *m.* Claudius. Jüngster Sohn des Drusus und der Antonia minor, Neffe des Tiberius und Onkel des Caligula. Wurde von seiner Großmutter Livia erzogen. Wegen seiner Sprach- und Gehbehinderung trat er selten in der Öffentlichkeit auf. War sehr gebildet und verfasste mehrere Werke zur römischen Geschichte. Wurde nach der Ermordung des Caligula 41 n. Chr. von den Prätorianern zum Kaiser ausgerufen. Er heiratete seine Nichte Agrippina und adoptierte ihren Sohn, den späteren Kaiser Nero. 43 n. Chr. eroberte Teile Britanniens. 54 n. Chr. ließ Agrippina Claudius durch ein Pilzgericht vergiften. L 23, 24

Cleopatra, -ae *f.* Kleopatra VII. (69–30 v. Chr.), Herrscherin von Ägypten. Als Familienmitglied der Ptolemäer, die nach Alexander dem Großen in Ägypten herrschten, war sie Griechin. Sie war hochgebildet und soll mehrere Sprachen fließend gesprochen haben. L 25, 27.

cohors, -ortis *f.* Kohorte. Der zehnte Teil einer Legion, der aus drei Manipeln oder sechs Zenturien besteht. L 36. *cohors praetōria, -ae f.* Prätorianerkohorte. Ursprünglich die Leibwache des Feldherrn (*praetorium* war das Zelt des Befehlshabers der Armee). Augustus verlieh den Prätorianern einen Elitestatus. Sie wurden besser bezahlt und hatten kürzere Dienstzeiten als das übrige römische Heer. Die Prätorianerkohorten waren in Rom und den Nachbarstädten stationiert und dienten als Leibwache des Kaisers und der kaiserlichen Familie. Für römische Kaiser war es bald unerlässlich, die Prätorianer durch Bestechungen auf ihre Seite zu bringen, um an der Macht zu bleiben. L 23

Columbus, -ī *m.* Christoph Kolumbus (1451–1506). Italienischer Seefahrer in spanischen Diensten, dem die Entdeckung Amerikas zugeschrieben wird. 1492 brach er auf, um eine westliche Route nach Indien zu finden, und erreichte die Karibischen Inseln. Bis zu seinem Lebensende war ihm nicht bewusst, einen neuen Kontinent entdeckt zu haben. L 43

Cōnstantīnus, -ī *m.* Konstantin der Große. Sohn des Constantius Chlorus und der Helena. Er wurde 306 n. Chr. von den Soldaten seines Vaters zum Herrscher ausgerufen. Nach dem Sieg über seinen Gegner Maxentius 312 n. Chr. an der Milvischen Brücke herrschte er über das gesamte weströmische Reich. Konstantin setzte sich für Religionsfreiheit von Christen und Heiden ein. In seiner langjährigen Residenzstadt Augusta Treverorum (Trier) stehen heute noch Großbauten aus der Zeit Konstantins und seines Vaters. L 31. In L 14 Name eines Griechen.

cōnsul, -ulis *m.* Konsul. In der römischen Republik wurden je zwei Konsuln für ein Jahr gewählt. Diese beiden leiteten als höchste Beamte die Staatsgeschäfte und waren im Kriegsfall militärische Oberbefehlshaber. L 12, 13, 30, 36, 40

Cornēlia, -ae *f.* röm. Frauenname. In der Rahmenhandlung von *Salvete* die Mutter von Titus, Secundus und Livia. L 1, 5

Cotta, -ae *m.* L. Aurelius Cotta. Konsul des Jahres 144 v. Chr. L 41

Crēta, -ae *f.* Kreta, Mittelmeerinsel südöstlich vom griechischen Festland. L 14, 17.

Creusa, -ae *f.* Kreusa. Tochter des Königs von Troja, Frau des Aeneas. L 8

crypta, -ae *f.* Krypta. Langgestreckter, überwölbter Gang, meist unterirdisch angelegt, Teil der Gartenanlage einer Villa oder eines öffentlichen Gebäudes. Sorgte im Sommer für einen kühlen Aufenthalt und war manchmal luxuriös ausgestattet. L 23

Cūmae, -ārum *f.* Cumae. Ort in Kampanien am Golf von Neapel. Dort gibt es heute noch heiße Schwefelquellen. Ein Eingang zur Unterwelt soll sich dort befunden haben. Wohnort der mythischen Priesterin und Prophetin Sibylle. L 9

Curtius, -ī *m.* M. Curtius. Mythischer römischer Held, der sich selbst opferte und mit Pferd und Waffen in einen Erdspalt stürzte, der sich mitten auf dem Forum geöffnet hatte. Nach einer Weissagung schloss sich der Spalt nur, wenn die Römer das opferten, was ihnen am meisten wert war, was Curtius als Tapferkeit und Mut interpretierte. Noch heute kann man diesen Ort, den lacus Curtius, auf dem *Forum Romanum* sehen. L 44

Cyclōps, -ōpis *m.* Zyklop (wörtlich: *Rundauge*). Mythischer wilder Riese mit nur einem Auge in der Mitte der Stirn. Die Zyklopen lebten in Höhlen auf einer Insel und ernährten sich von der Viehzucht. L 16

Daedalus, -ī *m.* Daedalus. Mythischer athenischer Künstler und Erfinder. Soll unter anderem in Knossos das Labyrinth für den Minotaurus erbaut haben. Vater des Ikarus. L 14

Dāmōphilus, -ī *m.* Damophilus. In der Rahmenhandlung von *Salvete* ein römischer Sklave. L 7

Catus Decius, -ī *m.* Catus Decius. Prokurator der Provinz Britannien zur Zeit des Aufstands der Boudicca 60 n. Chr. Floh nach seiner Niederlage nach Gallien. claro 3

dialectica, -ae *f.* Dialektik ist eine Lehre von Schlüssen und Beweisen. Sie zählt zu den sog. sieben freien Künsten und unter ihnen zum Trivium („Dreiweg“, in dem die drei sprachlich und logisch-argumentativ ausgerichteten Fächer zusammengefasst waren), die zur Bildung eines „freien Mannes“ in Antike und Mittelalter gehörten und im Mittelalter auf ein wissenschaftliches Studium vorbereiteten. claro 5

dictātor, -ōris *m.* Diktator. In Zeiten großer Gefahr konnte der Senat in Rom den Notstand ausrufen. In diesem Fall wurde ein Mann zum Diktator bestimmt, der an Stelle der Konsuln, allerdings für höchstens 6 Monate die unumschränkte Regierungsgewalt innehatte. L 12, 13

Dīdō, -ūs oder -ōnis, *f.* Dido. Mythische Königin der Karthager und Geliebte des Aeneas. L 9

Diogenēs, -is *m.* Diogenes. Griechischer Philosoph aus Sinope am Schwarzen Meer, 4. Jh. v. Chr. Er lebte ein Leben, bei dem er sich auf das absolut Notwendige beschränkte, und missachtete soziale Normen und Schranken. Viele Legenden ranken sich um sein Leben. L 34

Diomēdēs, -is *m.* Diomedes. Mythischer Sohn des Mars, König in Thrakien, fütterte seine Pferde mit Menschenfleisch. Die Pferde brachte Herkules im Zuge der zwölf Taten zu Eurystheus. L 15

Drakus, -ī *m.* Francis Drake, (ca. 1540–1596). Englischer Seefahrer, Kapitän und Freibeuter im Dienst der englischen Königin. Umsegelte als erster Engländer die Welt. War 1588 als Vizeadmiral maßgeblich am Sieg über die spanische Flotte (*Armada*) beteiligt. L 40

druidēs, -um *m.* Druiden. Keltische Priester in Gallien und Britannien. Sie sorgten für die Ausübung des Kults, der Opfer, waren Wahrsager und verfügten über ein hohes Wissen, das sie als Lehrer der adligen Jugend weitergaben. Sie besaßen großen politischen Einfluss. Ein Mal im Jahr trafen sie sich an einem geheimen Ort, wo sie auch ihren Anführer wählten. L 19

Ēchō, -ūs *f.* Echo. Nymphe, von den Göttern dazu bestraft, nicht schweigen, aber auch nicht selbstständig reden zu können: Sie konnte lediglich die letzten Worte, die jemand gesprochen hatte, wiederholen. Als Narziss ihre Liebe zurückwies, verging ihr Körper aus Kummer und es blieb nur noch ihre Stimme – das Echo. L 18.

Epicūrus, -ī *m.* Epikur. Griechischer Philosoph aus Samos, 342–270 v. Chr. Er gründete in Athen eine Schule (den „Garten"). Das höchste Ziel seiner Philosophie ist es, Glück und ständige Freude zu erlangen und Furcht vor Schmerz und Tod zu verlieren. L 33.

Epidaurus, -ī *m.* Epidaurus. Stadt in der griechischen Landschaft Argolis, im Nordwesten der Peloponnes. In der Nähe wurde ein großes Heiligtum des Asklepios ausgegraben, von dem vor allem des große Theater aus dem 4. Jh. v. Chr. bekannt ist. L 28

Erymanthus, -ī *m.* Erymanthus. Gebirge im nördlichen Arkadien in Südgriechenland, in dem ein wilder Eber sein Unwesen trieb, den Herkules schließlich tötete. L 15

Esquiliae, -ārum *f.* Esquilin. Hügel in Rom. Riesiges, sehr dicht bewohntes Stadtviertel mit zum Teil sehr begehrten Wohnlagen. L 3

Eupolemos *m.* Eupolemos. Name eines Griechen, der 396 v. Chr. in Olympia beim Stadionwettlauf gewann. L 37

Eurōpa, -ae *f.* Europa. Mythische Tochter des Königs Agenor von Sidon in Phönizien. Wurde von Jupiter, der sich in einen weißen Stier verwandelt hatte, übers Meer nach Kreta entführt. Sie gibt deshalb unserem Kontinent seinen Namen. L 17.

Eurystheus, -eī *m.* König von Mykene, Liebling der Juno, verpflichtete Herkules zu zwölf Taten, die übermenschliche Kräfte erforderten. L 15

Eusebius, -iī *m.* Eusebius (ca. 260–340 *n.* Chr.), seit etwa 315 n. Chr. Bischof von Caesarea. Wurde vor allem durch seine Schriften zur Kirchengeschichte berühmt. L 31

Faustulus, -ī *m.* Faustulus. Der Sage nach Hirte und Ziehvater von Romulus und Remus. L 9

forum Rōmānum, -i *n.* das Forum Romanum. Markt- und Gerichtsplatz in Rom, unter dem Kapitol gelegen; Mittelpunkt des politischen Lebens Roms und des ganzen Römischen Reiches. Auf dem Forum Romanum standen Tempel, die Curia (Senatsgebäude), die Rostra (Rednertribüne), der Staatsherd im Vestatempel, Basiliken (Markt- und Gerichtshallen), Ehrenbögen, Siegesdenkmäler und unzählige Statuen. L 1, 2

Frontīnus, -ī *m.* S. Iulius Frontinus. Römischer Magistrat (zweimaliger Konsul 98 und 100 n. Chr., *curator aquarum*, Direktor der Wasserversorgung 97 n. Chr.) und Fachschriftsteller. Bekannt ist vor allem sein Werk über die Wasserversorgung von Rom. L 41

Gaius, -ī *m.* Gaius. Männl. Vorname (Abk.: C.). In der Rahmenhandlung von *Salvete* ein Junge aus einer ärmeren Familie in Rom. L 3. In L 40 Neffe des Lucius aus Pompeji.

Galba, -ae *m.* Galba. Ser. Sulpicius Galba (3v. – 69 n. Chr.), römischer Statthalter in Spanien. Nachfolger von Kaiser Nero 68 n. Chr. Galba zeichnete sich durch besondere Sparsamkeit aus und wurde bei einem Putsch der Prätorianergarde ermordet. L 24. Ser. Sulpicius Galba, Konsul des Jahres 144 v. Chr. L 41.

galea, -ae *f.* Helm. Die verschiedenen römischen Helmformen haben seit der Kaiserzeit den Nackenschutz und die beweglichen Wangenklappen gemeinsam. Bei Offizieren stand der Helmbusch quer. L 36

Gallia, -ae *f.* Gallien. Gebiet keltischer Stämme (*Galli*) im heutigen Frankreich, Belgien, Oberitalien und äußersten Westen Deutschlands. L 12, 13, 21. Gallus, -i *m.* Gallier L 19, 20, 21.

Gatus, -i *m.* Gatus. Ein Junge, der aus einer Treverer-Familie stammt. L 19

gemma, -ae *f.* Gemme, (Halb-)Edelstein, in den erhaben oder eingetieft Figuren eingeschnitten wurden. Diese sehr kostbaren Steine wurden auch als Siegel verwandt. L 38

geōmetria, -ae *f.* Geometrie, zählt zu den sog. sieben freien Künsten und unter ihnen zum *Quadrivium* („Vierweg“, in dem die vier mathematischen Fächer zusammengefasst waren), die zur Bildung eines „freien Mannes“ in Antike und Mittelalter gehörten und im Mittelalter auf ein wissenschaftliches Studium vorbereiteten. claro 5

Germānia, -ae *f.* Germanien; geteilt in die römischen Provinzen *Germania superior* (mit der Hauptstadt Mogontiacum/Mainz) und *Germania infererior* (mit der Hauptstadt *Colonia Claudia Ara Agrippinensium*/Köln) auf dem westlichen Rheinufer und in das freie Germanien, das Gebiet östlich des Rheins; im Süden begrenzt durch die Donau. Gesichert wurden die Grenzen der Provinz durch den Limes, einen befestigten Wall, der heute zum Weltkulturerbe gehört. L 7, 20, 22

Germānicus, -i *m.* Germanicus. Beiname des C. Julius Caesar, Sohn des Drusus und Neffe des Tiberius, Enkel der Livia und des Antonius, Vater des späteren Kaisers Caligula (15 v. Chr. – 19 n. Chr.). Nach großen militärischen Erfolgen starb er an einer Krankheit. L 23

Gēryōn, -ōnis *m.* Geryon. Mythischer Riese auf der Insel Erythea, der große Rinderherden besaß, die Herkules entführte. L 15

Geta, -ae *m.* Geta. Römischer Kaiser 211–212 n. Chr. Sohn des Septimius Severus und der Julia Domna, Bruder des Caracalla, mit dem zusammen er nach dem Tod des Vaters die Herrschaft übernahm. Caracalla ließ ihn 212 n. Chr. ermorden, um allein herrschen zu können. L 28

gladius, -ī *m.* Schwert. Das römische Kurzschwert wurde im Nahkampf als Hieb- und Stichwaffe eingesetzt. L 36

Graecia, -ae *f.* Griechenland. L 13, 33

grammatica, -ae *f.* Grammatik. Zählt zu den sog. sieben freien Künsten und unter ihnen zum *Trivium* („Dreiweg“, in dem die drei sprachlich und logisch-argumentativ ausgerichteten Fächer zusammengefasst waren), die zur Bildung eines „freien Mannes“ in Antike und Mittelalter gehörten und im Mittelalter auf ein wissenschaftliches Studium vorbereiteten. claro 5

Hanseāticus, -a, -um hanseatisch, zur Handelsvereinigung der Hanse gehörig. L 40

Hecataeus, -ī *m.* Hekataios von Milet (an der Westküste der heutigen Türkei), griechischer Historiker (ca. 550–490 v. Chr.). Etwa 300 Fragmente seiner Schriften sind erhalten, in denen er mythologische Ereignisse und Stammbäume auf historische Ereignisse zurückzuführen versucht. L 43

Hector, -oris *m.* Hektor. Mythischer Sohn des Königs Priamos von Troja; er fiel im Kampf gegen den Griechen Achilles. L 8

Helena, -ae *f.* Helena. Mythische Ehefrau des Menelaos. Paris entführte sie nach Troja. L 8, 10

Herculēs, -is *m.* Herkules. Sohn des Jupiter und der Alkmene. Berühmter Held der griechischen Sagen. Wurde auf Veranlassung der eifersüchtigen Juno durch ihren Liebling Eurystheus gezwungen, zwölf übermenschlich schwere Taten auszuführen. Starb einen grausamen Tod durch ein von seiner Frau Deianera vergiftetes Gewand und wurde unter die Götter aufgenommen. Dargestellt wird Herkules meist mit der Keule und dem Fell des Löwen, den er tötete. L 11, 15, 39

Hispānia, -ae *f.* Hispanien, heute Spanien. L 21

Hollandicus, -a, -um holländisch L 40

Horātius, -ī *m.* Horaz. Römischer Dichter (65–8 v. Chr.). Wurde von Maecenas gefördert, von Augustus geschätzt. Neben den Satiren und den Episteln schuf er mit den Epoden und den Carmina Werke, die zum ersten Mal altgriechischer Dichtung (die Vorbilder stammen aus dem 7./6. Jh. v. Chr.) gleichwertige lateinische Literatur gegenüberstellen. Anhänger der Schule des Epikur. L 33

Īcarus, -ī *m.* Ikarus. Mythischer Sohn des Daedalus, der beim Versuch zu fliegen ins Meer stürzte und den Tod fand. L 14

Īcenī, -ōrum *m.* die Ikener. Keltischer Stamm in Britannien, der sich nach der Eroberung der Insel 43 n. Chr. mit den Römern verbündete, 17 Jahre später aber mit der Königin Boudicca einen Aufstand gegen die Besatzer wagte. claro 3

Īdūs, -uum *f.* die Iden. Die Monatsmitte. Im März, Mai, Juli und Oktober der 15. Tag, in den anderen Monaten der 13. Tag. L 13

imperātor, -ōris *m.* Feldherr, auch Oberfeldherr, dem vom Senat das *imperium*, die Amtsgewalt übertragen war. Auch Ehrentitel des siegreichen Feldherrn, später Titel jedes Kaisers. L 13, 40

Īō, -ōnis *f.* Io, Mythische Tochter des Königs von Argos. Von Jupiter wegen der eifersüchtigen Juno in eine Kuh verwandelt und vom hundertäugigen Argus bewacht. Nach dem Tod des Argus irrte Io lange auf der Flucht vor Juno umher, bis sie nach Ägypten kam, wo sie ihre menschliche Gestalt wiedererhielt. In Ägypten wurde sie als Göttin Isis verehrt. L 18.

Īsis, -idis *f.* Isis. Altägyptische Göttin, mit einer Sonnenscheibe zwischen zwei Kuhhörnern dargestellt, von den Griechen mit Io gleichgesetzt. Bei den Römern vor allem seit der Zeit des Kaisers Vespasian verehrt. Aus dieser Zeit stammt auch das Heiligtum der Isis und der Magna Mater, das vor kurzem in Mainz entdeckt wurde. L 45

Italia, -ae *f.* Italien L 13

Ithaca, -ae *f.* Ithaka. Kleine Insel vor der Westküste Nordgriechenlands, Heimat des Odysseus. L 16

Iūlia, -ae *f.* Julia. Römischer Familienname in weiblicher Form. In claro 2 Name einer jungen Vestalin. In L 40 Nichte des Lucius aus Pompeji.

Iūnō, Iūnōnis *f.* Juno (griech. *Hera*). Schwester und Frau des Jupiter und damit höchste Göttin. War wegen der zahlreichen Liebesabenteuer ihres Mannes sehr eifersüchtig. Juno wurde vor allem von verheirateten Frauen verehrt und um Hilfe bei Geburten angerufen. In Rom hatte Juno zusammen mit Jupiter und Minerva eine wichtige Rolle als Staatsgöttin. Darstellungen zeigen sie mit Zepter, Kopfschmuck und Opferschale. Ihre Begleittier ist der Pfau. L 12, 18, 37.

Iuppiter, Iovis *m.* Jupiter (griech. *Zeus*). Sohn des Saturn, Bruder und Mann der Juno. Höchster römischer Gott. Zog sich durch seine zahlreichen Liebschaften oft den Zorn seiner Ehefrau zu. Er wird mit dem Blitzbündel und häufig mit seinem Begleittier, dem Adler, dargestellt. L 11, 17, 22, 37, 45.

Iuvenālis, -is *m.* Decimus Iunius Iuvenalis (ca. 60 – ca. 130 n. Chr), Juvenal. Römischer Dichter und Satiriker. L 6

Kalendae, -ārum *f.* Kalenden. Erster Tag des Monats. In diesem Wort hat sich noch die Schreibweise mit k erhalten, die im Lateinischen sonst durch c ersetzt wurde. L 23

Lāocoōn, -ontis *m.* Laokoon. Der Sage nach trojanischer Priester des Apollon, der davor warnte, das hölzerne Pferd der Griechen in die Stadt Troja zu bringen. Er und seine beiden Söhne starben durch zwei Meeresschlangen. L 8

Las Casas Bartolomé de Las Casas (1484–1566). Spanischer Mönch des Dominikanerordens, setzte sich als Jurist in den spanischen Kolonien in Mittelamerika für die Rechte der Indios ein. Um den Indios die harte Arbeit unter der Herrschaft der Europäer zu erleichtern, empfahl de Las Casas, Sklaven aus Afrika zu holen. Mit diesem Ratschlag, den de Las Casas bald, aber zu spät, als falsch erkannte, begann eine der größten Sklavenjagden der Weltgeschichte. L 43

Latium, -ī *n.* Latium. Gegend um Rom. L 9

lēgiō, -ōnis *f.* die Legion, oberste Einheit des römischen Heers, die 4000 bis 6000 Mann umfasste, gegliedert in zehn Kohorten mit Fußsoldaten und eine Reiterabteilung. L 13, 36

legiōnārius, -ī *m.* Legionär, römischer Fußsoldat, Mitglied einer Legion. Die Dienstzeit eines Legionärs betrug zunächst 16 Jahre, seit dem frühen 1. Jh. n. Chr. 20 Jahre. Viele verlängerten nach Ablauf dieser Zeit ihren Militärdienst noch. L 36

Leō, Leōnis *m.* Leo. Griechischer Vorname (wörtlich: *Löwe*). Der Papst Leo III. (795–816) krönte Karl den Großen Weihnachten 800 zum Kaiser. L 32

Libya, -ae *f.* Libyen. Gebiet in Nordafrika. L 9

Licinius, -ī *m.* Gaius Licinius. 494 v. Chr. einer der ersten Volkstribunen der römischen Republik. L 35.

līctor, -ōris *m.* Liktor. Amtsdiener, der höhere Staatsbeamte bei öffentlichen Auftritten begleitete, ihnen Platz schuf und auch Strafurteile bis zur Todesstrafe vollstreckte. Als Zeichen der Macht des jeweiligen Beamten trug er ein Rutenbündel mit Beil (*fasces*) über der Schulter. Je höher der Rang des Staatsbeamten war, desto mehr Liktoren gingen ihm voran (so beim Diktator 24, beim Konsul 12, beim Prätor 6). L 39, L 40

litterae, -ārum *f.* Brief. In der Regel wurden Briefe auf Holztäfelchen geschrieben, die mit der Antwort des Empfängers zurückgebracht werden konnten. Später wurden Briefe auch auf Papyrus geschrieben. Es gab, wie heute auch, bestimmte Formeln für die Einleitung und den Schluss. Das Datum stand am Ende des Briefs, der Adressat außen. Überbracht wurden Privatbriefe durch Briefboten oder durch reisende Bekannte. Deshalb war das Risiko, dass ein Brief nicht ankam, recht hoch. L 20

Līvia, -ae *f.* Livia. Römischer Familienname in weiblicher Form. In der Rahmenhandlung von *Salvete* die zehnjährige Schwester des Titus und des Secundus. L 1, 2, 3, 4, 5. Die zweite Ehefrau des Augustus hieß ebenfalls Livia (58 v. Chr. – 29 n. Chr.). Sie hatte aus ihrer ersten Ehe zwei Söhne: den späteren Kaiser Tiberius und Drusus. L 22, 23.

M. Līvius Maximus, -i *m.* Marcus Livius Maximus. In der Rahmenhandlung von *Salvete* ein reicher römischer Kaufmann und Vater von Titus, Secundus und Livia. L 1,4

Londinium, -ī *n.* London, Hauptstadt von Britannien. claro 3

Lucius, -ī *m.* Lucius. Männlicher Vorname (Abk.: L.). In claro 2 ein junger Mann, in den sich die Vestalin Claudia verliebt hat. In L 19 ein junger Römer in Augusta Treverorum. In L 40 Onkel des Gaius und der Julia, früher Soldat im Heer des Pompeius.

Lydus, -i *m.* Lydus. Sklavenname, der sich von der ursprünglichen Heimat des Sklaven, Lydien (an der Westküste Kleinasiens, der heutigen Türkei), herleitet. L 38

Macedonia, -ae *f.* Makedonien. Heutiges Mazedonien, Nordgriechenland und Nordwest-Bulgarien. Heimat Alexanders d. Großen. Wurde 148 v. Chr. römische Provinz. L 10, 34

Māgna Māter, -ae –tris *f.* Magna Mater. Die *Große Mutter* entspricht der Göttin Kybele, die aus Phrygien (im zentralen Kleinasien) stammt. Ihr Kult wurde 204 v. Chr. in Rom eingeführt. Vor kurzem wurde in Mainz ein großes Heiligtum der Isis und der Magna Mater ausgegraben. L 45

manipulus, -ī *m.* der Manipel (von *manus Hand* und *plenus voll*: „Handvoll"). Der dritte Teil einer Kohorte, der 30. Teil einer Legion, umfasst zwei Zenturien. L 36

Mārcius, -ī *m.* Q. Marcius Rex, ließ als Prätor 144-40 v. Chr. die *Aqua Marcia* bauen. L 41

Mārcus, -ī *m.* Markus. Männlicher Vorname. In der Rahmenhandlung von *Salvete* ein Gegner der Gladiatorenspiele. L 6

Marius, -ī *m.*

Gaius M. Marius. Römischer Feldherr und Politiker, 158–86 v. Chr. Er entstammte dem Ritterstand, wurde mehrfach zum Konsul gewählt. Die von ihm durchgeführte Heeresreform war seine größte Leistung. Mit der Einführung des Berufsheeres erhöhte er die Schlagkraft der römischen Armee. So konnte er auch in den Schlachten von Aquae Sextiae (102 v. Chr.) im heutigen Süd-Frankreich und Vercellae (101 v. Chr.) in Norditalien den Sieg über die Kimbern und Teutonen davontragen. Seine persönliche Feindschaft mit Sulla trug maßgeblich zum Bundesgenossenkrieg bei. Er starb, kurz nachdem er sein 7. Konsulat angetreten hatte. L 36

Mārs, Mārtis *m.* Mars (griech.: *Ares*). Gott des Krieges, Sohn des Jupiter und der Juno. Er verführte die Königstochter und Vestalin Rhea Silvia, die daraufhin die Zwillinge Romulus und Remus gebar. Mars wird als Kriegsgott in Rüstung und Waffen dargestellt. L 9

Martīnus, -ī *m.* Martinus. Er wurde 316 n. Chr. in der Provinz Pannonien geboren. Später diente Martinus als römischer Soldat in der berittenen kaiserlichen Garde. 356 n. Chr. erreichte er seine Entlassung aus dem Militärdienst, weil sich diese Tätigkeit seiner Meinung nach nicht mit seinem christlichen Glauben vereinbaren ließ. Martinus trat in ein christliches Kloster ein und wurde später zum Bischof ernannt. Die Erinnerung an ihn wird durch christliche Legenden und andere Schriften wachgehalten. Noch heute finden um den 11. November Martins-Umzüge statt. claro 1

martyr, -yris *m.* (griech.: *Zeuge*) Märtyrer, d. h. eine Person, die als Zeuge der Wahrheit des christlichen Glaubens den Tod findet. L 44

Maxentius, -ī *m.* Maxentius. Sohn des Maximinian, Schwiegersohn des Galerius. Römischer Kaiser 306–312 n. Chr. Wurde 306 n. Chr. von den Prätorianern zum Kaiser ausgerufen. Er fand in der Schlacht an der Milvischen Brücke gegen Konstantin den Tod. L 31

Mēdēa, -ae *f.* Medea. In der Rahmenhandlung von *Salvete* Sklavin und Dienerin im Haushalt der Familie des M. Livius Maximus. L 5

Meleander, -drī *m.* Meleander. Figur aus dem lateinischen Roman Argenis des John Barclay, 1621 erschienen. König von Sizilien, Vater der Argenis. L 29

Memphis, -idis *f.* Memphis. Eine der Hauptstädte im Alten Ägypten, am Nil gelegen, wo der Fluss sich zum Delta verzweigt. Residenzstadt der Pharaonen. Schon bei den Griechen galt Memphis als Hauptort ägyptischer Weisheit. L 11

Menelāus, -ī *m.* Menelaos. Mythischer König von Sparta und Ehemann der Helena. L 8

Menēnius Agrippa, -ī –ae *m.* Menenius Agrippa. 503 v. Chr. römischer Konsul. Er vermittelte 494 v. Chr. den Frieden zwischen den Plebejern, die sich auf den Mons Sacer zurückgezogen hatten, und den Patriziern. L 35

Mercurius, -ī *m.* Merkur (griech.: *Hermes*). Götterbote, Gott der Kaufleute und der Diebe, Sohn des Jupiter. In bildlichen Darstellungen trägt er Flügelschuhe, den Heroldsstab und einen geflügelten Hut.

In der Hand hält er häufig einen Geldbeutel. L 9, 18, 39.

Messana, -ae *f.* Messana, heutiger Name: Messina. Liegt an der Meeresenge zwischen Sizilien und Italien, an der „Straße von Messina". Heute drittgrößte Stadt von Sizilien. L 39

Mīlliārium aureum, -ī *n.* Das Milliarium aureum, der *goldene Meilenstein*, wurde von Kaiser Augustus im Jahre 20 v. Chr. auf dem Forum Romanum errichtet. Auf dieser Säule, die sozusagen im Schnittpunkt aller Straßen lag, die nach Rom führten, waren die Entfernungen zu den wichtigsten Städten des römischen Reichs angegeben. L 1

Minerva, -ae *f.* Minerva (griech. *Athene*), Göttin des Kriegs, der Weisheit und der Künste. Tochter des Jupiter, dem sie aus dem Kopf entsprungen sein soll. Sie wird als Bewaffnete mit Rüstung, Helm, Schild und Lanze dargestellt. Ihr Begleittier ist die Eule. L 13

Mīnōs, -ōis *m.* Minos. Sohn des Jupiter und der Europa, mythischer König von Kreta. L 14

Mīnōtaurus, -ī *m.* der Minotaurus. Menschenfressendes Ungeheuer, halb Stier, halb Mensch, von seinem Stiefvater Minos in einem Labyrinth gefangen gehalten, später von Theseus getötet. L 14

Minturnae, -ārum *f.* Minturna. Stadt im südlichen Latium. L 36

Mīsēnum, -ī *n.* Misenum, heute: Miseno. Name der Halbinsel und der Stadt am nördlichen Rand des Golfs von Neapel. Hier war die römische Flotte stationiert. L 40

Mons Sacer, Montis sacrī *m.* „Heiliger Berg". Ein Hügel etwa drei Meilen nordwestlich des alten Rom, den die Plebs 494 v. Chr. besetzte, um sich mit diesem Streik und dem damit drohenden wirtschaftlichen Chaos größere Rechte zu erkämpfen. L 35

mūsica, -ae *f.* Musik. Zählt zu den sog. sieben freien Künsten und unter ihnen zum *Quadrivium* („Vierweg", in dem die vier mathematischen Fächer zusammengefasst waren), die zur Bildung eines „freien Mannes" in Antike und Mittelalter gehörten und im Mittelalter auf ein wissenschaftliches Studium vorbereiteten. claro 5

Mycēnae, -ārum *f.* Mykene. Bedeutende altgriechische Stadt in der Argolis, der nordöstlichen Peloponnes. Nach dieser Stadt wird eine Kultur als Mykenische Kultur (ca. 1600–1050 v. Chr.) bezeichnet, für die große Schacht- und Kuppelgräber und eine besondere Form und Bemalung der Keramik charakteristisch ist. L 15

Nanna, -ae *f.* Nanna. Eine schöne junge Frau, in die sich in L 26 ein reicher Kaufmann verliebt.

Narcissus, -ī *m.* Narziss. Sohn eines Flussgottes und einer Nymphe, der die Liebe von Echo zurückwies. Er verliebte sich unsterblich in sein eigenes Spiegelbild, bis er sich in eine Blume – die Narzisse – verwandelte. L 18. Ein Narcissus wird in Mainzer Bleitäfelchen genannt, das im Heiligtum der Isis und der Magna Mater gefunden wurde. Seine Geliebte Prima Aemilia wird darin verflucht. L 44

Nausicaa, -ae *f.* Nausikaa. Mythische Tochter des Königs der Phäaken, die dafür sorgte, dass der schiffbrüchige Odysseus freundlich aufgenommen wurde. L 16.

Nemea, -ae *f.* Nemea. Altgriechische Stadt der nordöstlichen Peloponnes, wo der Löwe hauste, den Herkules tötete. L 15

Neptūnus, -ī *m.* Neptun (griech. *Poseidon*). Bruder des Jupiter und Vater des Polyphem. Gott des Meeres, der mit dem Dreizack, mit dem er die Wellen aufwühlen kann, dargestellt wird. L 16

Nerō, -ōnis *m.* Nero. Sohn der Agrippina, Adoptivsohn des Kaisers Claudius, römischer Kaiser von 54–68 n. Chr. Er wurde von dem Philosphen Seneca erzogen, den Nero später zum Selbstmord zwang. Er ließ seine Frau Octavia, seinen Stiefbruder Britannicus und seine Mutter ermorden und war für den großen Brand von Rom 64 n. Chr. verantwortlich, für den er viele Christen hinrichten ließ. Eine Verschwörung gegen ihn (die so genannte Pisonische Verschwörung) ließ er grausam niederschlagen. Er trat auch als Kithara-Spieler und als Wagenlenker bei Wettkämpfen, unter anderem in Olympia, auf. Nachdem der Senat ihn zum Staatsfeind erklärte, ließ er sich von einem seiner Freigelassenen töten. L 24, 37

Nīlus, -ī *m.* Nil, der ägyptische Fluss. L 18

Norreysius, -ī *m.* John Norris (ca. 1547–1597), vom Earl of Essex als Söldnerführer eingesetzt. L 40

Octāvia, -ae *f.* Octavia. Tochter des Kaisers Claudius, Ehefrau des Nero, wurde auf seine Veranlassung getötet. L24

Octāviānus, -ī *m.* Octavian (63 v. Chr. – 14 n. Chr.), eigentlich C. Octavius, Großneffe und Adoptivsohn Caesars; erhielt später den Beinamen Augustus. L 25

olīva, -ae *f.* Olive, Olivenbaum. Der Ölbaum war vor allem der Göttin Minerva (griech. *Athene*) und dem Gott Apollo heilig. Sein Zweig war Symbol des Sieges und des Friedens und Prämie für den Sieg in Wettkämpfen. L 37

Olympia, -ae *f.* Olympia. Wichtiges Heiligtum des Gottes Zeus (lat. *Iuppiter*) in der griechischen Landschaft Elis auf der Peloponnes. Im Tempel des Zeus befand sich die kolossale Gold-Elfenbein-Statue, die der Künstler Phidias geschaffen hatte und die eines der sieben antiken Weltwunder war. Seit 776 v. Chr. fanden im Heiligtum alle vier Jahre sportliche Wettkämpfe unter allen Griechen, später auch unter römischer Beteiligung statt. Zum letzten Mal fanden die Olympischen Spiele in der Spätantike (im 4. oder 5. Jh. n. Chr.) statt, bis Pierre de Coubertin 1896 die Olympischen Spiele der Neuzeit einführte, die bis heute als Sommer- und Winterspiele auf internationaler Ebene mit wechselnden Austragungsorten durchgeführt werden. L 37

Orbilius, -ī *m.* Orbilius. In der Rahmenhandlung von *Salvete* ein alter, missmutiger Lehrer für Kinder armer Familien in Rom. L 4

Palātium, -ī *n.* Palatin. Hügel in Rom. Später Wohnort der Kaiser. Von daher leitet sich das Wort „Palast" ab.

Palmȳra, -ae *f.* Palmyra. Oasenstadt in der syrischen Wüste, deren antike Bauten heute noch zu bewundern sind. L 27

Paris, -idis *m.* Paris. Sohn des Königs Priamos von Troja, entführte im Verlauf eines Besuches bei Menelaos in Sparta dessen Frau Helena nach Troja und verursachte damit den trojanischen Krieg. L 8

Pāsiphaē, -ēs *f.* Pasiphae. Frau des Minos, die sich unsterblich in einen Stier verliebte und von ihm den Sohn Minotaurus bekam. L 14

patricius, -ī *m.* Patrizier. In der römischen Republik Angehöriger des alten Adels. L 35

patrōnus, -ī *m.* Patron. Schutzherr über seine Freigelassenen und Klienten (Schutzbefohlenen), die sich gegenseitig zur Treue verpflichtet waren. Der Patron vertrat seine Freigelassenen und Klienten vor Gericht. Diese wiederum begrüßten ihren Patron jeden Morgen, erledigten Botengänge oder andere Dienste für ihn und waren verpflichtet, ihn bei einer politischen Kandidatur zu wählen. L 39

pecten, -inis *m.* Kamm. Als Luxusgut konnten Kämme in der Antike aus kostbarem Holz oder Elfenbein gefertigt sein. L 34

Pēnelopē, -ēs *f.* Penelope. Frau des Odysseus, die 20 Jahre treu auf die Heimkehr ihres Mannes wartete. L 16

Persae, -ārum *m.* Perser. Das Zentrum des Perserreichs lag im heutigen Iran. L 27

Petrus, -ī *m.* Petrus. Jünger Jesu, von Beruf Fischer. Er wurde wegen seines Glaubens in Rom gekreuzigt, wo über seinem Grab der Petersdom errichtet wurde. Er gilt als erster Papst der Kirche. Dargestellt wird er bärtig, mit den Himmelsschlüsseln als Attributen und das umgekehrte Kreuz haltend, an dem er den Tod fand. L 32

Phaedrus, -ī *m.* Phaedrus (ca. 20 v. Chr. – ca. 50 n. Chr.). Sklave des Augustus, später freigelassen; Dichter einer Fabelsammlung. L 10

Philippus, -ī *m.* Griechischer Männername. In der Rahmenhandlung von *Salvete* ein Gladiator in Capua. L 6; in L 31 Neffe des Bischofs Eusebius.

Phoenicia, -ae *f.* Phönizien. Umfasst etwa das heutige Syrien und den Libanon. L 17

pīlum, -ī *n.* Wurflanze aus weichem Eisen. Legionäre führten jeweils zwei Wurflanzen mit sich. Das erste *pilum* bleibt nach dem Wurf im Schild des Gegners stecken, verbiegt sich und führt dazu, dass der Schild kaum noch als Schutz gegen das zweite *pilum* eingesetzt werden kann. L 36

Platō, -ōnis *m.* Platon. Griechischer Philosoph (427–348/347 v. Chr.). Schüler des Sokrates, Begründer der Schule der Akademie in Athen. Verfasser zahlreicher philosophischer Dialoge, in denen meist Sokrates als Gesprächsführer auftritt. Die akademische Schule ist Vorbild für die spätere Universität. Platons Ideenlehre wirkte nicht nur im sog. Neuplatonismus der Spätantike nach, sondern auch in philosophischen Strömungen der Neuzeit (z. B. Immanuel Kant), vereinzelt sogar noch in der Moderne nach. L 33

plēbēius, -ī *m.* Plebejer. In der römischen Republik Angehöriger des „einfachen" Volks (*plebs*), meist Handwerker und Bauern, jedenfalls nicht aus adliger Schicht stammend. Heute wird der Begriff „plebs" abwertend im Sinne von „ungebildete, ungehobelte Menschen" benutzt. L 35

Plimotha, -ae *f.* Plymouth. Hafenstadt im Westen der Südküste Englands. Heimatstadt von Francis Drake. Von hier aus startete die englische Flotte 1588 im Kampf gegen die spanische Armada. L 40

Plutarchus, -ī *m.* Plutarch. Griechischer Schriftsteller (45–125 n. Chr.). Von seinen zahlreichen Büchern sind vor allem die Biografien bekannt, die das Leben bekannter Persönlichkeiten darstellen. L 25

Poenī, -ōrum *m.* Punier oder Phönizier. Seehandelsvolk aus dem östlichen Mittelmeer, siedelte vor allem in Nordafrika/Karthago. Ihre Sprache war semitisch. Sie „erfanden" die Buchstabenschrift, aus der sich das griechische Alphabet und damit auch unsere lateinische Schrift entwickelte. L 9.

Polyphemus, -ī *m.* Polyphem. Zyklop, Sohn des Neptun, von Odysseus vor der Flucht aus seiner Höhle geblendet. L 16

Pollūx, -ūcis *m.* Pollux. Sohn des Jupiter und der Leda, Bruder des Kastor. Beide zusammen heißen die Dioskuren. Berühmter Faustkämpfer. L 11

Pompeiī, -ōrum *m.* Pompeji. Stadt bei Neapel in Kampanien; 79 n. Chr. durch einen Ausbruch des Vulkans Vesuv zerstört. Seit dem 18. Jahrhundert wird die verschüttete Stadt wieder ausgegraben und liefert wertvolle Hinweise auf des Leben der Menschen im 1. Jh. n. Chr. L 1, 38

Pompeius, -ī *m.* Gnaeus Pompeius mit dem Beinamen Magnus, römischer Staatsmann und Feldherr (106–48 v. Chr.). Er trug mit seinen Legionen maßgeblich zum Sieg Sullas im Bürgerkrieg bei, bekämpfte erfolgreich die Seeräuber im östlichen Mittelmeergebiet und besiegte König Mithradates von Pontos. 60 v. Chr. schloss er zusammen mit Caesar und Crassus das erste Triumvirat. Da sich seine Beziehung zu Caesar verschlechterte, führte dies zu erneuten Bürgerkriegen, bis Pompeius 48 v. Chr. in der Schlacht von Pharsalos Caesar unterlag und nach Ägypten floh, wo er ermordet wurde. L 40, L 42

pōns Mulvius, pontis Mulviī *m.* die Mulvische oder Milvische Brücke. Tiberbrücke der Via Flaminia nördlich von Rom. In der Schlacht an der Milvischen Brücke besiegte Konstantin 312 n. Chr. Maxentius. L 31

Pontifex Maximus, -ficis –ī *m.* Der Pontifex Maximus war der höchste Oberpriester. Die römischen Oberpriester waren für die Aufsicht und die Verwaltung des gesamten Religionswesens zuständig. Heute noch ist die Amtsbezeichnung des Papstes *Pontifex Maximus*. claro 2

Poppaea, -ae *f.* Poppaea (ca. 30–65 n. Chr.). Zweite Ehefrau des Kaisers Nero. L 24

praetor, -ōris *m.* Prätor. Die Prätoren waren für Rechtssprechung zuständig. Zu Kriegszeiten ständige Vertreter des Konsuls. Später verwalteten die Prätoren auch die Provinzen und hatten volle militärische Gewalt. Mit dem größer werdenden Reich wuchs die Anzahl der Prätoren bis auf 18 an. L 12, 39, 40, 41

Priamus, -ī *m.* Priamos. Mythischer König von Troja. L 8

Prīma Aemilia, -ae *f.* Prima Aemilia. Sie wird als Geliebte eines Narcissus auf einem im Heiligtum der Isis und der Magna Mater in Mainz gefundenen Bleitäfelchen verflucht. L 45

Prīscilla, -ae *f.* Priscilla. In L 45 Freundin der Atilia, die sich in Mainz in den Kult der Isis und der Magna Mater einweihen ließ.

Pūblius, -ī *m.* Publius. Männl. Vorname (Abk.: P.). In der Rahmenhandlung von *Salvete* ein römischer Beamter und begeisterter Anhänger von Gladiatorenkämpfen. L 6

quaestor, -ōris *m.* Quästor. Hoher Finanzbeamter, der für die Staats- oder die Kriegskasse zuständig war. L 12

Quīntus, -ī *m.* Quintus. Männl. Vorname (Abk.: Q.). In der Rahmenhandlung von *Salvete* ein guter Freund der Familie von M. Livius Maximus. Der junge Mann kommt aus Britannien, wo er als Händler arbeitet. L 1, 2, 3, 5.

Radirobanes, -is *m.* Radirobanis. Figur aus dem lateinischen Roman Argenis des John Barclay, 1621 erschienen. König von Sardinien. Radirobanes versucht Argenis, die Tochter des Königs von Sizilien, zu entführen, was misslingt. Er wird später von Poliarchus, einem weiteren Verehrer von Argenis, im Zweikampf getötet. L 29

Remus, -ī *m.* Remus. Sohn des Mars und der Rhea Silvia, Bruder des Romulus; Mitbegründer Roms, von Romulus im Streit getötet. L 9

Rhēa Silvia, -ae *f.* Rhea Silvia. Tochter des Numitor, Priesterin der Vesta; Geliebte des Mars, Mutter des Romulus und Remus. L 9

rhētorica, -ae *f.* Rhetorik, Redekunst. Sie zählt zu den sog. sieben freien Künsten und unter ihnen zum *Trivium* („Dreiweg", in dem die drei sprachlich und logisch-argumentativ ausgerichteten Fächer zusammengefasst waren), die zur Bildung eines „freien Mannes" in Antike und Mittelalter gehörten und im Mittelalter auf ein wissenschaftliches Studium vorbereiteten. claro 5

Rhodopis, -is *f.* Rhodopis. Lebte in der 1. Hälfte des 6. Jhs. v. Chr. Sie wurde als Sklavin von der griechischen Insel Samos nach Naukratis in Ägypten gebracht, wo sie freigekauft wurde und sich mit ihrer Schönheit als Hetäre (Prostituierte) ein Vermögen verdient haben soll. L 11.

Rōma, -ae *f.* Rom; Stadt in Latium. Die früheste nachweisbare Besiedlung stammt aus dem 10. Jh. v. Chr. Der antiken Sage nach 753 v. Chr. gegründet, Hauptstadt des römischen Reiches. Bis ins 4. Jh. n. Chr. residierten hier die Kaiser. Im 1./2. Jh. n. Chr. hatte die Stadt etwa 1 000 000 Einwohner. L 1, 2, 3, 4, 5, 6, 7, 8, 9

Rōmulus, -ī *m.* Romulus. Der Sage nach Gründer und erster König Roms; Sohn des Mars und der Rhea Silvia; zusammen mit seinem Bruder Remus von einer Wölfin aufgezogen. L 9

Rūfus, -ī *m.* Numerius Istacidius Rufus, reicher Pompejaner des 1. Jhs. n. Chr., ist auf einem in einer pompejanischen Villa gefundenen Graffito (Ritzzeichnung) abgebildet. In der Rahmenhandlung von *Salvete* ein Onkel von Titus, Livia und Secundus. L 1, 2, 3, 4, 5.

Sabīnus, -ī *m.* Sabinus. Männlicher Familienname. In der Rahmenhandlung von *Salvete* ein Sklave in Rom, der den Aufstand des Spartakus mit einem Freund Damophilus diskutiert. L 7

Salomōn, -ōnis *m.* Salomon. Alttestamentlicher König von Israel und Juda (ca. 965-926 v. Chr.), dessen Regierungszeit von Frieden und Wohlstand geprägt war. Seine Weisheit ist sprichwörtlich. Er galt lange Zeit als Verfasser verschiedener Schriften der Bibel. claro 5

Salvius, -ī *m.* Salvius. Name eines Wirtes aus Pompeji. L 38

Saracēnī, -ōrum *m.* die Sarazenen, ein arabischer Stamm. L 27

Sāturnīnus, -ī *m.* P. Vigellius Saturninus, Prokonsul 180 n. Chr. in Karthago/Nordafrika. Leitete das Verhör gegen eine Gruppe von Christen, die zum Tode verurteilt wurden. L 44.

scūtum, -ī *n.* der Schild. Im 2./1. Jh. v. Chr. hatte der Schild ovale Form, nahm dann ab dem 1. Jh. n. Chr. rechteckige Form an, so dass in geschlossener Kampflinie die Schilde, die vor, seitlich und über den Köpfen der Legionäre gehalten wurden, einen Schutz vor Wurfgeschossen der Feinde bildeten. L 36

Secundus, -ī *m.* Secundus. Männlicher Vorname. In der Rahmenhandlung von *Salvete* Sohn des M. Livius Maximus und sechsjähriger Bruder von Titus und Livia. L 1, 3, 4, 5

Segestes, -is *m.* Segestes. Fürst der Cherusker, Schwiegervater des Arminius. L 22

Segimērus, -ī *m.* Segimerus. Fürst der Cherusker, Vater des Arminius. L 22

Seneca, -ae *m.* Lucius Annaeus Seneca, römischer Dichter und Philosoph, Erzieher des späteren Kaisers Nero, geb. 4 v. Chr. Er wurde von Nero 65 n. Chr. zum Selbstmord gezwungen. Vertreter der philosophischen Richtung der Stoa, auch wenn er in seinem Spätwerk zahlreiche Gedanken des Epikur aufgreift. Von Senecas Schriften sind philosopische Werke, Tragödien, naturwissenschaftliche Texte, *Epistulae Morales* (Briefe an Lucilius) und die *Apocolocyntosis*, eine Satire auf Kaiser Claudius, erhalten. L 33, 34

Septimius Sevērus, -ī *m.* Septimius Severus. Römischer Kaiser 193–211 n. Chr., geb. 146 n. Chr. in Leptis Magna/Nordafrika. Verheiratet mit Julia Domna, Vater von Caracalla und Geta. Er ließ sich nach der Ermordung des Kaisers Pertinax 193 n. Chr. selbst zum Kaiser ausrufen und räumte dann die Nachfolger des Pertinax aus dem Weg. Septimius Severus war ein hervorragender Feldherr und förderte das Militär. 199 n. Chr. machte er Mesopotamien zur römischen Provinz. Während seines Britannienfeldzugs, den er ab 208 n. Chr. mit seinen Söhnen unternahm, starb er 211 n. Chr. L 28

Sextilius, -ī *m.* Sextilius. Einer der beiden Prätoren, die von Piraten auf der Via Appia zusammen mit ihren Liktoren geraubt wurden. L 40

Sextus, -ī *m.* Sextus. Männl. Vorname (Abk.: Sex.). In der Rahmenhandlung von *Salvete* ein Römer, der wie sein Bruder Marcus die Gladiatorenspiele ablehnt. L 6

Sibylla, -ae *f.* Sybille. Die Sybille von Cumae in Kampanien war Priesterin und Prophetin. Auf Sibylle wurden die Prophezeiungen in den so genannten *Sibyllinischen Büchern* zurückgeführt, die der römische Staat als Geheimwissen unter Verschluss hielt. In Notlagen konnten sie auf Senatsbeschluss von besonderen Beauftragten eingesehen werden. L 9

Sicilia, -ae *f.* Sizilien. Größte Mittelmeerinsel. Seit 227 v. Chr. römische Provinz. L 9, 39

Silvia, -ae *f.* Silvia. Name der Freundin der Claudia in L 38.

Sōcratēs, -is *m.* Sokrates, aus Athen. Wichtiger Wegbereiter der abendländischen Philosophie (ca. 470–399 v. Chr.). Er wurde wegen Religionsfrevels und Verführung der Jugend angeklagt und zum Tod durch Trinken des Schierlingsbechers verurteilt. Sokrates entwickelte die von ihm so benannte maieutische Methode (Hebammenkunst), heute auch sokratische Methode genannt, die von der Voraussetzung ausgeht, dass die Antworten auf philosophische Fragestellungen bereits im Menschen angelegt sind und der Philosoph diese nur wie eine Hebamme „zur Welt bringen hilft". Er selbst hat keine Schriften verfasst, ist aber die wichtigste Person in den Dialogen Platons. L 33

Sōpater, -tri *m.* Sopater. Name des Ratsvorsitzenden von Tyndaris. L 39

Spartacus, -ī *m.* Spartakus (ca. 110–71 v. Chr.). Ein von den Römern versklavter Thraker, floh 73 v. Chr. mit 70 anderen Sklaven aus der Gladiatorenschule in Capua. Tausende entlaufener Sklaven schlossen sich Spartakus an. Gemeinsam mit dem Kelten Krixos kämpfte er mehr als zwei Jahre erfolgreich gegen die Römer. Nach Krixos' Tod zwang Spartakus die Besiegten sogar, als Gladiatoren gegeneinander anzutreten. Entgegen seiner ursprünglichen Absicht, nach Thrakien in die Freiheit zu fliehen, zog er kurz vor der Grenze des heutigen Italiens wieder zurück nach Rom. Da griff Marcus Licinius Crassus ein und tötete Spartakus und seine Anhänger nach heftigem Kampf 71 v. Chr. L 7

speculum, -ī *n.* Spiegel, die in der Antike aus polierten Metallscheiben bestanden. Kostbare Exemplare aus Bronze oder Silber mit kunstvollen Griffen sind erhalten. L 34

Spērātus, -ī *m.* Speratus. Wortführer der Gruppe von Christen, die 180 n. Chr. in Karthago/Nordafrika wegen ihres Glaubens angeklagt und zum Tode verurteilt wurden. L 44

stadium, -ī *n.* Stadion. Ein Stadion bezeichnet ein Längenmaß von 600 griechischen Fuß, etwa 190 m, wonach die Laufbahn für Wettrennen benannt wurde. Die älteste Laufbahn ist die von Olympia, die zunächst einfach mit steinernen Start- und Zielschwellen und aufgeschütteten Erdwällen für die Zuschauer ausgestattet war. Im Laufe des 4. Jhs. v. Chr. erhielten die Laufbahnen in anderen Heiligtümern, die nach dem olympischen Vorbild errichtet wurden, wie Theater ansteigende Sitzstufen für die Zuschauer. Die Schmalseiten wurden u-förmig ausgerundet und die Zuschauerränge durch eine Brüstung von der Laufbahn getrennt. L 37

statua, -ae *f.* Statue. Standbilder von Göttern und Menschen gab es auf öffentlichen Plätzen, in Tempeln und öffentlichen Gebäuden und in Privathäusern, vor allem seit der Eroberung von Griechenland im 2. Jh. v. Chr. Die griechischen Statuen waren so beliebt, dass sie auch häufig kopiert wurden. Viele antike griechische Statuen, die heute verloren sind, sind uns in römischen Nachbildungen erhalten. L 5, 14, 34, 39

stōicus, -ī *m.* Stoiker. Anhänger der Philosophenschule Stoa in Athen, benannt nach der Stoa Poikile, einer Säulenhalle, in der sich die Philosophen trafen. L 33

Subūra, -ae *f.* Subura; dichtbevölkertes, hauptsächlich von Handwerkern, Sklaven und Freigelassenen bewohntes Viertel in Rom, das einen schlechten Ruf hatte. L 3

C. Suetōnius Paulīnus, -ī *m.* C. Suetonius Paulinus. Statthalter von Britannien 58–61 n. Chr. Unter großen Anstrengungen gelang es ihm, den Aufstand der Boudicca niederzuwerfen. Um größere Unruhen zu vermeiden, wurde er schließlich von Kaiser Nero abberufen. claro 3

Sulla, -ae *m.*

L. Cornelius Sulla. 138–78 v. Chr., römischer Feldherr und Politiker adliger Herkunft, Rivale von Marius. Besetzte 88 v. Chr. in Abwesenheit des Marius Rom. 10 000 Menschen sollen bei den anschließenden Proskriptionen (öffentlich ausgeschriebene Ächtung und Verfolgung seiner Gegner) getötet worden sein. Er gewann die Kriege gegen Mithradates VI. von Pontos. 81 v. Chr. ließ er sich zum Diktator ernennen und versuchte, durch staatliche Reformen die Republik wieder zu stärken. 78 v. Chr. starb er auf seinem Landgut. L 36

Syrī, -ōrum *m.* Syrer. L 27

Tabulārium, -ī *n.* Tabularium. Das römische Staatsarchiv. Es wurde nach dem Brand des Kapitols 83 v. Chr. am Hang des Hügels neben dem Saturn-Tempel eingerichtet. Seine mächtige Fassade überragt heute noch das Forum Romanum. L 12

Tarquinius Superbus, -ī *m.* Tarquinius Superbus. Letzter römische König, der 509 v. Chr. vertrieben wurde. L 12

templum, -ī *n.* Heiligtum, Tempel. Der römische Tempel besaß im Gegensatz zum griechischen nur an der Front Säulen. Im Tempelinneren, der Cella, standen die Statuen der Götter und wurden Weihgeschenke aufbewahrt. Die Tempel wurden aus Stein gebaut, um einbruch- und brandsicher zu sein, und dienten deshalb auch oft als Bank. Es fand kein Gottesdienst der Gemeinde im Tempel statt. Das Opfer wurde in der Regel vor dem Tempel auf einem Altar vollzogen. L 12, 23, 28, 39, claro 2.

Tenedus, -ī *f.* Tenedos. Insel vor der Küste von Troja. L 8.

Theodōrus, -ī *m.* Theodorus. In der Rahmenhandlung von *Salvete* Sklave und Hauslehrer bei der Familie des M. Livius Maximus. L 1, 2, 4, 5

thermae, -ārum *f.* Thermen. Badeanlagen, die man in verschiedenen Stufen durchlief: Zuerst legte man seine Kleider im Umkleideraum (*apodyterium*) ab. Im Hof (*palaestra*) hatte man die Möglichkeit, Sport zu treiben, und begab sich danach in die verschieden geheizten Saunaanlagen (*sudationes*, *laconicum*). Die Schwimmbäder nutzte man dann in der Reihenfolge vom *caldarium* (Warmwasserbad) über das *tepidarium* (mit mäßig warmer Temperatur) bis zum *frigidarium* (Kaltwasserbad). Anschließend konnte man sich noch im Freibad (*natatio*) vergnügen. In den großen Städten gab es riesige Thermen als öffentliche Anlagen, die zum Teil luxuriös ausgestattet waren. Aber es gab auch in vielen Villen kleine Thermenanlagen, die die Möglichkeit zur privaten Wellness boten. L 23, 28, 41

Tiberis, -is *m.* der Fluss Tiber. Er entspringt im Appennin, fließt durch Rom und mündet bei Ostia ins Mittelmeer. Auf der dem Stadtzentrum von Rom gegenüberliegenden Flussseite (*trans Tiberim*) lebten vor allem Handwerker, Arbeiter und viele Ausländer. Direkt am

Flussufer und auf den Hügeln lagen Villen und schöne Gärten. Noch heute heißt dieser Stadtteil von Rom Trastevere. L 9, 25

Tiberius, -ī *m.* Tiberius. Sohn der Livia, Stiefsohn des Augustus, römischer Kaiser (14-37 n. Chr.). Feierte vor allem nach der Niederlage des Varus große militärische Erfolge. Enttäuscht von der Politik des Senats in Rom zog er sich in den letzten Jahren auf die Insel Capri zurück. L 23

Titus, -ī *m.* Titus. Männl. Vorname (Abk.: T.). In der Rahmenhandlung von *Salvete* 15-jähriger Sohn des Marcus Livius Maximus und Bruder von Secundus und Livia. L 1, 2, 3, 4, 5. In L 20 Vorname des Vitalius, der in Briefkontakt mit seinem Vater steht. In L 21 ist Titus ein römischer Soldat, der mit Caesar am Britannien-Feldzug teilgenommen hatte.

toga, -ae *f.* Toga, Obergewand der Römer, das über der Tunika getragen wurde. Es bestand aus einer sehr langen, halbovalen Tuchbahn, die so um den Körper geschlungen wurde, dass der linke Arm in einer Schlaufe lag und der rechte frei blieb. Die genaue Drapierung war der Mode unterworfen und konnte sich ändern. Zum Anlegen der Toga brauchte man fremde Hilfe und es war nicht besonders bequem, sie zu tragen. Normalerweise war die Toga einfach weiß, frei geborene Jungen, Ritter und hohe Beamte hatte zusätzlich einen Purpurstreifen (*toga praetexta*). Bewerber um ein Amt trugen eine blendend weiße Toga, die *toga candida*. Daher leitet sich die Bezeichnung Kandidat ab. L 10

tōnsor, -ōris *m.* Frisör, Barbier. Die Frisuren der reichen Römerinnen wurden im Laufe des 1. Jhs. n. Chr. immer aufwändiger und erforderten lange Frisierzeiten. L 34

tribūnus mīlitum, -ī *m.* Militärtribun. In einer Legion gab es jeweils sechs Militärtribunen, von denen immer zwei für zwei Monate Dienst leisteten. Sie waren mehr mit Verwaltungsaufgaben als mit der Truppenführung beauftragt. L 36

tribūnus plēbis, -ī *m.* Volkstribun. Das Amt wurde 494 v. Chr. eingeführt. Es gab zunächst jeweils zwei Volkstribunen, später zehn, die die Plebejer vor Übergriffen der patrizischen Amtsinhaber schützen sollten. L 35

Trōia, -ae *f.* Troja. Antike Stadt in Kleinasien, an der Westküste der heutigen Türkei. Der Kaufmann Heinrich Schliemann leitete 1870 auf dem Hügel Hisarlik archäologische Grabungen, legte Siedlungsreste frei und entdeckte einen Goldschatz. Schliemann gab damit den Anstoß dazu, die Ausgrabung zu einer wichtigen Methode der archäologischen Wissenschaft zu entwickeln. Schliemann war überzeugt davon, das sagenhafte Troja gefunden zu haben. Bis heute dauert die wissenschaftliche Auseinandersetzung um die Deutung der verschiedenen Siedlungsschichten der ausgegrabenen Stadt an. L 8, 10, 16

Tyndaris, -is *f.* Tyndaris. Stadt an der Nordküste Siziliens. L 39

Ulixēs, -is *m.* Ulixes (griechisch: *Odysseus*). Mythischer König von Ithaka, bekannt für seine List; bei den Irrfahrten auf dem Heimweg vom Trojanischen Krieg erlebte er viele Abenteuer und begegnete unter anderem dem Zyklopen Polyphem. L 8, 16

Vārus, -ī *m.* Varus. Römischer Feldherr, ca. 46 v. Chr. – 9 n. Chr. Unterlag als Oberbefehlshaber in Germanien in der Schlacht im Teutoburger Wald den Truppen des Arminius. Drei Legionen wurden vernichtend geschlagen, Varus beging Selbstmord. L 22

Verrēs, -is *m.* C. Cornelius Verres. Proprätor (Statthalter) in Sizilien von 73–71 v. Chr. Er plünderte die Sizilianer so schamlos aus, dass er 70 v. Chr. angeklagt wurde. Die Anklage des Cicero war so überzeugend, dass Verres noch vor Verkündigung des Urteils freiwillig in die Verbannung ging. L 39

Vespucci Amerigo Vespucci (1451–1512), italienischer Kaufmann und Seefahrer, der während seiner Reisen die Ostküste Südamerikas erforschte. Nach ihm wurde schließlich der ganze Kontinent Amerika benannt. L 43

Vesta, -ae *f.* Vesta. Römische Göttin des Herdfeuers. Schwester des Jupiter. Sie besaß einen kleinen Rundtempel am Forum Romanum. In ihm wurde kein Kultbild der Göttin verehrt, sondern das Herdfeuer, das zum Staatswohl immer brennen musste. claro 2

vestālis, -is *f.* Vestalin, Priesterin der Vesta. Sechs Frauen blieben für 30 Jahre im Dienst der Göttin. Sie begannen ihre Priesterschaft als Mädchen im Alter zwischen 6 und 10 Jahren und hatten vor allem für die Unterhaltung des öffentlichen Feuers im Vesta-Tempel zu sorgen. Die Vestalinnen lebten getrennt von ihren Familien im Atrium Vestae nahe beim Tempel. Sie waren rechtlich dem Pontifex Maximus unterstellt und zur Jungfräulichkeit verpflichtet, sonst wurden sie mit dem Tode bestraft. In der römischen Gesellschaft genossen sie hohes Ansehen. claro 2

Vesuvius, -ī *m.* Vesuv. Vulkan bei Neapel, heute noch aktiv. Bei seinem Ausbruch am 24. August 79 n. Chr. wurden Pompeji und Herkulaneum verschüttet. L 38

veterānus, -ī *m.* Veteran. Soldat, der seine erste Dienstzeit beendet hat und entweder als Soldat weiterhin in der Truppe dient oder ehrenvoll entlassen wurde. Ein Veteran erhielt ein Militärdiplom und eine Prämie in Geld oder einem Stück Land, das er besiedeln konnte. L 36

Via Appia, -ae *f.* Die *Appische Straße* ist nach ihrem Erbauer, Appius Claudius Caecus benannt; Hauptstraße von Rom in Richtung Süden, erbaut 312 v. Chr. bis Capua, später bis Brundisium/Brindisi fortgeführt. L 7

Via Lāta, -ae *f.* Die *Breite Straße* war ein Teilstück der von Norden nach Rom führenden *Via Flaminia*. Die *Via Lata* führte durch das nördliche Marsfeld am Mausoleum des Augustus, der Ara Pacis (dem Friedensaltar des Augustus) und der Mark-Aurel-Säule vorbei bis zum Kapitol. Ihr Verlauf entspricht heute der *Via del Corso*. L 5

Via Sacra, -ae *f.* Die *Heilige Straße* verläuft über das Forum Romanum an zahlreichen Tempeln vorbei und endet am Fuß des Kapitolinischen Hügels, wo die Straße weiterführt bis zum Jupitertempel. Als Prozessionsstraße war die Via Sacra auch Teilstück des Triumphzugs, den die siegreichen Feldherren, später nur noch die Kaiser, abhalten durften. L 5

vīlla, -ae *f.* Landgut, Landhaus. Reiche Römer besaßen Landgüter, auf die sie sich im heißen Sommer aus der stickigen Stadt zurückziehen konnten. Im Unterschied zu heute bezeichnete die römische Villa den gesamten landwirtschaftlichen Betrieb. Das Wohnhaus konnte sehr groß und äußerst prächtig ausgestattet sein. Besonders begehrt war eine Lage am Golf von Neapel. L 10, 19, 24, 36, 41

Vītālius, -ī *m.* Vitalius. Römischer Familienname. In L 20 schreiben sich Vater Aulus Vitalius und Sohn Titus Vitalius Briefe. L 20

Waldseemüller. Martin Waldseemüller (ca. 1470–1521), deutscher Kartograf aus Freiburg; stellte die erste Weltkarte her, die den von Kolumbus neu entdeckten und von Amerigo Vespucci erforschten Kontinent Amerika nannte. L 43

Zēnobia, -ae *f.* Zenobia. Königin von Palmyra in Syrien (ca. 240–272 n. Chr.). Gegnerin des römischen Kaisers Aurelian. L 27

ā/ab *(beim Abl.)*	von L 9
abesse, absum, āfuī	fehlen, fern sein L 20
abicere, abiciō, abiēcī, abiectum	weg-, herabwerfen; aufgeben L 30
abīre, abeō, abiī	weggehen L 9
absolvere, absolvō, absolvī, absolūtum	freisprechen L 39
(sē) abstinēre, abstineō, abstinuī *(beim Abl.)*	(sich) fernhalten von L 39
ac	und L 8
accēdere, accēdō, accessī, accessum	herantreten L 17
accipere, accipiō, accēpī, acceptum	annehmen, empfangen; aufnehmen L 19
accusāre	anklagen L 30
ācer, ācris, ācre	scharf; scharfsinnig; tatkräftig, leidenschaftlich L 26
actiō, -ōnis *f.*	Handlung, Tätigkeit L 33
acūtus, -a, -um	scharf, spitz L 16
ad *(beim Akk.)*	zu, nach; bei L 3
addere, addō, addidī, additum	beifügen, hinzufügen L 32
addūcere, addūcō, addūxī, adductum	heranführen, zuführen; veranlassen L 26
adesse, adsum, adfuī, (affuī)	da sein; helfen L 1
adhibēre, adhibeō, adhibuī, adhibitum	hinzuziehen, anwenden L 16
adhūc *(Adv.)*	bis jetzt; noch immer L 4
adipīscī, adipīscor, adeptus sum	erlangen, erringen L 42
adīre, adeō, adiī	herangehen, hingehen L 17
adiungere, adiungō, adiūnxī, adiūnctum	anfügen, verbinden L 26
adiuvāre, adiuvō, adiūvī, adiūtum *(beim Akk.)*	jmdn. unterstützen, jmdm. helfen L 12
administrāre	Leiten, verwalten L 13
admīrārī, admīror, admīrātus sum	bewundern, sich wundern L 40
admittere, admittō, admīsī, admissum	in Bewegung setzen; zulassen, gestatten L 45
admonēre, admoneō, admonuī, admonitum	ermahnen, erinnern L 19
adsentīre/assentīre, assentiō, assēnsī, assēnsum	zustimmen claro 4
adulēscēns, -entis *m.*	Jugendlicher, junger Mann L 23
adventus, -ūs *m.*	Ankunft L 23
adversārius, -ī *m.*	Gegner, Feind L 6
aedificāre	(er)bauen, errichten L 8
aedificium, -ī *n.*	Gebäude L 2
aeger, aegra, aegrum	krank L 29
aegrōtus, -a, -um	krank L 28
aequō animō	mit Gleichmut L 7

aequus, -a, -um	eben, (gleich)mäßig; gerecht; ruhig L 7
aerārium, -ī *n.*	Schatzkammer; Schatz, Kasse L 36
aetās, -ātis *f.*	Zeitalter, Lebensalter L 28
afferre, afferō, attulī, allātum	herbeitragen, mit sich bringen, bereiten L 33
afficere, afficiō, affēcī, affectum	versehen mit, leiden an L 29
ager, agrī *m.*	„Acker", Gebiet, Feld L 12
agere, agō, ēgī, āctum	treiben; tun; führen; verhandeln L 19
grātiās agere *(beim Dat.)*	jemandem Dank sagen, jemanden danken L 31
agitāre	(an)treiben L 3
alere, alō, aluī, altum	(er)nähren L 35
aliēnus, -a, -um	fremd; unpassend; widersprechend L 9
aliquandō *(Adv.)*	einst, irgendeinmal L 10
aliquī, aliquae, aliquod *(adjekt.)*	irgendein L 43
aliquis, aliqua, aliquid *(subst.)*	jemand; irgendeine(r), irgendetwas L 43
alius, alia, aliud	ein anderer L 2
aliī ... aliī	die einen ... die anderen L 2
alter, altera, alterum	der eine, der andere (von beiden) L 11
altus, -a, -um	hoch; tief L 1
amāre	lieben L 6
ambulāre	spazierengehen L 26
amīca, -ae *f.*	Freundin L 1
amīcitia, -ae *f.*	Freundschaft L 19
amīcus, -i *m.*	Freund L 1
amittere, amittō, amīsī, amissum	wegschicken; verlieren L 34
amor, -ōris *m.*	Liebe L 17
amphitheātrum, -ī *n.*	Amphitheater L 6
amplus, -a, -um	weit, groß, geräumig L 1
angelus, -ī *m.*	„Engel" claro 1
animadvertere, animadvertō, animadvertī, animadversum	bemerken; einschreiten; bestrafen L 26
animal, animalis *n.*	Lebewesen, Tier L 17
animus, -ī *m.*	Geist; Gemüt; Charakter L 7
annus, -ī *m.*	Jahr L 7
ante *(beim Akk.)*	vor L 5
anteā *(Adv.)*	vorher, früher L 15
antīquus, -a, -um	alt; ehemalig L 32
apertus, -a, -um	offen L 2
appārēre, appāreō, appāruī	erscheinen, sich zeigen L 19
appāret, appāruit	es ist offenkundig L 11
appellāre	anrufen, nennen L 22
appetere, appetō, appetīvī, appetītum	begehren, verlangen; angreifen L 22

apportāre	bringen, herbeischaffen L 3
appropinquāre	näher kommen, sich nähern L 1
aptus, -a, -um	geeignet, passend L 29
apud *(beim Akk.)*	bei L 3
aqua, -ae *f.*	Wasser L 2
aquaeductus, -ūs *m.*	Wasserleitung, „Aquädukt" L 41
arbitrārī, arbitror, arbitrātus sum	beobachten; annehmen; meinen; halten für L 40
arcēre, arceō, arcuī	fernhalten; abwehren L 9
architectus, -ī *m.*	Baumeister, Ingenieur, „Architekt" L 41
ārdēre, ārdeō, ārsī	brennen L 2
argentum, -ī *n.*	Silber L 27
arithmētica (ars) *f.*	Arithmetik claro 5
arma, -ōrum *n. (Pluralwort)*	Waffen L 7
armāre	bewaffnen L 7
ars, artis *f.*	Kunst, Geschicklichkeit L 29
artificium, -ī *n.*	Kunstwerk L 39
arx, arcis *f.*	Burg L 12
asinus, -ī *m.*	Esel L 3
asper, aspera, asperum	hart, rau L 20
aspicere, aspiciō, aspexī, aspectum	erblicken, anschauen, betrachten L 24
astrologia (ars) *f.*	Astrologie claro 5
at	aber, dagegen L 12
atque	und L 8
ātrium, -ī *n.*	„Atrium" , Halle L 3
attentus, -a, -um	aufmerksam L 1
auctor, -ōris *m.*	Urheber(in), Erfinder(in) L 28
auctōritās, -ātis *f.*	Ansehen; Einfluss; „Autorität" L 13
audācia, -ae *f.*	Kühnheit L 6
audāx, Gen.: audācis	kühn, frech L 43
audēre, audeō, ausus sum	wagen L 28, 44
audīre, audiō, audīvī, audītum	hören; anhören, erhören L 27
augēre, augeō, auxī, auctum	vergrößern, vermehren, fördern L 22
auris, -is *f.*	Ohr L 43
aurum, -ī *n.*	Gold L 27
aut	oder L 5
aut … aut	entweder … oder L 5
autem *(nachgestellt)*	aber L 2
auxilia, -ōrum *n.*	Hilfstruppen L 18
auxilium, -ī *n.*	Hilfe L 18
avārus, -a, -um	habgierig, geizig L 26
avertere, avertō, avertī, aversum	abwenden L 18
avis, -is *f.*	Vogel L 14
avunculus, -ī *m.*	Onkel L 31
barbarus, -ī *m.*	„Barbar", Ausländer, Fremder L 2
beātus, -a, -um	glücklich 11
bellum, -ī *n.*	Krieg L 12

bene *(Adv.)*	gut L 16
beneficium, -ī *n.*	Wohltat L 13
bēstia, -ae *f.*	(wildes) Tier 6
bonus, -a, -um	gut L 2
brevī *(Adv.)*	in kurzer Zeit L 35
brevis, -e	kurz L 35
cadere, cadō, cecidī	fallen L 29
caelestis, -e	himmlisch L 31
caelum, -ī *n.*	Himmel; Wetter, Klima L 9
callidus, -a, -um	gewandt; erfahren, schlau L 8
campus, -ī *m.*	Feld L 5
canere, canō, cecinī	(be)singen, ertönen lassen; weissagen L 44
capere, capiō, cēpī, captum	fassen, ergreifen, fangen L 19
capitis damnāre	zum Tode verurteilen L 39
capra, -ae *f.*	Ziege L 11
captīvus, -ī *m.*	Gefangener L 7
caput, capitis *n.*	Kopf, Haupt; Hauptstadt L 14
cārus, -a, -um	lieb L 35
casa, -ae *f.*	Hütte claro 1
cāseus, -ī *m.*	Käse L 16
castra, -ōrum *n. (Pluralwort)*	Lager L 20
cāsus, -ūs *m.*	Fall, Zufall L 33
causā *(beim Gen.)*	wegen L 24
causā, -ae *f.*	Grund, Ursache; Rechtssache, Prozess L 22
cautus, -a, -um	vorsichtig L 15
cēdere, cēdō, cessī, cessum	gehen, weichen L 17
celebrāre	besuchen; feiern, preisen L 13
celer, celeris, celere	schnell L 29
cēnsēre, cēnseō, cēnsuī	schätzen; meinen; beschließen L 24
cernere, cernō, crēvī, crētum	sehen, wahrnehmen L 17
certāmen, certāminis *n.*	Kampf, Wettkampf L 37
certāre	kämpfen, streiten, Wettkämpfe austragen L 8
certē *(Adv.)*	sicherlich L 5
certus, -a, -um	sicher, bestimmt, zuverlässig L 29
cēterī, -ae, -a	die Übrigen L 8
cēterum *(Adv.)*	übrigens, außerdem L 33
charta, -ae *f.*	Brief L 45
cibus, -ī *m.*	Speise L 2
circum *(beim Akk.)*	um … herum L 26
circus, -ī *m.*	„Zirkus", Rennbahn L 42
citō *(Adv.)*	schnell L 20
cīvīlis, -e	bürgerlich, öffentlich L 23
cīvis, -is *m.*	Bürger L 15

cīvitās, -ātis *f.*	Bürgergemeinschaft; Stadt; Staat; Bürgerrecht L 13
clādēs, -is *f.*	Niederlage, Unheil, Verlust L 22
clam *(Adv.)*	heimlich L 11
clāmāre	laut rufen, schreien L 1
clāmor,-ōris *m.*	Geschrei, Lärm L 12
clāritās, -ātis *f.*	Helligkeit; Berühmtheit L 36
clārus, -a, -um	„klar", glänzend, berühmt L 5
classis, -is *f.*	„Klasse", Abteilung; Flotte L 36
cōgere, cōgō, coēgī, coāctum	zusammentreiben, sammeln; zwingen L 36
cōgitāre	(nach)denken, beabsichtigen L 4
cognōscere, cognōscō, cognōvī, cognitum	erkennen, kennen lernen; untersuchen L 17
colere, colō, coluī, cultum	pflegen, bebauen, ehren L 18
colligere, colligō, collēgī, collēctum	sammeln L 38
collocāre	(auf)stellen, errichten, ansiedeln L 16
colōnia, -ae *f.*	Siedlung, „Kolonie" L 41
color, -ōris *m.*	Farbe L 29
committere, committō, commīsī, commissum	zusammenführen; beginnen; begehen: anvertrauen L 21
proelium committere	eine Schlacht beginnen, kämpfen L 21
commovēre, commoveō, commōvī, commōtum	bewegen, erregen L 18
commūnis, -e	gemeinsam; allgemein L 23
comparāre	vergleichen, verschaffen L 27
comperīre, comperiō, comperī, compertum	erfahren; ertappen; überführen L 30
complēre, compleō, complēvī, complētum	(an)füllen L 3
complūres, -a, *Gen.*: complūrium	einige, mehrere L 30
compōnere, compōnō, composuī, compositum	zusammenstellen, -fügen; ordnen L 28
comprehendere, comprehendō comprehendī, comprehēnsum	erfassen, umfassen; begreifen L 32
cōnārī, cōnor, cōnātus sum	versuchen; wagen L 40
concēdere, concēdō, concessī, concessum	erlauben, gestatten, nachgeben L 40
conciliāre	zum Freund machen, gewinnen L 36
concordia, -ae *f.*	Eintracht L 32

condere, condō, condidī, conditum	gründen L 35
cōnferre, cōnferō, contulī, collātum	zusammentragen, vergleichen L 33
sē cōnferre	sich begeben L 33
cōnficere, cōnficiō, cōnfēcī, cōnfectum	zu Ende bringen, ausführen; erschöpfen L 28
sacra cōnficere	Opferhandlungen durchführen L 28
cōnfīdere, cōnfīdō, cōnfīsus sum	vertrauen, sich verlassen L 44
cōnfirmāre	stärken, ermutigen; bestätigen L 17
cōnfitērī, cōnfiteor, cōnfessus sum	gestehen, bekennen L 40
coniū(n)x, coniugis *f.*	Ehefrau, Gattin L 18
coniungere, coniungō, coniūnxī, coniūnctum	verbinden, vereinigen L 25
coniūrātiō, -ōnis *f.*	Verschwörung L 13
cōnscrībere, cōnscrībō, cōnscrīpsī, cōnscrīptum	eintragen; (Soldaten) ausheben L 36
cōnsentīre, cōnsentiō, cōnsēnsī, cōnsēnsum	übereinstimmen, zustimmen, sich einig sein L 27
consequī, consequor, consecūtus sum	nachfolgen; erlangen, erreichen L 42
cōnservāre	bewahren L 27
cōnsīderāre	betrachten, bedenken, überlegen L 13
cōnsīdere, cōnsīdō, cōnsēdī, cōnsessum	sich setzen, sich niederlassen L 17
cōnsilium, -ī *n.*	Absicht, Wille, Plan; Vorschlag L 7
cōnsistere, cōnsistō, cōnstitī	Halt machen, stehen bleiben L 28
cōnstāns, *Gen.*: constantis	standhaft L 27
cōnstat, cōnstitit	es steht fest, es ist bekannt L 12
cōnstituere, cōnstituō, cōnstituī, cōnstitūtum	festsetzen, beschließen L 19
cōnsul, cōnsulis *m.*	„Konsul" L 12
cōnsulātus, -ūs *m.*	„Konsulat" (Amt des Konsuls) L 30
cōnsulere, cōnsulō, cōnsuluī, cōnsultum	um Rat fragen L 18
cōnsūmere, cōnsūmō, cōnsūmpsī, cōnsūmptum	verwenden, verbrauchen L 34
contemnere, contemnō, contempsī, contemptum	gering schätzen, verachten L 24
contendere, contendō, contendī	sich bemühen; eilen; kämpfen; behaupten L 33
contentus, -a, -um	zufrieden L 2

continēns, continentis *f.*	Erdteil, Kontinent L 43
continēre, contineō, continuī, contentum	zusammenhalten, erhalten L 31
sē continēre	sich aufhalten L 31
contingit	es glückt, es gelingt L 40
contiō, -ōnis *f.*	Volksversammlung L 43
contrā *(beim Akk.)*	gegen L 9
contumēlia, -ae *f.*	Kränkung, Beleidigung, Schande L 23
convenīre, conveniō, convēnī, conventum	zusammenkommen, zustande kommen; sich einigen L 28
convertere, convertō, convertī, conversum	umdrehen, wenden; sich umdrehen L 17
convocāre	zusammenrufen L 10
cōpia, -ae *f.*	Menge, Masse L 11
cōpiae, -ārum *f.*	Truppen L 11
corōna, -ae *f.*	Krone, Kranz L 32
corpus, corporis *n.*	Körper L 14
corrumpere, corrumpō, corrūpī, corruptum	verderben, bestechen L 20
cottīdiē *(Adv.)*	täglich L 10
crās *(Adv.)*	morgen L 38
creāre	erschaffen, hervorbringen; wählen L 12
crēdere, crēdō, crēdidī, crēditum	glauben L 19
crēscere, crēscō, crēvī, crētum	wachsen; sich steigern, größer/stärker werden L 29
crūdēlis, -e	grausam L 30
crūdēlitās, -ātis *f.*	Grausamkeit L 23
crux, crucis *f.*	Kreuz L 31
cuius?/cui?/quem?	wessen? wem? wen? L 14
cultus, -ūs *m.*	Bebauung, Pflege; Verehrung; Lebensweise L 45
cum *(beim Abl.)*	mit L 9
cum *(beim Ind.)*	jedes Mal, wenn; dann, wenn L 18
cum *(beim Konj.)*	als, nachdem; da, weil; obwohl L 32
cūnctārī, cūnctor, cūnctātus sum	zögern L 40
cūnctī, -ae, -a	alle L 2
cupere, cupiō, cupīvī, cupītum	wünschen, begehren L 30
cupiditās, -ātis *f.*	Verlangen, Begierde, Leidenschaft L 33
cupidus, -a, -um *(beim Gen.)*	gierig, begierig nach L 13
cūr?	warum? L 4
cūra, -ae *f.*	Sorge, Sorgfalt L 7
cūrāre	sorgen für, versorgen; besorgen L 7
cūriōsus, -a, -um	wissbegierig, neugierig claro 5

currere, currō, cucurrī, cursum	laufen L 37
cursus, -ūs *m.*	„Kurs“, Verlauf, Lauf, Weg, Fahrt L 37
custōs, -ōdis *m.*	Wächter L 18
damnāre	verurteilen L 32
dare, dō, dedī, datum	geben L 5
dē *(beim Abl.)*	über, von L 9
dea, -ae *f.*	Göttin L 5
dēbēre, dēbeō, dēbuī, dēbitum	müssen; schulden; verdanken L 4
dēcēdere, dēcēdō, dēcessī, dēcessum	weggehen, abweichen L 25
dē vītā dēcēdere	sterben L 25
dēcernere, dēcernō, dēcrēvī, dēcrētum	entscheiden, beschließen L 24
dēditiō, -ōnis *f.*	Unterwerfung, Kapitulation L 27
dēdūcere, dēdūcō, dēdūxī, dēductum	herabführen, wegführen L 17
dēesse, dēsum, dēfuī	nicht da sein, fehlen L 2
dēfendere, dēfendō, dēfendī, dēfēnsum	verteidigen L 29
dēfessus, -a, -um	müde, erschöpft L 15
deinde *(Adv.)*	dann, darauf L 30
dēlectāre	Freude bereiten, Spaß machen L 4
dēlēre, dēleō, dēlēvī, dēlētum	zerstören, vernichten L 7
dēnique *(Adv.)*	endlich, schließlich, überhaupt L 8

dēns, dentis *m.*	Zahn L 35
dēpellere, dēpellō, dēpulī, dēpulsum	wegstoßen, vertreiben L 18
dēpōnere, dēpōnō, dēposuī, dēpositum	niederlegen, ablegen L 25
dēscendere, dēscendō, dēscendī, dēscēnsum	hinabsteigen L 17
dēserere, dēserō, dēseruī, dēsertum	im Stich lassen, verlassen L 24
dēsīderāre	wünschen, begehren L 6
dēsistere, dēsistō, dēstitī *(beim Abl.)*	etwas nicht mehr tun, etwas ruhen lassen, mit etwas aufhören L 31
dēspērāre	verzweifeln L 38
dēspicere, dēspiciō, dēspexī, dēspectum	verachten L 19
dēstruere, dēstruō, dēstrūxī, dēstrūctum	zerstören L 43
dētrahere, dētrahō, dētrāxī, dētractum	schmälern, herabziehen, herabsetzen L 33
deus, -ī *m.*	Gott L 5
dexter, dext(e)ra, dext(e)rum	rechts, günstig L 26
diabolus, -ī *m.*	Teufel L 11
dialectica (ars) *f.*	Dialektik claro 5
dīcere, dīcō, dīxī, dictum	sagen, sprechen L 17
dictātor, -ōris *m.*	„Diktator“ L 12
dictum, -ī *n.*	Wort, Äußerung L 11

diēs, dieī *m.*	Tag L 26
diēs dominicus *m.*	Sonntag L 31
diēs festus *m.*	Festtag L 37
differre, differō, distulī, dīlātum	zerstreuen, aufschieben L 33
sē differre	sich unterscheiden L 33
difficilis, -e	schwer, schwierig L 25
dīgnitās, -ātis *f.*	Würde L 25
dīgnus, -a, -um	würdig, angemessen, wert L 22
dīligentia, -ae *f.*	Sorgfalt L 7
dīligere, dīligō, dīlēxī, dīlēctum	lieben, schätzen L 39
dimittere, dimittō, dimīsī, dimissum	wegschicken, entlassen L 24
diripere, diripiō, diripuī, direptum	(aus)plündern, rauben L 39
discēdere, discēdō, discessī, discessum	weggehen, auseinandergehen L 28
discere, discō, didicī	lernen, erfahren L 33
disciplīna, -ae *f.*	„Disziplin“, Strenge; Erziehung, Lehre L 33
discipula, -ae *f.*	Schülerin L 4
discipulus, -ī *m.*	Schüler L 4
dispōnere, dispōnō, disposuī, dispositum	verteilen, einteilen, ordnen L 33
disputāre	diskutieren L 2

dissentīre, dissentiō, dissēnsī, dissēnsum	anderer Meinung sein, mit jmdm. uneins sein, streiten L 29
disserere, disserō, disseruī, dissertum	auseinandersetzen, erörtern L 35
distribuere, distribuō, distribuī, distribūtum	ein-, verteilen, zuteilen L 30
diū *(Adv.)*	lange (Zeit) L 1
diūtius *(Adv.)*	länger L 44
dīves, *Gen.:* **dīvitis**	reich L 26
dīvīnus, -a, -um	göttlich, übermenschlich L 44
dīvitiae, -ārum *f.*	Reichtum L 26
docēre, doceō, docuī, doctum	unterrichten; zeigen L 4
doctrīna, -ae *f.*	Bildung, Gelehrsamkeit; Wissenschaft L 23
doctus, -a, -um	gelehrt, gebildet; geübt L 43
dolēre, doleō, doluī	Schmerz empfinden L 10
dolor, -ōris *m.*	Schmerz L 28
domina, -ae *f.*	Herrin, Hausherrin L 1
dominicus, -a, -um	des Herrn L 31
dominus, -ī *m.*	Herr, Hausherr L 1
domum *(Adv.)*	nach Hause L 6
domus, -ūs *f.*	Haus L 25
dōnāre	(be)schenken L 22
dōnum, -ī *n.*	Geschenk L 5

dormīre, dormiō, dormīvī, dormītum	schlafen L 28
dubitāre	zweifeln; unschlüssig sein; zögern L 5
dūcere, dūcō, dūxī, ductum	ziehen, führen; glauben L 17
dum *(beim Ind. Präs.)*	während L 5
dūrus, -a, -um	hart; streng L 4
dux, ducis *m. u. f.*	Führer(in); Feldherr L 12
ē/ex *(beim Abl.)*	aus L 9
ecce!	schau! siehe da! L 1
ēdūcere, ēdūcō, ēdūxī, ēductum	herausführen, ausrücken lassen L 21
efficere, efficiō, effēcī, effectum	bewirken L 33
effugere, effugiō, effūgī	fliehen, entkommen L 40
egēre, egeō, eguī	(etw.) nötig haben, brauchen; Not leiden L 34
egō	ich L 4
ēgregius, -a, -um	außergewöhnlich L 39
elementum, -ī *n.*	Grundstoff, Element L 45
elephantus, -ī *m.*	„Elefant" L 42
ēligere, ēligō, ēlēgī, ēlēctum	auswählen L 33
eloquentia, -ae *f.*	Redekunst; Fähigkeit als Redner L 35
emere, emō, ēmī, ēmptum	kaufen L 38
enim	denn, nämlich L 4
eō *(Adv.)*	dorthin L 10
eques, equitis *m.*	Reiter, Ritter L 27
equidem	allerdings, freilich, ich jedenfalls L 28
equus, -ī *m.*	Pferd L 8
ergā *(beim Akk.)*	gegen, gegenüber *(im freundlichen Sinn)* L 13
ergō *(Adv.)*	also L 24
ēripere, ēripiō, ēripuī, ēreptum	rauben, entreißen L 19
errāre	umher „irren", sich „irren" L 8
esse, sum, fuī	sein L 1
et	und; auch L 1
et ... et	sowohl ... als auch; ... und ... L 1
etiam	auch; sogar L 1
excellere, excellō	hervorragen, sich auszeichnen L 17
excitāre	erregen, aufschrecken, alarmieren L 12
exemplum, -ī *n.*	Beispiel L 39
exercēre, exerceō, exercuī	(aus)üben L 3
exercitus, -ūs *m.*	Heer L 25
exigere, exigō, exēgī, exāctum	wegtreiben, eintreiben; (er)fordern L 41
exīre, exeō, exiī	herausgehen L 8
exīstimāre	glauben, meinen; schätzen L 10
explēre, expleō, explēvī, explētum	ausfüllen, vollenden L 33
explicāre	erklären L 3

exprimere, exprimō, expressī, expressum	ausdrücken L 42
expūgnāre	erobern L 7
exsilium, -ī *n.*	Verbannung L 24
exspectāre	erwarten, warten L 1
exstruere, exstruō, exstrūxī, exstrūctum	auftürmen, errichten L 41
exter, extera, exterum	auswärtig, äußerer L 32
extrā *(beim Akk.)*	außerhalb L 19
extrēmus, -a, -um	äußerster; letzter L 35
fābula, -ae *f.*	Erzählung, Geschichte, Sage L 4
facere, faciō, fēcī, factum	tun, machen L 19
stipendia facere	Kriegsdienst leisten L 20
faciēs, facieī *f.*	Gesicht; Gestalt, Aussehen L 26
facilis, -e	leicht, bequem L 33
facile *(Adv.)*	leicht, mühelos L 33
facinus, -oris *n.*	Tat, Untat L 37
factum, -ī *n.*	Tat, Handlung L 13
facultās, -ātis *f.*	Gelegenheit L 44
fallere, fallō, fefellī	täuschen L 22
falsus, -a, -um	„falsch", unwahr L 19
fāma, -ae *f.*	Gerücht, Gerede; Sage L 11
fāma est	es geht die Sage, es geht das Gerücht L 11

famēs, -is *f.*	Hunger L 16
familia, -ae *f.*	„Familie" L 3
fātum, -ī *n.*	Götterspruch, Schicksal L 8
favēre, faveō, fāvī, fautum *(beim Dat.)*	geneigt sein, begünstigen L 45
fēmina,-ae *f.*	Frau L 2
fenestra, -ae *f.*	„Fenster" L 11
ferē *(Adv.)*	ungefähr, fast L 8
ferre, ferō, tulī, lātum	bringen, tragen; berichten, erzählen L 33
ferus, -a, -um	wild L 17
fessus, -a, -um	müde, erschöpft L 1
festīnāre	schnell gehen, sich beeilen L 3
fībula, -ae *f.*	Spange, Schnalle L 5
fidēs, fideī *f.*	Verantwortung, Treue, Vertrauen L 25
fidus, -a, -um	treu L 10
fierī, fiō, factus sum	(gemacht) werden; entstehen L 40
fīlia, -ae *f.*	Tchter L 8
fīlius, -ī *m.*	Sohn L 8
fīnēs, -ium *m.*	Gebiet L 18
fīnīre, fīniō, fīnīvī, fīnītum	beenden, begrenzen L 27
fīnis, -is *m.*	Ende, Grenze L 18
firmāre	befestigen; sichern, stärken L 23
flamma, -ae *f.*	„Flamme" L 3
flectere, flectō, flexī, flexum	beugen, biegen L 35
flōs, flōris *m.*	Blume, Blüte L 17

flūmen, flūminis *n.*	Fluss L 18
foedus, -a, -um	hässlich, scheußlich, widerlich L 6
fōns, fontis *m.*	Quelle L 41
forīs *(Adv.)*	draußen L 2
fōrma, -ae *f.*	„Form", Gestalt, Erscheinung; Schönheit L 14
fortasse *(Adv.)*	vielleicht L 3
fortis, -e	stark, mutig, tapfer L 23
fortūna, -ae *f.*	Schicksal, Glück; *Plural:* Vermögen L 26
forum, -ī *n.*	„Forum", Marktplatz L 1
frāter, frātris *m.*	Bruder L 23
fraus, fraudis *f.*	Betrug, Täuschung, Hinterlist L 41
frequentāre	besuchen L 5
frōns, frontis *f.*	Stirn; Vorderseite L 16
frūctus, -ūs *m.*	„Frucht"; Nutzen; Genuss L 25
fruī, fruor *(beim Abl.)*	etwas genießen L 42
frūmentum, -i *n.*	Getreide L 3
frūstrā *(Adv.)*	grundlos; vergeblich, umsonst L 9
fuga, -ae *f.*	Flucht L 18
fugere, fugiō, fūgī	fliehen, flüchten L 19
fundere, fundō, fūdī, fūsum	vergießen L 25
furtum, -ī *n.*	Diebstahl claro 4

gaudēre, gaudeo, gāvīus sum	sich freuen L 1, 44
gaudium, -ī *n.*	Freude, Vergnügen L 1
gēns, gentis *f.*	Stamm, Sippe, Geschlecht L 22
genus, generis *n.*	Geschlecht, Gattung, Art L 24
geōmetria (ars) *f.*	Geometrie claro 5
gerere, gerō, gessī, gestum	tragen, ausführen L 20
gladius, -ī *m.*	Schwert L 6
glōria, -ae *f.*	Ruhm L 6
glōriārī, glōrior, glōriātus sum	sich rühmen, prahlen L 40
grammatica (ars) *f.*	Grammatik claro 5
grātia, -ae *f.*	Dank; Beliebtheit; Gefälligkeit L 5
grātuītus, -a, -um	„gratis", kostenlos L 2
grātus, -a, -um	dankbar; willkommen; nett L 5
gravis, -e	schwer; bedeutend; streng L 27
grex, gregis *m.*	Herde L 21
gustāre	kosten L 16
habēre, habeō, habuī, habitum	haben L 3
grātiam habēre	Dank wissen, dankbar sein L 5
habitāre	(be)wohnen L 3
haud	nicht L 15
hīc *(Adv.)*	hier L 1
hic, haec, hoc	dieser, diese, dieses L 18

hiems, hiemis *f.*	Winter L 32
hinc *(Adv.)*	von hier L 26
hodiē *(Adv.)*	heute L 31
homō, hominis *m.*	Mensch; Mann L 13
honestus, -a, -um	angesehen; ehrenhaft L 40
honor, honōris *m.*	Ehre; Auszeichnung L 12
hōra, -ae *f.*	Stunde L 7
hortārī, hortor, hortātus sum	auffordern, ermahnen L 41
hortus, -ī *m.*	Garten L 3
hospes, hospitis *m.*	Gast; Fremder L 16
hostis, -is *m.*	Feind, Landesfeind L 19
hūc *(Adv.)*	hierher L 1
hūmānus, -a, -um	menschlich L 18
iacēre, iaceō, iacuī	liegen L 17
iam *(Adv.)*	schon L 2
ibī *(Adv.)*	dort L 6
īdem, eadem, idem	derselbe, dieselbe, dasselbe L 29
idōneus, -a, -um	geeigenet L 12
igitur *(Adv.)*	also L 18
īgnārus, -a, -um *(beim Gen.)*	unkundig in etw. L 40
(beim Dat.)	unbekannt, fremd für L 40
īgnāvus, -a, -um	feige; träge; untätig; kraftlos L 9
īgnōminia, -ae *f.*	Schande L 40
īgnōrāre	nicht wissen, nicht kennen L 10
īgnōtus, -a, -um	unbekannt L 3
ille, illa, illud	jener, jene, jenes L 18
illūstris, -e	glänzend, berühmt; hell, klar L 23
imminēre, immineō, imminuī	bevorstehen, drohen L 21
immō *(Adv.)*	allerdings; im Gegenteil L 35
immolāre	opfern L 5
impedīre, impediō, impedīvī, impedītum	hindern, zurückhalten L 41
imperāre	befehlen L 14
imperātor, -ōris *m.*	Feldherr; Kaiser L 12
imperium, -ī *n.*	Befehl; Herrschaft; Reich L 7
impetrāre	(durch Bitten) erreichen L 35
impetus, -ūs *m.*	Angriff L 40
impōnere, impōnō, imposuī, impositum	auf etw. setzen, auferlegen L 19
imprīmīs *(Adv.)*	besonders L 7
impudēns, *Gen.:* impudentis	unverschämt claro 4
in *(beim Abl.)*	„in“, auf, bei L 9
in *(beim Akk.)*	„in“, nach; gegen L 3
inānis, -e	leer, nichtig, grundlos L 33
incēdere, incēdō, incessī, incessum	einherschreiten, daherstolzieren L 43
incendere, incendō, incendī, incēnsum	anzünden, entflammen L 25

incendium, -ī *n.*	Brand, Feuer L 2
incipere, incipiō, coepī, inceptum	anfangen, beginnen L 24
incitāre	antreiben, anfeuern, reizen claro 3
incolumis, -e	unversehrt, unverletzt L 36
incommodum, -ī *n.*	Unbequemlichkeit, Nachteil L 32
incrēdibilis, -e	unglaublich L 23
inde *(Adv.)*	von dort; von da an; daher L 35
indicium, -ī *n.*	Anzeichen L 29
indīgnus, -a, -um	unwürdig L 27
indūcere, indūcō, indūxī, inductum	hinführen, verleiten L 22
inermis, -e	unbewaffnet L 36
īnferī, -ōrum *m.*	die Unterwelt L 45
īnferre, īnferō, intulī, illātum	hineintragen; zufügen L 33
īnferus, -a, -um	unten befindlich, unterirdisch L 45
inflammāre	entflammen, entzünden L 26
ingenium, -ī *n.*	Charakter, Talent, Begabung L 23
ingēns, *Gen.:* **ingentis**	gewaltig, riesengroß L 23
inicere, iniciō, iniēcī, iniectum	einflößen, bewirken, machen L 27
inimīcus, -ī *m.*	Feind L 11
inīre, ineō, iniī, initum	hineingehen, betreten L 37
initium, -ī *n.*	Anfang, Beginn L 37
iniūria, -ae *f.*	Unrecht, Ungerechtigkeit; Kränkung L 19
innocēns, *Gen.:* **innocentis**	unschuldig, rechtschaffen L 39
inopia, -ae *f.*	Mangel, Not L 20
inquit	sagt(e) (er/sie/es) L 11
īnsānus, -a, -um	wahnsinnig, verrückt L 16
īnsidiae, -ārum *f.* *(Pluralwort)*	Anschlag, Hinterhalt, Attentat L 8
īnstituere, īnstituō, īnstituī, īnstitūtum	einrichten, beginnen; unterrichten L 41
īnstrūmentum, -ī *n.*	Werkzeug, Gerät L 3
īnsula, -ae *f.*	„Insel“, Wohnblock L 3
intellegere, intellegō, intellēxī, intellēctum	verstehen, einsehen L 35
inter *(beim Akk.)*	zwischen; unter L 3
interdum *(Adv.)*	manchmal, bisweilen L 20
intereā *(Adv.)*	inzwischen L 11
interesse, intersum, interfuī	dabei sein, teilnehmen L 37
interficere, interficiō, interfēcī, interfectum	töten, ermorden L 23
interim *(Adv.)*	inzwischen L 29
interrogāre	fragen L 5
intrāre	betreten L 3
intuērī, intueor	aufmerksam anschauen, betrachten L 40

intus *(Adv.)*	innen, drinnen L 2
invenīre, inveniō, invēnī, inventum	finden, ermitteln L 29
invidia, -ae *f.*	Neid L 10
invītus, -a, -um	unwillig, gegen den eigenen Willen L 29
ipse, ipsa, ipsum	selbst L 30
īra, -ae *f.*	Zorn L 10
īrātus, -a, -um	zornig L 4
īre, eō, iī	gehen; reisen L 6
irridēre, irrīdeō, irrīsī, irrīsum	verspotten, auslachen L 10
is, ea, id	dieser, diese, dieses L 13
iste, ista, istud	dieser (da) L 30
ita *(Adv.)*	so L 8
itaque *(Adv.)*	deshalb, daher L 4
iter, itineris *n.*	Weg, Reise L 14
iterum *(Adv.)*	wiederum, zum zweiten Mal L 8
iterum atque iterum	immer wieder L 8
iubēre, iubeō, iussī, iussum	befehlen L 18
iūcundus, -a, -um	angenehm, erfreulich L 4
iūdex, iūdicis *m./f.*	Richter(in) L 39
iugum, -i *n.*	Joch; Berg, Bergkamm L 32
iūrāre	schwören L 44
iūs, iūris *n.*	Recht L 27
iussū	auf Befehl L 25
iūstus, -a, -um	gerecht, gebührend L 6
iuvat, iūvit	es macht Spaß, es freut L 4
iuvenis, -is *m.*	junger Mann L 18
labor, -ōris *m.*	Arbeit, Mühe L 37
labōrāre	sich anstrengen, arbeiten; leiden L 1
labyrinthus, -ī *m.*	„Labyrinth“ L 14
lac, lactis *n.*	Milch L 21
lacrima, -ae *f.*	Träne L 18
lacus, -ūs *m.*	See L 44
laetitia, -ae *f.*	Freude L 32
laetus, -a, -um	fröhlich L 1
lapis, lapidis *m.*	Stein L 41
latrō, -ōnis *m.*	Räuber L 27
lātus, -a, -um	breit, weit (ausgedehnt) L 5
latus, lateris *n.*	Seite L 15
laudāre	loben L 4
laus, laudis *f.*	Lob, Ruhm L 32
lēgātus, -ī *m.*	Gesandter; Feldherr; Statthalter L 39
legere, legō, lēgī, lēctum	lesen L 28
legiō, -ōnis *f.*	„Legion“ L 13
lēo, leōnis *m.*	Löwe L 15
levāre	erheben; erleichtern L 10
levis, -e	leicht; leichtsinnig; unbedeutend L 30
lēx, lēgis *f.*	Gesetz; Bedingung L 20

libenter *(Adv.)*	gern L 3
līber, lībera, līberum	frei L 7
liber, librī *m.*	Buch L 31
līberālis, -e	freundlich, zuvorkommend; großzügig L 43
līberālitās, -ātis *f.*	Freigebigkeit, Großzügigkeit; edle Gesinnung L 28
līberāre	befreien L 7
līberī, -ōrum *(Pluralwort) m.*	Kinder L 3
lībertās, -ātis *f.*	Freiheit L 13
lībertus, -ī *m.*	Freigelassener L 3
licet, licuit	es ist erlaubt; es ist möglich L 4
līmes, limitis *m.*	Grenze, Grenzwall, Grenzbefestigung L 20
lingua, -ae *f.*	Zunge; Sprache L 10
littera, -ae *f.*	Buchstabe L 4
litterae, -ārum *f.*	Brief; „Literatur“, Wissenschaften L 4
litus, litoris *n.*	Küste, Strand L 17
loca, -ōrum *n.* *(Pluralwort)*	Gegend L 32
locus, -ī *m.*	Ort, Stelle L 6
longus, -a, -um	„lang“; weit L 16
lūdus, -ī *m.*	Spiel; Schauspiel; Schule L 4
lūmen, lūminis *n.*	Licht claro 5
lūx, lūcis *f.*	Licht, Tageslicht L 25
maestus, -a, -um	traurig L 10

magis *(Adv.)*	eher; mehr L 35
magister, magistrī *m.*	Lehrer L 4
magistra, -ae *f.*	Lehrerin L 4
magistrātus, -ūs *m.*	Amt; Beamter L 33
māgnificus, -a, -um	großartig, prächtig L 5
māgnitūdō, -inis *f.*	Größe L 13
māgnus, -a, -um	groß L 1
māiestās, -ātis *f.*	Würde, Größe, Hoheit L 36
maior, maius	größer L 43
maior nātū	älter L 43
maiōrēs, maiōrum *m.*	Vorfahren L 13
mālle, mālō, māluī	lieber wollen L 39
malum, -ī *n.*	Übel, Leid L 18
malus, -a, -um	schlecht; schädlich L 9
mandāre	anvertrauen L 41
manēre, maneō, mānsī	bleiben L 9
manus, -ūs *f.*	Hand, Schar L 25
mare, maris *n.*	Meer L 15
māter, mātris *f.*	„Mutter“ L 20
maximus, -a, -um	größter, größte, größtes L 43
meā sponte	freiwillig, aus eigenem Antrieb L 27
mēcum	mit mir L 9
medicina, -ae *f.*	„Medizin“, Heilmittel; Heilkunst L 29
medicus, -i *m.*	Arzt L 29

medium aevum *n.*	Mittelalter L 43
medius, -a, -um	der Mittlere, in der Mitte gelegen; mitten L 16
membrum, -ī *n.*	Teil, Glied L 35
meminisse, meminī *(beim Gen.)*	sich erinnern an, denken an L 37
memor, *Gen.:* **memoris** *(beim Gen.)*	sich erinnernd; bewusst (einer Sache) L 40
memor sum tuī	ich denke an dich L 40
memorāre	erinnern; erwähnen, berichten L 41
memoria, -ae *f.*	Gedächtnis; Erinnerung L 11
mēns, mentis *f.*	Verstand; Absicht, persönliche Einstellung L 35
mēnsis, -is *m.*	Monat L 38
mercātor , -ōris *m.*	Händler, Kaufmann L 20
merēre, mereō, meruī, meritum	verdienen L 45
merērī, mereor, meritus sum	verdienen L 10
merīdiēs, -ēi *m.*	Mittag, Süden L 31
merx, mercis *f.*	Ware L 21
metuere, metuō, metuī	sich fürchten; fürchten L 19
metus, -ūs *m.*	Furcht, Angst L 25
meus, -a, -um	„mein" L 6
mīles, mīlitis *m.*	Soldat L 13
mīlitāris, -e	Kriegs-, „Militär"- L 23
minimē *(Adv.)*	keineswegs; überhaupt nicht L 16
minimus, -a, -um	kleinster, kleinste, kleinstes L 43
mīnor, mīnus	kleiner L 43
mīnor nātū	jünger L 43
minuere, minuō, minuī, minūtum	vermindern, verringern L 24
mīrābilis, -e	erstaunlich, bewundernswert L 34
mīrus, -a, -um	seltsam, verwunderlich L 14
miscēre, misceō, miscuī, mixtum	mischen L 38
miser, misera, miserum	unglücklich, elend L 7
miserērī, misereor, miseritus sum *(beim Gen.)*	sich erbarmen L 40
misericordia, -ae *f.*	Mitleid, Barmherzigkeit L 6
mittere, mittō, mīsī, missum	schicken, senden; entlassen; werfen L 20
modo *(Adv.)*	eben erst; nur L 17
modo … modo	bald … bald L 17
modus, -ī *m.*	Art, Weise; Maß L 13
moenia, -ium *n.* *(Pluralwort)*	Mauern, Stadtmauern L 19
mōlēs, -is *f.*	Masse, Last, Wucht L 41
molestus, -a, -um	unangenehm, lästig, beschwerlich claro 4
monēre, moneō, monuī, monitum	(er)mahnen L 3

mōns, montis *m.*	Berg, Gebirge L 15
mōnstrāre	zeigen L 3
monumentum, -ī *n.*	Denkmal L 1
mora, -ae *f.*	Verzögerung, Aufschub L 29
morbus, -ī *m.*	Krankheit L 20
mors, mortis *f.*	Tod L 20
mortuus, -a, -um	tot L 7
mōs, mōris *m.*	Sitte, Brauch L 13
mōtus, -ūs *m.*	Beben L 38
movēre, moveō, mōvī, mōtum	bewegen L 14
mox *(Adv.)*	bald L 21
mulier, mulieris *f.*	Frau L 12
multitūdō, -inis *f.*	Menge L 28
multus, -a, -um	viel L 2
mūnicipium, -ī *n.*	Landstadt L 7
mūnus, mūneris *n.*	Aufgabe; Amt; Geschenk; öffentliches Schauspiel L 27
mūrus, -ī *m.*	Mauer L 9
mūsica (ars) *f.*	Musik claro 5
mūtāre	ändern, wechseln; austauschen, entfernen L 17
nam	denn L 1
narrāre	erzählen L 3
nātio, -ōnis *f.*	Volksstamm; Abstammung; Geburt L 21
nātūra, -ae *f.*	„Natur“, Wesen, Beschaffenheit L 33
nātus, -a, -um	geboren L 24
nāvālis, -e	Schiffs-, See- L 40
nāvigāre	segeln L 8
nāvigium, -i *n.*	Schiff L 9
nāvis, -is *f.*	Schiff L 15
nē *(beim Konj.)*	dass nicht; damit nicht L 35
nē … quidem	nicht … einmal L 20
-ne?	*(Fragepartikel; an ein Wort angehängt, wird nicht übersetzt)* L 14
nec	und nicht, auch nicht L 6
nec … nec	weder … noch L 6
necāre	töten L 6
necesse est	es ist nötig, notwendig L 6
necessitās, -ātis *f.*	Notwendigkeit L 27
negāre	verneinen, abschlagen; sagen, dass nicht L 26
neglegere, neglegō, neglēxī, neglēctum	vernachlässigen, nicht beachten L 24
negōtium, -ī *n.*	Tätigkeit, Aufgabe L 3
nēmō	niemand L 16
neque	und nicht, auch nicht L 6
neque … neque	weder … noch L 6
nescīre, nesciō, nescīī	nicht wissen L 27
niger, nigra, nigrum	schwarz, dunkel L 43

nihil, *Gen.:* **nūllīus reī**	nichts L 34
nimius, -a, -um	zu groß, zu gewaltig, übermäßig L 13
nisī	wenn nicht L 25
nōbilis, -e	bekannt, berühmt, vornehm, adelig L 23
nōbīscum	mit uns L 9
nocēre, noceō, nocuī	schaden L 22
noctū *(Adv.)*	nachts L 8
nōlle, nōlō, nōluī	nicht wollen L 39
nōmen, nōminis *n.*	Name L 16
nōmināre	(be)nennen L 4
nōn	nicht L 1
nōn iam	nicht mehr L 2
nōn sōlum … sed etiam	nicht nur … sondern auch L 3
nōndum *(Adv.)*	noch nicht L 21
nōnne?	nicht? *(legt eine zustimmende Antwort nahe)* L 14
nōnnūllī, -ae, -a	einige, manche L 2
nōnnumquam *(Adv.)*	manchmal L 4
nōs	*Nom.:* wir; *Akk.:* uns L 4
noster, nostra, nostrum	unser L 6
nōtus, -a, -um	bekannt L 11
nōvisse, nōvī	kennen, wissen L 37
novus, -a, -um	„neu" L 3
nox, noctis *f.*	„Nacht" L 26
nūbere, nūbō, nūpsī, nuptum *(beim Dat.)*	(einen Mann) heiraten L 24
nūllus, -a, -um	kein L 34
num?	etwa wirklich? *(legt ablehnende Antwort nahe)* L 14
numerus, -ī *m.*	Zahl, Anzahl L 22
numquam *(Adv.)*	nie(mals) L 4
nunc *(Adv.)*	jetzt, nun L 1
nūntiāre	verkünden, melden, sagen lassen L 8
nūntius, -ī *m.*	Bote; Botschaft, Meldung, Nachricht L 11
nūper *(Adv.)*	neulich, unlängst L 16
ob *(beim Akk.)*	zu … hin; vor; wegen L 41
obicere, obiciō, obiēcī, obiectum	entgegenwerfen, vorwerfen L 27
oblīvīscī, oblīvīscor, oblītus sum *(beim Gen.)*	etwas vergessen L 42
obscurus, -a, -um	dunkel L 3
obses, obsidis *m. und f.*	Geisel L 21
obsidēre, obsideō, obsēdī, obsessum	belagern, blockieren L 27
obtinēre, obtineō, obtinuī, obtentum	festhalten, in Besitz haben; einnehmen L 25
obviam *(Adv.)*	entgegen L 15
occāsiō, -ōnis *f.*	Gelegenheit L 31

occīdere, occīdō, occīdī, occīsum	töten, umbringen L 24
occultāre	verbergen, verstecken L 8
occultus, -a, -um	verborgen, unbemerkt L 25
occupāre	einnehmen, besetzen L 12
oculus, -ī *m.*	Auge L 16
ōdisse, ōdī	hassen L 37
odium, -ī *n.*	Hass L 13
offendere, offendō, offendī, offēnsum	anstoßen; beleidigen, verletzen L 23
offerre, offerō, obtulī, oblātum	entgegentragen; anbieten L 33
officium, -ī *n.*	Pflicht, Aufgabe, Dienst L 6
olim *(Adv.)*	einst, dereinst L 11
omittere, omittō, omīsī, omissum	aufgeben, fallenlassen; übergeben L 29
omnīnō *(Adv.)*	ganz und gar, völlig L 24
omnis, -e	jeder; *Plural:* alle L 23
onus, oneris *n.*	Last, Gewicht, Mühe L 32
opera, -ae *f.*	Mühe, Arbeit L 41
opēs, opum *f.*	Hilfsmittel; Macht L 39
opīniō, -ōnis *f.*	Meinung, Erwartung; Gerücht L 42
oportet, oportuit	es ist nötig, es gehört sich, man muss L 33
oppidum, -ī *n.*	befestigte Siedlung; (kleine) Stadt L 8
opprimere, opprimō, oppressī, oppressum	bedrücken, unterdrücken; plötzlich überfallen L 19
oppūgnāre	bestürmen, angreifen L 12
optāre	wünschen L 35
optimē *(Adv.)*	sehr gut; am besten L 44
optimus, -a, -um	bester, beste, bestes L 44
opus, operis *n.*	Werk L 14
opus est	es ist notwendig L 11
ōrā, -ae *f.*	Küste L 8
ōrāre	bitten L 38
ōrātiō, -ōnis *f.*	Rede; Gebet L 32
ōrātor, -ōris *m.*	Redner L 35
orbis terrārum *m.*	Erdkreis L 18
orbis, -is *m.*	Kreis L 18
ōrdō, ōrdinis *m.*	Stand; Reihe; „Ordnung" L 43
orīgō, orīginis *f.*	Ursprung, Abstammung, Geburt L 21
orīrī, orior, ortus sum	entstehen L 42
ōrnāmentum, -ī *n.*	Schmuck(stück) L 5
ōrnāre	schmücken L 14
ōs, ōris *n.*	Mund, Gesicht L 18
ostendere, ostendō, ostendī, ostentum	zeigen, vor Augen stellen, darlegen L 33
ōtium, -ī *n.*	freie Zeit, Ruhe L 33
parāre	(zu)bereiten L 3
parātus, -a, -um	bereit L 4

parcere, parcō, pepercī *(beim Dat.)*	schonen, sparen L 40
parēns, parentis *m./f.*	Vater; Mutter L 45
parentēs, -ium *m.*	Eltern L 45
pārēre, pāreō, pāruī	gehorchen L 8
pars, partis *f.*	Teil; Richtung, Seite L 26
partēs, -ium *f.*	„Partei" L 26
partim *(Adv.)*	teilweise, zum Teil L 40
partīrī, partior, partītus sum	teilen L 42
parvus, -a, -um	klein L 5
pater, patris *m.*	„Vater" L 14
patrēs cōnscriptī *m.*	Senatoren! *(übliche Anrede im röm. Senat)* L 27
patria, -ae *f.*	Heimat, Vaterland L 6
patricius, -iī *m.*	Patrizier; *(Adeliger)* L 35
patronus, -ī *m.*	„Patron"; Anwalt; Beschützer L 39
paucī, -ae, -a	wenige, nur wenige L 8
paulātim *(Adv.)*	allmählich L 11
paulō post *(Adv.)*	wenig später; kurz danach L 25
paulum *(Adv.)*	ein wenig L 25
pauper, *Gen.:* **pauperis**	arm L 23
pāx, pācis *f.*	Friede L 13
pecūnia, -ae *f.*	Geld L 2
pecūniārum repetundārum accusāre	auf Schadenersatz verklagen L 39
pellere, pellō, pepulī, pulsum	stoßen, schlagen, vertreiben L 33
pendere, pendō, pependī, pēnsum	abwägen; zahlen L 20
per *(beim Akk.)*	durch L 3
perdere, perdō, perdidī, perditum	zugrunde richten, ruinieren; verlieren, einbüßen L 26
perdūcere, perdūcō, perdūxī, perductum	hinführen; veranlassen L 41
perferre, perferō, pertulī, perlātum	ans Ziel bringen; durchführen; erdulden L 33
pergere, pergō, perrēxī, perrēctum	fortsetzen L 21
perīculum, -ī *n.*	Gefahr L 2
perīre, pereō, periī	zugrunde gehen; umkommen L 6
perītus, -a, -um *(beim Gen.)*	erfahren (in), sachkundig L 41
permovēre, permoveō, permōvī, permōtum	bewegen, veranlassen; erschüttern L 25
perniciēs, -eī *f.*	Verderben, Untergang L 30
perniciōsus, -a, -um	verderblich, schädlich L 13
perpetuus, -a, -um	ununterbrochen, fortdauernd L 13
perspicere, perspiciō, perspexī, perspectum	durchschauen L 30

persuadēre, persuādeō, persuāsī, persuāsum *(beim Dat.)*	jmdn. überreden, überzeugen L 12
pervenīre, perveniō, pervēnī, perventum	(hin)kommen, gelangen L 28
pēs, pedis *m.*	Fuß L 17
petere, petō, petīvī, petitum	zu erreichen suchen, erstreben; angreifen L 17
fugā salūtem petere	seine Rettung in der Flucht suchen L 18
philosophia, -ae *f.*	„Philosophie" L 33
philosophus, -ī *m.*	„Philosoph", Gelehrter L 33
piscis, -is *m.*	Fisch claro 4
placāre	besänftigen, beruhigen; versöhnen L 25
placēre, placeō, placuī	gefallen L 5
plānus, -a, -um	flach, eben L 32
plēbēius, -ī *m.*	„Plebejer" L 35
plēbs, plēbis *f.*	„Plebs" *(alle Nichtpatrizier)*, gemeines Volk, Menge L 28
plēnus, -a, -um *(beim Gen.)*	voll von/mit L 6
plērīque, plēraeque, plēraque	die meisten L 12
plērumque *(Adv.)*	meistens L 21
plūrimum *(Adv.)*	sehr viel; am meisten L 44
plūs, *Gen.:* **plūris**	mehr L 43
poena, -ae *f.*	Strafe L 6
poēta, -ae *m.*	Dichter L 33
pōnere, pōnō, posuī, positum	setzen, stellen, legen L 28
pōns, pontis *m.*	Brücke L 31
pontifex maximus, pontificis maximī *m.*	Oberpriester claro 2
pontifex, pontificis *m.*	Priester; Papst L 32
populus, -ī *m.*	Volk, Menge L 5
porta, -ae *f.*	„Pforte", Tor L 2
portāre	tragen, bringen L 3
portus, -ūs *m.*	Hafen L 38
poscere, poscō, poposcī	fordern, verlangen L 29
posse, possum, potuī	können L 4
possidēre, possideō, possēdī, possessum	besitzen L 10
post *(b. Akk.)*	hinter, nach L 13
posteā *(Adv.)*	nachher, später L 9
posterus, -a, -um	nachfolgend; als Nachfolger L 9
postquam *(beim Perf.)*	nachdem L 9
postrēmō *(Adv.)*	schließlich, endlich, zuletzt L 8
postulare	fordern, verlangen L 5
potēns, *Gen.:* **potentis**	mächtig L 27

potentia, -ae *f.*	Gewalt, Macht, politischer Einfluss L 36
potestās, -ātis *f.*	(Amts)Gewalt, Macht; Möglichkeit L 17
potius *(Adv.)*	eher, lieber L 27
praebēre, praebeō, praebuī, praebitum	hinhalten, (dar)reichen L 5
praeceptum, -ī *n.*	Vorschrift, Regel; Lehrsatz L 37
praecipere, praecipiō, praecēpī, praeceptum	vorschreiben L 27
praeda, -ae *f.*	Beute L 36
praeditus, -a, -um	ausgestattet, begabt L 35
praedō, -ōnis *m.*	Räuber L 40
praeesse, praesum, praefuī	kommandieren, leiten L 19
praemium, -ī *n.*	Belohnung L 37
praestāre, praestō, praestitī	jmdm. voranstehen, jmdn. übertreffen *(beim Dativ)*, etwas leisten *(beim Akk.)* L 33
sē praestāre	sich erweisen L 33
praeter *(beim Akk.)*	außer; an … vorbei L 27
praetereā *(Adv.)*	außerdem L 13
praetor, -ōris *m.*	„Prätor" L 39
premere, premō, pressī, pressum	drücken, bedrängen L 17
prīmō *(Adv.)*	zuerst L 9
prīmum *(Adv.)*	zum ersten Mal; erstens; zuerst L 22

prīnceps, prīncipis *m.*	führender Mann; „Prinz", Häuptling; Kaiser L 13
prior, prius, *Gen.:* **prioris**	vorderer; früherer L 41
priusquam *(beim Ind. Perf.)*	bevor L 30
prīvātus, -a, -um	persönlich, „privat" L 36
prō *(beim Abl.)*	vor; für, an Stelle von L 9
probāre	untersuchen, prüfen; billigen, gutheißen L 7
procul *(Adv.)*	in der Ferne, fern L 6
prōdere, prōdō, prōdidī, prōditum	übergeben, verraten L 29
prodesse, prōsum, prōfuī	nützlich sein, nützen L 27
prōdigium, -ī *n.*	Vorzeichen L 8
proelium, -ī *n.*	Kampf, Schlacht L 7
profectō *(Adv.)*	in der Tat, sicherlich L 12
proficīscī, proficīscor, profectus sum	aufbrechen, abreisen; ausgehen von L 42
prohibēre, prohibeō, prohibuī, prohibitum	abhalten, (ver)hindern L 18
prōmittere, prōmittō, prōmīsī, prōmissum	versprechen L 36
prope *(beim Akk.)*	nahe bei L 3
properāre	eilen, sich beeilen L 5

ut

L 19

rum *n.* Gefängnis L 20

n, -ī *n.* Band, Fessel L 20

propinquus, -a, -um	nahe; nahestehend, verwandt L 22
prōpōnere, prōpōnō, prōposuī, prōpositum	aufstellen, in Aussicht stellen, beschließen L 33
proprius, -a, -um	eigen, eigentümlich L 43
propter *(beim Akk.)*	wegen L 8
proptereā *(Adv.)*	deshalb, daher claro 5
prōvidēre, prōvideō, prōvīdī, prōvīsum	sorgen für, vorhersehen L 24
prōvincia, -ae *f.*	Amtsbereich, „Provinz“ L 20
proximus, -a, -um	nächster, nächstgelegen L 7
prūdēns, *Gen.:* **prūdentis**	klug, erfahren, vorausschauend L 27
pūblicus, -a, -um	öffentlich, staatlich L 2
puella, -ae *f.*	Mädchen L 2
puer, puerī *m.*	Junge L 2
puerī, -ōrum *m.*	Jungen; Kinder L 2
pūgna, -ae *f.*	Kampf L 7
pūgnāre	kämpfen L 6
pulcher, pulchra, pulchrum	schön L 2
pūrus, -a, -um	rein, sauber L 5
putāre	glauben, meinen; halten für L 10
quaerere, quaerō, quaesīvī, quaesītum	suchen, fragen L 17
quaesō!	bitte! L 20
quaestor, -ōris *m.*	„Quästor“ L 39
quam *(Adv.)*	wie L 1
quamquam	obgleich, obwohl L 18
quandō?	wann? L 12
quantus, -a, -um?	wie groß? wie viel? L 37
-que	und L 7
quī, quae, quod	der, die, das L 15
quia	weil L 21
quīcumque, quaecumque, quodcumque	wer auch immer; jeder, der L 39
quid?	was? L 6
quīdam, quaedam, quiddam *(subst.)*	ein bestimmter, ein gewisser L 34
quīdam, quaedam, quoddam *(adjekt.)*	*Pl.* einige L 34
quidem *(Adv.)*	wenigstens, freilich, zwar, gewiss L 11
quīn etiam	ja sogar L 40
quis?	wer? L 1
quisquam, quicquam	überhaupt jemand, überhaupt etwas L 45
quisque, quaeque, quidque *(subst.)* *und* **quodque** *(adjekt.)*	jeder (einzelne) L 43
quisquis, quidquid	wer/ was nur immer; jeder der / jedes das L 45

quō? *(Adv.)*	wohin? L 17
quod	weil L 5
quōmodo? *(Adv.)*	wie? L 18
quondam *(Adv.)*	einst L 44
quoniam	da ja, weil ja L 25
quoque *(nachgestellt)*	auch, sogar L 33
quot	wie viele? wie viele L 43
rapere, rapiō, rapuī, raptum	rauben, entführen L 29
rārō *(Adv.)*	selten L 22
ratiō, -ōnis *f.*	Vernunft; Verstand; Art und Weise, Rechnung, Berechnung L 20
recipere, recipiō, recēpī, receptum	zurücknehmen, zurückhalten; zurückziehen, aufnehmen L 20
recordārī, recordor, recordātus sum *(beim Gen. u. Akk.)*	sich erinnern an L 40
rectus, -a, -um	„richtig“ L 33
reddere, reddō, reddidī, redditum	zurückgeben; etw. zu etw. machen L 18
redīre, redeō, rediī	zurückgehen, zurückkehren, zurückkommen L 6
referre, referō, rettulī, relātum	zurücktragen; melden, berichten L 33
reficere, reficiō, refēcī, refectum	wiederherstellen L 41
regere, regō, rēxī, rēctum	lenken, leiten, „regieren“ L 33
rēgīna, -ae *f.*	Königin L 9
regiō, -ōnis *f.*	Gebiet, Landschaft L 42
rēgius, -a, -um	königlich L 25
rēgnum, -ī *n.*	Königsherrschaft, Königreich L 22
religiō, -ōnis *f.*	Glaube, „Religion“ L 44
relinquere, relinquō, relīquī, relictum	verlassen, zurücklassen L 17
reliquus, -a, -um	übrig L 8
remanēre, remaneō, remānsī	zurückbleiben L 11
repellere, repellō, reppulī, repulsum	zurückstoßen, abweisen L 30
repente *(Adv.)*	plötzlich L 36
reperīre, reperiō, repperī, repertum	finden, wiederfinden L 30
repetere, repetō, repetīvī, repetītum	wiederaufsuchen; wiederholen L 20
reprehendere, reprehendō, reprehendī, reprehēnsum	tadeln L 27
repudiāre	zurückweisen, ablehnen L 24
rērum scrīptor, -ōris *m.*	Geschichtsschreiber L 25
rēs, reī *f.*	Sache, Ding L 25
rēs gestae, *Gen.:* **rērum gestārum** *f.* *(Pluralwort)*	Taten, Leistungen L 28
rēs pūblica, *Gen.:* **reī pūblicae** *f.*	Staat L 30

tūtārī, tūtor, tūtātus sum	schützen, L 40
tūtus, -a, -um	sicher, gesc
tuus, -a, -um	dein L 6

propinquus, -a, -um	nahe; nahestehend, verwandt L 22
prōpōnere, prōpōnō, prōposuī, prōpositum	aufstellen, in Aussicht stellen, beschließen L 33
proprius, -a, -um	eigen, eigentümlich L 43
propter *(beim Akk.)*	wegen L 8
propterea *(Adv.)*	deshalb, daher claro 5
prōvidēre, prōvideō, prōvīdī, prōvīsum	sorgen für, vorhersehen L 24
prōvincia, -ae *f.*	Amtsbereich, „Provinz" L 20
proximus, -a, -um	nächster, nächstgelegen L 7
prūdēns, *Gen.:* **prūdentis**	klug, erfahren, vorausschauend L 27
pūblicus, -a, -um	öffentlich, staatlich L 2
puella, -ae *f.*	Mädchen L 2
puer, puerī *m.*	Junge L 2
puerī, -ōrum *m.*	Jungen; Kinder L 2
pūgna, -ae *f.*	Kampf L 7
pūgnāre	kämpfen L 6
pulcher, pulchra, pulchrum	schön L 2
pūrus, -a, -um	rein, sauber L 5
putāre	glauben, meinen; halten für L 10
quaerere, quaerō, quaesīvī, quaesītum	suchen, fragen L 17
quaesō!	bitte! L 20
quaestor, -ōris *m.*	„Quästor" L 39
quam *(Adv.)*	wie L 1
quamquam	obgleich, obwohl L 18
quandō?	wann? L 12
quantus, -a, -um?	wie groß? wie viel? L 37
-que	und L 7
quī, quae, quod	der, die, das L 15
quia	weil L 21
quīcumque, quaecumque, quodcumque	wer auch immer; jeder, der L 39
quid?	was? L 6
quīdam, quaedam, quiddam *(subst.)*	ein bestimmter, ein gewisser L 34
quīdam, quaedam, quoddam *(adjekt.)*	*Pl.* einige L 34
quidem *(Adv.)*	wenigstens, freilich, zwar, gewiss L 11
quīn etiam	ja sogar L 40
quis?	wer? L 1
quisquam, quicquam	überhaupt jemand, überhaupt etwas L 45
quisque, quaeque, quidque *(subst.)* *und* **quodque** *(adjekt.)*	jeder (einzelne) L 43
quisquis, quidquid	wer/ was nur immer; jeder der / jedes das L 45

quō? *(Adv.)*	wohin? L 17
quod	weil L 5
quōmodo? *(Adv.)*	wie? L 18
quondam *(Adv.)*	einst L 44
quoniam	da ja, weil ja L 25
quoque *(nachgestellt)*	auch, sogar L 33
quot	wie viele? wie viele L 43
rapere, rapiō, rapuī, raptum	rauben, entführen L 29
rārō *(Adv.)*	selten L 22
ratiō, -ōnis *f.*	Vernunft; Verstand; Art und Weise, Rechnung, Berechnung L 20
recipere, recipiō, recēpī, receptum	zurücknehmen, zurückhalten; zurückziehen, aufnehmen L 20
recordārī, recordor, recordātus sum *(beim Gen. u. Akk.)*	sich erinnern an L 40
rēctus, -a, -um	„richtig“ L 35
reddere, reddō, reddidī, redditum	zurückgeben; etw. zu etw. machen L 18
redīre, redeō, rediī	zurückgehen, zurückkehren, zurückkommen L 6
referre, referō, rettulī, relātum	zurücktragen; melden, berichten L 33
reficere, reficiō, refēcī, refectum	wiederherstellen L 41
regere, regō, rēxī, rēctum	lenken, leiten, „regieren“ L 33
rēgīna, -ae *f.*	Königin L 9
regiō, -ōnis *f.*	Gebiet, Landschaft L 42
rēgius, -a, -um	königlich L 25
rēgnum, -ī *n.*	Königsherrschaft, Königreich L 22
religiō, -ōnis *f.*	Glaube, „Religion“ L 44
relinquere, relinquō, relīquī, relictum	verlassen, zurücklassen L 17
reliquus, -a, -um	übrig L 8
remanēre, remaneō, remānsī	zurückbleiben L 11
repellere, repellō, reppulī, repulsum	zurückstoßen, abweisen L 30
repente *(Adv.)*	plötzlich L 36
reperīre, reperiō, repperī, repertum	finden, wiederfinden L 30
repetere, repetō, repetīvī, repetītum	wiederaufsuchen; wiederholen L 20
reprehendere, reprehendō, reprehendī, reprehēnsum	tadeln L 27
repudiāre	zurückweisen, ablehnen L 24
rērum scrīptor, -ōris *m.*	Geschichtsschreibe[illegible] L 25
rēs, reī *f.*	Sache, Din[illegible] L 19
rēs gestae, [illegible] rērum gest[illegible] *(Pluralwort)*	
[illegible]**rum** *n.*	Gefängnis L 20
[illegible]**n, -ī** *n.*	Band, Fessel L 20
rēs pūb[illegible] *Gen.:* **r[illegible]**	

rēs secundae, *Gen.:* **rērum secundārum** *f.*	Glück L 25
resistere, resistō, restitī	sich widersetzen; Widerstand leisten L 25
respondēre, respondeō, respondī, respōnsum	antworten L 11
restituere, restituō, restituī, restitūtum	wiederherstellen L 25
revertī, revertor, revertī	zurückkehren, zurückkommen, umkehren L 44
revocāre	zurückrufen L 21
rēx, rēgis *m.*	König, Herrscher L 13
rhētorica (ars) *f.*	Redekunst claro 5
rīdēre, rīdeō, rīsī, rīsum	lachen L 1
rīpa, -ae *f.*	Ufer L 11
rītus, -ūs *m.*	heiliger Brauch; „Ritus“ L 44
rogāre	fragen, bitten L 35
Rōmae *(Adv.)*	in Rom L 31
Rōmam *(Adv.)*	nach Rom L 6
rūrsus *(Adv.)*	rückwärts, zurück; wiederum L 28
saccus, -ī *m.*	„Sack“ L 3
sacer, sacra, sacrum	heilig, geweiht L 5
sacerdōs, -ōtis *m. u. f.*	Priester, Priesterin L 28

sacrum, -ī *n.*	heiliger Ort, Tempel, Opfer L 45
saeculum, -ī *n.*	Jahrhundert L 44
saepe *(Adv.)*	oft L 10
saevus, -a, -um	wütend L 36
salūs, salūtis *f.*	Wohl, Rettung; Gruß L 12
salūtāre	begrüßen L 3
salvē!/salvēte!	hallo! Guten Tag! Herzlich willkommen! L 12
salvus, -a, -um	wohlbehalten, unversehrt L 24
sānctus, -a, -um	heilig L 39
sanguis, sanguinis *m.*	Blut L 35
sānus, -a, -um	gesund L 16
sapiēns, *Gen.:* **sapientis**	verständig, einsichtsvoll; weise L 33
sapientia, -ae *f.*	Klugheit, Weisheit L 19
satis *(Adv.)*	genug, ausreichend L 20
saxum, -ī *n.*	Stein, Fels L 15
scelus, sceleris *n.*	Verbrechen L 24
schola, -ae *f.*	„Schule“, Unterricht L 33
scientia, -ae *f.*	Wissen, Kenntnis L 14
scīre, sciō, scīvī, scītum	wissen; kennen, verstehen L 27
scrībere, scrībō, scrīpsi, scrīptum	schreiben L 31
scrīptor, -ōris *m.*	Schriftsteller L 25

sē *(Akk.)*	sich L 7
sēcum	mit sich, bei sich L 9
secundum *(beim Akk.)*	unmittelbar nach; entlang; gemäß L 43
secundus, -a, -um	günstig L 9
sed	aber; sondern L 1
sedēre, sedeō, sēdī, sessum	sitzen L 1
sēdulus, -a, -um	fleißig claro 1
semper *(Adv.)*	immer L 1
senātor, -ōris *m.*	„Senator" L 12
senātus, -ūs *m.*	„Senat", Senatsversammlung L 30
senex, senis *m.*	alter Mann, Greis L 16
sēnsus, -ūs *m.*	Empfinden, Gefühl; Sinn, Verstand L 34
sententia, -ae *f.*	Meinung; Ausspruch; Satz L 20
sentīre, sentiō, sēnsī, sēnsum	fühlen, meinen L 29
sepulcrum, -ī *n.*	Grab L 25
sequī, sequor, secūtus sum	folgen, nachfolgen L 42
sermō, sermōnis *m.*	Gespräch, Unterredung L 21
serva, -ae *f.*	Sklavin L 1
servāre	retten, bewahren L 8
servīre, serviō	dienen L 44
servus, -ī *m.*	Sklave L 1
sī	wenn, falls L 25
sibi *(Dat.)*	sich L 14
sīc *(Adv.)*	so L 12
sīcut	wie L 23
sīgnum, -ī *n.*	Zeichen; Götterbild L 15
silentium, -ī *n.*	Stille, Schweigen L 28
silva, -ae *f.*	Wald L 11
similis, -e	ähnlich, gleich L 23
simplex, *Gen.:* **simplicis**	einfach L 44
simul *(Adv.)*	zugleich L 26
simulāre	vorgeben; so tun, als ob L 11
sīn	wenn aber L 32
sine *(beim Abl.)*	ohne L 9
sine dubiō	ohne Zweifel, zweifellos L 40
singulāris, -e	einzigartig L 23
singulī, -ae, -a	die Einzelnen L 35
situs, -a, -um	gelegen L 15
sive … sive / seu … seu	sei es, dass … oder dass …; entweder … oder L 44
societās, -ātis *f.*	Gemeinschaft; Bündnis L 42
socius, -ī *m.*	Gefährte, Begleiter; Verbündeter L 6
socordia, -ae *f.*	Leichtsinn, Sorglosigkeit L 22
sōl, sōlis *m.*	Sonne L 31
solēre, soleō, solitus sum	gewohnt sein (etw. zu tun) L 34, 44
sollicitus, -a, -um	unruhig, besorgt, ängstlich L 2

sōlus, -a, -um	allein; einsam; verlassen L 17
solvere, solvō, solvī, solūtum	lösen, auflösen; bezahlen L 25
somnium, -ī *n.*	Traum, Traumbild L 8
somnus, -i *m.*	Schlaf L 12
sonus, -ī *m.*	Ton, Klang, Stimme L 18
soror, -ōris *f.*	Schwester L 18
speciēs, speciēī *f.*	Aussehen; Äußeres; Schönheit; Schein L 25
spectāre	schauen, ansehen L 1
spelunca, -ae *f.*	Höhle, Grotte L 16
spērāre	hoffen, erhoffen L 7
spēs, speī *f.*	Hoffnung, Erwartung L 25
splendidus, -a, -um	stattlich; bedeutend; glänzend L 16
spoliāre *(beim Abl.)*	berauben, plündern L 7
stāre, stō, stetī, statum	stehen L 1
statim *(Adv.)*	sofort L 8
statua, -ae *f.*	„Statue“, Standbild L 3
statuere, statuō, statuī, statūtum	hin-/aufstellen; bestimmen, beschließen L 33
status, -ūs *m.*	Zustand; Lage; Stellung, Rang L 35
stipendium, -ī *n.*	Sold L 40
strēnuus, -a, -um	tatkräftig, tüchtig, entschlossen L 8
studēre, studeō, studuī *(beim Dat.)*	sich bemühen L 9
studium, -ī *n.*	Eifer, Bemühung L 27
stultus, -a, -um	dumm L 10
subigere, subigō, subēgī, subāctum	unterwerfen, zwingen L 32
subīre, subeō, subiī	auf sich nehmen L 6
perīcula subīre	Gefahren bestehen L 9
subitō *(Adv.)*	plötzlich L 1
subsidium, -ī *n.*	Beistand L 39
subvenīre, subveniō, subvēnī, subventum *(beim Dat.)*	jmdm. zu Hilfe kommen L 27
succēdere, succēdō, successī, successum	nachfolgen; gelingen L 23
sūmere, sūmō, sūmpsī, sūmptum	nehmen L 38
summus, -a, -um	oberster, höchster L 11
sūmptus, -ūs *m.*	Aufwand; Kosten L 41
super *(beim Akk.)*	über L 10
superāre	besiegen; übertreffen L 7
superbus, -a, -um	hochmütig, stolz L 13
superesse, supersum, superfuī	übrig sein, bleiben L 39
superī, -ōrum *m.*	die überirdischen Götter L 45
superus, -a, -um	oben befindlich, der obere L 45

supplicium, -ī *n.*	Hinrichtung, Todesstrafe L 6
suscipere, suscipiō, suscēpī, susceptum	auf sich nehmen, übernehmen L 31
sustinēre, sustineō, sustinuī, sustentum	aushalten, (er)tragen L 13
suus, -a, -um	sein, ihr L 13
taberna, -ae *f.*	„Taverne“ , Schenke; Laden L 2
tacēre, taceō, tacuī	schweigen L 4
tālis … quālis	so beschaffen … wie L 23
tam *(Adv.)*	so L 26
tamen	dennoch, trotzdem L 8
tandem *(Adv.)*	endlich L 2
tangere, tangō, tetigī, tāctum	berühren L 17
tantus, -a, -um	so groß, so viel L 22
tardus, -a, -um	(zu) spät, langsam L 2
tēcum	mit dir L 9
tegere, tegō, tēxī, tēctum	„bedecken“, schützen L 20
tēlum, -ī *n.*	Wurfgeschoss; Waffe L 7
temeritās, -ātis *f.*	Leichtsinn, Planlosigkeit L 22
tempestās, -ātis *f.*	Sturm, Unwetter L 21
templum, -ī *n.*	„Tempel“, Heiligtum L 5
temptāre	angreifen; versuchen; auf die Probe stellen L 23

tempus, -oris *n.*	Zeit L 14
tenebrae, -ārum *f.* *(Pluralwort)*	Finsternis, Dunkelheit L 36
tenēre, teneō, tenuī	(fest)halten L 11
memoriā tenēre	sich daran erinnern, dass; sich dessen bewusst sein, dass L 11
tergum, -ī *n.*	Rücken L 17
terra, -ae *f.*	Land, Erde L 15
terrā marīque	zu Lande und zu Wasser L 20
terrēre, terreō, terruī, territum	erschrecken L 7
terribilis, -e	schrecklich L 23
terror, -ōris *m.*	Schrecken L 39
testis, -is *m./f.*	Zeuge, Zeugin L 39
thermae, -ārum *f.*	„Thermen“ L 23
timēre, timeō, timuī	fürchten, Angst haben vor L 2
timor, -ōris *m.*	Furcht, Angst L 12
toga, -ae *f.*	„Toga“ L 4
tolerāre	aushalten, ertragen L 7
tollere, tollō, sustulī, sublātum	hochheben; verherrlichen; wegnehmen, beseitigen L 24
torquēre, torqueō, torsī, tortum	drehen, werfen, foltern L 21
tot *(Adv.)*	so viele L 29
tōtus, -a, -um	ganz L 28
trādere, trādō, trādidī, trāditum	übergeben, überliefern L 19

trādūcere, trādūcō, trādūxī, trāductum	hinüberführen L 39
trahere, trahō, trāxī, tractum	ziehen, schleppen L 21
traicere, traiciō, traiēcī, traiectum	hinüberfahren, übersetzen L 21
trānsferre, trānsferō, trānstulī, trānslātum	hinübertragen, übertragen, überbringen L 33
trānsīre, trānseō, trānsiī, trānsitum	hinübergehen, überschreiten; überspringen L 9
tribuere, tribuō, tribuī, tribūtum	zuteilen L 25
tribūnus, -ī *m.*	„Tribun“ *(Beamter oder Offizier)* L 23
tū	„du“ L 4
tuērī, tueor, tutātus sum	schützen, bewahren L 40
tum *(Adv.)*	da; dann; darauf; damals L 2
tumultus, -ūs *m.*	Aufruhr, Aufstand L 22
tunc *(Adv.)*	dann, damals L 29
unica, -ae *f.*	„Tunica“ L 5
-ba, -ae *f.*	Menschenmenge, Masse L 2
-e	beunruhigen, verwirren; stören L 34
	bwehren
	ützt L 20
tyrannus, -ī *m.*	„Tyrann“, Gewaltherrscher L 23
ubī? *(Adv.)*	wo? L 1
ubīque *(Adv.)*	überall L 2
ūllus, -a, -um	irgend ein L 34
ultrā *(Adv.)*	*(räuml.)* weiter hinaus; jenseits; *(zeitl.)* länger L 39
umbra, -ae *f.*	Schatten L 8
umquam *(Adv.)*	jemals L 17
ūnā cum *(beim Abl.)*	zusammen mit, gemeinsam mit L 18
unda, -ae *f.*	Welle L 17
undique *(Adv.)*	von allen Seiten, überall L 26
unīversus, -a, -um	gesamt; allgemein L 37
urbs, urbis *f.*	Stadt, Hauptstadt L 23
urgēre, urgeō, ursī	(be)drängen L 3
ūsque ad *(beim Akk.)*	bis zu L 15
ūsque adhūc *(Adv.)*	immer noch, bis jetzt noch L 15
ūsus, -ūs *m.*	Gebrauch, Benutzung; Nutzen, Vorteil L 27
ut *(beim Ind.)*	wie L 10
ut *(beim Konj.)*	(so) dass; dass, damit, um … zu L 35
uter? utra? utrum?	welcher (von beiden) L 33
uterque, utraque, utrumque	jeder von beiden, beide L 28

utī, utor, ūsus sum *(beim Abl.)*	benützen, gebrauchen L 42
ūtilis, -e	brauchbar, nützlich L 34
utinam (nē) *(beim Konj.)*	wenn doch (nicht)! Hoffentlich (nicht)! L 26
(utrum) … an	(ob) … oder? L 20
uxor, uxōris *f.*	Ehefrau L 23
valdē *(Adv.)*	sehr L 5
valē!/ valēte!	sei/ seid gesund! Auf Wiedersehen! L 20
valēre, valeō, valuī	stark/ kräftig/ gesund sein; gelten; Einfluss haben L 20
valētūdō, -inis *f.*	Gesundheit L 28
vallis, -is *f.*	Tal L 41
varius, -a, -um	verschieden L 9
vastāre	verwüsten claro 3
vectīgal, vectigālis *n.*	Steuer, Abgabe L 19
vehemens, *Gen.:* **vehementis**	heftig L 29
vel	oder, oder vielmehr oder auch L 28
vel … vel	entweder … oder L 28
velle, volō, voluī	wollen L 39
velut	wie (zum Beispiel) L 5
venīre, veniō, vēnī, ventum	kommen L 27
venter, ventris *m.*	Magen, Bauch L 35
ventus, -ī *m.*	Wind L 9
verbum, -ī *n.*	Wort L 10

verērī, vereor, veritus sum	verehren *(beim Infinitiv)* scheuen *(bei nē + Konjunktiv)* fürchten, dass L 40
vēritās, -ātis *f.*	Wahrheit claro 5
vērō *(Adv.)*	in der Tat, aber L 17
versārī, versor, versātus sum	L 40
vertere, vertō, vertī, versum	drehen, wenden; übersetzen L 36
vērus, -a, -um	wahr, echt, wirklich L 21
vester, vestra, vestrum	euer L 6
vestimentum, -ī *n.*	Kleid(ungsstück) L 5
vestis, -is *f.*	Kleid L 28
vetus, *Gen.:* **veteris**	alt L 23
vexāre	quälen L 7
via, -ae *f.*	Straße, Weg L 3
victor, -ōris *m.*	Sieger L 12
victoria, -ae *f.*	Sieg L 13
vīctus, -ūs *m.*	Lebensunterhalt L 43
vidēre, videō, vīdī, vīsum	sehen L 3
vidērī, videor, vīsus sum	scheinen L 40
vīlla, -ae *f.*	Landhaus, Landg[illegible] L 10
vincere, vin[illegible] vīcī, victum	(be)sieger[illegible]
vincula, -[illegible]	
vinculu[illegible]	

vindicāre	beanspruchen, schützen L 41
vīnum, -ī *n.*	„Wein“ L 2
violāre	verletzen, verwüsten L 9
vir, virī *m.*	Mann L 2
virgō, virginis *f.*	Mädchen, junge Frau L 18
virtūs, -ūtis *f.*	Tatkraft, Mut; Wert; Tugend L 15
vīs, *Akk.:* **vim,** *Abl.:* **vī** *f.*	Kraft, Gewalt, Stärke L 15
vīsītare	besuchen, besichtigen L 34
vīta, -ae *f.*	Leben L 6
vitium, -ī *n.*	Fehler, Mangel L 13
vituperāre	tadeln L 37
vīvere, vīvō, vīxī	leben L 19
vīvus, -a, -um	lebend; zu Lebzeiten L 39
vix *(Adv.)*	kaum, mit Mühe L 20
vōbīscum	mit euch L 9
vocāre	rufen, nennen L 8
voluptās, -ātis *f.*	Vergnügen, Lust L 28
vōs	*Nom.:* ihr; *Akk.:* euch L 4
vovēre, voveō, vōvī, vōtum	versprechen, weihen L 22
vōx, vōcis *f.*	Stimme; Laut; Äußerung L 16
vulnus, vulneris *n.*	Wunde, Verwundung L 28
vultus, -ūs *m.*	Gesicht, Miene, Aussehen L 29

abesse, absum, āfuī	fehlen, fern sein L 20
abicere, abiciō, abiēcī, abiectum	weg-, herabwerfen; aufgeben L 30
abīre, abeō, abiī	weggehen L 9
accēdere, accēdō, accessī, accessum	herantreten L 17
accipere, accipiō, accēpī, acceptum	annehmen, empfangen; aufnehmen L 19
addere, addō, addidī, additum	beifügen, hinzufügen L 32
addūcere, addūcō, addūxī, adductum	heranführen, zuführen; veranlassen L 26
adesse, adsum, adfuī (affuī)	da sein; helfen L 1
adhibēre, adhibeō, adhibuī, adhibitum	hinzuziehen, anwenden L 16
adipīscī, adipīscor, adeptus sum	erlangen, erringen L 42
adīre, adeō, adiī	herangehen, hingehen L 17
adiungere, adiungō, adiūnxī, adiūnctum	anfügen, verbinden L 26
adiuvāre, adiuvō, adiūvī, adiūtum *(beim Akk.)*	jmdn. unterstützen, jmdm. helfen L 12
admīrārī, admīror, admīrātus sum	bewundern, sich wundern L 40
admittere, admittō, admīsī, admissum	in Bewegung setzen; zulassen, gestatten L 45
admonēre, admoneō, admonuī, admonitum	ermahnen, erinnern L 19
afferre, afferō, attulī, allātum	herbeitragen, mit sich bringen, bereiten L 33
afficere, afficiō, affēcī, affectum	versehen mit, leiden an L 29
agere, agō, ēgī, āctum	treiben; tun; führen; verhandeln L 19
alere, alō, aluī, altum	(er)nähren L 35
amittere, amittō, amīsī, amissum	wegschicken; verlieren L 34
animadvertere, animadvertō, animadvertī, animadversum	bemerken; einschreiten; bestrafen L 26
appārēre, appāreō, appāruī	erscheinen, sich zeigen L 19
appāret, appāruit	es ist offenkundig L 11
appetere, appetō, appetīvī, appetītum	begehren, verlangen; angreifen L 22
arbitrārī, arbitror, arbitrātus sum	beobachten; annehmen, meinen; halten für L 40

arcēre, arceō, arcuī	fernhalten; abwehren L 9
ārdēre, ārdeō, ārsī	brennen L 2
aspicere, aspiciō, aspexī, aspectum	erblicken, anschauen, betrachten L 24
audēre, audeō, ausus sum	wagen L 28, 44
audīre, audiō, audīvī, audītum	hören; anhören, erhören L 27
augēre, augeō, auxī, auctum	vergrößern, vermehren, fördern L 22
avertere, avertō, avertī, aversum	abwenden L 18
cadere, cadō, cecidī	fallen L 29
canere, canō, cecinī	(be)singen, ertönen lassen; weissagen L 44
capere, capiō, cēpī, captum	fassen, ergreifen, fangen L 19
cēdere, cēdō, cessī, cessum	gehen, weichen L 17
cēnsēre, cēnseō, cēnsuī	schätzen; meinen; beschließen L 24
cernere, cernō, crēvī, crētum	sehen, wahrnehmen L 17
cōgere, cōgō, coēgī, coāctum	zusammentreiben, sammeln; zwingen L 36
cognōscere, cognōscō, cognōvī, cognitum	erkennen, kennen lernen; untersuchen L 17
colere, colō, coluī, cultum	pflegen, bebauen, ehren L 18
colligere, colligō, collēgī, collēctum	sammeln L 38
committere, committō, commīsī, commissum	zusammenführen; beginnen; begehen; anvertrauen L 21
commovēre, commoveō, commōvī, commōtum	bewegen, erregen L 18
comperīre, comperiō, comperī, compertum	erfahren; ertappen; überführen L 30
compōnere, compōnō, composuī, compositum	zusammenstellen, -fügen; ordnen L 28
comprehendere, comprehendō, comprehendī, comprehēnsum	erfassen, umfassen; begreifen L 32
cōnārī, cōnor, cōnātus sum	versuchen; wagen L 40
concēdere, concēdō, concessī, concessum	erlauben, gestatten, nachgeben L 40
condere, condō, condidī, conditum	gründen L 35
cōnferre, cōnferō, contulī, collātum	zusammentragen, vergleichen L 33

cōnficere, cōnficiō, cōnfēcī, cōnfectum	zu Ende bringen, ausführen; erschöpfen L 28
cōnfīdere, cōnfīdō, cōnfīsus sum	vertrauen, sich verlassen L 44
cōnfitērī, cōnfiteor, cōnfessus sum	gestehen, bekennen L 40
coniungere, coniungō, coniūnxī, coniūnctum	verbinden, vereinigen L 25
cōnscrībere, cōnscrībō, cōnscrīpsī, cōnscrīptum	eintragen; (Soldaten) ausheben L 36
cōnsentīre, cōnsentiō, cōnsēnsī, cōnsēnsum	übereinstimmen, zustimmen, sich einig sein L 27
consequī, consequor, consecūtus sum	nachfolgen; erlangen, erreichen L 42
cōnsīdere, cōnsīdō, cōnsēdī, cōnsessum	sich setzen, sich niederlassen L 17
cōnsistere, cōnsistō, cōnstitī	Halt machen, stehen bleiben L 28
cōnstat, cōnstitit	es steht fest, es ist bekannt L 12
cōnstituere, cōnstituō, cōnstituī, cōnstitūtum	festsetzen, beschließen L 19
cōnsulere, cōnsulō, cōnsuluī, cōnsultum	um Rat fragen L 18
cōnsūmere, cōnsūmō, cōnsūmpsī, cōnsūmptum	verwenden, verbrauchen L 34
contemnere, contemnō, contempsī, contemptum	gering schätzen, verachten L 24
contendere, contendō, contendī	sich bemühen; eilen; kämpfen; behaupten L 33
continere, contineō, continuī, contentum	zusammenhalten; erhalten L 31
convenīre, conveniō, convēnī, conventum	zusammenkommen, zustande kommen; sich einigen L 28
convertere, convertō, convertī, conversum	umdrehen, wenden; sich umdrehen L 17
corrumpere, corrumpō, corrūpī, corruptum	verderben, bestechen L 20
crēdere, crēdō, crēdidī, crēditum	glauben L 19
crēscere, crēscō, crēvī, crētum	wachsen; sich steigern, größer/stärker werden L 29
cūnctārī, cūnctor, cūnctātus sum	zögern L 40

cupere, cupiō, cupīvī, cupītum	wünschen, begehren L 30
currere, currō, cucurrī, cursum	laufen L 37
dare, dō, dedī, datum	geben L 5
dēbēre, dēbeō, dēbuī, dēbitum	müssen; schulden; verdanken L 4
dēcēdere, dēcēdō, dēcessī, dēcessum	weggehen, abweichen L 25
dēcernere, dēcernō, dēcrēvī, dēcrētum	entscheiden, beschließen L 24
dēdūcere, dēdūcō, dēdūxī, dēductum	herabführen, wegführen L 17
dēesse, dēsum, dēfuī	nicht da sein, fehlen L 2
dēfendere, dēfendō, dēfendī, dēfēnsum	verteidigen L 29
dēlēre, dēleō, dēlēvī, dēlētum	zerstören, vernichten L 7
dēpellere, dēpellō, dēpulī, dēpulsum	wegstoßen, vertreiben L 18
dēscendere, dēscendō, dēscendī, dēscēnsum	hinabsteigen L 17
dēserere, dēserō, dēseruī, dēsertum	im Stich lassen, verlassen L 24
dēsistere, dēsistō, dēstitī *(beim Abl.)*	etwas nicht mehr tun, etwas ruhen lassen, mit etwas aufhören L 31
dīcere, dīcō, dīxī, dictum	sagen, sprechen L 17
differre, differō, distulī, dilātum	zerstreuen, aufschieben L 33
dīligere, dīligō, dīlēxī, dīlēctum	lieben, schätzen L 39
dimittere, dimittō, dimīsī, dimissum	wegschicken, entlassen L 24
diripere, diripiō, diripuī, direptum	(aus)plündern, rauben L 39
discēdere, discēdō, discessī, discessum	weggehen, auseinandergehen L 28
discere, discō, didicī	lernen, erfahren L 33
docēre, doceō, docuī, doctum	unterrichten; zeigen L 4
dolēre, doleō, doluī	Schmerz empfinden L 10
dūcere, dūcō, dūxī, ductum	ziehen, führen; glauben L 17
ēdūcere, ēdūcō, ēdūxī, ēductum	herausführen, ausrücken lassen L 21
efficere, efficiō, effēcī, effectum	bewirken L 33
effugere, effugiō, effūgī	fliehen, entkommen L 40
egēre, egeō, eguī	(etw.) nötig haben, brauchen; Not leiden L 34

emere, emō, ēmī, ēmptum	kaufen L 38
ēripere, ēripiō, ēripuī, ēreptum	rauben, entreißen L 19
esse, sum, fuī	sein L 1
exercēre, exerceō, exercuī	(aus)üben L 3
exigere, exigō, exēgī, exāctum	wegtreiben, eintreiben; (er)fordern L 41
exīre, exeō, exiī	herausgehen L 14
explēre, expleō, explēvī, explētum	ausfüllen, vollenden L 33
exstruere, exstruō, exstrūxī, exstrūctum	auftürmen, errichten L 41
facere, faciō, fēcī, factum	tun, machen L 19
fallere, fallō, fefellī	täuschen L 22
favēre, faveō, fāvī, fautum *(beim Dat.)*	geneigt sein, begünstigen L 45
ferre, ferō, tulī, lātum	bringen, tragen; berichten, erzählen L 33
fierī, fiō, factus sum	(gemacht) werden; entstehen L 40
fīnīre, fīniō, fīnīvī, fīnītum	beenden, begrenzen L 27
fugere, fugiō, fūgī	fliehen, flüchten L 19
gaudēre, gaudeō, gāvīsūs sum	sich freuen L 1, 44
gerere, gerō, gessī, gestum	tragen, ausführen L 20
habēre, habeō, habuī, habitum	haben L 3
hortārī, hortor, hortātus sum	auffordern, ermahnen L 41
impedīre, impediō, impedīvī, impedītum	hindern, zurückhalten L 41
impōnere, impōnō, imposuī, impositum	auf etw. setzen, auferlegen L 19
incēdere, incēdō, incessī, incessum	einherschreiten, daherstolzieren L 43
incipere, incipiō, coepī, inceptum	anfangen, beginnen L 24
indūcere, indūcō, indūxī, inductum	hinführen, verleiten L 22
inicere, iniciō, iniēcī, iniectum	einflößen, bewirken, machen L 27
inīre, ineō, iniī, initum	hineingehen, betreten L 37
īnstituere, īnstituō, īnstituī, īnstitūtum	einrichten, beginnen; unterrichten L 41
intellegere, intellegō, intellēxī, intellēctum	verstehen, einsehen L 35
interesse, intersum, interfuī	dabei sein, teilnehmen L 37

interficere, interficiō, interfēcī, interfectum	töten, ermorden L 23
intuērī, intueor	aufmerksam anschauen, betrachten L 40
invenīre, inveniō, invēnī, inventum	finden, ermitteln L 29
īre, eō, iī	gehen; reisen L 6
irridēre, irrīdeō, irrīsī, irrīsum	verspotten, auslachen L 10
iubēre, iubeō, iussī, iussum	befehlen L 18
iuvat, iūvit	es macht Spaß, es freut L 4
legere, legō, lēgī, lēctum	lesen L 28
licet, licuit	es ist erlaubt; es ist möglich L 4
mālle, mālō, māluī	lieber wollen L 39
manēre, maneō, mānsī	bleiben L 9
meminisse, meminī *(beim Gen.)*	sich erinnern an, denken an L 37
merēre, mereō, meruī, meritum	verdienen L 45
merērī, mereor, meritus sum	verdienen L 40
metuere, metuō, metuī	sich fürchten; fürchten L 19
minuere, minuō, minuī, minūtum	vermindern, verringern L 24
miscēre, misceō, miscuī, mixtum	mischen L 38
miserērī, misereor, miseritus sum	sich erbarmen L 40
mittere, mittō, mīsī, missum	schicken, senden; entlassen; werfen L 20
monēre, moneō, monuī, monitum	(er)mahnen L 3
movēre, moveō, mōvī, mōtum	bewegen L 14
neglegere, neglegō, neglēxī, neglēctum	vernachlässigen, nicht beachten L 24
nescīre, nesciō, nesciī	nicht wissen L 27
nocēre, noceō, nocuī	schaden L 22
nōlle, nōlō, nōluī	nicht wollen L 39
nōvisse, nōvī	kennen, wissen L 37
oblīvīscī, oblīvīscor, oblītus sum *(beim Gen.)*	etwas vergessen L 42
obsidēre, obsideō, obsēdī, obsessum	belagern, blockieren L 27
obtinēre, obtineō, obtinuī, obtentum	festhalten, in Besitz haben; einnehmen L 25

occīdere, occīdō, occīdī, occīsum	töten, umbringen L 24
ōdisse, ōdī	hassen L 37
offendere, offendō, offendī, offēnsum	anstoßen; beleidigen, verletzen L 23
offerre, offerō, obtulī, oblātum	entgegentragen; anbieten L 33
omittere, omittō, omīsī, omissum	aufgeben, fallenlassen; übergeben L 29
oportet, oportuit	es ist nötig, es gehört sich, man muss L 33
opprimere, opprimō, oppressī, oppressum	bedrücken, unterdrücken; plötzlich überfallen L 19
orīrī, orior, ortus sum	entstehen L 42
ostendere, ostendō, ostendī, ostentum	zeigen, vor Augen stellen, darlegen L 33
parcere, parcō, pepercī *(beim Dat.)*	schonen, sparen L 40
pārēre, pāreō, pāruī	gehorchen L 8
pellere, pellō, pepulī, pulsum	stoßen, schlagen, vertreiben L 33
pendere, pendō, pependī, pēnsum	abwägen; zahlen L 20
perdere, perdō, perdidī, perditum	zugrunde richten, ruinieren; verlieren, einbüßen L 26
perferre, perferō, pertulī, perlātum	ans Ziel bringen; durchführen; erdulden L 33
pergere, pergō, perrēxī, perrēctum	fortsetzen L 21
perīre, pereō, periī	zugrunde gehen; umkommen L 6
persuadēre, persuādeō, persuāsī, persuāsum *(beim Dat.)*	jmdn. überreden, überzeugen L 12
pervenīre, perveniō, pervēnī, perventum	(hin)kommen, gelangen L 28
petere, petō, petīvī, petītum	zu erreichen suchen, erstreben; angreifen L 17
placēre, placeō, placuī	gefallen L 5
pōnere, pōnō, posuī, positum	setzen, stellen, legen L 28
poscere, poscō, poposcī	fordern, verlangen L 29
posse, possum, potuī	können L 4
possidēre, possideō, possēdī, possessum	besitzen L 10
praebēre, praebeō, praebuī, praebitum	hinhalten, (dar)reichen L 5

praecipere, praecipiō, praecēpī, praeceptum	vorschreiben L 27
praeesse, praesum, praefuī	kommandieren, leiten L 19
praestāre, praestō, praestitī jmdm.	voranstehen, jmdn. übertreffen *(beim Dativ)*, etwas leisten *(beim Akk.)* L 33
premere, premō, pressī, pressum	drücken, bedrängen L 17
prōdere, prōdō, prōdidī, prōditum	übergeben, verraten L 29
prodesse, prōsum, prōfuī	nützlich sein, nützen L 27
proficīscī, proficīscor, profectus sum	aufbrechen, abreisen; ausgehen von L 42
prohibēre, prohibeō, prohibuī, prohibitum	abhalten, (ver)hindern L 18
prōmittere, prōmittō, prōmīsī, prōmissum	versprechen L 36
prōvidēre, prōvideō, prōvīdī, prōvīsum	sorgen für, vorhersehen L 24
quaerere, quaerō, quaesīvī, quaesītum	suchen, fragen L 17
rapere, rapiō, rapuī, raptum	rauben, entführen L 29
recipere, recipiō, recēpī, receptum	zurücknehmen, zurückhalten; zurückziehen, aufnehmen L 20
recordārī, recordor, recordātus sum *(beim Gen. u. Akk.)*	sich erinnern an L 40
reddere, reddō, reddidī, redditum	zurückgeben; etw. zu etw. machen L 18
redīre, redeō, rediī	zurückgehen, zurückkehren, zurückkommen L 6
referre, referō, rettulī, relātum	zurücktragen; melden, berichten L 33
regere, regō, rēxī, rēctum	lenken, leiten, „regieren" L 33
relinquere, relinquō, relīquī, relictum	verlassen, zurücklassen L 17
remanēre, remaneō, remānsī	zurückbleiben L 11
repellere, repellō, reppulī, repulsum	zurückstoßen, abweisen L 30
reperīre, reperiō, repperī, repertum	finden, wiederfinden L 30
repetere, repetō, repetīvī, repetītum	wiederaufsuchen; wiederholen L 20
reprehendere, reprehendō, reprehendī, reprehēnsum	tadeln L 27
resistere, resistō, restitī	sich widersetzen; Widerstand leisten L 25

respondēre, respondeō, respondī, respōnsum	antworten L 11
restituere, restituō, restituī, restitūtum	wiederherstellen L 25
revertī, revertor, revertī	zurückkehren, zurückkommen, umkehren L 44
rīdēre, rīdeō, rīsī, rīsum	lachen L 1
scīre, sciō, scīvī, scītum	wissen; kennen, verstehen L 27
scrībere, scrībō, scrīpsī, scrīptum	schreiben L 31
sedēre, sedeō, sēdī, sessum	sitzen L 1
sentīre, sentiō, sēnsī, sēnsum	fühlen, meinen L 29
sequī, sequor, secūtus sum	folgen, nachfolgen L 42
solēre, soleō, solitus sum	gewohnt sein (etw. zu tun) L 34, 44
solvere, solvō, solvī, solūtum	lösen, auflösen; bezahlen L 25
stāre, stō, stetī, statum	stehen L 1
statuere, statuō, statuī, statūtum	hin-/aufstellen; bestimmen, beschließen L 33
studēre, studeō, studuī *(beim Dat.)*	sich bemühen L 9
subvenīre, subveniō, subvēnī, subventum *(beim Dat.)*	jmdm. zu Hilfe kommen L 27
sūmere, sūmō, sūmpsī, sūmptum	nehmen L 38
superesse, supersum, superfuī	übrig sein, bleiben L 39
suscipere, suscipiō, suscēpī, susceptum	auf sich nehmen, übernehmen L 31
sustinēre, sustineō, sustinuī, sustentum	aushalten, (er)tragen L 13
tacēre, taceō, tacuī	schweigen L 4
tangere, tangō, tetigī, tāctum	berühren L 17
tegere, tegō, tēxī, tēctum	„bedecken“, schützen L 20
tenēre, teneō, tenuī	(fest)halten L 11
terrēre, terreō, terruī, territum	erschrecken L 7
timēre, timeō, timuī	fürchten, Angst haben vor L 2
tollere, tollō, sustulī, sublātum	hochheben; verherrlichen; wegnehmen, beseitigen L 24
trādere, trādō, trādidī, trāditum	übergeben, überliefern L 19

trādūcere, trādūcō, trādūxī, trāductum	hinüberführen L 39
trahere, trahō, trāxī, tractum	ziehen, schleppen L 21
trānsferre, trānsferō, trānstulī, translātum	hinübertragen, übertragen, überbringen L 33
trānsīre, trānseō, trānsiī, trānsitum	hinübergehen, überschreiten; überspringen L 9
tribuere, tribuō, tribuī, tribūtum	zuteilen L 25
tuērī, tueor, tutātus sum	schützen, bewahren L 40
tūtārī, tūtor, tūtātus sum	schützen, abwehren L 40
utī, utor, ūsus sum *(beim Abl.)*	benützen, gebrauchen L 42
valēre, valeō, valuī	stark/ kräftig/ gesund sein; gelten; Einfluss haben L 20
velle, volō, voluī	wollen L 39
venīre, veniō, vēnī, ventum	kommen L 27
verērī, vereor, veritus sum	verehren *(beim Infinitiv)* scheuen *(bei nē + Konjunktiv)* fürchten, dass L 40
versārī, versor, versātus sum (in)	sich aufhalten (in, bei), sich beschäftigen (mit) L 40
vertere, vertō, vertī, versum	drehen, wenden; übersetzen L 36
vidēre, videō, vīdī, vīsum	sehen L 3
vidērī, videor, vīsus sum	scheinen L 40
vincere, vincō, vīcī, victum	(be)siegen L 19
vīvere, vīvō, vīxī	leben L 19

Italia
GALLIA
RAETIA
Tridentum
Comum
Mediolanum
Sirmio
Verona
Aquileia
Atesis
Padus
Placentia
Via Aemilia
Via Julia Augusta
Genua
Bononia
Ravenna
Pisae
Arnus
ETRURIA
Tiberis
Ancona
Via Flaminia
Via Claudia
Aequi
Sabini
CORSICA
Tarquinii
Veii
Tibur
Roma
Ostia
Tusculum
LATIUM
Samnites
Tarracina
CAMPANIA
Capua
Neapolis
Cannae
Via Appia
Brundisium
Tarentum
Paestum
SARDINIA
Messana
SICILIA
Aetna mons
Agrigentum
Syracusae
Carthago
AFRICA
0
50
100
150 km
Via Appia
Beneventum
Capua
CAMPANIA
Nola
Cumae
Neapolis
Vesuvius mons
Herculaneum
Pompeii
Nuceria
Pithecussae I.
Surrentum
Salernum
Capreae I.